Caro aluno, seja bem-vindo!

A partir de agora, você tem a oportunidade de estudar com uma coleção didática da SM que integra um conjunto de recursos educacionais impressos e digitais desenhados especialmente para auxiliar os seus estudos.

Para acessar os recursos digitais integrantes deste projeto, cadastre-se no *site* da SM e ative sua conta.

Veja como ativar sua conta SM:

1. Acesse o *site* <www.edicoessm.com.br>.
2. Se você não possui um cadastro, basta clicar em "Login/Cadastre-se" e, depois, clicar em "Quero me cadastrar" e seguir as instruções.
3. Se você já possui um cadastro, digite seu *e-mail* e sua senha para acessar.
4. Após acessar o *site* da SM, entre na área "Ativar recursos digitais" e insira o código indicado abaixo:

AM5BH - ZD2P2 - WY3HH - TBMNV

Você terá acesso aos recursos digitais por 12 meses, a partir da data de ativação desse código.

Ressaltamos que o código de ativação somente poderá ser utilizado uma vez, conforme descrito no "Termo de Responsabilidade do Usuário dos Recursos Digitais SM", localizado na área de ativação do código no *site* da SM.

Em caso de dúvida, entre em contato com nosso **Atendimento**, pelo telefone **0800 72 54876** ou pelo *e-mail* **atendimento@grupo-sm.com** ou pela internet <www.edicoessm.com.br>.

Desejamos muito sucesso nos seus estudos!

Requisitos mínimos recomendados para uso dos conteúdos digitais SM

Computador	Tablet	Navegador
PC Windows • Windows XP ou superior • Processador dual-core • 1 GB de memória RAM **PC Linux** • Ubuntu 9.x, Fedora Core 12 ou OpenSUSE 11.x • 1 GB de memória RAM **Macintosh** • MAC OS 10.x • Processador dual-core • 1 GB de memória RAM	**Tablet IPAD IOS** • IOS versão 7.x ou mais recente • Armazenamento mínimo: 8GB • Tela com tamanho de 10" **Outros fabricantes** • Sistema operacional Android versão 3.0 (Honeycomb) ou mais recente • Armazenamento mínimo: 8GB • 512 MB de memória RAM • Processador dual-core	**Internet Explorer 10** **Google Chrome 20** ou mais recente **Mozilla Firefox 20** ou mais recente Recomendado o uso do Google Chrome Você precisará ter o programa Adobe Acrobat instalado, *kit* multimídia e conexão à internet com, no mínimo, 1Mb

Para Viver Juntos

HISTÓRIA

ENSINO FUNDAMENTAL 9º ANO

Ana Lúcia Lana Nemi
Bacharela e Licenciada em História pela Universidade de São Paulo (USP).
Mestra em História Social pela USP.
Doutora em Ciências Sociais pela Universidade de Campinas (Unicamp).
Pós-doutora em História pela USP.
Professora do curso de História da Universidade Federal de São Paulo (Unifesp).

Anderson Roberti dos Reis
Bacharel e Licenciado em História pelas Faculdades Metropolitanas Unidas (FMU).
Mestre em História Cultural pela Unicamp.
Professor de História em faculdades e escolas das redes pública e particular.

São Paulo,
3ª edição
2014

Para Viver Juntos – História 9
© Edições SM Ltda.
Todos os direitos reservados

Direção editorial	Juliane Matsubara Barroso
Gerência editorial	Angelo Stefanovits
Gerência de processos editoriais	Rosimeire Tada da Cunha
Coordenação de área	Valéria Vaz
Edição	Maria Cristina Frota, Olívia Pavani Naveira, Lizete Mercadante
Assistência de produção editorial	Alzira Aparecida Bertholim Meana, Flávia R. R. Chaluppe, Silvana Siqueira
Preparação e revisão	Cláudia Rodrigues do Espírito Santo (Coord.), Eliana Vila Nova de Souza, Fátima Cezare Pasculli, Fernanda Oliveira Souza, Izilda de Oliveira Pereira, Maíra de Freitas Cammarano, Rosinei Aparecida Rodrigues Araujo, Valéria Cristina Borsanelli, Marco Aurélio Feltran (apoio de equipe)
Coordenação de *design*	Erika Tiemi Yamauchi Asato
Coordenação de arte	Ulisses Pires
Edição de arte	Alexandre Pereira, Angelice Moreira, Elizabeth Kamazuka Santos, Felipe Repiso, Luis Frederico Lida Kinoshita, Melissa Steiner Rocha Antunes, Ulisses Pires
Projeto gráfico	Erika Tiemi Yamauchi Asato, Aurélio Camilo
Capa	Erika Tiemi Yamauchi Asato, Aurélio Camilo sobre ilustração de Estúdio Colletivo
Iconografia	Jaime Yamane, Karina Tengan, Mariana Zanato, Priscila Ferraz, Renata Martins, Sara Alencar, Tempo Composto Ltda.
Tratamento de imagem	Claudia Fidelis, Robson Mereu
Editoração eletrônica	Adriana Domingues de Farias, Editorial BM
Fabricação	Alexander Maeda
Impressão	Eskenazi Indústria Gráfica Ltda.

Dados Internacionais de Catalogação na Publicação (CIP)
(Câmara Brasileira do Livro, SP, Brasil)

Nemi, Ana Lúcia Lana
 Para viver juntos : história, 9º ano : ensino fundamental / Ana Lúcia Lana Nemi, Anderson Roberti dos Reis. — 3. ed. — São Paulo : Edições SM, 2014. — (Para viver juntos ; v. 9)

 Bibliografia.
 ISBN 978-85-418-0618-3 (aluno)
 ISBN 978-85-418-0619-0 (professor)

 1. História (Ensino fundamental) I. Reis, Anderson Roberti dos. II. Título. III. Série.

14-06756   CDD-372.89

Índices para catálogo sistemático:
1. História : Ensino fundamental 372.89

3ª edição, 2014

Edições SM Ltda.
Rua Tenente Lycurgo Lopes da Cruz, 55
Água Branca 05036-120 São Paulo SP Brasil
Tel. 11 2111-7400
edicoessm@grupo-sm.com
www.edicoessm.com.br

APRESENTAÇÃO

Muitas pessoas associam História a objetos que podem ser apreciados em museus, a grandes construções da Antiguidade ou a acontecimentos distantes e sem nenhuma relação com o mundo contemporâneo. Apesar da importância dos museus e das informações que temos sobre diferentes povos, o estudo dessa ciência também está relacionado ao nosso tempo.

Para entender o mundo atual, é fundamental conhecer a História da humanidade, suas diferentes sociedades e o modo como elas se relacionavam e se relacionam – aquelas que não mais existem, bem como aquelas das quais herdamos conhecimentos, valores e crenças.

O que motivou determinada sociedade e seus agentes a impor o seu modo de vida e a sua visão de mundo a outros povos? Quem se beneficiou dessas mudanças? Nesta coleção, você vai perceber como ações de diferentes pessoas e povos, em diferentes lugares e tempo, influenciaram e continuam influenciando o presente.

Mais do que isso, você vai compreender que cada um de nós constrói a sua própria história e a história de seu tempo. Todos podem e devem atuar na sociedade de forma crítica e responsável.

Você vai se surpreender com os conteúdos de cada capítulo e, além das consultas ao livro, poderá encontrar mais informações acessando a página desta coleção na internet.

Cada página é um convite à sua participação e ao seu envolvimento na busca por um conhecimento inclusivo, voltado para a construção de uma sociedade sustentável, justa e democrática.

Os autores

CONHEÇA SEU LIVRO

Um breve texto trata dos elementos centrais dos conteúdos que serão estudados no capítulo, mostrando a articulação entre eles.

Cada capítulo é iniciado com uma grande imagem que motiva o debate sobre assuntos relacionados aos conteúdos que serão estudados.

O que você vai aprender
Apresenta, de forma resumida, os principais conteúdos do capítulo.

Converse com os colegas
Traz questões para você e seus colegas conversarem, com base na imagem, sobre assuntos atuais que podem ser pensados historicamente.

Os capítulos estão divididos em módulos. Em cada módulo, além do texto principal, há imagens variadas relacionadas aos conteúdos.

Boxe de valor
Nessa seção são apresentados temas para você discutir com os colegas. Esses temas visam relacionar o assunto tratado no texto principal à realidade em que você vive.

Glossário
Palavras de compreensão mais difícil e termos incomuns estão destacados e são esclarecidos no **glossário**.

Há, ainda, boxes que trazem assuntos complementares e interessantes sobre os conteúdos desenvolvidos no texto.

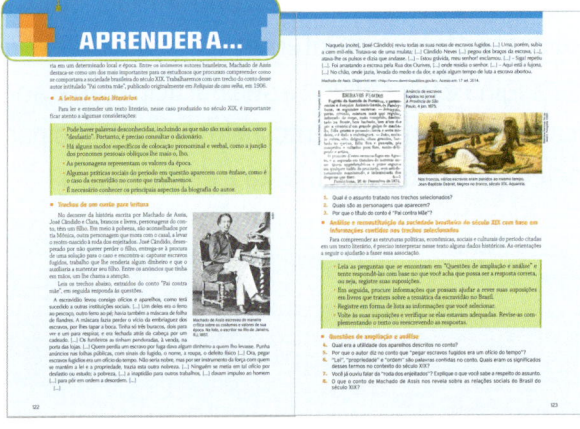

Aprender a...
Apresenta técnicas e procedimentos para que você possa realizar atividades práticas, como interpretar letras de música, analisar uma obra cinematográfica, ler uma linha do tempo e analisar mapas e gráficos, entre outras.

Ao final de cada módulo, na seção **Verifique o que aprendeu**, são propostas algumas perguntas que retomam os principais conteúdos estudados.

4

Dossiê

Aprofunda um tema tratado no capítulo de forma interessante e instigante.

Arte e Cultura

Aqui você vai apreciar e interpretar imagens de produções artísticas do período histórico estudado no capítulo ou que esteja relacionado a ele.

Fazendo História

Um momento para ler, interpretar e analisar diferentes fontes históricas.

Lendo História

Aqui você é convidado a ler e interpretar textos retirados de diferentes fontes, como jornais, revistas, livros, *sites*, depoimentos e memórias.

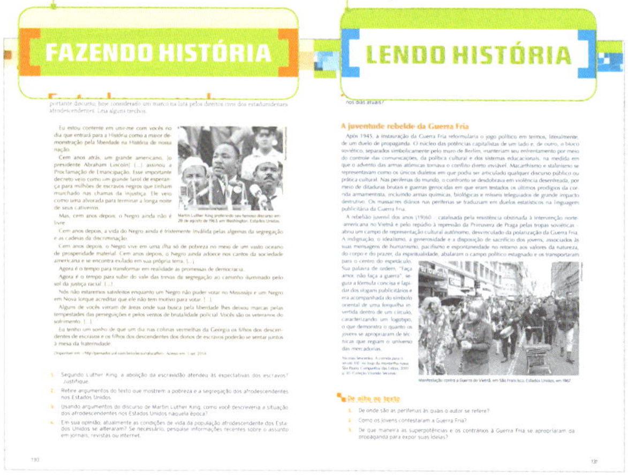

Questões globais

O capítulo é encerrado com novas atividades, que possibilitam aprofundar seus conhecimentos sobre os temas estudados nos diferentes módulos.

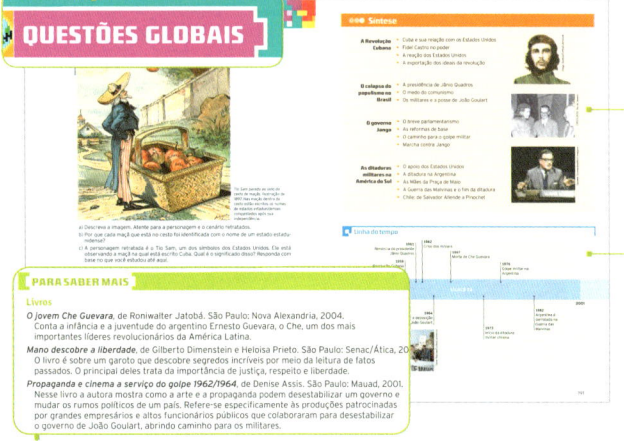

Síntese

Relaciona os principais conceitos vistos, compondo um resumo do capítulo.

Linha do tempo

Apresenta as datas e os fatos mais importantes abordados no capítulo, possibilitando uma visão geral do período estudado.

Para saber mais

Aqui você encontra sugestões de leitura de livros e de sites para aprofundar os conhecimentos sobre os temas estudados.

Projeto

Nessa seção, você vai trabalhar em grupo com os colegas para desenvolver projetos relacionados aos assuntos estudados.

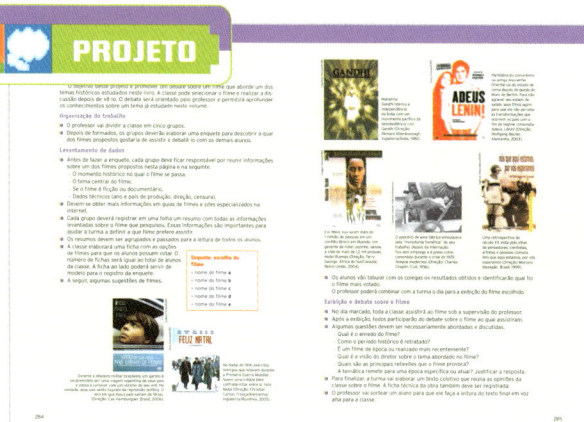

5

SUMÁRIO

1 Conflito, revolução, crise e totalitarismo — 8

1. A Primeira Guerra Mundial — 10
2. A Europa do pós-guerra — 14
- Arte e Cultura: Sonho e realidade — 18
3. A Revolução Russa — 20
4. Estados Unidos: esplendor e crise — 24
5. Os regimes totalitários — 28
- Aprender a... Ler uma fotografia — 32
- Dossiê: A era do jazz — 34
- Fazendo História: Os anseios dos trabalhadores russos — 36
- Lendo História: O Tratado de Versalhes e suas consequências — 37
- Questões globais — 38

2 A Segunda Guerra Mundial — 40

1. O expansionismo nazista — 42
2. A guerra — 46
- Arte e Cultura: A guerra nos cartazes dos Estados Unidos e da União Soviética — 54
3. O pós-guerra — 56
- Aprender a... Interpretar um texto de cultura popular — 62
- Dossiê: Japão bombardeado — 64
- Fazendo História: Polônia, 1940 — 66
- Lendo História: Contra o inimigo comum — 67
- Questões globais — 68

3 A Era Vargas — 70

1. O primeiro governo Vargas — 72
2. A radicalização política — 76
3. O Estado Novo — 80
- Arte e Cultura: Pintores operários: o Grupo Santa Helena — 86
4. O retorno à democracia — 88
- Aprender a... Realizar uma enquete — 92
- Dossiê: A propaganda do Estado Novo — 94
- Fazendo História: A cartilha da propaganda varguista — 96
- Lendo História: A era do rádio — 97
- Questões globais — 98

4 O mundo dividido — 100

1. As independências na África e na Ásia — 102
2. A Revolução Chinesa — 106
3. O enfrentamento das superpotências — 110
- Arte e Cultura: A cultura estadunidense a serviço da Guerra Fria — 114
4. O Oriente Médio — 116
- Aprender a... Utilizar um texto literário como fonte histórica — 122
5. Movimento contra os costumes nos anos 1960 — 124
- Dossiê: O macarthismo — 128
- Fazendo História: Eu tenho um sonho — 130
- Lendo História: A juventude rebelde da Guerra Fria — 131
- Questões globais — 132

5 Populismo na América Latina — 134

1. O populismo latino-americano — 136
2. A breve democracia — 140
3. Os Anos Dourados — 144
- Arte e Cultura: A arte de Oscar Niemeyer — 148
4. O crescimento da classe média urbana — 150
5. Cultura na década de 1950 — 154
- Aprender a... Analisar uma obra cinematográfica — 158
- Dossiê: Futebol: a memória de 1950 e a decepção de 2014 — 160
- Fazendo História: Poesia e literatura — 162
- Lendo História: A memória de JK e dos Anos Dourados — 163
- Questões globais — 164

6 A América Latina na Guerra Fria — 166

1. A Revolução Cubana — 168
2. O colapso do populismo no Brasil — 172
3. O governo Jango — 176
4. As ditaduras militares na América do Sul — 180
- Arte e Cultura: Memórias da ditadura argentina — 184
- Dossiê: Tensões e armas nucleares — 186
- Fazendo História: A crise do governo João Goulart — 188
- Lendo História: Estádio Chile — 189
- Questões globais — 190

Projeto
Montagem de exposição de cartazes — 192

7 A ditadura militar no Brasil — 194

1. O golpe de 1964 — 196
- Aprender a... Analisar e comparar discursos históricos — 200
2. O endurecimento do regime — 202
3. A distensão lenta e gradual — 208
4. A efervescência cultural — 212
- Arte e Cultura: A história do Brasil no traço de Henfil — 216
- Dossiê: A Copa de 1970: o uso político do futebol — 218
- Fazendo História: A prática da tortura — 220
- Lendo História: A juventude e a contracultura — 221
- Questões globais — 222

8 A consolidação da democracia — 224

1. A redemocratização — 226
2. O governo Sarney — 230
- Aprender a... Interpretar letras de música — 234
3. A consolidação democrática — 236
- Arte e Cultura: O novo cinema brasileiro — 242
4. Os governos Lula e Dilma — 246
- Dossiê: O reencontro do povo com a pátria — 250
- Fazendo História: Planos econômicos: em busca da estabilidade — 252
- Lendo História: Desafio é consolidar imagem positiva do País — 253
- Questões globais — 254

9 Globalização e neoliberalismo — 256

1. A crise do socialismo e o fim da Guerra Fria — 258
2. A ruptura no sistema socialista — 262
3. Nacionalismos e separatismos — 266
4. O poderio dos Estados Unidos — 270
- Arte e Cultura: Arte para todos — 276
- Dossiê: Brics — 278
- Fazendo História: Ocupem as ruas do mundo — 280
- Lendo História: A Primavera Árabe — 281
- Questões globais — 282

Projeto
Debate sobre filme — 284

Referências bibliográficas — 286

Nos primeiros anos do século XX, tinha-se a impressão de que a humanidade vivia uma era pacífica e próspera. Porém, uma série de fatores políticos e econômicos levou as grandes potências europeias a entrar em um conflito que, pela primeira vez na História, tomou dimensões mundiais. O capitalismo também sofreu duros golpes. Primeiro, com a Revolução Russa, em 1917, e depois com a quebra da Bolsa de Valores de Nova York, em 1929.

Conflito, revolução, crise e totalitarismo

CAPÍTULO 1

O QUE VOCÊ VAI APRENDER

- A Primeira Guerra Mundial e seus desdobramentos
- A Revolução Russa
- A crise de 1929
- Regimes totalitários na Europa

CONVERSE COM OS COLEGAS

1. No início do século XX, muitas pessoas no mundo ocidental contestavam a ordem vigente. Alguns desejavam ampliar o poder de seus Estados, outros queriam mudar o sistema econômico predominante, o capitalismo. Foi um período de conquistas sociais para a classe trabalhadora, mas também de muitos conflitos e guerras. A fotografia ao lado foi feita na época da Revolução Russa. Em 1918, desenrolava-se na Rússia uma guerra civil travada entre o Exército Vermelho, que defendia o comunismo, e o Exército Branco, que lutava contra o novo regime. Essa guerra ficou conhecida como Revolução Russa. A imagem mostra tropas do Exército Vermelho sobre um trem blindado na Sibéria. Como você descreveria a cena representada na fotografia?

2. A imagem tem como figura central um trem utilizado pelos revolucionários durante o conflito. No início do século XX, trens e ferrovias eram algumas das mais sofisticadas tecnologias criadas pelas indústrias. Qual é a função mais comum das ferrovias e dos trens? Observe a imagem e levante hipóteses sobre a finalidade do trem blindado no conflito em questão.

3. Na atualidade, você conhece algum exemplo de tecnologia civil que é usada também para fins militares? Que exemplos seriam esses?

Trem blindado usado pelo Exército Vermelho durante a Revolução Russa. Sibéria, 1918.

MÓDULO 1
A Primeira Guerra Mundial

A expansão imperialista europeia do século XIX acirrou a disputa pelos mercados coloniais da África e da Ásia. Essa e outras disputas foram responsáveis pelo início de um conflito armado que tomou dimensões mundiais.

As causas do conflito

No fim do século XIX, acirravam-se na Europa as disputas pelo controle das colônias na Ásia e na África, das minas de carvão, entre a França e a Alemanha recém-unificada; e pela supremacia industrial, entre Inglaterra e Alemanha.

Simultaneamente emergiam **movimentos nacionalistas**, sobretudo nos Impérios Austro-Húngaro e Russo, defendidos por grupos étnicos como os eslavos, tchecos e sérvios, que lutavam por sua autonomia política.

A península Balcânica, povoada por diferentes etnias, era a região mais conturbada.

O pan-eslavismo

O Império Russo, em fins do século XIX, inicia seu processo de industrialização. A Rússia pretendia expandir seu território até o mar Mediterrâneo e aumentar seu mercado consumidor, dominando as regiões ocupadas pelos povos eslavos (eslovacos, eslovenos, sérvios, croatas, etc.). Para justificar seus propósitos, valeu-se do pan-eslavismo, movimento que pregava a união de todos os povos eslavos. O projeto russo, porém, era unir esses povos sob seu domínio.

As alianças e a deflagração do conflito

Algumas potências europeias firmaram alianças por meio de acordos políticos e econômicos que resultaram na **Tríplice Aliança** (Alemanha, Itália e Austro-Hungria) e na **Tríplice Entente** (França, Inglaterra e Rússia). O aumento das tensões levou a uma corrida armamentista sem que ocorresse um conflito armado. Esse período ficou conhecido como **Paz Armada**.

Em 1908, o Império Austro-Húngaro incorporou a vizinha Bósnia-Herzegovina. A Sérvia se opôs à anexação, pois pretendia formar a Grande Sérvia.

Essa questão acabou culminando em um conflito nacionalista nos Bálcãs. Em 28 de junho de 1914, Francisco Ferdinando, herdeiro do trono austro-húngaro, foi assassinado por um jovem nacionalista sérvio. Esse fato desencadeou a guerra: o Império Austro-Húngaro atacou a Sérvia, que recebeu apoio da Rússia e, portanto, da Tríplice Entente. O Império Austro-Húngaro, por sua vez, recebeu auxílio da Tríplice Aliança.

Esse conflito mudaria a escala das guerras, envolvendo grandes contingentes de populações civis.

AS ALIANÇAS NA EUROPA (FIM DO SÉCULO XIX E INÍCIO DO SÉCULO XX)

Fonte de pesquisa: *Atlas histórico*. Madrid: SM, 2005. p. 120.

●●● O desenrolar da guerra

Apenas um mês depois do atentado, exércitos marchavam para tomar posições nos territórios adversários. Essa guerra foi a primeira a envolver países de todos os continentes, apesar de grande parte de suas batalhas ter ocorrido na Europa. Ambos os lados procuraram arregimentar outros países. A princípio, imaginava-se que seria um conflito rápido, mas o grande equilíbrio entre as forças militares não permitiu que houvesse um vencedor imediato.

Entre agosto e novembro de 1914, as tropas se deslocavam pelos territórios europeus. Durante esse período, conhecido como **guerra de movimento**, a Alemanha pretendia invadir a França e a Bélgica, porém não conseguiu avançar muito graças à resistência francesa.

A guerra de trincheiras (1914-1917)

A partir de então, a guerra tomou outro rumo. Franceses, alemães e ingleses improvisaram **trincheiras** para proteger a si e a seu território. As trincheiras consistiam em canais cavados no solo protegidos por arame farpado e sacos de terra ou areia, e chegavam a ter quilômetros de extensão, formando, por vezes, ligações entre os exércitos aliados.

Esses canais foram a solução para as linhas de defesa, já que as novas armas de guerra, como metralhadoras e granadas, destruíam facilmente os ataques de infantaria. Dentro das trincheiras, centenas de milhares de soldados enfrentavam, durante meses seguidos, chuvas e inundações, lama, piolhos, ratos e doenças. Os exércitos imaginavam que essa guerra "sem ação" duraria pouco, porém a tática persistiu por três anos.

Combatentes canadenses na França, 1918. Os soldados aproveitavam as crateras provocadas pelas granadas para se proteger dos ataques.

A partir de 1915, o conflito também começou a se desenrolar no mar. Já que a guerra de trincheiras não permitia grandes avanços, optou-se por atacar os navios que forneciam alimentos aos civis. Começou então a se utilizar um dos maiores inventos da época como arma de guerra: o submarino.

O caminho para o fim do conflito

O ano de 1917 marcou o conflito. Na Rússia, teve início a **Revolução Socialista**. As perdas russas na guerra eram grandes, e o novo governo assinou um tratado de paz em separado com a Alemanha. Assim, em 1918, a Rússia se retirou da guerra.

Os Estados Unidos, até então neutros no conflito, entraram na guerra após ataques de submarinos alemães a seus navios. Apoiando a Tríplice Entente, os estadunidenses foram um dos elementos fundamentais para neutralizar o poderio militar alemão e pôr fim à guerra.

GLOSSÁRIO

Estadunidense: relativo ou natural dos Estados Unidos da América. O mesmo que norte-americano.

A derrota da Aliança

O Império Alemão também passava por problemas internos. Manifestações em várias cidades contestavam o governo e a guerra. Greves nas fábricas de munições também se multiplicavam na França e na Inglaterra.

A crise fez com que o imperador alemão renunciasse, instaurando-se uma república. A Alemanha já não tinha mais condições materiais nem humanas de permanecer no conflito. Somava-se a essa crise a ofensiva da Tríplice Entente, sobretudo após a entrada dos Estados Unidos. Em novembro de 1918, a Alemanha aceitou assinar um armistício, tratado que interrompia a guerra.

Richard Kluvre/Corbis/Latinshock

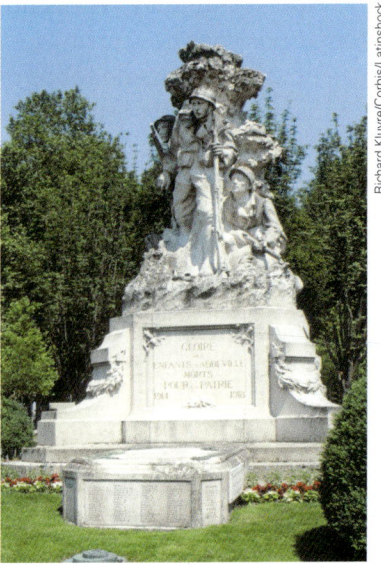

Após o final do conflito, muitos monumentos foram construídos na Europa em homenagem às vítimas. Memorial à Primeira Guerra Mundial em Abbeville, França. Fotografia de 2011.

Muitos derrotados

Enquanto a guerra durou, foi muito difícil manter o apoio dos soldados e da população civil ao conflito. A destruição das cidades e dos campos causava racionamento de alimentos e exigia trabalho dobrado nas fábricas de armas e utensílios para os exércitos. Além disso, em torno de 10 milhões de pessoas morreram, e o número de feridos e mutilados nunca fora tão alto.

Coleção particular. Fotografia: ID/BR

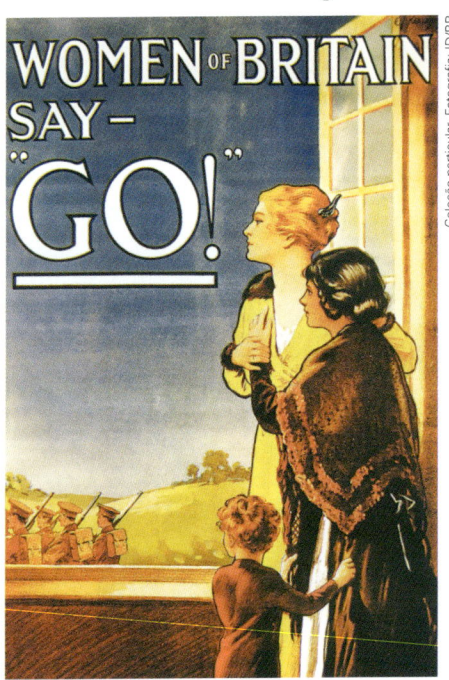

Cartaz de propaganda britânica da Primeira Guerra, 1915. A mensagem – "Mulheres da Grã-Bretanha dizem 'Vão!'" – pretendia estimular a população feminina a apoiar a participação de seus maridos e filhos no conflito.

Os governos investiram maciçamente em propaganda para estimular a participação na guerra. Porém, com o passar do tempo, os soldados a abandonavam em decorrência do cansaço, da alimentação precária e das más condições de vida. Exércitos inimigos chegaram a se confraternizar, muitos soldados desobedeciam às ordens, recusando-se a lutar. A campanha pacifista era cada vez maior. A guerra não fazia sentido para os combatentes.

A tecnologia e as armas letais

Os avanços da ciência e da tecnologia, tão elogiados no fim do século XIX, também foram responsáveis pelas mortes e destruição ocorridas na Primeira Guerra.

Invenções tecnológicas como o submarino, o avião e armas mais rápidas e de maior alcance mudaram as estratégias militares de ataque e defesa. Muitos países pararam sua produção industrial convencional para produzir armas e acessórios. Os artefatos bélicos resultantes desse esforço de guerra tinham um poder de destruição jamais visto.

Verifique o que aprendeu

1. Quais as principais causas da Primeira Guerra Mundial?
2. Quais alianças foram estabelecidas entre as potências europeias e quais países participaram?
3. Qual o significado do termo "guerra de trincheiras"?
4. Por que a Rússia saiu da guerra?
5. Qual foi o papel dos Estados Unidos na guerra?

ATIVIDADES

1. Observe e compare as imagens abaixo.

Detalhe de cartaz com propaganda de recrutamento do exército britânico em 1917.

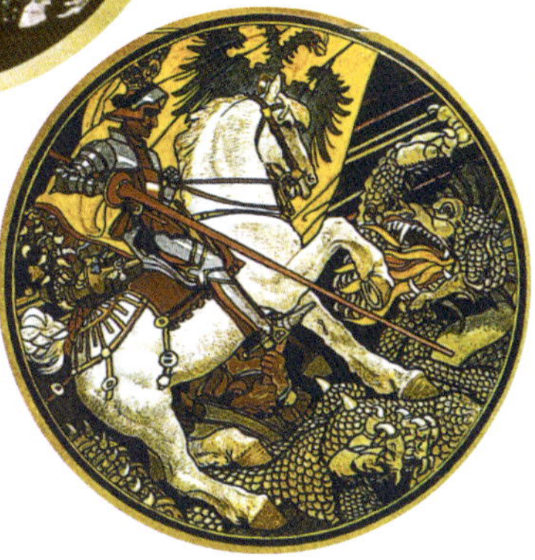

A imagem ao lado foi extraída de um cartaz austríaco, da década de 1910, que pedia contribuição financeira para o fundo de guerra.

a) O que mais chamou sua atenção nessas imagens?
b) Em sua opinião, o que as personagens retratadas representam?

2. O cartão-postal abaixo foi produzido na França durante a Primeira Guerra.

Cartão-postal francês, 1915.

a) A mensagem do postal diz: "Trabalhando para nossos soldados queridos, nós servimos à Pátria". Qual é o significado dessa mensagem?
b) Segundo o postal, que papel desempenharam as mulheres durante o conflito?
c) Que ideia o postal transmite sobre a guerra?

3. Veja na tabela a seguir como se dividiam os grupos etnolinguísticos no Império Austro-Húngaro, segundo um recenseamento ocorrido em 1910.

a) Analisando os dados, o que é possível concluir sobre a composição étnica do Império Austro-Húngaro?
b) Associe os dados da tabela com os fatores que contribuíram para a eclosão da Primeira Guerra.

Povos que formavam o Império Austro-Húngaro em 1910			
Povo	% em relação ao total	Povo	% em relação ao total
Húngaros	20,2	Croatas	5,3
Tchecos	12,6	Sérvios	3,8
Poloneses	10	Eslovacos	3,8
Rutênios	7,9	Eslovenos	2,6
Romenos	6,4	Italianos	2
Alemães	23,9	Muçulmanos	1,2

Fonte de pesquisa: Jean-Michel Lambin (Dir.). *Histoire*. Paris: Hatier, 2002. p. 172.

4. Leia o texto a seguir.

> Temos como certo que a guerra moderna envolve todos os cidadãos e mobiliza a maioria; é travada com armamentos que exigem um desvio de toda a economia para a sua produção, e são usados em quantidades inimagináveis; produz indizível destruição e domina e transforma absolutamente a vida dos países nela envolvidos. Contudo, todos esses fenômenos pertencem apenas às guerras do século XX.
>
> Eric Hobsbawm. *Era dos extremos*: o breve século XX – 1914-1991. São Paulo: Companhia das Letras, 1995. p. 51-52.

a) Por que a Primeira Guerra é considerada pelo autor uma guerra de massa?
b) Há alguma relação entre a Revolução Industrial ocorrida no século XIX e a produção em massa ocorrida durante a Primeira Guerra Mundial? Justifique a sua resposta.

MÓDULO 2
A Europa do pós-guerra

As décadas de 1920 e 1930 marcaram os esforços de reconstrução da Europa. As artes criticavam os horrores e as consequências da guerra. Os tratados de paz beneficiaram os vencedores e humilharam a Alemanha.

●●● Os tratados de paz

Com o final da Primeira Guerra, os países vencedores estabeleceram acordos de paz nos quais pretendiam criar novas fronteiras políticas e regras para os países vencidos.

Em 1919, foi assinado o **Tratado de Versalhes**, que estabeleceu os termos do fim da Primeira Guerra Mundial. Os vencedores, liderados pela França e pela Inglaterra, consideraram a Alemanha culpada pelo conflito. Por isso, ela deveria pagar pesadas indenizações aos países que havia atacado. Caso não pagasse suas dívidas, poderia ter o seu território invadido.

Além disso, a Alemanha perdeu suas áreas coloniais, e a região da Alsácia-Lorena – tomada da França no século XIX – foi reintegrada ao território francês. O exército alemão foi reduzido a 100 mil soldados. A humilhação causada pelo tratado incentivou um forte nacionalismo entre os alemães.

O império alemão e os Impérios Austro-Húngaro e Turco-Otomano foram desmembrados e tiveram seus territórios diminuídos. Com essa reorganização das fronteiras, os vencedores pretendiam enfraquecer a Alemanha, evitar a formação de um novo grande poder na Europa e no Oriente Médio e isolar o regime socialista implantado na União Soviética em 1917, durante a Primeira Guerra Mundial.

Os 14 pontos de Wilson

O presidente dos Estados Unidos, Woodrow Wilson, propôs uma lista composta de **14 pontos**, nos quais se estabeleciam normas de convivência internacionais que pudessem evitar novas guerras. Muitas propostas, porém, iam contra os interesses dos vencedores europeus. Um dos pontos questionados era a "paz sem vencedores", ou seja, os acordos não deveriam se basear na vingança, pois eles poderiam gerar novos conflitos.

Nesse mesmo ano foi criada a **Liga das Nações**, organização internacional responsável pela manutenção da liberdade e da paz entre os países. A liga deveria mediar possíveis conflitos e crises entre as nações, evitando, assim, a ocorrência de uma nova guerra.

EUROPA APÓS O TRATADO DE VERSALHES

Fonte de pesquisa: *Atlas histórico*. Madrid: SM, 2005. p. 124.

14

A crise do pós-guerra

Durante a Primeira Guerra, o cotidiano dos europeus sofreu fortes alterações. Havia escassez de trabalhadores, já que os homens eram convocados a servir o exército. Mulheres e crianças foram chamadas para substituí-los nas fábricas e no campo. Esses fatores, somados à grande destruição provocada pelas batalhas, faziam com que a insatisfação popular com a guerra crescesse cada vez mais.

O esforço de guerra diminuíra as liberdades dos indivíduos e aumentara o poder do Estado. Tal situação causou rebeliões por toda a Europa, especialmente entre 1917 e 1918. A guerra deixara severas marcas na população, além da insegurança em relação ao futuro.

Ao final do conflito, os governos europeus perceberam que era necessário reorganizar a vida econômica e social de seus países para evitar mais descontentamentos.

Durante a década de 1920, os países europeus contraíram enormes dívidas com os estadunidenses para poder reconstruir suas economias e infraestrutura. Os Estados Unidos não tiveram o território destruído pela guerra e se tornaram os credores da Europa, incluindo a Alemanha derrotada. Esses fatores foram fundamentais para que eles se tornassem a principal potência mundial e contribuíram para o final da hegemonia europeia.

Os empréstimos estadunidenses garantiram a retomada da produção e do comércio europeus, assim como a reconstrução das cidades, estradas e edificações públicas. Parecia que o mundo estava entrando numa nova época de paz e de prosperidade.

Crianças aguardam distribuição de alimentos na Alemanha, 1918. A Primeira Guerra causou crise econômica e escassez de alimentos e carestia na maioria dos países envolvidos no conflito.

OTTO DIX

O alemão Otto Dix (1891-1969) é considerado um dos maiores pintores e gravuristas do século XX. Otto foi um soldado voluntário na Primeira Guerra, lutando em combates na França e na Rússia. Durante esse período, testemunhou terríveis cenas de violência: soldados mutilados, estupros, combatentes traumatizados, beirando a loucura. Essa experiência foi fundamental para sua vida pessoal e artística. Entre suas obras, destacam-se muitas gravuras e telas que retratam os horrores da guerra. Na tela ao lado, Otto retratou um inválido de guerra que, por não conseguir emprego, vende palitos de fósforo na rua.

Otto Dix. *O vendedor de palitos de fósforo*, 1920. Óleo sobre tela.

●●● Cultura de paz

Os anos de 1920 foram um período de muitos contrastes. Por um lado, as pessoas estavam otimistas com o fim da guerra e havia a expectativa de uma nova vida em paz. Por outro, pairava o pessimismo causado pelas dificuldades de um recomeço diante dos efeitos da guerra.

O progresso também provocava sentimentos dúbios: a possibilidade de conforto material e o incômodo com as desigualdades sociais. Duas invenções da época, o rádio e o cinema, traziam diversão e informação.

Meninos europeus escutando rádio, 1921. Em pouco tempo, o rádio tornou-se um dos veículos de comunicação mais populares.

Os meios de comunicação e entretenimento começavam a fazer parte da vida das pessoas. O número de jornais de circulação nacional aumentou. A popularização do rádio acelerou o processo de divulgação de notícias e de novos ritmos musicais da época, como o *jazz*. Os aparelhos a válvula, fáceis de sintonizar e que podiam ser equipados com alto-falantes, tornaram-se uma febre entre as décadas de 1920 e 1930.

Liberdade de criação e pensamento

Muitos pintores, músicos e escritores procuraram construir uma nova visão de mundo que afastasse os fantasmas do conflito. Havia uma crítica ao nacionalismo, que fora uma das causas da guerra. Buscava-se uma linguagem universal que traduzisse os interesses humanos.

Dois movimentos artísticos destacaram-se nesse período: o **Dadaísmo** e o **Surrealismo**. O Dadaísmo foi criado em 1916, por um grupo de artistas refugiados da guerra. A intenção dos dadaístas era contrariar todas as regras artísticas e sociais existentes, criando obras sem sentido, que causassem espanto. Com isso, eles pretendiam chocar a sociedade e protestar contra os malefícios da guerra.

Verifique o que aprendeu ●●●

1. O que foi o Tratado de Versalhes?
2. Qual meio de comunicação se popularizou durante os anos de 1920?
3. Quais movimentos artísticos criticavam a guerra?

Alguns anos depois, foi criado outro movimento semelhante chamado Surrealismo. Seus fundadores também pretendiam quebrar regras e valores artísticos e sociais com base em uma arte sem normas, que realçava a liberdade. Em suas obras, os surrealistas trabalhavam a irracionalidade, os sonhos e o inconsciente humano.

Flores de conchas, do pintor alemão surrealista Max Ernst, 1929. Óleo sobre tela.

ATIVIDADES

1. Observe a charge ao lado.
   a) O que mais chama a sua atenção na imagem?
   b) Descreva a cena representada.
   c) O homem que aparece de costas representa a nação alemã e as demais personagens representam os países-membros que assinaram o Tratado de Versalhes, ao final da Primeira Guerra Mundial. Considerando essas informações e também o que você estudou sobre o assunto, por que, em sua opinião, a nação alemã foi representada dessa maneira?

Charge alemã criticando o Tratado de Versalhes, publicada no jornal *Simplicissimus*, 3 jun. 1919.

2. Leia abaixo alguns dos pontos do Tratado de Versalhes que se referem à Alemanha.

   > Artigo 45 – [...] Alemanha cede à França a posse total e absoluta, com direitos exclusivos de exploração, [...] as minas de carvão situadas na bacia do Sarre [...].
   >
   > Artigo 51 – Os territórios que foram cedidos à Alemanha [Alsácia e Lorena] voltam ao domínio francês [...].
   >
   > Artigo 119 – A Alemanha renuncia em favor do Principal Aliado e das Potências Associadas todos os seus direitos e títulos sobre as suas possessões de além-mar. [...].
   >
   > Artigo 160 – [...] o Exército Alemão não deve compreender mais que sete divisões de infantaria e três divisões de cavalaria [...].
   >
   > Artigo 198 – As forças armadas da Alemanha não devem incluir quaisquer forças militares ou navais [...]
   >
   > Art. 231 – Os Governos Aliados e Associados afirmam e a Alemanha aceita a sua responsabilidade e de seus Aliados por ter causado todas as perdas e prejuízos a que os Aliados e Governos Associados e seus membros foram sujeitos em consequência da guerra, imposta a eles [...].

   Adhemar Martins Marques. *História contemporânea através dos textos*. 11. ed. São Paulo: Contexto, 2008. p. 114-118.

   a) Quais territórios a Alemanha perdeu?
   b) Qual era a situação do exército alemão após o Tratado de Versalhes?
   c) Por perder a guerra, a Alemanha teve de arcar com muitos prejuízos econômicos e políticos. Na sua avaliação, os argumentos usados pelos países vencedores (quem perde a guerra "paga a conta") são definitivos ou existiram outros interesses em jogo?

3. O texto a seguir comenta as consequências da Primeira Guerra para a economia dos Estados Unidos.

   > A Europa deixava de ser o grande símbolo da prosperidade capitalista, estando atolada em dívidas e observando a desvalorização de suas moedas. Foi a partir de então que os Estados Unidos alcançaram a condição de grande potência.
   >
   > Apesar de também ter sofrido com um significativo número de baixas e gastar aproximadamente 36 bilhões de dólares, os EUA tiveram suas compensações. No ano posterior à guerra, o país triplicou suas exportações em comparação ao ano de 1913 e a renda nacional atingiu um valor duas vezes maior.

   Rainer Souza. Os resultados da Primeira Guerra Mundial. Disponível em: <http://www.mundoeducacao.com.br/historiageral/os-resultados-primeira-guerra-mundial.htm>. Acesso em: 16 set. 2014.

   a) Segundo o texto, com o fim da Primeira Guerra o que mudou na economia capitalista?
   b) De acordo com o texto e o conteúdo do capítulo, o que ocorreu com a economia dos Estados Unidos após o fim da Primeira Guerra?

ARTE e CULTURA

Sonho e realidade

No fim do século XIX, muitos artistas perceberam a necessidade de romper os padrões artísticos vigentes, pois os consideravam conservadores e ligados aos ideais burgueses. A crise de valores do pós-guerra reforçou esse pensamento.

Nesse período, muitas tendências artísticas surgiram propondo não só a ruptura de padrões, mas também a criação de novos conceitos de arte: Surrealismo, Dadaísmo, Abstracionismo, Cubismo, entre outros.

Esses movimentos, chamados de **Vanguarda Europeia**, tinham em comum a fuga da realidade, com total liberdade do artista para criar seu próprio universo. Isso possibilitou uma rica variedade de temas e estilos, que variaram entre representações dos horrores da guerra, imagens do inconsciente humano e figuras abstratas.

As propostas da Vanguarda influenciaram a arte ocidental e são referência até hoje para outras manifestações artísticas.

Entre as décadas de 1920 e 1940, muitos artistas foram proibidos de expor suas obras, pois elas eram consideradas subversivas por governantes autoritários. Caso quisessem continuar a trabalhar, esses artistas eram obrigados a seguir regras impostas pelo Estado. O russo Wassily Kandinsky (1866-1944), um dos mais significativos pintores abstracionistas, teve suas obras confiscadas pelos governos russo e alemão, que argumentavam que elas eram decadentes. Ao lado, *Curva dominante*, 1936. Óleo sobre tela.

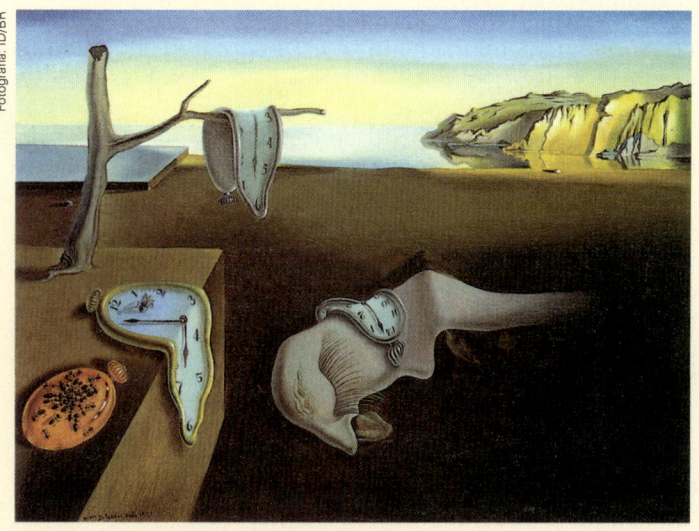

O espanhol Salvador Dalí, considerado um dos maiores e mais expressivos artistas plásticos do século XX, foi um dos pintores que melhor representaram os preceitos do Surrealismo. *Persistência da memória*, 1931. Óleo sobre tela.

O artista alemão Franz Marc morreu aos 36 anos, durante uma batalha da Primeira Guerra, na França. Em suas obras, destaca-se a representação de animais, na qual procurava reproduzir a anatomia, os sentimentos e a vitalidade. *Vaca amarela*, 1911. Óleo sobre tela.

O pintor italiano Giorgio de Chirico é considerado um dos precursores do Surrealismo. O artista criava ambientes e situações fora da realidade humana, com pessoas retratadas sempre sem identidade e solitárias. Ao lado, *Piazza*, 1925. Óleo sobre tela.

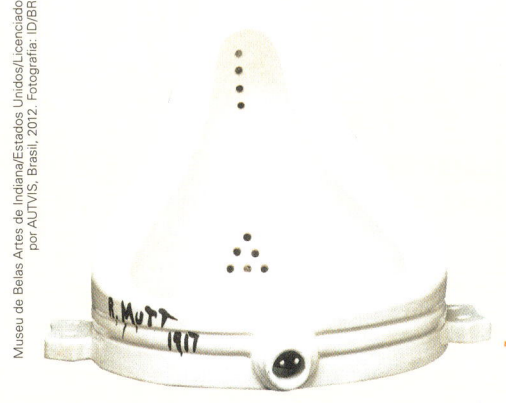

O artista francês radicado nos Estados Unidos Marcel Duchamps inovou ao desenvolver o conceito de arte *ready-made* (pronto para o uso), que consistia em retirar objetos de seu contexto cotidiano e apresentá-los como obras de arte. A imagem ao lado mostra um mictório, que, como obra de arte, recebeu o nome de *A fonte*, 1917.

■ Atividades

1. Qual é a nacionalidade dos artistas representados nesta seção?
2. Em relação ao alcance dos movimentos vanguardistas, o que podemos inferir a partir das informações coletadas acima?
3. De acordo com o que você estudou na segunda parte deste capítulo, qual é a justificativa para os artistas produzirem obras tão divergentes dos padrões acadêmicos vigentes até então?

MÓDULO 3

A Revolução Russa

No ano de 1917, em meio às derrotas sofridas durante a Primeira Guerra Mundial, a Rússia passou por uma grande revolução política, social e econômica. Os líderes desse movimento iniciaram uma nova experiência: a construção do primeiro regime socialista.

●●● Rússia: pobreza e repressão

No início do século XX, a Rússia era um enorme país com muitas desigualdades sociais. A maior parte da população morava no campo. Os trabalhadores rurais pagavam pesados impostos, porém recebiam baixos salários e cumpriam longas jornadas de trabalho.

Nas áreas urbanas, a situação não era muito diferente. Os trabalhadores das fábricas das cidades de Moscou e São Petersburgo sofriam com as péssimas condições de trabalho e a baixa remuneração. Esses operários estavam proibidos de organizar greves e se sindicalizar.

Apesar de ter dado início ao seu processo de industrialização, a economia ainda possuía características feudais e a monarquia era absolutista.

Diferentes grupos sociais questionavam o poder centralizado do czar e o atraso econômico russo. Burgueses e representantes do povo tinham a intenção de criar um novo governo, segundo os seus interesses e necessidades.

Domingo Sangrento: manifestantes (ao fundo) dirigem-se ao palácio real, mas são reprimidos pelo exército (em primeiro plano). São Petersburgo, capital russa, 1905.

A crise militar e a insatisfação popular

Somava-se a esses fatores uma crise militar. Entre 1904 e 1905, a Rússia se envolveu em um conflito com o Japão e foi derrotada. O exército russo estava desacreditado e enfraquecido às vésperas da Primeira Guerra Mundial.

O esforço de guerra causava desorganização da produção e desabastecimento. A necessidade de pagar dívidas contraídas durante a guerra aumentou as tensões.

Essa insatisfação fez com que alguns grupos sociais organizassem partidos políticos. O Partido Social Democrata Russo, por exemplo, acabou se dividindo em grupos que foram fundamentais para o processo revolucionário: os bolcheviques e os mencheviques.

Foram também organizados os **sovietes**, que eram os conselhos de representantes dos trabalhadores, dos camponeses e dos soldados.

Em 1905, os trabalhadores de São Petersburgo e suas famílias realizaram uma marcha pacífica em direção ao palácio real, onde pretendiam entregar um conjunto de reivindicações ao czar Nicolau II.

Os manifestantes foram recebidos a tiros pelo exército real. Esse massacre ficou conhecido como **Domingo Sangrento** e desencadeou uma sequência de greves e rebeliões em várias regiões do país.

GLOSSÁRIO

Bolchevique: grupo majoritário, cujos membros tinham propostas políticas radicais. Defendiam a união dos operários e camponeses para fazer a revolução comunista.

Menchevique: grupo minoritário com ideais políticos moderados. Propunham uma aliança entre os trabalhadores e a burguesia para mudar a sociedade de maneira gradual.

●●● O processo revolucionário em 1917

Diante das pressões, o czar promulgou uma Constituição e convocou eleições para a **Duma**, o parlamento russo. Essas medidas acalmaram a população e deram fôlego ao regime czarista.

A entrada da Rússia na Primeira Guerra Mundial piorou a crise. Os grupos políticos intensificavam a divulgação de suas ideias. Os mencheviques pretendiam organizar uma aliança entre os trabalhadores e a burguesia e propunham melhorias sociais de maneira lenta e pacífica. Já os bolcheviques defendiam a união dos operários e camponeses em prol de uma revolução comunista.

Os líderes russos do Comitê Duma, reunidos após a renúncia de Nicolau II. Kerensky é o segundo homem em pé e Lvov, o terceiro sentado, a partir da direita. Petrogrado, Rússia, 1917.

A Revolução de Fevereiro

As sucessivas derrotas na guerra, as crises de abastecimento e o aumento descontrolado dos preços provocaram uma onda de greves e rebeliões de civis e de soldados. Em fevereiro de 1917, o czar já não tinha o controle da nação e perdera o apoio do exército.

Diante dessa situação, Nicolau II renunciou e formou-se então um governo provisório liderado pelo príncipe Lvov. Porém, a Duma – de orientação liberal – disputava o poder com os sovietes, que visavam a reformas sociais mais profundas. Em poucos meses, Lvov foi derrubado por **Kerensky**, um político moderado que contava com o apoio dos mencheviques.

As medidas tomadas pela Duma e por Kerensky, no entanto, não foram suficientes para resolver o caos social e econômico. Era necessária uma reforma agrária e, também, a retirada definitiva da Rússia da Primeira Guerra. A Duma, porém, defendia os interesses dos capitalistas que mantinham o país na guerra.

A Revolução de Outubro

Devido à insatisfação com o governo de Kerensky, os bolcheviques ganharam força nos sovietes.

Lênin, líder dos bolcheviques, resumiu os interesses populares no lema "Paz, terra e pão". Os trabalhadores e camponeses russos desejavam que a Rússia se retirasse da Primeira Guerra, que uma reforma agrária acabasse com a exploração dos camponeses e, finalmente, que a produção econômica do país fosse organizada para acabar com a fome do povo.

O bolchevique **Leon Trotsky** formou um exército de sovietes chamado **Exército Vermelho**. Em outubro de 1917, os bolcheviques ocuparam pontos estratégicos de Petrogrado, antiga São Petersburgo, e derrubaram o governo. Iniciava-se na Rússia o regime socialista liderado por Lênin.

Vladimir Serov. *Vladimir Lênin falando a uma multidão*, 1955. Litografia.

●●● A organização da nova sociedade

As primeiras medidas do novo governo deixavam claro seu rompimento com o capitalismo. As fábricas, os bancos e os estabelecimentos comerciais foram nacionalizados, os operários tornaram-se responsáveis pela gestão das fábricas. A Rússia deixou definitivamente a guerra. Milhares de camponeses foram beneficiados com a redistribuição das terras.

A guerra civil (1918-1921)

Os defensores do capitalismo e os opositores do bolchevismo se sentiram prejudicados com as novas medidas e formaram um novo exército, chamado **Exército Branco**, com o apoio de nações capitalistas como Estados Unidos, França e Inglaterra. Esse novo exército pretendia derrubar o regime socialista.

Os dois exércitos entraram em conflito. Durante esse período de guerra civil, Lênin organizou esforços na agricultura e na indústria para abastecer o Exército Vermelho e as cidades. Essa economia voltada para o conflito ficou conhecida como **comunismo de guerra**. Nesse esforço de guerra, os trabalhadores perderam a autonomia que haviam conquistado.

Em 1921, o Exército Vermelho conseguiu expulsar definitivamente o Exército Branco do território. Porém, o país ficou devastado, a economia destruída, e milhões de pessoas morreram.

A NEP e a retomada do crescimento

Com o objetivo de reorganizar a produção e a economia, Lênin criou a **Nova Política Econômica** (NEP). Segundo esse plano, o Estado mantinha o controle das grandes empresas e dos bancos, assim como dos transportes e do comércio atacadista. Mas era permitida a formação de pequenas empresas e o livre-comércio. Dessa forma, a Rússia pôde retomar a sua produção agrícola e industrial e formar cooperativas nacionais para abastecer o território.

Em 1924, enquanto a NEP estava em andamento, Lênin faleceu vitimado por uma grave doença. Sua morte desencadeou uma disputa pelo poder entre dois líderes: Trotsky, líder do Exército Vermelho, e Josef Stálin, secretário-geral do **Partido Comunista** (nova denominação dos bolcheviques).

Os dois líderes discordavam em relação ao rumo político que o país deveria tomar. Trotsky acreditava que a revolução deveria ser difundida para outros países. Stálin pensava o oposto, que o socialismo deveria ser consolidado primeiro na União Soviética e depois se expandir.

A disputa interna foi vencida por Stálin, que assumiu a liderança da União Soviética. Em 1929, Trotsky foi expulso do país, exilando-se no México, onde foi assassinado em 1940. Seus aliados na União Soviética tiveram o mesmo destino.

A política centralista de Stálin eliminou o poder dos sovietes. Desse modo, os ideais revolucionários socialistas se desvirtuaram.

> **A URSS**
>
> Em 1922, foi criada a **União das Repúblicas Socialistas Soviéticas** (**URSS**), uma federação das sete repúblicas que antes formavam o Império Russo. Durante a história da União Soviética, algumas repúblicas foram divididas e outras foram criadas.
>
> Em 1956, ano em que ocorreu a última alteração, a federação contava com quinze repúblicas.

Brasão de armas da União Soviética.

> **Verifique o que aprendeu** ●●●
>
> 1. Quais as diferenças entre as propostas menchevique e bolchevique?
> 2. O que foi o Domingo Sangrento?
> 3. Como os bolcheviques tomaram o poder?
> 4. O que era o Exército Vermelho?
> 5. O que foi a NEP?

ATIVIDADES

1. O texto a seguir trata da situação dos camponeses russos a partir de 1861, quando foi abolida a servidão.

   > [...] A abolição da servidão libertou os camponeses dos laços servis de tipo feudal, mas aprisionou-os na moderna servidão capitalista. O servo feudal trabalhava nas terras do senhor durante certo período do ano [...]. No tempo restante, era livre para cuidar da sua subsistência [...].
   >
   > A reforma de 1861 instituiu a propriedade capitalista do solo. Os camponeses foram obrigados a comprar a terra e os bens de que necessitavam e a vender sua produção no mercado. Os lotes foram divididos em porções mínimas, insuficientes para prover o sustento das famílias. [...] Os pequenos proprietários tinham de trabalhar cada vez mais para manter o já precário nível de vida de que desfrutavam.
   >
   > Daniel Menezes Delfino. A Rússia antes da revolução. Revista *História Viva – Grandes Temas*: 90 anos Revolução Russa. São Paulo: Duetto, n. 18, p. 22-23, 2007.

   a) O fim da servidão foi um avanço para os trabalhadores camponeses? Justifique.
   b) Qual a diferença entre o trabalho do camponês antes da abolição da servidão e depois?

2. Um dos lemas dos bolcheviques era "Paz, terra e pão". O que isso significava para os revolucionários?

3. Leia a seguir o que Lênin escreveu em 1918 sobre a construção do socialismo.

   > O socialismo é a abolição das classes. Para tanto, é mister [necessário] em primeiro lugar derrubar os proprietários das terras e os capitalistas. Já desempenhamos essa parte da tarefa. Trata-se, porém, apenas de uma parte, e não da mais difícil. Para abolir as classes devemos, em segundo lugar, abolir as diferenças entre o operário e o camponês, devemos transformá-los em operários.
   >
   > Citado por Maurice Crouzet. *História geral das civilizações*. Rio de Janeiro: Bertrand Brasil, 1996. v. 15. p. 361.

   a) Segundo Lênin, o que é necessário para construir o socialismo?
   b) Em sua opinião, os revolucionários burgueses concordavam com as ideias expostas por Lênin nesse texto? Justifique.

4. Observe as imagens a seguir.

   Cartaz do Dia do Trabalho Soviético, c. 1920. Na bandeira está escrita a mensagem: "Operários de todo o mundo, uni-vos!".

   Caricatura bolchevique de Victor Deni, 1920. Na bandeirola está escrito: "Capitalistas do mundo, uni-vos!".

   a) Descreva as duas imagens.
   b) Estabeleça diferenças e semelhanças entre elas, levando em consideração as mensagens, as personagens e os demais elementos.

5. Lênin costumava dizer que a NEP significava dar um passo para trás, na direção do capitalismo, para depois dar dois passos para a frente, na direção do comunismo. Elabore um texto explicando essa afirmação.

MÓDULO 4
Estados Unidos: esplendor e crise

Os Estados Unidos viveram um período de grande prosperidade no pós-Primeira Guerra. A quebra da Bolsa de Nova York em 1929 pôs fim a esse período.

●●● A sociedade de consumo

Superprodução e consumo são duas palavras que caracterizam muito bem a sociedade dos Estados Unidos do pós-guerra. O desenvolvimento tecnológico permitiu a produção em larga escala de diversos utensílios domésticos, como fogões, geladeiras, rádios e toca-discos. A indústria automobilística também aumentou sua produtividade.

Além de seu próprio país, a indústria estadunidense abastecia a Europa enquanto o continente se recuperava da guerra. Os Estados Unidos passaram a dominar também o mercado latino-americano, até então controlado pelos ingleses.

Esse aquecimento econômico não favorecia todos os grupos sociais estadunidenses. Os salários pagos a boa parte dos trabalhadores eram baixos. Parte significativa da população vivia em condições miseráveis, sem possibilidade de consumir os novos produtos.

Meninas ouvindo música em toca-discos, c. 1925. A estabilidade econômica permitiu que muitas famílias nos Estados Unidos tivessem acesso às novas tecnologias.

Superprodução e problemas

Em poucos anos, os países europeus começaram a recuperar sua economia e indústria. Já em 1922, Inglaterra e França começaram a pagar aos Estados Unidos parte de sua dívida. Essa retomada industrial diminuiu a quantidade de importação de produtos estadunidenses.

Com a queda das exportações, os Estados Unidos passaram por uma crise de superprodução, ou seja, produzia-se mais do que os mercados consumiam. A consequência foi a queda dos preços e o aumento de estoque de produtos, que estavam sem compradores. Com isso, as vendas não cobriam mais os custos da produção.

Esse problema também ocorria no campo. Por causa da superprodução, muitos trabalhadores rurais foram dispensados, e não havia emprego nas cidades.

Contradições da sociedade estadunidense. Fila de desempregados em frente a um cartaz publicitário que exalta o modo de vida americano: "O mais alto padrão de vida do mundo – Não há nada como o modo de vida americano". Estados Unidos, fevereiro de 1937.

●●● A quebra da Bolsa

À medida que as economias europeias se recuperavam, os Estados Unidos sofriam cada vez mais com a superprodução e o consequente desemprego, provocando a queda dos níveis de consumo.

A **Bolsa de Valores de Nova York** foi a solução encontrada por muitos produtores e empresários que pretendiam evitar a falência. Eles vendiam ações de suas empresas e também compravam ações de outras empresas com boa reputação no mercado e que estivessem com as cotações em alta.

Outros tantos investidores fizeram o caminho inverso, comprando ações de empresas endividadas, na esperança de que seus valores aumentassem. Porém, isso não aconteceu.

Em setembro de 1929, os acionistas começaram a perceber uma grande variação nos preços das ações. No dia 24 de outubro, preocupados em não perder mais dinheiro, os investidores tentaram vender as ações a qualquer custo. Como havia muita gente vendendo e ninguém comprando, os preços despencaram e as cotações das empresas também. Essa situação causou a "quebra" da Bolsa de Nova York.

Multidão em Wall Street, Nova York, em 24 de outubro de 1929: o dia da quebra da Bolsa de Nova York.

A Grande Depressão

As consequências dessa quebra foram catastróficas. Milhares de empresas faliram, o que provocou índices de desemprego jamais vistos na história dos Estados Unidos: 14 milhões de desempregados, segundo dados de 1933.

Ao período anterior de crescimento seguiu-se, assim, uma fase de recessão. As produções industrial e agrícola decaíram gravemente, assim como as transações comerciais com outros países. A crise atingiu direta ou indiretamente todos os países que tinham algum tipo de relação comercial com os Estados Unidos.

Isso ocorreu porque o país diminuiu drasticamente sua oferta de empréstimos e as importações. Havia uma grande pressão para que os países devedores quitassem seus débitos, o que injetaria dinheiro nos Estados Unidos. O Brasil também foi atingido pela crise porque os estadunidenses eram os maiores compradores do café brasileiro. Em 1932, havia mais de 30 milhões de desempregados pelo mundo, vítimas dessa crise, e outros milhões em subempregos.

> **GLOSSÁRIO**
>
> **Ação:** parte do capital de uma empresa. Em uma Bolsa de Valores é possível comprar e vender ações. Se a empresa obtém lucros, os valores de suas ações sobem e o acionista (comprador das ações) ganha rendimentos.
>
> **Cotação:** preço, valor de um produto no mercado.

Desempregado e sua família, fotografados em 1929. Carolina do Norte, Estados Unidos.

●●● Roosevelt e o New Deal

O então presidente estadunidense, Herbert Hoover, não pretendia realizar grandes reformas para resolver a crise. Ele era um defensor do liberalismo econômico e acreditava que as forças do mercado se autorregulariam, o que levaria a uma solução para o problema sem a intervenção do Estado.

Essa teoria, porém, não se concretizou. Em 1932, o povo estadunidense elegeu **Franklin Delano Roosevelt**, que tinha propostas contrárias aos preceitos de Hoover. Apoiando-se nas ideias do economista **John Keynes**, Roosevelt fez campanha defendendo a intervenção do Estado na economia para limitar os efeitos da crise e evitar seu aprofundamento. Seu programa de governo ficou conhecido como *New Deal* (Novo Acordo) porque propunha uma nova maneira de conduzir a economia capitalista.

O *New Deal* visto de maneira bem-humorada pelo chargista: Franklin Roosevelt é representado como um empregado e um patrão, abraçado pelo Tio Sam. Os três trazem no peito a frase: "Nós fazemos nossa parte". Charge de 1933.

As medidas do New Deal

Em 1933, Roosevelt tomou posse e colocou em prática seu plano de governo, que consistia basicamente nos seguintes pontos:
- criação de empregos em grandes obras públicas do Estado. Dessa maneira, Roosevelt esperava aumentar a oferta de emprego e, consequentemente, os níveis de consumo;
- controle da produção e dos preços dos principais produtos agrícolas e industriais;
- criação de um salário desemprego, que consistia em um auxílio financeiro pago ao desempregado durante um certo período;
- diminuição da jornada de trabalho e legalização dos sindicatos de trabalhadores. Criação do salário-mínimo;
- abertura de créditos para ajudar os produtores falidos a retomar a sua produção.

Roosevelt sofreu forte oposição dos liberais americanos. Eles afirmavam que as suas medidas possuíam tendências comunistas porque, ao controlar preços e quantidade de produção, ele impedia o mercado de funcionar livremente. Mas Roosevelt conseguiu minimizar bastante os efeitos da crise e, por isso, ganhou popularidade a ponto de conseguir se reeleger por mais três mandatos.

> **Verifique o que aprendeu** ●●●
> 1. Por que a década de 1920 foi de euforia econômica nos Estados Unidos?
> 2. Como se originou a crise de 1929 e quais foram seus efeitos na sociedade estadunidense?
> 3. Mencione os efeitos da crise na economia mundial.
> 4. Quais as principais medidas do *New Deal*?

Desempregados em fila para receber um prato de sopa. Estados Unidos, 1930.

ATIVIDADES

1. Leia o texto a seguir.

   > Tanto homens de negócios quanto governos tinham tido a esperança de que, após a perturbação temporária da guerra mundial, a economia mundial de alguma forma retornasse aos dias felizes de antes de 1914, que encaravam como normais. E de fato o *boom* imediatamente após a guerra, pelo menos nos países não perturbados por revoluções e guerras civis, parecia promissor [...].
   >
   > Eric Hobsbawm. *Era dos extremos:* o breve século XX – 1914-1991. São Paulo: Companhia das Letras, 1995. p. 93-94.

   a) Explique a frase: "E de fato o *boom* imediatamente após a guerra, pelo menos nos países não perturbados por revoluções e guerras civis, parecia promissor".
   b) Considerando o que você estudou neste capítulo, a qual país essa frase se aplicaria? Justifique.

2. Leia o texto a seguir.

   > O consumo é considerado, por alguns economistas, como a "mola propulsora" da economia mundial. Consumir geraria demanda, que por sua vez geraria maior produção por parte das indústrias, estimulando o surgimento de novos empregos, o aumento de salários e até mesmo o investimento em novas tecnologias para aprimorar a produção. Isso significaria mais trabalhadores, com salários melhores, que também seriam levados a consumir, formando um ciclo que manteria a economia aquecida e contribuiria para o desenvolvimento dos países. Por muito tempo, essa foi uma corrente de pensamento econômico predominante nos países capitalistas.
   >
   > Chris Bueno. A insustentável sociedade de consumo. Revista eletrônica *ComCiência*. Disponível em: <http://www.comciencia.br>. Acesso em: 16 set. 2014.

   a) O autor do texto acima apresenta a visão de alguns economistas sobre a importância do consumo para a economia nos dias atuais. Qual seria essa importância, segundo o texto?
   b) Apesar de o texto acima ter sido escrito recentemente, em sua opinião, essa lei do consumo serviria para explicar o momento de euforia econômica nos Estados Unidos do pós-Primeira Guerra? Justifique sua resposta usando um argumento histórico estudado neste capítulo.
   c) Em que medida a lei do consumo explicaria também a Grande Depressão estadunidense dos anos 1930?

3. Observe a imagem ao lado.
   Discuta com um colega as questões a seguir e faça o que se pede.
   a) Identifique o contexto em que se insere essa imagem.
   b) Atualmente é possível ver cenas como essa em sua cidade?
   c) Por que esse tipo de atividade é considerado informal?
   d) Descreva uma situação em que a atividade comercial se desenvolva dentro da formalidade. Compare-a com a cena apresentada na imagem ao lado.

   Homem desempregado vendendo maçãs em rua dos Estados Unidos, década de 1930. A placa diz: "Desempregado – compre maçãs".

4. Como o *New Deal* modificou a relação entre o Estado e a economia nos Estados Unidos?

MÓDULO 5

Os regimes totalitários

Os anos 1930 foram marcados pela forte intervenção do Estado na economia em virtude da crise de 1929. Essa intervenção criou condições, em alguns casos, para que o Estado controlasse todos os setores da vida social, política, cultural e econômica da nação.

●●● O fascismo italiano

Na Europa do pós-guerra, a insatisfação popular era grande. O povo realizava protestos contra o desemprego, a carestia e a inflação. A Itália, que integrava a parte vencedora na Primeira Guerra Mundial, não recebeu os territórios na África e na Ásia, que foram prometidos pela França e pela Inglaterra. Isso desagradou o país, principal interessado nessa partilha econômica.

A crise nos Estados Unidos fizera com que, na Itália, muitas pessoas questionassem os regimes democráticos e a liberdade econômica. E o clima de frustração e de desorganização social e econômica permitiu que movimentos antiliberais emergissem.

Um desses movimentos foi o **socialismo**, que pregava a necessidade de uma revolução baseada nas conquistas ocorridas na União Soviética.

Outra tendência política era o **fascismo**. Os fascistas eram conservadores e ultranacionalistas. Contrários ao socialismo e a qualquer outra manifestação de esquerda, defendiam a centralização dos poderes políticos como único modo de superar a crise econômica.

O líder fascista Benito Mussolini em um de seus comícios na Itália, 1938. Uma das marcas do fascismo era promover grandes mobilizações populares para exaltar seu líder.

A Marcha sobre Roma

Os fascistas conseguiram o apoio da burguesia italiana, pois prometiam reorganizar o capitalismo nacional e garantir a ordem no país. Em 1922, depois de enfrentar os movimentos sindicais ligados aos socialistas, os fascistas realizaram a **Marcha sobre Roma** e forçaram o rei Vítor Emanuel III a nomear o líder fascista, **Benito Mussolini**, primeiro-ministro.

No poder, os fascistas estabeleceram uma estrutura corporativa que vinculava os sindicatos ao Estado, o que permitia o controle de manifestações de oposição e greves.

Nas escolas, os livros didáticos passaram a ser definidos pelo governo. Os professores eram obrigados a jurar fidelidade ao regime. Em 1928, as transmissões de rádio tornaram-se monopólio estatal. A economia e os níveis de emprego melhoraram, mas os salários se mantiveram baixos, embora os lucros dos empresários tivessem crescido.

> **Totalitarismo**
>
> O regime totalitário traduz-se por um governo autoritário e nacionalista que não admite a existência de outras correntes políticas. O cidadão deve obedecer totalmente às normas do Estado, anulando seus desejos individuais, pois o que importa é o interesse coletivo. O líder totalitário é uma figura forte e carismática. Ele trata o povo como uma única massa que precisa ser guiada por ele.

●●● A crise alemã

A vida dos alemães pós-Tratado de Versalhes foi marcada por altos índices de desemprego, inflação e falências. Além disso, o Estado precisou recorrer ao capital estrangeiro para reconstruir a nação e quitar as dívidas decorrentes do Tratado.

Com o fim do Império Alemão, foi criada a **República de Weimar**. Seus representantes assinaram o Tratado e por isso foram criticados pelos nacionalistas alemães. Com o aumento da crise econômica, crescia a insatisfação.

Assim como na Itália, surgiram movimentos políticos que pretendiam tomar o poder e contornar a crise. Em 1919, um levante de esquerda foi reprimido. Nesse mesmo ano, foi fundado o Partido Nacional Socialista dos Trabalhadores Alemães, o **Partido Nazista**, liderado por um ex-combatente da Primeira Guerra, **Adolf Hitler**, de tendência conservadora e nacionalista.

Soldados alemães ouvindo um discurso de Hitler, Nuremberg, Alemanha, 1936. A suástica que decora o palanque (ao fundo) é um antigo símbolo que foi apropriado pelos nazistas para representar o partido.

O programa nazista

Os nazistas creditavam à democracia e ao liberalismo a culpa pela crise alemã. Segundo eles, a divisão da sociedade em partidos políticos e em instituições livres atrasava a tomada de decisões do Estado. Era necessária uma reorganização do Estado para recuperar o que fora perdido com o Tratado de Versalhes.

Entre 1923 e 1925, Adolf Hitler escrevera um livro chamado *Mein Kampf* (Minha luta). Nele teorizou sobre o ideal nazista: a oposição ao socialismo e ao liberalismo, a pretensão de controlar o povo alemão.

O antissemitismo e a **Doutrina do espaço vital** também são pontos fundamentais do programa nazista. Hitler responsabilizava os judeus pela decadência alemã. Os judeus eram considerados uma "raça" inferior, que deveria ser exterminada para preservar a "pureza racial" alemã – descendente da "raça" **ariana**. Para que os arianos pudessem se desenvolver, era necessário um espaço vital, ou seja, era preciso expandir o território alemão.

> **GLOSSÁRIO**
>
> **Antissemitismo:** sentimento de repugnância ou ódio em relação aos judeus (semitas).

A chegada ao poder

A situação econômica alemã piorou com a quebra da Bolsa de Nova York. A classe média e a burguesia, temendo o crescimento do movimento socialista, apoiaram o Partido Nazista. Nas eleições de 1932, os nazistas elegeram muitos parlamentares e, assim, em 1933, conseguiram forçar a nomeação de Hitler para primeiro-ministro da Alemanha. No poder, os nazistas restringiram as liberdades individuais e políticas. Uma das medidas foi fechar o Parlamento alemão. Os movimentos sindicais foram silenciados e Hitler conduziu a economia alemã com o objetivo de reconquistar os territórios perdidos na Primeira Guerra.

●●● O stalinismo na União Soviética

Em 1924, após a morte de Lênin, Stálin, secretário-geral do Partido Comunista, assumiu o governo da União Soviética. Trotsky, que havia disputado a liderança, foi exilado e posteriormente assassinado.

Uma das preocupações de Stálin era reprimir qualquer oposição ao seu governo. Para isso, criou um forte aparato repressivo formado pelo exército e por uma polícia secreta.

Stálin abandonou a NEP e criou outro programa com o objetivo de modernizar o país e aumentar os níveis de produtividade agrícola, industrial e tecnológica. Esse programa era chamado de **Plano Quinquenal** e consistia em projetos de aceleração econômica com duração de cinco anos.

Entre 1928 e 1950, Stálin colocou em prática o programa. Priorizou-se o desenvolvimento agrícola e da indústria de base – siderurgias, energia, entre outras. O Estado passou a controlar a produção agrícola, obrigando os agricultores a trabalhar em terras coletivas.

Repressão e expurgos

A execução do Plano Quinquenal alavancou a economia russa, embora o nível de crescimento tenha sido maior na indústria do que na agricultura. Stálin beneficiou-se da crise do capitalismo de 1929, pois ela não atingiu a economia socialista. Os resultados sociais, no entanto, foram desastrosos.

O primeiro Plano Quinquenal previa a coletivização das propriedades agrícolas com a formação de fazendas cooperativas e coletivas. Milhares de pequenos proprietários, que haviam organizado sua produção na época da NEP, tiveram de se adaptar às novas regras.

Muitos camponeses se recusaram a trabalhar para o governo, pois eles eram proibidos de estocar alimentos e não poderiam controlar a produção. Esses trabalhadores preferiram abater seus animais e não realizar a colheita. O Estado respondeu deportando os trabalhadores e cometendo assassinatos.

Stálin promoveu ainda os chamados **expurgos** dentro do Partido Comunista e no Exército Vermelho. Centenas de líderes revolucionários, que manifestaram divergências em relação aos projetos do governo, foram presos, julgados e confinados em prisões afastadas ou condenados à morte.

Cartaz de propaganda do regime stalinista, 1933. Assim como os outros líderes totalitários, Stálin investiu na propaganda para manter sua liderança e a imagem positiva de seu governo. Neste cartaz consta a mensagem: "Com a bandeira de Lênin vencemos nas batalhas".

Um Estado forte

Alguns governantes criticam o sistema democrático, afirmando que as negociações para a aprovação das leis são demoradas e ineficientes. Apoiam a existência de um governo forte, em que a razão de Estado seja o único parâmetro para a elaboração das leis.

- Considerando o que você estudou, discuta com seus colegas os problemas que esse sistema pode apresentar.

Verifique o que aprendeu ●●●

1. Quais eram os princípios fascistas?
2. Qual era a situação da Alemanha pós-Primeira Guerra?
3. Como os nazistas chegaram ao poder?
4. O que eram os Planos Quinquenais?

ATIVIDADES

1. Explique a frase "Tudo para o Estado, nada contra o Estado, nada fora do Estado". Relacione-a ao líder fascista Benito Mussolini, autor da frase.

2. Elabore um texto estabelecendo uma relação entre o desenvolvimento do regime nazista e a crise alemã.

3. Leia o texto abaixo.

   > A derrota militar das antigas classes dirigentes na Primeira Guerra e o surgimento da república favoreceram os judeus. As barreiras contra sua participação em certas profissões e funções públicas caíram simultaneamente à proibição de emigrarem para as cidades. Todavia, num período conturbado pelas duras condições de armistício e pela inflação galopante parecia haver uma ascensão dos judeus, que eram vistos como beneficiários da vitória dos inimigos da Alemanha.
   >
   > No clima passional criado pela derrota, o racismo apareceu com toda a força. Os generais alemães publicavam suas memórias culpando os israelitas pela ruína da Alemanha e responsabilizando-os por incutir no povo um sentimento de fraqueza e inferioridade. A campanha antissemita intensificou-se por toda a parte. Nesse clima de nacionalismo antijudeu nasceu o nazismo.
   >
   > Pierre Sorlin. *O antissemitismo alemão*. São Paulo: Perspectiva, 1974.

   a) Segundo o texto, por que os judeus se beneficiaram com o fim da Primeira Guerra?
   b) Explique o que é antissemitismo.
   c) Retire do texto uma passagem que exemplifique como o antissemitismo cresceu na Alemanha.

4. Observe a imagem a seguir.

   Cartaz de propaganda do governo stalinista, 1952.

   a) O cartaz mostra Stálin à frente do povo soviético, com o mapa do país ao fundo. Como os soviéticos foram retratados?
   b) Qual imagem de Stálin o cartaz transmite?
   c) Pode-se afirmar que esse cartaz foi produzido por um governo totalitário? Justifique.

5. Cite e explique semelhanças e diferenças entre o nazismo, o fascismo e o stalinismo.

APRENDER A...

Ler uma fotografia

Quando olhamos uma fotografia antiga, quantas vezes não estranhamos as roupas, os adornos (enfeites), o penteado ou o corte dos cabelos das pessoas retratadas? Isso acontece porque, com o passar do tempo, os valores, costumes e a moda se transformam. Porém, o olhar do fotógrafo, a tecnologia para fotografar e a situação histórica a ser fotografada também se modificam. Assim, uma fotografia pode nos revelar parte da vida social e cultural da época em que foi feita. Nesse sentido, a fotografia é um documento importante para estudarmos determinada época histórica.

Em certos casos, quem produz uma fotografia não tem a pretensão de que ela vire uma fonte de pesquisa histórica. Nem sempre o fotógrafo tem a consciência do que as imagens registradas revelarão muitos anos depois sobre seu tempo e seu mundo. Há outras situações, porém, em que as imagens são produzidas ou adulteradas de propósito, com a intenção de deixar para a posteridade um registro com uma visão predeterminada de um tempo histórico.

Não nos esqueçamos ainda de que a imagem não é a realidade, mas uma representação dela. Por conseguinte, nos revela como uma pessoa em particular, o fotógrafo, enxergou e interpretou certo fato, ao escolher o que seria fotografado e o que ficaria omitido da foto, o ângulo a partir do qual faria a fotografia e o momento em que ela seria tirada, entre outras coisas.

- **Interpretação de uma fotografia**

    Observe a imagem a seguir.

Com a anexação da Áustria pela Alemanha, em 1938, os judeus austríacos foram obrigados a alguns tipos de trabalho, incluindo o de esfregar ruas na capital, Viena. Fotografia de 1938.

- **Contextualização do momento**

    A época, o lugar e as circunstâncias em que a fotografia foi produzida são informações importantes para identificarmos as personagens e as situações registradas.

    1. Consulte a legenda e registre quando e onde foi feita a fotografia da página anterior.
    2. Para analisar historicamente uma fotografia é necessário conhecer o contexto em que ela foi produzida. Agora que você sabe a data e o local onde a imagem foi capturada, é possível verificar o momento histórico no qual ela está inserida? Se necessário, retome o que você estudou neste capítulo.

- **Observação das técnicas que os fotógrafos utilizam para destacar ou omitir elementos de uma fotografia**

    - **Os planos:** o primeiro plano é ocupado pelos elementos que estão mais à frente da fotografia. Geralmente, encontram-se aí os elementos para os quais o fotógrafo deu maior ênfase. Aqueles que estão mais ao fundo ocupam o segundo e terceiro planos, sucessivamente, e aparecem em tamanho menor, com menos destaque.
    - **As cores:** em fotografias coloridas, as cores destacadas podem nos levar a fazer certas associações. Por exemplo, o vermelho pode remeter à violência ou à paixão, e o verde e amarelo podem fazer pensar na bandeira nacional brasileira.
    - **A incidência de luz:** o fotógrafo pode destacar com a luz ou esconder nas sombras certos aspectos daquilo que foi fotografado. A luminosidade também pode conferir um clima alegre e leve, ou triste e pesado para a fotografia.
    - **O enquadramento:** é o "recorte" que o fotógrafo faz do que pretende registrar, selecionando o que sairá na fotografia.
    - **O momento decisivo:** é o momento do "clique", o instante em que a fotografia é capturada. No campo da ação, em uma fração de segundo, pode haver uma alteração no movimento de uma pessoa ou do objeto que está sendo registrado, e o fotógrafo pode conseguir uma imagem inusitada e diferente daquela que imaginou. Pode, ainda, flagrar cenas, objetos ou pessoas que não havia percebido no momento em que bateu a fotografia.

- **Descrição da fotografia, a partir das observações técnicas**

    3. Quais personagens ocupam o primeiro plano da fotografia?
    4. Onde a luz incide na fotografia?
    5. Descreva as pessoas que estão ao fundo da fotografia. (Pelas roupas, identifique se são civis ou militares; preste atenção às suas expressões e posturas.)
    6. Que impressões e sentimentos você acha que o fotógrafo quis provocar em quem observa a fotografia?

- **Reflexão sobre a fotografia**

    7. O que a fotografia exibida nessa atividade pode revelar sobre o contexto histórico europeu em que ela foi feita?
    8. Uma fotografia pode gerar diversas interpretações dependendo também de quem a observa. Imagine quais avaliações judeus e nazistas poderiam fazer dessa imagem.

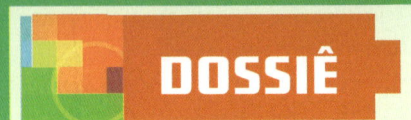

A era do *jazz*

Apesar da guerra, das crises econômicas e ideológicas, o início do século XX foi marcado por uma grande efervescência cultural. Invenções tecnológicas, como o cinema e o rádio, não só revolucionaram as artes e os meios de comunicação como também foram responsáveis pelo surgimento da **cultura de massa**, ou seja, uma produção cultural voltada e consumida por grande parte da população.

Esses novos meios de comunicação ajudavam a divulgar, para um maior número de pessoas e em diferentes lugares, novas tendências musicais, ideias, modas e outras novidades.

Uma música executada pelo rádio poderia, em poucos dias, transformar-se em um grande sucesso, tornando-se popular e vendendo muitos discos.

Isso ocorreu, por exemplo, com um novo estilo musical chamado ***jazz***.

Uma longa caminhada

O *jazz* surgiu durante o século XIX entre os africanos escravizados do sul dos Estados Unidos. Enquanto trabalhavam, eles cantavam músicas que refletiam suas aflições, esperanças e tristezas, criando e improvisando melodias. Essas músicas passaram a ser cantadas em seus momentos de lazer, embaladas por ritmos africanos tocados por instrumentos improvisados.

Esses novos ritmos também eram executados nos cultos religiosos evangélicos. Durante o século XIX, ocorreu um intenso trabalho de evangelização entre os afrodescendentes. Os fiéis aprendiam as canções ensinadas pelos pastores e acrescentavam a elas os novos ritmos. Esse estilo musical ficou conhecido como **gospel**.

A essas novas tendências musicais se juntou o **ragtime**, estilo que fez grande sucesso no início do século XX. O *ragtime* era um ritmo dançante tocado por piano, com influências afro-americanas e europeias.

O berço do *jazz*

Algumas cidades do sul estadunidense, como Memphis, Saint Louis, Sedalia – considerada o berço do *ragtime* – e sobretudo Nova Orleans, se tornaram grandes centros da cultura musical afro-americana.

Nessas cidades, formaram-se bandas que se apresentavam inicialmente para um pequeno público. Esses grupos tocavam trombones, clarinetas e pistons, sendo acompanhados por pianos, baterias, guitarras e outros instrumentos. A música executada por esses grupos era o *jazz*.

Nova Orleans é considerada até hoje a capital do *jazz*. Lá, era possível ouvir estilos musicais populares e eruditos. A essa riqueza musical, somava-se a mistura de grupos sociais e raciais.

Apesar de ter se originado entre os negros, uma das primeiras bandas de *jazz* a fazer sucesso foi a *Original Dixieland Jazz Band*, formada apenas por brancos. Ela foi a primeira a lançar um disco de *jazz* (1917). Foi também a banda que difundiu o nome do novo estilo musical.

O *jazz* corre o país

Muitos afro-americanos deixaram o sul dos Estados Unidos em busca de uma vida melhor nas cidades do Norte, sobretudo Chicago e Nova York. Além da esperança e da disposição para o trabalho, esses migrantes levavam consigo o *jazz*.

Durante a década de 1920, no auge da economia estadunidense, muitas pessoas passaram a ter dinheiro para gastar em diversão. Os rádios passaram a ser produtos mais acessíveis ao

Joe "King" Oliver (primeiro à direita) e sua *Creole Jazz Band* em estúdio em Chicago, c. 1922.

bolso, e houve um aumento de público nas casas de *show* e nos bares.

O *jazz* então deixou de ser tocado apenas nos pequenos bares e passou diretamente para as residências e para as grandes salas de espetáculo.

O auge (1920-1940)

Entre os anos de 1920 e 1940, esse estilo musical se tornou o mais popular e consumido no país. Era um período em que os Estados Unidos se tornavam a grande potência mundial e que seus costumes e manifestações culturais eram admirados e imitados em muitos países.

Os europeus, que até o final do século XIX ditavam as tendências artísticas, agora se deixavam influenciar pela cultura estadunidense. Em Paris, por exemplo, ouvia-se *jazz* nas grandes casas de espetáculo.

Dançarinas ditam a moda

As grandes bandas de *jazz*, chamadas de *big bands*, lotavam os salões de dança. Esses grupos disputavam entre si para ver qual era melhor e qual atraía mais pessoas para as suas apresentações.

Uma das danças que acompanhavam essas bandas era o *charleston*, em que os dançarinos faziam movimentos rápidos com os braços, pés e joelhos. O estilo das dançarinas – vestido curto para a moda da época, longos colares e cabelo curtíssimo com enfeites na cabeça – foi imitado por muitas mulheres nos Estados Unidos e na Europa.

Símbolo de modernidade

Em pouco tempo, o *jazz* se tornou um estilo popular. Mas essa popularidade não foi fácil de ser conquistada.

Inicialmente, apesar de muitos músicos brancos se interessarem pelo novo estilo, o *jazz* era considerado uma cultura inferior devido a sua raiz afro-americana.

Em contrapartida, artistas e intelectuais da época gostaram da novidade. A vanguarda

Pôster do *show* "The Original Charleston", estrelado por Josephine Baker, uma das mais famosas dançarinas de *charleston*, década de 1920.

europeia aprovou o *jazz* por ser um símbolo de modernidade e um rompimento com o passado.

Durante o século XX, o *jazz* influenciou outros estilos musicais, como o *rock*, e também foi influenciado por outros. Há muitos anos, o *jazz* deixou de ser o estilo mais popular dos Estados Unidos, mas, mesmo assim, consolidou-se e atualmente é tocado em todos os cantos do planeta, incluindo o Brasil.

O grupo *Original Dixieland Jazz Band* em New Orleans, Estados Unidos, 1916.

■ Discussão sobre o texto

1. Por que durante a década de 1920 as pessoas podiam gastar dinheiro com diversão?
2. Por qual motivo o *jazz* foi bem aceito na Europa?
3. Discuta com um colega quais fatores podem caracterizar o *jazz* como um símbolo da modernidade do início do século XX. Elabore um parágrafo com as suas conclusões.

FAZENDO HISTÓRIA

Os anseios dos trabalhadores russos

1. O texto a seguir é um trecho do livro *Dez dias que abalaram o mundo*, do jornalista estadunidense John Reed, que presenciou os momentos iniciais da Revolução Russa de outubro de 1917. O trecho que você vai ler faz parte do prefácio que o autor escreveu em 1919, no qual ele cita outro autor que analisou a revolução de 1905.

> [...] As classes proprietárias visavam apenas a uma revolução política que pusesse em suas mãos o poder arrebatado ao czar. Queriam tornar a Rússia uma república, a exemplo da França ou dos Estados Unidos, ou uma monarquia constitucional, como a Inglaterra. Por outro lado, a massa do povo desejava uma verdadeira democracia industrial e agrária.
>
> William English Walling, em seu livro *A mensagem da Rússia*, um relato da Revolução de 1905, descreve muito bem o estado de espírito dos trabalhadores russos, que viriam a dar seu apoio ao bolchevismo de maneira praticamente unânime:
>
> "Eles [os trabalhadores] perceberam que poderiam continuar passando fome mesmo com um governo liberal, se este fosse conduzido por outras classes sociais [...]
>
> O trabalhador russo é revolucionário, mas não é violento, dogmático, nem lhe falta inteligência. [...] Ele está pronto e disposto a combater seu opressor, a classe capitalista, até o fim. Mas não ignora a existência de outras classes. Somente deseja que as outras classes se posicionem de um lado ou de outro quanto ao implacável conflito que se aproxima [...]
>
> Todos eles [os trabalhadores] reconhecem que preferem nossas instituições [estadunidenses] políticas às suas próprias, mas não estavam muitos ansiosos por trocar um déspota por outro (ou seja, a classe capitalista) [...]."
>
> John Reed. *10 dias que abalaram o mundo*. São Paulo: Ediouro, 2002. p. 42.

a) Havia divergências entre os interesses das classes dominantes russas e os dos trabalhadores? Justifique.

b) Segundo o texto, qual era o maior temor dos trabalhadores?

c) Por que os trabalhadores apoiaram o bolchevismo?

2. Esta imagem, de 1920, retrata Lênin, um dos líderes da Revolução Russa, varrendo o globo terrestre. Observe-a atentamente.

a) Os homens que estão sendo varridos por Lênin representam diferentes grupos sociais russos. Identifique-os.

b) Quais dos elementos contidos na charge poderiam caracterizar Lênin como socialista?

c) Escreva no caderno um parágrafo relacionando a charge com o texto acima.

Cartaz com caricatura de Lênin.

LENDO HISTÓRIA

Antes de ler

- Leia o título do texto. A partir do que você estudou neste capítulo, é possível deduzir qual será a discussão desta seção?
- Observe a imagem abaixo. Descreva e analise seus elementos: as pessoas, seus trajes e atitudes, o local onde se encontram. Em sua opinião, o que as pessoas retratadas estão fazendo? É possível associar a imagem ao assunto do texto?

O Tratado de Versalhes e suas consequências

Texto A

O tratado da paz foi também o da guerra. A uma Alemanha derrotada militarmente, os vencedores reunidos em Versalhes impuseram condições humilhantes. Obrigado a admitir a culpa pelo conflito, o país pagou indenizações tão elevadas que provocaram a hiperinflação, destruindo a economia. Além disso, a Alemanha perdeu território e teve que abrir mão de colônias. A indignação popular abriu espaço para o ultranacionalismo e a ascensão de Hitler. Estavam dadas as condições que, 20 anos após Versalhes, levariam à eclosão da Segunda Guerra Mundial.

Todos concordavam que o Tratado de Versalhes era incapaz de instaurar uma paz duradoura e, provavelmente, seria sucedido por uma nova guerra. Mas ainda restava decidir se essa nova guerra decorreria da aplicação do tratado ou de seu descumprimento. O certo é que ele pesou durante 20 anos sobre a Europa, até a eclosão da crise que detonaria a Segunda Guerra Mundial.

Versalhes, junho de 1919: o fim e o começo das guerras mundiais. Revista *História Viva*. São Paulo, Duetto, n. 33, 2006. p. 29-30.

Texto B

Por fim, as potências vitoriosas buscaram desesperadamente o tipo de acordo de paz que tornasse impossível outra guerra como a que acabara de devastar o mundo e cujos efeitos retardados estavam em toda parte. Fracassaram da forma mais espetacular. Vinte anos depois, o mundo estava de novo em guerra.

Eric Hobsbawm. *A era dos extremos*: o breve século XX – 1914-1991. São Paulo: Companhia das Letras, 1995. p. 39-40.

Texto C

Impôs-se à Alemanha uma paz punitiva, justificada pelo argumento de que o Estado era o único responsável pela guerra e todas as suas consequências (cláusula da "culpa de guerra") para mantê-la permanentemente enfraquecida.

Eric Hobsbawm. *A era dos extremos*: o breve século XX – 1914-1991. São Paulo: Companhia das Letras, 1995. p. 41.

Sir William Orpen. *O Tratado de Versalhes*, 1919. Óleo sobre tela.

De olho no texto

1. Explique o que significa a frase "O tratado da paz foi também o da guerra".
2. Comente o que cada texto diz sobre a possibilidade de ocorrer uma guerra pós-tratado.
3. Os textos trazem o mesmo ponto de vista sobre a elaboração do Tratado de Versalhes? Explique.

QUESTÕES GLOBAIS

1. O texto a seguir comenta o que ocorreu com os combatentes da Primeira Guerra Mundial após o final do conflito. Por que motivo nem sempre os combatentes conseguiam se readaptar à vida civil?

> [...]. Os antigos combatentes do mesmo regimento se reúnem periodicamente em jantares onde evocam as lembranças de guerra, essas histórias de homens. Muitos são os que ficaram definitivamente alquebrados por esses anos de horror, incapazes de se readaptar a uma vida civil que, alguns anos depois, sofrerá o abalo da Grande Depressão. Para uma unidade que "descia" de Verdun, bastava a metade dos caminhões que tinham sido necessários para a ida. É uma lembrança indelével que entretém as insônias e alimenta os pesadelos.
>
> Antoine Prost e Gérard Vincent (Org.). *História da vida privada*: da Primeira Guerra a nossos dias. São Paulo: Companhia das Letras, 1992. v. 5. p. 212.

2. O cartaz ao lado retrata um grande rádio cercado pelo povo alemão ouvindo um discurso de Adolf Hitler. Observe-o e responda no caderno.
   a) Qual a mensagem que o cartaz pretende transmitir?
   b) Por que, em sua opinião, Hitler usava também o rádio para fazer seus discursos?

Cartaz nazista. Alemanha, década de 1930. A mensagem diz: "Toda a Alemanha escuta o Führer [Hitler] com o receptor do povo".

PARA SABER MAIS

Livros

24 de outubro de 1929: a quebra da bolsa de Nova York e a grande depressão, de Wagner Pinheiro Pereira. São Paulo: Nacional, 2006.
   O livro permite uma compreensão abrangente da famosa crise do sistema financeiro mundial, sendo importante instrumento para a compreensão da situação econômica contemporânea.

25 de outubro de 1917: a Revolução Russa, de Oswaldo Coggiola e Arlene Clemesha. São Paulo: Nacional, 2005.
   O livro analisa os principais eventos e significados da mais importante revolução socialista do século XX.

Vozes esquecidas da Primeira Guerra Mundial, de Max Arthur. Rio de Janeiro: Bertrand Brasil, 2011.
   Apresenta depoimentos de cidadãos que sobreviveram à Primeira Guerra Mundial.

●●● Síntese

A Primeira Guerra Mundial
- A formação da Tríplice Entente e da Tríplice Aliança
- A paz armada
- O assassinato de Francisco Ferdinando: o estopim da guerra
- A guerra de movimento e a guerra de trincheiras

A Europa do pós-guerra
- O Tratado de Versalhes
- A Liga das Nações
- A crise econômica e a ajuda estadunidense

A Revolução Russa
- O Domingo Sangrento
- A formação dos bolcheviques, mencheviques e a organização dos sovietes
- A Revolução de Outubro e o Exército Vermelho
- A Nova Política Econômica

Estados Unidos: esplendor e crise
- A quebra da Bolsa de Nova York
- A grande depressão
- O presidente Roosevelt e o New Deal

Os regimes totalitários
- A ascensão do fascismo italiano, Mussolini no poder
- As ideias nazistas e a ascensão de Adolf Hitler
- O stalinismo soviético

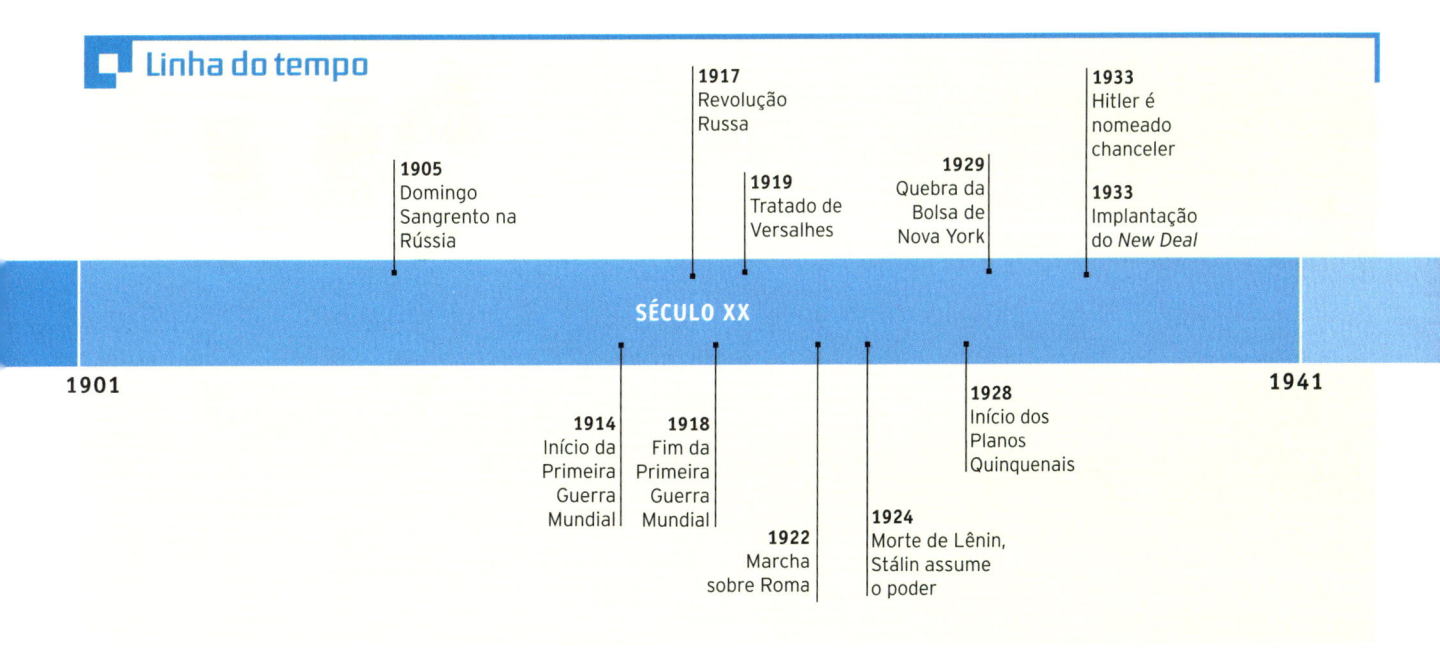

Linha do tempo

SÉCULO XX — 1901 a 1941

- 1905: Domingo Sangrento na Rússia
- 1914: Início da Primeira Guerra Mundial
- 1917: Revolução Russa
- 1918: Fim da Primeira Guerra Mundial
- 1919: Tratado de Versalhes
- 1922: Marcha sobre Roma
- 1924: Morte de Lênin, Stálin assume o poder
- 1928: Início dos Planos Quinquenais
- 1929: Quebra da Bolsa de Nova York
- 1933: Hitler é nomeado chanceler
- 1933: Implantação do New Deal

No final dos anos 1930, os regimes totalitários da Europa – Alemanha e Itália, com apoio do Japão – iniciaram um movimento expansionista que logo se chocou com os interesses de outras grandes potências – Inglaterra, França, União Soviética e Estados Unidos. Desse choque, resultou a maior guerra da história, que matou dezenas de milhões de pessoas e destruiu regiões inteiras. Derrotados os países totalitários, emergiu um novo mundo, dividido entre os sistemas comunista e capitalista. Um mundo bipolar, marcado pela Guerra Fria.

A Segunda Guerra Mundial

CAPÍTULO 2

O QUE VOCÊ VAI APRENDER

- A escalada da violência e o expansionismo nazista
- O domínio do Eixo
- A união dos Aliados contra o Eixo
- A vitória dos Aliados
- O mundo bipolar

CONVERSE COM OS COLEGAS

1. A divergência de interesses entre grupos de pessoas ou Estados às vezes resulta em impasses. Sob o pretexto de resolvê-los, eclodem guerras, nas quais as forças armadas destroem, expulsam, aprisionam, matam. Um dos locais mais atingidos pelas guerras são as cidades.
   a) Você conhece exemplos de cidades que foram atingidas por guerras? Quais?
   b) Você já viu imagens que representam os efeitos de uma guerra em áreas urbanas? Descreva-as.

2. A imagem ao lado retrata os efeitos da bomba atômica lançada pelas forças armadas dos Estados Unidos sobre a cidade japonesa de Hiroshima em 1945. Essa fotografia foi feita em 1946, meses depois de a cidade ter sido destruída pela explosão atômica. Qual é o estado das ruas e construções da cidade?

3. Os edifícios retratados, antes de serem destruídos, não eram de uso militar, mas ocupados por residências, lojas, escritórios, hospitais, etc. Milhares de civis moravam, trabalhavam ou frequentavam esses prédios.
   a) O que teria acontecido com as pessoas que viviam nessa região de Hiroshima?
   b) Como seria a vida dos sobreviventes nessa cidade?
   c) Discuta com os colegas por que, em uma situação de guerra, os exércitos inimigos atacavam principalmente as cidades.

Hiroshima, no Japão, em 1946, meses após o lançamento da bomba atômica sobre a cidade.

MÓDULO 1

O expansionismo nazista

Durante a década de 1930, o Partido Nazista ganhou muitos adeptos na sociedade alemã, abalada pela crise econômica iniciada em 1929. Ao assumir o governo, os nazistas implantaram um clima de terror contra grupos taxados de "inimigos" e iniciaram sua política expansionista.

••• A eliminação dos inimigos internos

O Partido Nazista, organizado em moldes militares, adotou a tática de reprimir com violência os grupos que considerava perigosos ao seu projeto político e à pureza da "raça ariana". Judeus, comunistas, homossexuais, ciganos e pessoas com deficiência foram alguns dos alvos da violência nazista. As pessoas que pertenciam a esses grupos minoritários eram espancadas, assassinadas ou tinham suas empresas depredadas. Ao chegarem ao poder, os nazistas passaram a deter os membros pertencentes a esses grupos e enviá-los para prisões especiais, os **campos de concentração**.

Campos de trabalho e de extermínio

O primeiro campo de concentração começou a funcionar na cidade alemã de Dachau em março de 1933, poucos meses depois da ascensão de Hitler ao poder. Outros campos foram construídos nos anos seguintes. Alguns deles serviam como **campos de trabalho escravo**, onde os prisioneiros morriam em grande número, em decorrência das condições desumanas às quais eram submetidos, como trabalho forçado, alimentação insuficiente, violência e tortura. Outros, porém, foram planejados como **campos de extermínio** em massa, principalmente de judeus, exibindo verdadeiras máquinas de morte.

Intolerância ou inclusão?

As pessoas com deficiência física ou mental eram consideradas pelos nazistas inaptas para viver em sociedade e, por isso, muitas delas também foram vítimas de violência. Porém, pessoas com deficiência têm amplas condições – e o direito – de exercer atividades profissionais, constituir família, participar da comunidade, enfim, ter autonomia sobre a própria vida. Atualmente, cerca de 10% da população mundial tem algum tipo de deficiência. Apenas no Brasil são mais de 24 milhões de habitantes.

1. Discuta com os colegas quais atitudes de respeito vocês observam em relação a essa parcela da população.
2. Na opinião da turma, o que precisaria ser feito para ampliar a participação dessas pessoas na sociedade?

Crianças prisioneiras no campo de concentração de Auschwitz, Polônia, em 1944, durante a Segunda Guerra Mundial.

Hulton Archive/Keystone/Getty Images

O CAMPO DE AUSCHWITZ

Os nazistas implantaram na Polônia ocupada uma série de campos de extermínio, voltados principalmente à execução de judeus. O maior e mais famoso deles foi o campo de Auschwitz. Criado em abril de 1940 como campo de concentração para presos políticos, foi sendo ampliado nos anos seguintes. Em outubro de 1941 foi construída a estrutura de extermínio, conhecida como Birkenau, composta de quatro câmaras de gás. O assassinato em massa de prisioneiros, entre eles homens, mulheres e crianças, foi intensificado a partir de janeiro de 1942, quando os nazistas implantaram a chamada "Solução Final" para a questão judaica, isto é, o extermínio de todos os judeus da Europa. No total, morreram em Auschwitz cerca de 1,5 milhão de pessoas, a maioria judeus.

●●● A Grande Alemanha

Ao mesmo tempo que perseguiam os "inimigos internos", os nazistas defendiam uma política externa expansionista. Em seus discursos exaltados, Hitler empolgava o povo alemão ao propor não apenas a reconquista dos territórios perdidos na Primeira Guerra, mas também a anexação de todos os territórios estrangeiros onde houvesse comunidades de língua alemã, formando, assim, a **Grande Alemanha**.

Os nazistas baseavam-se na teoria do **espaço vital**, isto é, na ideia de que a nação alemã devia ocupar uma área de tamanho e riquezas naturais compatíveis com a capacidade de desenvolvimento de sua população. Hitler defendia que o povo alemão, "ariano", era superior aos demais e que, portanto, possuía o direito de ocupar o espaço pertencente a seus vizinhos, usufruindo de suas terras férteis e das riquezas minerais.

O 3º Reich

Grupos nacionalistas alemães acreditavam na existência de dois impérios – Reich, em alemão –, que ao longo da História unificaram a nação germânica: o Sacro Império Romano-Germânico (962-1806) e o Império Alemão reunificado por Otto von Bismarck (1871-1918).

Os nazistas pretendiam que o Estado reinstituído por eles em 1933 fosse o terceiro império alemão. Por isso afirmavam que o governo de Hitler representava a implantação do 3º Reich.

A expansão alemã

Para pôr em prática seus planos expansionistas, os nazistas iniciaram a recuperação das forças armadas alemãs, desrespeitando as imposições do Tratado de Versalhes. Em 1936, o exército alemão, em vias de recuperação, executou sua primeira operação militar de importância ao ocupar a **Renânia**, território da Alemanha que havia sido desmilitarizado após o fim da Primeira Guerra.

Em 1938, os nazistas derrubaram o governo austríaco e anexaram a Áustria ao 3º Reich. No mesmo ano, Hitler exigiu à Tchecoslováquia que cedesse a região dos Sudetos, justificando que era habitada majoritariamente por alemães. Essa exigência era uma afronta a um país independente, e um ataque alemão aos tchecoslovacos seria o início de uma nova guerra.

França e Inglaterra, contudo, temendo um morticínio semelhante ao da Primeira Guerra, adotaram a postura de evitar um conflito armado a qualquer custo e apoiaram o plano nazista, assinando o **Tratado de Munique**. O governo tchecoslovaco foi obrigado a entregar os Sudetos à Alemanha. Meses depois, Hitler ocupou toda a Tchecoslováquia.

A ameaça de guerra

A ocupação da Tchecoslováquia em março de 1939 trouxe a certeza de que as ambições de Hitler eram ilimitadas e punham em perigo a paz europeia.

Mudando sua postura, os governos da França e da Inglaterra decidiram não mais aceitar as agressões alemãs: a partir daquele momento qualquer ação de Hitler para anexar novos territórios provocaria uma reação armada de ingleses e franceses em defesa do país ameaçado.

A REGIÃO DOS SUDETOS

Fonte de pesquisa: Georges Duby. *Grand atlas historique*. Paris: Larousse, 2006. p. 97.

A Europa em guerra

Em 1º de setembro de 1939, sob o pretexto da recusa polonesa em entregar ao *Reich* a cidade de **Dantzig**, território de população majoritariamente alemã que servia de ligação com a Prússia Oriental, as tropas de Hitler invadiram a Polônia.

A invasão da Polônia foi antecedida por dois acordos. Em maio de 1939, a Alemanha e a Itália fascista, de Benito Mussolini, assinaram um pacto em que se comprometiam a defender-se mutuamente em caso de agressão. Mas o acordo mais importante foi firmado meses depois. Em agosto de 1939, Hitler celebrou com o líder Josef Stálin, da União das Repúblicas Socialistas Soviéticas (URSS), um **pacto secreto**, chamado Pacto Germano-Soviético, garantindo que os soviéticos não atacariam o exército alemão em marcha para o leste, recebendo em troca o direito de ocupar parte do território polonês.

Diante da agressão à Polônia, a Inglaterra e a França cumpriram sua ameaça e declararam guerra à Alemanha, iniciando o conflito que ao longo dos anos seguintes ficaria conhecido como Segunda Guerra Mundial.

O avanço das potências expansionistas

Os exércitos ingleses e franceses, excessivamente presos a táticas baseadas na potência estática dos canhões, não se mostraram preparados para enfrentar a *blitzkrieg*, ou "guerra-relâmpago". A *blitzkrieg* utilizava a velocidade proporcionada pelas armas modernas, como caminhões, tanques e aviões, para avançar rapidamente, surpreendendo o inimigo.

Dessa forma, em alguns meses, os nazistas conquistaram a Polônia, a Noruega, a Holanda, a Bélgica e grande parte da França, incluindo a capital, Paris, tomada em junho de 1940.

Enquanto Hitler avançava pela Europa, no Oriente o Japão, que também possuía um governo autoritário e militarista empenhado em conquistar seu "espaço vital", havia invadido e ocupado partes da China, como a Manchúria, e da Indochina. Em setembro de 1940, o Japão firmou uma aliança militar e econômica com a Alemanha e a Itália, conhecida como **Pacto Tripartite**, criando com esses dois países o chamado **Eixo**.

A batalha da Inglaterra

Com a rendição da França, restava aos nazistas derrotar a Inglaterra. Hitler planejava conquistar as ilhas britânicas transportando seus tanques e soldados em barcaças pelo Canal da Mancha. Para que a travessia fosse viável, porém, era necessário destruir as defesas inglesas por meio de bombardeios aéreos, iniciados em julho de 1940 pela Luftwaffe, a Força Aérea Nazista. Apesar da grande destruição causada nas cidades inglesas, principalmente em Londres, os ataques da aviação alemã foram contidos pelos caças da Real Força Aérea britânica (RAF), forçando Hitler a suspender a invasão.

O expansionismo italiano

Os fascistas italianos, inspirados no antigo Império Romano, desejavam dominar a costa do mar Mediterrâneo e setores do norte da África. Presentes na Líbia desde 1911, os italianos conquistaram a Etiópia (1935) e a Albânia (1939). Declarada a guerra com a Inglaterra, os italianos tomaram a Somália. Porém, ao tentarem invadir o Egito e a Grécia em 1940, foram derrotados, tendo de ser socorridos pelos alemães. Desde então se tornaram meros auxiliares dos exércitos de Hitler.

Benito Mussolini, líder italiano, em 1935, Londres, Inglaterra.

Verifique o que aprendeu

1. O que era a Grande Alemanha?
2. Qual o pretexto usado pelos alemães para invadir a Polônia?
3. Quais países declararam guerra à Alemanha após a invasão da Polônia?

ATIVIDADES

1. Em março de 1933, o governo alemão criou o primeiro campo de concentração, em Dachau. Nos anos seguintes, foram criados vários outros. Em relação a este tema, responda às questões abaixo.
   a) Explique as causas que levaram os nazistas a criar os campos de concentração.
   b) Cite alguns grupos que foram vítimas dos alemães nos campos de concentração.
   c) Identifique os dois tipos de campos de concentração criados pelos nazistas.
   d) Explique por que a mortalidade era alta nos campos de trabalho.

2. Relacione a teoria do espaço vital com a política expansionista do nazismo.

3. Em 1938, os governos da França e da Inglaterra apoiaram o plano nazista de anexar a região dos Sudetos, na Tchecoslováquia.
   a) Indique qual era a justificativa usada pelos nazistas para anexar os Sudetos à Alemanha.
   b) O que explica a posição adotada inicialmente por franceses e ingleses, apoiando o plano nazista de incorporar ao seu território a região dos Sudetos, na Tchecoslováquia?

4. Explique como a guerra começou.

5. Explique por que a *blitzkrieg* não foi bem-sucedida na batalha da Inglaterra.

6. A imagem abaixo, de abril de 1933, mostra três membros do Partido Nazista parados diante de uma loja, em Berlim. O homem ao centro da imagem carrega um cartaz em que está escrito: "Alemães! Defendei-vos! Não comprem de judeus!". Analise a imagem e faça o que se pede.

Membros do Partido Nazista em Berlim, 1933.

   a) Associe o conteúdo da mensagem com as propostas do Partido Nazista.
   b) Relacione a estratégia política dos nazistas com o estilo da mensagem escrita no cartaz, que usa o verbo no imperativo e termina todas as frases com ponto de exclamação.
   c) Os homens que aparecem na imagem são civis, membros do Partido Nazista. Descreva como eles estão vestidos.
   d) Relacione o tipo de vestimenta mostrado na imagem com a postura ideológica do nazismo.

MÓDULO 2

A guerra

Os dois primeiros anos da guerra foram marcados pelas vitórias alemãs e japonesas na Europa e na Ásia, conquistadas com o uso de novas tecnologias e estratégias militares. Os ataques contra a União Soviética e os Estados Unidos iriam, porém, alterar o equilíbrio de forças, provocando a derrota do Eixo.

A invasão da União Soviética

Ao longo do ano de 1940, a União Soviética e a Alemanha, ligadas por um pacto de não agressão, passaram a disputar territórios na península Balcânica, no sudeste europeu, o que incluía o controle dos poços de petróleo da Romênia, fornecedores do combustível utilizado pelos alemães. Adotando uma política de aliciamento e pressão militar, os alemães transformaram a Romênia e a Bulgária em países satélites do *Reich*. A conduta de Hitler em relação aos países dos Bálcãs desagradou aos soviéticos, que consideravam os Bálcãs território sob sua influência.

O anticomunismo da doutrina nazista era outro fator de tensão entre alemães e soviéticos, que desconfiavam um do outro em suas intenções para manter a paz.

Contudo, Stálin não estava preparado para atacar diretamente um inimigo poderoso como o exército alemão. Coube a Hitler tomar a iniciativa: em junho de 1941, o exército nazista invadiu a União Soviética. De início, os alemães avançaram sem encontrar séria resistência. Em outubro, as tropas de Hitler conseguiram atingir os subúrbios de Moscou. Tudo indicava que mais uma vez a máquina de guerra nazista iria se impor.

> **Os exércitos "nazistas"**
>
> É comum usar a expressão "exércitos alemães" para se referir às tropas sob o comando de Hitler que lutavam na Europa. Mas, a rigor, não havia apenas alemães nessas tropas: divisões inteiras de romenos, húngaros, búlgaros e italianos lutaram ao lado dos alemães em várias ocasiões, até mesmo na invasão da União Soviética.

AVANÇO DE HITLER (1939-1941)

Fonte de pesquisa: *Atlas da história do mundo*. São Paulo: Folha da Manhã, 1995. p. 265.

●●● Os Estados Unidos na guerra

Apesar de condenarem a ditadura e o expansionismo nazistas, os Estados Unidos mantinham uma posição de neutralidade, pois nem o governo nem a população estadunidense desejavam ver seus jovens morrendo nos campos de batalha, em uma guerra considerada um problema europeu.

Mas as sucessivas vitórias alemãs, somadas à ação dos submarinos nazistas no oceano Atlântico e ao expansionismo japonês no Pacífico, forçaram os Estados Unidos a tomar uma posição.

Na tentativa de conter a Alemanha, o presidente estadunidense Franklin Roosevelt firmou, em agosto de 1941, uma aliança antinazista com o primeiro-ministro inglês Winston Churchill, conhecida como **Carta do Atlântico**. Stálin aderiu a essa aliança pouco depois.

Enquanto acontecia a guerra na Europa, o expansionismo japonês avançava em direção às colônias inglesas, francesas e holandesas na Ásia e na Oceania, o que contrariava os interesses dos Estados Unidos na região. A invasão da Indochina francesa pelos japoneses, em julho de 1941, provocou a imediata reação dos estadunidenses, que suspenderam o fornecimento de combustíveis ao Japão.

Os Estados Unidos, porém, continuavam fora da guerra, limitando-se a apoiar com armas e dinheiro as nações que lutavam contra Hitler e a ameaçar os japoneses com novas retaliações comerciais. A resposta do Japão a essas ameaças mudou esse quadro.

Encontro entre o presidente estadunidense Franklin Roosevelt (à esquerda, em primeiro plano) e o primeiro-ministro Winston Churchill (à direita) em um navio inglês, em agosto de 1941, para discutir os rumos da guerra.

O ataque japonês

A posição dos Estados Unidos mudou quando, em 7 de dezembro de 1941, o Japão bombardeou a base naval de Pearl Harbour, no Havaí, matando cerca de 2500 pessoas.

Em resposta ao ataque surpresa à sua principal base naval no oceano Pacífico, em 8 de dezembro os Estados Unidos declararam guerra ao Japão. Em seguida, a Alemanha e a Itália declararam guerra aos Estados Unidos.

Ao entrar na guerra, os Estados Unidos uniram-se à Inglaterra e à União Soviética, formando a liderança do grupo que ficou conhecido como os **Aliados**.

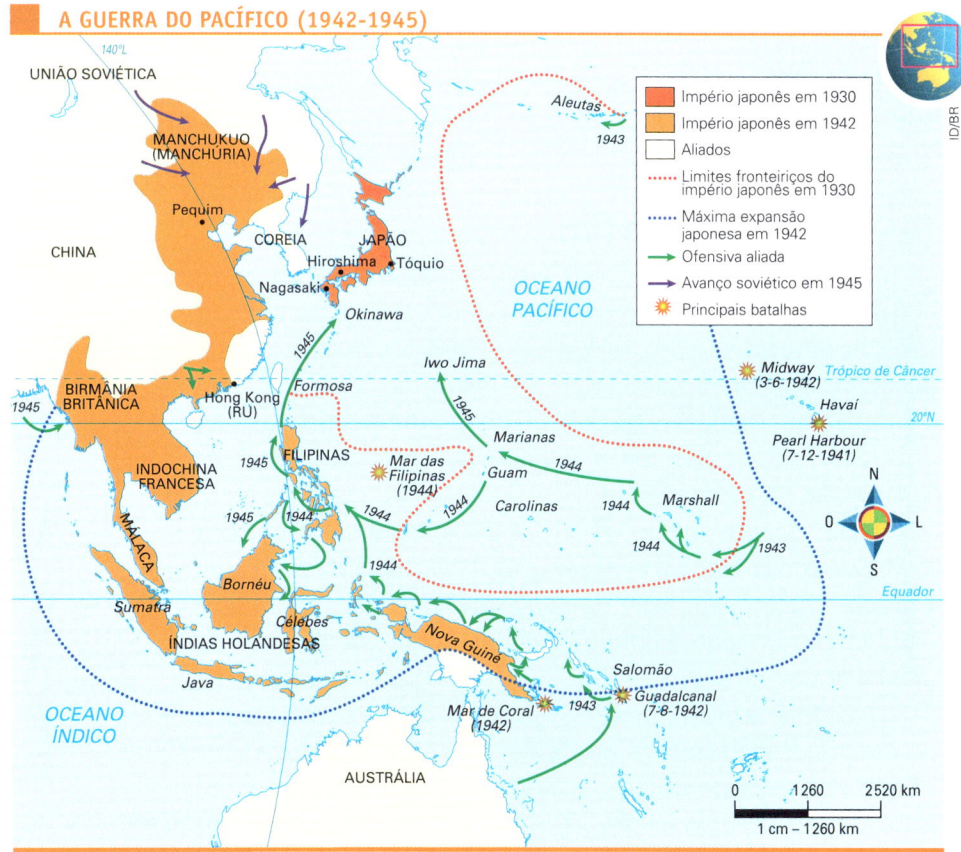

A GUERRA DO PACÍFICO (1942-1945)

Fonte de pesquisa: Atlas histórico. Madrid: SM, 2005. p. 131.

A reação soviética

Hitler pretendia conquistar rapidamente a União Soviética tomando Moscou e Leningrado e controlando suas vastas jazidas de petróleo e minérios. Contudo, apesar de boa parte do território ocidental da União Soviética ter caído em mãos alemãs, a maioria das grandes cidades soviéticas resistia. Marco dessa resistência ocorreu em janeiro de 1942, quando as tropas do 3º *Reich* desistiram da conquista de Moscou.

A estratégia de Stálin

Quatro fatores contribuíram para o fracasso de Hitler na União Soviética. Utilizando uma tática tradicional, os russos destruíam tudo o que podiam antes de recuar para o leste: casas, plantações, pontes, etc. A chamada **política da terra arrasada** privava os invasores de comida e abrigo conforme avançavam.

Soldados alemães tentam se aquecer durante o inverno russo, em janeiro de 1942.

Ao transferir grande parte das indústrias para o leste, longe dos bombardeios alemães, Stálin pôde aumentar a produção de armas e munições, reequipando o Exército Vermelho, que se tornava uma poderosa máquina de guerra.

A assinatura de um pacto de não agressão entre a União Soviética e o Japão, em abril de 1941, garantiu a paz no leste, permitindo que Stálin concentrasse suas tropas na frente oeste.

Por fim, o inverno russo, apresentando de novembro a março temperaturas de até –50 ºC, diminuía o poder ofensivo do exército nazista, que utilizava roupas inadequadas e armas que congelavam. Os soviéticos, por sua vez, tinham armas e uniformes adaptados ao frio extremo, o que lhes dava grande vantagem nas batalhas durante o inverno.

O começo do fim

Ao longo do ano de 1942, os Aliados prepararam suas forças para enfrentar os inimigos. No Pacífico, após uma série de reveses, em junho de 1942 os Estados Unidos conseguiram reverter o curso da guerra na batalha aeronaval de Midway, afundando quatro porta-aviões japoneses e destruindo centenas de aviões. O Japão não tinha como repor essas perdas, abandonando a iniciativa da guerra.

No Ocidente, depois de terem desistido da conquista de Moscou, as tropas do Eixo avançavam pela Crimeia e regiões petrolíferas do Cáucaso, ao mesmo tempo que tentavam tomar as cidades de Leningrado e Stalingrado e conquistavam grande parte do norte da África.

No final de 1942, porém, o esforço de guerra aliado começou a dar resultado também no Ocidente. Forças estadunidenses juntaram-se aos ingleses e expulsaram os alemães de grande parte do norte da África. Na União Soviética, um poderoso exército cercou as tropas nazistas em Stalingrado. Era o começo do fim da guerra.

Cartaz soviético de recrutamento. O texto no alto do cartaz diz: "A pátria-mãe está chamando!". Irakly Toidze, 1941.

A superioridade dos Aliados

No ano de 1943 a ofensiva da guerra passou para os Aliados. Derrotados no cerco de Stalingrado, onde cerca de 100 mil soldados do Eixo se renderam, os nazistas abandonaram o Cáucaso e, ao longo do ano, recuaram diante da pressão das tropas de Stálin.

O exército alemão foi completamente expulso do norte da África pelo exército aliado em maio. Em julho, tropas inglesas e estadunidenses partiram do continente africano e desembarcaram na ilha da Sicília, iniciando a invasão da Itália.

Incapazes de reagir à invasão, os italianos depuseram Mussolini e se renderam aos Aliados em setembro. Procurando proteger a fronteira sul do *Reich*, os alemães ocuparam o norte da Itália e libertaram Mussolini, que se tornou um mero fantoche de Hitler.

Também em 1943, os Aliados passaram a dominar os ares. Grandes cidades alemãs, como Colônia, Hamburgo e Berlim, passaram a sofrer pesados bombardeios aéreos. A Alemanha vivia os horrores da guerra.

No Pacífico, os estadunidenses iniciaram a reconquista das ilhas ocupadas pelos japoneses, enquanto os ingleses avançavam sobre a Birmânia (atual Mianma). Marco da nova fase, a primeira vitória terrestre dos Aliados na Ásia ocorreu em **Guadalcanal**, nas ilhas Salomão, em fevereiro de 1943.

Hitler (à esquerda) recepciona Mussolini em Rastenburg, Alemanha, em 1944.

A Conferência de Teerã

No final do ano de 1943, tudo indicava que os Aliados iriam derrotar seus inimigos. Os Estados Unidos e a União Soviética, gigantes industriais ricos em matérias-primas e combustíveis, aumentavam dia a dia a produção de armamentos. Suas enormes populações permitiam arregimentar um número cada vez maior de homens aptos a lutar. Enquanto isso, a Alemanha e, principalmente, o Japão começavam a sofrer com a crescente escassez de minérios, petróleo e pilotos experientes. Contudo, o poder de resistência do Eixo ainda era grande.

Em novembro de 1943, os principais líderes aliados – Roosevelt, Churchill e Stálin – se encontraram na cidade de Teerã, no Irã, para discutir como encerrar a guerra o mais rápido possível.

Ingleses e estadunidenses, que já combatiam na Itália, comprometeram-se a criar mais uma frente de combate no oeste, na França, o que impediria os alemães de reforçarem suas tropas no leste. A União Soviética, por sua vez, intensificaria a contraofensiva no leste, prosseguindo sua marcha até a Alemanha, onde ocorreria a derrota final do nazismo.

O caça estadunidense P-51 Mustang entrou em serviço em 1942, sendo considerado o melhor avião de caça da Segunda Guerra Mundial.

Montagem de caça-bombardeios soviéticos Ilyushin IL-2 Stormovik. Esse avião de combate foi o mais produzido pelos russos durante a guerra, chegando ao total de 36 mil unidades.

●●● O fim da guerra na Europa

Após meses de planejamento e preparação, em 6 de junho de 1944, a maior frota de invasão de todos os tempos – 5 mil barcos que levavam 200 mil soldados – chegava à costa da Normandia, no norte da França. Era o **Dia D**, nome dado à data do desembarque dos Aliados no norte da Europa.

Pegos de surpresa e em número muito inferior, os alemães resistiram bravamente, mas sem sucesso. Em 15 de agosto, ocorreu um novo desembarque de tropas aliadas na França, agora no Mediterrâneo, abrindo uma frente de combate no sul. Em 24 de agosto, Paris era libertada.

General Gustav Jodl (no centro), chefe de Estado da Alemanha, assina a rendição do país em 8 de maio de 1945, em Reims, França.

●●● A rendição nazista

Enquanto ingleses e estadunidenses libertavam a França e a Bélgica e marchavam em direção à Alemanha, os soviéticos continuaram a contra-atacar os nazistas no leste, libertando porções cada vez maiores do seu território e avançando rumo aos países satélites do *Reich*.

Em julho de 1944, as tropas de Stálin chegaram à Polônia. Em setembro, a Romênia se rendeu aos soviéticos, cortando o abastecimento de combustíveis aos alemães. Na Itália, os Aliados continuavam sua marcha para o norte, e em 4 de junho já haviam tomado Roma.

Atacadas pelo sul, leste e oeste, as tropas nazistas recuavam em todas as frentes. A Alemanha foi invadida pelos estadunidenses e ingleses em setembro de 1944, e pelos soviéticos em janeiro do ano seguinte.

Em abril de 1945, as tropas de Stálin entraram em Berlim. No dia 27 de abril, quando Mussolini tentava fugir, foi executado pela resistência italiana. Em 30 de abril de 1945, Hitler suicidou-se. Em 8 de maio, a Alemanha se rendeu. Era o fim da guerra na Europa.

A REAÇÃO ALIADA

- Potências do Eixo
- Territórios ocupados pelo Eixo
- Regime de Vichy e colônias
- Aliados
- Países neutros
- Ofensivas soviéticas
- Ofensivas estadunidenses e britânicas

Fonte de pesquisa: *Atlas histórico*. Madrid: SM, 2005. p. 130.

A derrota do Japão

Em maio de 1945 a guerra terminou na Europa, mas não na Ásia, onde o Japão ainda lutava contra os Aliados.

Assim como já havia acontecido na Europa, depois de uma série de derrotas iniciais diante do Japão, os Aliados conseguiram inverter a vantagem. Isso ocorreu principalmente devido à superioridade industrial e tecnológica dos Estados Unidos, que puderam produzir uma enorme quantidade de navios e aviões, além de formar milhares de novos pilotos.

Tais elementos eram essenciais para a guerra no Oriente, caracterizada pelos embates entre forças navais e aéreas. Não foi por outro motivo que os japoneses procuraram, logo de início, destruir a frota estadunidense no Pacífico: dominar os mares significaria ganhar a guerra.

Desde o ano de 1943, seguidas vitórias dos Aliados lentamente enfraqueceram o inimigo, até que o poderio naval do Japão foi aniquilado na Batalha de Leyte, em outubro de 1944. Controlando os mares, restava às tropas aliadas conquistar o Japão.

Estrutura da bomba atômica *Little Boy*, lançada sobre a cidade de Hiroshima, no Japão, no fim da Segunda Guerra. Fotografia de 2010.

Hiroshima e Nagasaki

A conquista das ilhas Marianas, em fins de 1944, deu à aviação dos Estados Unidos uma base de onde era possível bombardear o território do Japão, causando grande destruição e matando milhares de pessoas. Com a marinha e a aeronáutica destroçadas, não havia como os japoneses reagirem. Tudo indicava uma rendição próxima.

Contudo, o governo dos Estados Unidos resolveu empregar contra o Japão a sua mais nova arma: a **bomba atômica**. Desenvolvida por cientistas de várias nacionalidades, incluindo europeus fugitivos do nazifascismo, uma única bomba atômica tinha poder destrutivo equivalente a milhares de bombas comuns.

Em 6 de agosto de 1945, a primeira dessas bombas foi lançada sobre Hiroshima, destruindo a cidade e matando instantaneamente mais de 60 mil pessoas. Em 9 de agosto, outra bomba foi lançada sobre a cidade de Nagasaki, matando 70 mil pessoas. Outras dezenas de milhares de pessoas morreriam nos dias, semanas e anos seguintes, vítimas dos ferimentos e da contaminação pela radiação.

Em 14 de agosto, o Japão se rendeu aos Aliados. Terminava a Segunda Guerra Mundial.

Pilotos *kamikazes* japoneses em fotografia de c. 1945, Japão.

> **Vento divino**
>
> Na tentativa de barrar o avanço aliado no Pacífico, as forças armadas japonesas passaram a utilizar, a partir de 1944, jovens pilotos suicidas que lançavam seus aviões contra os navios dos Estados Unidos. Foram chamados *kamikazes* – "vento divino" em japonês –, alusão ao tufão que dispersou a frota mongol que tentou invadir o Japão no século XIII. Apesar de causarem muitos estragos, afundando 34 navios, os *kamikazes* não conseguiram mudar os rumos da guerra.

●●● A resistência popular

No período de 1939 a 1944, as tropas nazistas atacaram inúmeros Estados europeus, derrotando sucessivamente suas forças armadas e ocupando total ou parcialmente seus territórios. Foi assim na Polônia, Noruega, Bélgica, Holanda, França, Iugoslávia, entre outros países.

Em muitas dessas nações, contudo, a população não assistiu passivamente à derrota das forças armadas regulares, criando grupos paramilitares para combater o invasor nazista. Foram os movimentos de **resistência**.

Em geral, não havia um comando centralizado: os grupos se formavam em sindicatos, partidos políticos, movimentos sociais. Muitos desses grupos tinham posições ideológicas opostas. Eram unidos apenas pelo desejo comum de expulsar os nazistas.

A França livre no exílio

Alguns dos governantes e militares antinazistas derrotados pelos alemães refugiaram-se na Inglaterra, de onde organizaram forças para resistir à ocupação inimiga. A Polônia e a Tchecoslováquia tiveram governos no exílio. Foi o caso também dos franceses. Sob o comando do general Charles de Gaulle, as tropas da França Livre, criada em Londres em 1940, lutaram ao lado das tropas aliadas na libertação da França e na invasão da Alemanha.

O general francês Charles de Gaulle em Londres, 1940.

Membros da resistência francesa ao nazismo em Paris, distribuindo armas lançadas por avião aliado, em agosto de 1944.

Iugoslavos, poloneses e franceses

Na Iugoslávia, grupos armados sob o comando do comunista **Josip Broz Tito** enfrentaram os alemães com táticas de guerrilha, impondo uma série de derrotas ao inimigo.

Na Polônia, a resistência mantinha escolas clandestinas para cultivar a cultura nacional, reprimida pelos alemães. Praticava também ações de guerrilha, culminando com o levante de Varsóvia de 1º de agosto de 1944, esmagado pelos nazistas, que destruíram completamente a cidade.

O movimento de resistência francês era bastante amplo e foi o que mais auxiliou os exércitos regulares dos Aliados. A resistência na França repassava informações estratégicas, praticava atos de sabotagem, atentados e, principalmente, auxiliou na preparação e execução da invasão aliada do Dia D.

Verifique o que aprendeu ●●●

1. Que acontecimento levou os Estados Unidos a entrar na guerra?
2. Quais foram os três países que lideravam os Aliados?
3. O que prejudicou as ações do exército alemão na União Soviética, em 1942?
4. Qual é o objetivo da Conferência de Teerã?

ATIVIDADES

1. Escreva um texto em seu caderno descrevendo os fatores que contribuíram para o fracasso da *blitzkrieg* alemã na invasão da União Soviética.

2. Qual a relação existente entre a invasão da Normandia pelas tropas aliadas em junho de 1944 e o avanço do exército soviético no *front* do leste no mesmo período?

3. Analise a importância dos movimentos de resistência para a derrota do nazismo na França.

4. A tabela abaixo apresenta informações sobre o número de aviões de combate produzidos por três dos países que participaram da Segunda Guerra Mundial. Relacione os dados contidos na tabela com os eventos da Segunda Guerra e responda às questões propostas.

	Aviões de combate		
	1940	1942	1944
Alemanha	10 200	15 400	37 950
União Soviética	*	25 450	40 300
Estados Unidos	2 140	47 700	95 000

* sem dados
Fonte de pesquisa: Jean-Michel Lambin. *Histoire*. Paris: Hachette. p. 31.

a) Compare a quantidade de aviões de combate produzidos pela Alemanha em 1940 com a produção estadunidense no mesmo ano. Explique o porquê da diferença entre as duas produções.

b) Analise a produção estadunidense de aviões de combate nos anos de 1940, 1942 e 1944. Depois explique qual a contribuição dos Estados Unidos para a vitória dos Aliados na guerra.

c) É correto afirmar que no último ano de guerra a Alemanha havia perdido sua capacidade de produzir armamentos? Justifique sua resposta.

5. Identifique as causas que levaram os Estados Unidos a lançar bombas atômicas sobre as cidades japonesas de Hiroshima e Nagasaki.

6. A charge abaixo foi criada pelo desenhista brasileiro Belmonte (Benedito Carneiro Bastos Barreto) e publicada em 22 de setembro de 1939, poucas semanas após a invasão nazista da Polônia. Nela estão representados os líderes alemão, Adolf Hitler (à esquerda), e soviético, Josef Stálin (à direita). Os dois governantes travam um diálogo.
Analise a charge de Belmonte e responda às questões propostas.

a) Qual atitude Hitler e Stálin exibem um para o outro?

b) O que Hitler e Stálin escondem um do outro?

c) Explique a mensagem que Belmonte quis transmitir com sua charge. Considere a época e o momento histórico em que foi criada.

Belmonte. *Caricatura dos tempos*. São Paulo: Melhoramentos, 1939. p. 56.

ARTE e CULTURA

A guerra nos cartazes dos Estados Unidos e da União Soviética

Cartazes são comumente usados para veicular propagandas, divulgando produtos e serviços. Entretanto, também podem ser excelentes meios de propaganda política.

Ao longo da Segunda Guerra Mundial, muitos governos se valeram dos cartazes para conscientizar e mobilizar a população. Cuidadosamente idealizados, os cartazes espalhados pelas cidades traziam mensagens para reforçar o patriotismo do povo na luta contra o inimigo e fazer propaganda política, além de divulgar campanhas de arregimentação de soldados e levantamento de fundos para patrocinar a guerra.

> Para incentivar os soldados soviéticos, este cartaz, de 1941, mostra um pelotão na linha de combate protegido pela sombra de seus heróis: Alexandre Nevsky (1220?-1263), Alexandre Suvorov (1729-1800) e Vasily Chapayev (1887-1919). A mensagem diz: "Batalhamos bravamente, abaionetamos desesperadamente".

> "Mantenha-se calado!" é o comando expresso neste cartaz soviético, de 1942. O governo alerta a população soviética pedindo cuidado com o que fala e com quem fala, por causa da existência de espiões infiltrados no país durante o conflito.

Neste cartaz de 1942, o governo dos Estados Unidos chama a população para a compra de bônus de guerra (*Buy war bonds*), isto é, de títulos de capitalização para financiar a luta. Esses bônus não remuneravam tão bem quanto os outros títulos emitidos pelo governo, mas comprá-los era uma manifestação de patriotismo dos investidores. Na imagem, sob as crianças há a sombra de uma suástica, símbolo nazista, e a frase: "Não deixe aquela sombra tocá-los".

Cartaz produzido pelo governo dos Estados Unidos, em 1942. O inimigo é desumanizado, aparecendo como um ser demoníaco, com olhos luminosos que sobressaem de um capacete do exército alemão. O texto também é ameaçador: "Ele está observando você".

Cartaz produzido pelo governo dos Estados Unidos, em 1942. A bandeira rasgada e a fumaça ao fundo representam o ataque japonês a Pearl Harbour, como explica o texto em vermelho: "Lembre-se de 7 de dezembro!" (a data do ataque). No alto do cartaz, uma frase dita por Abraham Lincoln em 1863: "Que todos nós aqui presentes admitamos solenemente que esses homens não morreram em vão".

■ Atividades

1. Na sua opinião, qual desses cartazes comunica melhor sua mensagem? Explique.
2. Observe as letras impressas nos cartazes soviéticos. Como se chama esse alfabeto? Em que países é usado? Troque ideias com os colegas e o professor e, se necessário, faça uma pequena pesquisa para responder a essas questões.

55

MÓDULO 3

O pós-guerra

Com o fim da guerra, a União Soviética retomou a defesa da revolução comunista mundial, submetendo o leste da Europa ao seu comando, contra a vontade de estadunidenses e ingleses. Era o fim da aliança antinazista.

A Conferência de Yalta

Em fevereiro de 1945, os principais líderes aliados voltaram a se encontrar, na cidade de Yalta, na União Soviética.

Em Yalta, estava em pauta a organização da Europa do pós-guerra. Apontando os rumos do que iria ocorrer em grande parte do Leste Europeu, Stálin reivindicava a manutenção do governo pró-União Soviética que havia se estabelecido na Polônia após a expulsão dos nazistas. Ingleses e estadunidenses queriam que a população polonesa elegesse um novo governo. Stálin concordou, mas conseguiu que a definição do quadro europeu fosse adiada até a vitória final sobre o Eixo.

A partir da esquerda: Churchill, Roosevelt e Stálin na Conferência de Yalta. Foto publicada no jornal inglês *Illustrated London News* em fevereiro de 1945.

A Conferência de Potsdam

Em julho de 1945, quando os líderes aliados se encontraram novamente em Potsdam, na Alemanha, muita coisa já havia mudado. A Alemanha fora vencida, e a derrota do Japão se aproximava. O presidente dos Estados Unidos, agora, era Harry Truman. Roosevelt falecera e Churchill fora derrotado nas eleições parlamentares. Como primeiro-ministro inglês compareceu Clement Attlee.

Reunidos, os três líderes decidiram que o território alemão seria dividido em **quatro zonas**, concedidas a cada uma das três potências vitoriosas e também à França, que se unira a elas na fase final da guerra. Por sua importância, a cidade de **Berlim**, que estava situada na zona soviética, também seria dividida em quatro zonas, distribuídas entre os Aliados.

Apesar do acordo em torno da divisão da Alemanha, a reunião de Potsdam foi tensa. Nos países do Leste Europeu, libertados pelo Exército Vermelho, os grupos comunistas de resistência ao nazismo iam, pouco a pouco, conquistando o poder, com o apoio dos soviéticos. Stálin desejava criar uma zona de proteção entre o Ocidente capitalista e a União Soviética, facilitando a defesa em caso de uma nova guerra.

Os Aliados, porém, eram contrários a esse plano. Pressionado por Truman, Stálin comprometeu-se a realizar eleições livres nos países do Leste. A aliança que se formara durante a guerra começava a se dissolver.

A DIVISÃO DA ALEMANHA

- Britânicos
- Soviéticos
- Franceses
- Estadunidenses

Fonte de pesquisa: *Atlas da história do mundo*. São Paulo: Folha da Manhã, 1995. p. 270.

O fim da hegemonia europeia

Até os anos 1930, a Europa comandava os destinos do mundo. Os produtos das grandes indústrias europeias espalhavam-se pelo planeta, e vastas áreas da África, Ásia e Oceania estavam sob domínio europeu.

A destruição causada pela Segunda Guerra Mundial mudou, porém, esse quadro. Uma quantidade enorme de pessoas havia morrido. Inúmeros centros urbanos, plantações, indústrias e linhas de transporte estavam destruídos. A penúria europeia impedia ainda a manutenção dos impérios coloniais, que lutavam por sua independência. Era o fim da hegemonia da Europa no mundo.

Imagem de Berlim destruída, em fotografia de 1948.

Soldados ingleses caminham sobre escombros na cidade francesa de Caen, julho de 1944.

O mundo bipolar e a Guerra Fria

O fim do domínio europeu tornava necessária a criação de uma nova ordem internacional. Desde 1943, o presidente estadunidense Franklin Roosevelt defendia a criação de um organismo internacional que coordenasse ações conjuntas visando ao bem de toda a humanidade.

Essa organização tornou-se realidade a partir de junho de 1945, quando representantes de cinquenta países reuniram-se na cidade de São Francisco, nos Estados Unidos, para fundar a **Organização das Nações Unidas (ONU)**.

Contudo, os esforços da ONU para manter o mundo em harmonia, unindo os países em torno de um ideal de paz e progresso, foram suplantados pelas ambições das duas novas potências: **Estados Unidos** e **União Soviética**. Surgia então um **sistema bipolar**, no qual a hegemonia mundial passou a ser disputada pelos dois únicos polos de poder capazes de intervir nos demais países, econômica e militarmente.

Delegados de cinquenta países reunidos em São Francisco, Estados Unidos, por ocasião da criação da ONU, em 1945.

A ascensão da União Soviética

A União Soviética saiu da guerra fortalecida. Apesar do grande número de mortos e da destruição de muitas cidades, fábricas e plantações, o enorme esforço empreendido para vencer o inimigo nazista fez surgir um novo e diversificado parque industrial. E o Exército Vermelho, reequipado, tornara-se uma das mais temíveis forças armadas do planeta.

Terminada a guerra, restava a Stálin decidir o que fazer com tamanho poderio militar. Seu principal plano era criar, no Leste Europeu, uma barreira de países comunistas que impedisse uma nova invasão do território soviético, o que quebrava os compromissos assumidos em Yalta e Potsdam.

Em março de 1946, Winston Churchill previu que em pouco tempo se formaria uma "**cortina de ferro**" na Europa, dividindo o continente entre países capitalistas e socialistas.

> **Acusações mútuas**
>
> Capitalistas e comunistas atacavam-se mutuamente. Os capitalistas culpavam os Estados socialistas por serem ditaduras brutais, que escravizavam os indivíduos.
>
> Os comunistas, por sua vez, acusavam o sistema capitalista de beneficiar apenas uma minoria, mantendo a massa dos trabalhadores sob um regime de vil exploração.

A "CORTINA DE FERRO"

Fonte de pesquisa: A. do Carmo Reis. *Atlas de História da Europa*. Porto: Porto Editora, s. d. p. 59.

O avanço comunista e a "cortina de ferro"

A previsão de Churchill foi confirmada: entre 1946 e 1949, a Polônia, a Hungria, a Tchecoslováquia, a Romênia, a Bulgária, a Albânia e a Iugoslávia tornaram-se socialistas, implantando a **ditadura do proletariado** e alinhando-se à União Soviética. Apenas Tito romperia com Stálin, em 1948, mantendo a Iugoslávia independente de Moscou, mas também sob o regime socialista.

Os ideais internacionalistas da revolução socialista, a eclosão, em 1946, da guerra civil entre nacionalistas e comunistas na China e a presença de poderosos partidos comunistas em países como França e Itália punham em risco a sobrevivência do capitalismo. A situação começava a incomodar não só os Estados Unidos, como também os demais governos dos países capitalistas.

●●● O intervencionismo estadunidense

A reação do mundo capitalista diante do avanço comunista no pós-guerra foi comandada pelos Estados Unidos.

Poupados dos bombardeios em suas cidades e da invasão de seu território, os estadunidenses – que desde a Primeira Guerra firmavam-se como potência econômica – puderam adaptar sua indústria bélica para fabricar bens de consumo, como aviões comerciais, automóveis e eletrodomésticos. Em pouco tempo, a Europa destruída, que por décadas exportara bens industriais, foi invadida por produtos estadunidenses ("*made in USA*").

A hegemonia dos Estados Unidos não se limitava, porém, à economia; ela se manifestava também na política, encerrando a tradicional posição isolacionista de Washington.

A "polícia" do capitalismo

Em 1947 os Estados Unidos assumiram explicitamente seu papel de potência líder do mundo capitalista. Em março desse ano, o presidente estadunidense Harry Truman anunciou a disposição de defender os países capitalistas do perigo comunista, financiando governos e exércitos onde se fizesse necessário. Estava lançada a chamada **Doutrina Truman**.

Os alvos imediatos da Doutrina Truman eram a Grécia e a Turquia. Na Grécia, o antigo grupo comunista de resistência aos nazistas lutava para tomar o poder. A Turquia, por sua vez, encontrava-se sob pressão da União Soviética, que desejava controlar a passagem do mar Negro, onde se concentrava parte do poder naval soviético, para o Mediterrâneo.

Nos anos que se seguiram, a Doutrina Truman embasou intervenções estadunidenses cada vez mais diretas em inúmeros países. Os Estados Unidos se tornavam a "polícia" do mundo capitalista.

Cartaz de 1947, vencedor de um concurso internacional para promover o Plano de Recuperação da Europa (ERP), programa de ajuda econômica financiado pelo Plano Marshall. O cartaz foi criado por um jovem artista holandês chamado Reijn Dirk-Sen. O texto, em inglês, diz: "Todas as nossas cores para o mastro".

O Plano Marshall

O governo Truman acreditava igualmente que o combate ao comunismo dependia da reconstrução dos países que tiveram sua infraestrutura destruída pela guerra. A ideia era que, oferecendo empregos, nova infraestrutura e bons salários ao povo desses países, o capitalismo provaria sua eficácia, e os movimentos que pretendiam eliminá-lo perderiam força.

Em junho de 1947, o secretário de Estado dos Estados Unidos, George Marshall, propôs um plano de ajuda econômica aos Estados europeus arrasados pela guerra. O **Plano Marshall** permitiu aos estadunidenses emprestar bilhões de dólares à Europa, reativando a economia e ampliando a influência capitalista no oeste do continente.

Trabalho de reconstrução de Berlim, Alemanha, financiado pelo Plano Marshall. Fotografia de 1950.

●●● Em defesa do socialismo

A União Soviética reagiu prontamente à mudança de política dos Estados Unidos, que, com a Doutrina Truman, passaram a caracterizá-la como inimiga. A primeira atitude foi impedir que os países socialistas sob seu comando tomassem empréstimos do Plano Marshall.

Em seguida, a União Soviética passou a disputar o controle integral de Berlim com os Aliados, realizando, em junho de 1948, o bloqueio terrestre do setor ocidental da capital alemã. Os Aliados abasteceram a cidade de gêneros como alimentos, medicamentos, combustíveis e roupas por via aérea durante onze meses, até que os soviéticos desistiram do bloqueio.

Em janeiro de 1949, a União Soviética criou um órgão de ajuda e planejamento econômico voltado para os países socialistas, conhecido como **Comecon** (em português: Conselho Econômico de Assistência Mútua), cujo objetivo era integrar os sistemas produtivos das nações socialistas, segundo suas potencialidades.

Bandeira da Otan.

●●● O capitalismo armado

Em resposta ao bloqueio de Berlim e à consolidação dos governos comunistas no Leste Europeu, os Estados Unidos propuseram a criação de um novo organismo, de caráter militar, que protegesse os países capitalistas europeus de qualquer agressão vinda dos países da "cortina de ferro".

Em abril de 1949 foi criado o Tratado do Atlântico Norte, aliança militar que, na prática, reforçava a hegemonia estadunidense na Europa. Doze países assinaram o tratado: dez europeus, os Estados Unidos e o Canadá. As tropas a serviço do tratado ficaram sob o comando da **Organização do Tratado do Atlântico Norte (Otan)**.

BERLIM DOS ALIADOS

Fonte de pesquisa: *Atlas da história do mundo*. São Paulo: Folha da Manhã, 1995. p. 271.

●●● Duas Alemanhas

A disputa entre capitalistas e comunistas impediu a reunificação dos territórios do antigo *Reich*. Em maio de 1949, ingleses, franceses e estadunidenses uniram as zonas que controlavam desde o fim da guerra e restituíram sua autonomia, criando a República Federal da Alemanha, também conhecida como Alemanha Ocidental, com capital na cidade de Bonn.

Em outubro de 1949, foi a vez de a zona ocupada pela União Soviética ganhar autonomia, e foi criada a República Democrática Alemã, ou Alemanha Oriental, que instalou sua capital na zona oriental de Berlim. O restante da cidade havia sido dividido entre as três potências capitalistas que ocuparam o país.

A Alemanha dividida foi, durante décadas, o maior símbolo da disputa de poder entre Estados Unidos e União Soviética. E a hostilidade mútua, alimentada pelas duas potências, ficou conhecida como **Guerra Fria**.

Verifique o que aprendeu ●●●

1. O que foi a Guerra Fria?
2. Por que a Otan foi criada?
3. O que foi o Comecon?
4. O que ocorreu com a Alemanha ocupada pelos Aliados, em 1949?

ATIVIDADES

1. Descreva a sequência de eventos que caracterizaram a ascensão mundial do comunismo no final da década de 1940.

2. Qual era a situação da Europa no pós-Segunda Guerra Mundial? Relacione essa situação ao fato de a Europa ter perdido a hegemonia no mundo e aos motivos que fizeram dos Estados Unidos a superpotência do Ocidente.

3. No pós-Segunda Guerra, duas medidas tomadas pelos Estados Unidos ampliaram sua influência política sobre os países da Europa: a Doutrina Truman e o Plano Marshall. Responda no caderno.
   a) Quais eram os princípios da Doutrina Truman?
   b) O que pretendia o Plano Marshall?
   c) Qual a relação existente entre essas duas ações?

4. Descreva as divergências existentes entre os países capitalistas – Estados Unidos e Inglaterra – e a União Soviética comunista na Conferência de Potsdam.

5. Escreva um texto em seu caderno explicando o surgimento de um sistema bipolar ao fim da Segunda Guerra Mundial.

6. A fotografia abaixo foi feita em julho de 1948, na cidade de Berlim, Alemanha, em uma das zonas ocupadas pelos aliados ocidentais. Observe os elementos representados na fotografia e responda às questões propostas.

Berlim, Alemanha. Fotografia de 1948.

   a) As pessoas retratadas na fotografia encontram-se sobre escombros de um edifício. O que essa cena representa?
   b) Que elemento é retratado no céu, no canto superior direito da fotografia? O que ele pode simbolizar?
   c) O que as pessoas posicionadas sobre os escombros do edifício estão fazendo?
   d) Relacione a data e o local de produção da fotografia com os elementos nela representados e deduza que momento da história de Berlim e do mundo está retratado na imagem.

APRENDER A...

Interpretar um texto de cultura popular

As expressões culturais que são produzidas pelos membros de uma comunidade em seu cotidiano (festas, religiosidade, lendas, etc.), bem como as que resultam do conhecimento que essas pessoas geram tentando resolver os seus problemas (técnicas agrícolas, culinária, tratamento de doenças, utensílios domésticos como panelas e móveis, etc.), são chamadas de **cultura popular**. Um dos gêneros que fazem parte da cultura popular brasileira é o **cordel**, que surgiu no Nordeste do Brasil na segunda metade do século XIX.

■ A literatura de cordel

De origem nordestina, a literatura de cordel narra histórias do cotidiano em versos. Os temas são muitos: fatos sociais, políticos e econômicos, secas, amores e crimes, vida de políticos e personagens famosas, entre outros.

Essa expressão literária é apresentada em folhetos simples, impressos sem nenhuma sofisticação, que são expostos em feiras, geralmente pendurados em um varal de barbante com pregadores de roupa.

Quando apresentam seu trabalho, os cordelistas, além de lerem e declamarem os seus versos, muitas vezes os recitam de modo cantado, para atrair a atenção do público.

Os cordéis são importantes fontes de pesquisa para os historiadores, que podem, por meio dos poemas, tomar contato com o que pensam e sentem as pessoas que representam as camadas populares da sociedade.

Os cordéis são impressos em folhas de papel de pouca espessura. As publicações podem ter de 8 a 32 páginas, e a capa é normalmente ilustrada com figuras impressas pela técnica de xilogravura. Na fotografia, de 2011, uma banca de cordel em São Luís, MA.

- **A contextualização do cordel**

Para melhor compreender um texto de cordel, você deve conhecer os eventos ou os temas a que ele se refere. Portanto, será necessário buscar informações sobre o cangaço para entender o texto a seguir. Leia-o e siga o roteiro proposto.

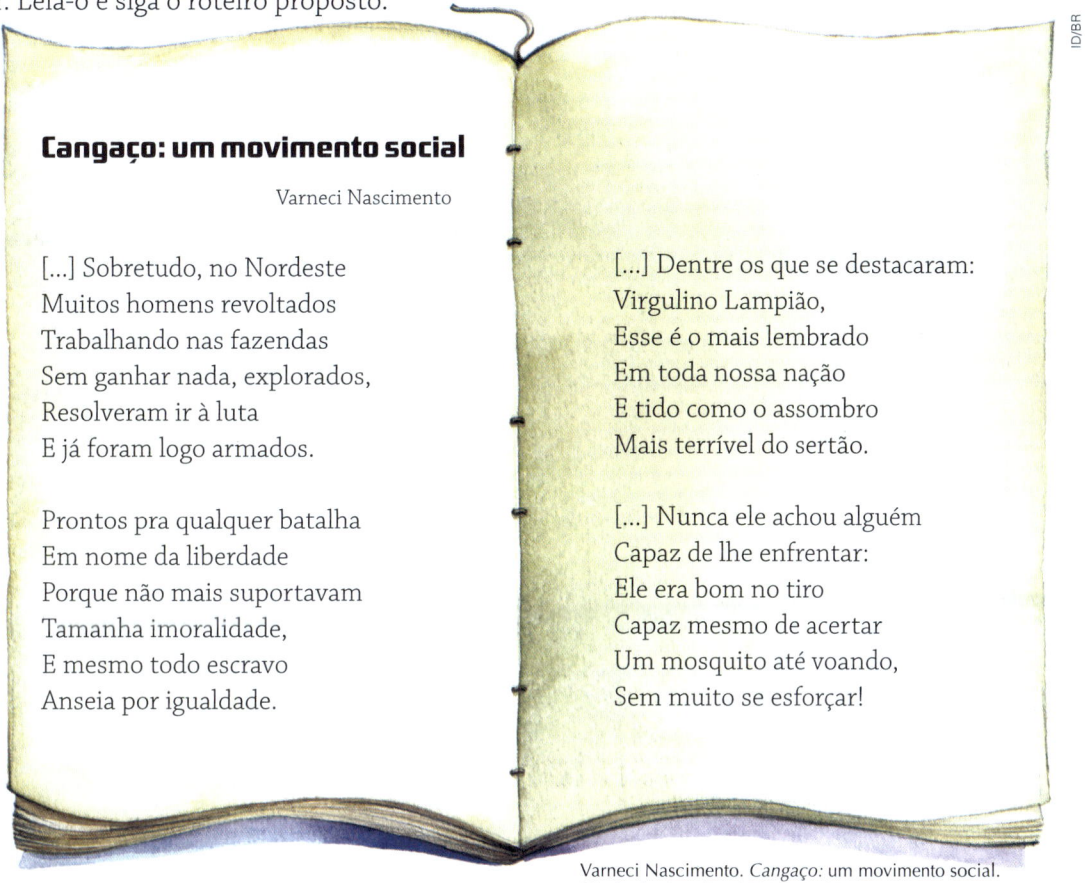

Cangaço: um movimento social

Varneci Nascimento

[...] Sobretudo, no Nordeste
Muitos homens revoltados
Trabalhando nas fazendas
Sem ganhar nada, explorados,
Resolveram ir à luta
E já foram logo armados.

Prontos pra qualquer batalha
Em nome da liberdade
Porque não mais suportavam
Tamanha imoralidade,
E mesmo todo escravo
Anseia por igualdade.

[...] Dentre os que se destacaram:
Virgulino Lampião,
Esse é o mais lembrado
Em toda nossa nação
E tido como o assombro
Mais terrível do sertão.

[...] Nunca ele achou alguém
Capaz de lhe enfrentar:
Ele era bom no tiro
Capaz mesmo de acertar
Um mosquito até voando,
Sem muito se esforçar!

Varneci Nascimento. *Cangaço:* um movimento social.
São Paulo: Luzeiro, 2008. p. 5-10.

1. Pesquise informações sobre as condições dos trabalhadores brasileiros nordestinos no início do século XX.
2. Busque dados biográficos sobre Lampião em livros e na internet.
3. Procure também informações sobre o movimento do cangaço.
4. Com base em sua pesquisa, escreva um texto explicando o contexto histórico do surgimento do cangaço no sertão do Nordeste, ressaltando sua relação com as condições de trabalho dos nordestinos no período enfocado.
5. Procure relacionar as informações que você encontrou com o que é dito no cordel apresentado acima.

- **A interpretação dos versos do cordel**

A partir das informações fornecidas no item anterior, é possível compreender mais profundamente o que está sendo dito no texto do cordel dado como exemplo.

6. Qual era a situação que, segundo o autor do cordel, levava os homens a se tornarem cangaceiros?
7. Quais são as características de Lampião que o cordelista apresenta?
8. O que você acha que o cordelista quis dizer nos versos "E tido como o assombro/Mais terrível do sertão."?

DOSSIÊ

Japão bombardeado

Desde junho de 1944, a população do Japão convivia com o ronco poderoso das esquadrilhas de B-29, os enormes aviões quadrimotores com que os estadunidenses vinham bombardeando, dia após dia, usinas siderúrgicas e fábricas de armamentos no território imperial.

Apesar da constante destruição de grandes indústrias, a produção japonesa de armas não diminuía, transferida em parte para centenas de pequenas oficinas montadas nas casas dos operários. As forças aliadas elaboraram então uma nova tática. Em voos noturnos, as esquadrilhas de B-29 passariam a despejar toneladas de bombas incendiárias sobre os centros residenciais das grandes metrópoles japonesas.

Na noite de 9 para 10 de março de 1945, a nova tática foi testada na capital, Tóquio, com resultados devastadores: em uma só noite, 270 mil edifícios destruídos, mais de 80 mil mortos, 40 mil feridos e 1 milhão de desabrigados. O impacto do bombardeio incendiário fez com que os aliados o repetissem em Nagoya, Osaka, Kobe e Kawasaki.

Um teste cruel

Em meados de 1945, os Estados Unidos dominavam a região do oceano Pacífico. Os grandes bombardeios incendiários destruíam as cidades e parte da capacidade industrial inimiga. A rendição do Japão estava próxima. Mesmo assim, o povo japonês sofreria um dos ataques mais cruéis da história da humanidade.

Desde 1942 os Estados Unidos vinham desenvolvendo uma nova arma, capaz de destruir uma cidade inteira em segundos. Vários cientistas europeus, contrários ao nazifascismo, juntaram-se a esse projeto, entre eles o alemão Albert Einstein e o italiano Enrico Fermi.

Como a rendição da Alemanha, em maio de 1945, ocorreu antes que a arma ficasse pronta, o governo dos Estados Unidos tomou a decisão de testar a nova arma sobre o Japão.

Dessa maneira, os militares dos Estados Unidos poderiam não apenas conhecer os efeitos reais da arma sobre edifícios e pessoas, mas também enviar um recado de força à União Soviética, grande vencedora da guerra na Europa.

Enola Gay, o avião solitário

A cidade portuária de Hiroshima está situada no sul da ilha de Honshu, a maior e mais importante do arquipélago japonês, onde também se situam as cidades de Tóquio, Osaka e Kobe. Nos anos 1940, era um importante centro militar que abrigava um estaleiro da Mitsubishi, mas, mesmo assim, os bombardeios aliados não a tinham atingido até aquele verão.

No entanto, em uma manhã de agosto, um solitário avião inimigo foi detectado voando sobre a cidade; não houve pânico: os temíveis ataques estadunidenses ocorriam sempre em formações que reuniam dezenas, às vezes centenas de aeronaves. Um único avião não podia representar grande perigo. A lógica dizia que se tratava de um

Enola Gay, avião B-29 da Força Aérea dos Estados Unidos que lançou a bomba em Hiroshima em 1945.

avião de reconhecimento ou de pesquisa meteorológica. O que os moradores de Hiroshima não sabiam é que a lógica das guerras do mundo estava mudando naquele momento, exatamente sobre suas cabeças.

O inferno caiu do céu

Os relógios marcavam oito horas e dezessete minutos da manhã do dia 6 de agosto de 1945 quando, sem qualquer aviso, um intenso clarão envolveu o centro da cidade de Hiroshima. Em segundos, milhares de edifícios, ruas, pessoas, veículos e animais foram pulverizados. A luz foi tão forte que gravou no asfalto a sombra de algumas das vítimas. Uma onda de fogo espalhou-se como um raio em todas as direções, queimando tudo o que encontrava pela frente. Em seguida, o vento aumentou e alcançou a força de um furacão, arrancando árvores e derrubando a maior parte das poucas paredes que ficaram de pé. Uma poeira densa encobria o céu. Passado algum tempo, uma chuva de cor escura, quente e grossa, começou a cair sobre vivos e mortos.

"Cogumelo atômico" formado pela explosão da bomba em Hiroshima, 1945.

Mesmo os que estavam distantes do centro da explosão não foram poupados de queimaduras terríveis. A pele de muitos descolava do corpo, as roupas haviam sido esfarrapadas ou simplesmente tinham desaparecido. A luz intensa fez estragos mesmo a distância, gravando na pele de algumas vítimas as estampas de seus quimonos. Com o passar dos dias, as queimaduras dos sobreviventes não cicatrizavam. As pessoas sangravam pela pele, pelos olhos e pela boca, sem saber por quê. Infecções não eram curadas por falta de glóbulos brancos. O cabelo caía até o último fio. Todo dia, novas vítimas da bomba morriam. Foi assim por semanas. Meses.

Ninguém que continuava vivo entendia o que havia acontecido. Como os efeitos de um bombardeio fortíssimo podiam ter surgido do nada, sem que grandes esquadrilhas de aviões inimigos atacassem a cidade? À medida que a notícia do ataque se espalhava pelo país, os japoneses se referiam à "arma nova" que não compreendiam.

O imperador encerra a carnificina

Em 9 de agosto, chegou a Tóquio a notícia de um novo ataque, atingindo a cidade portuária de Nagasaki. O mesmo espetáculo de cinzas e morte por todos os lados.

Não restava outra saída ao governo japonês senão a rendição incondicional, exigida pelas autoridades dos Estados Unidos. Ela foi anunciada pelo imperador em 15 de agosto de 1945 a um povo atônito, que se considerava invencível.

Em 6 de agosto de 2011, representantes da população de Hiroshima reunidos no Memorial da Paz lembram o 66º aniversário da explosão da bomba.

■ Discussão sobre o texto

1. Discuta com os colegas os efeitos da estratégia japonesa de transferir as oficinas de fabricação de armas para os bairros residenciais.
2. Debata com a turma os motivos que levaram os Estados Unidos a lançar duas bombas atômicas sobre o Japão.

65

FAZENDO HISTÓRIA

Polônia, 1940

A partir de outubro de 1940, na Polônia ocupada, os nazistas obrigaram centenas de milhares de judeus a se transferir para a cidade de Varsóvia, onde tiveram de se instalar em quarteirões determinados que, transformados em prisão, ficaram conhecidos como Gueto de Varsóvia. Em 1943, a população que restava no gueto revoltou-se. Em resposta, os nazistas bombardearam e incendiaram o bairro. Apenas um pequeno número de pessoas conseguiu sobreviver ao ataque, fugindo pelos esgotos. O relato abaixo foi escrito por um desses sobreviventes.

"No dia seguinte (ao incêndio), [nós, judeus] fugimos pelos esgotos que levavam ao setor ariano. O espetáculo era horrível: dezenas de infelizes se escondiam nesses estreitos túneis por onde corriam as águas sujas das latrinas. As pessoas se amontoavam no lodo, onde só se podia avançar de joelhos, já que a altura era de 85 centímetros. Doentes e crianças se estendiam na lama, e ninguém se importava com eles. Arrastados pelas águas, os mortos deixavam lugar para os que ainda tinham força. Os feridos e os queimados eram pisados e jaziam no chão cobertos de sangue.

À medida que avançávamos, a situação piorava. Os corredores estavam tão obstruídos que as águas pútridas extravasavam e sufocavam as crianças. [...] Arrastamo-nos a noite inteira, vencendo os obstáculos colocados pelos alemães: pedras bloqueavam as grades de saída e granadas explodiam nas vias principais. Os minutos pareciam meses. Levamos 48 horas para sair da fossa.

Finalmente ouvimos um ruído, e o túnel se iluminou. Pensamos que fossem os alemães e recuamos. Mas eram amigos que vinham em nosso auxílio. Fomos colocados em um caminhão com 40 pessoas. Quando nos vimos à luz do dia, sujos, cobertos de lama, moídos pelo cansaço, horrorizamo-nos. Em nossos rostos lívidos, só os olhos febris pareciam humanos. Deitamo-nos no fundo do caminhão para passarmos despercebidos, junto às carabinas que nos tinham dado. Chegamos aos bosques vizinhos. E foi assim que, no dia 12 de maio de 1943, um grupo de combatentes judeus conseguiu fugir da Varsóvia ocupada pelos nazistas."

Relato de um sobrevivente do Gueto de Varsóvia, citado em *Almanaque Abril – Coleção II Guerra Mundial (60 anos)*. São Paulo: Abril, 2005. v. 1. p. 85.

1. De que episódio trata o texto?
2. Descreva o comportamento dos fugitivos nos esgotos do gueto.
3. Ao sair dos esgotos, os sobreviventes constataram que a repressão exercida pelos nazistas havia produzido mais que ferimentos e dor, fato que os deixou horrorizados. O que ocorrera com eles?

LENDO HISTÓRIA

Antes de ler

- Os textos a seguir foram escritos pelo historiador inglês Eric Hobsbawm. Levando em consideração a nacionalidade de seu autor, quem seria o inimigo comum de que fala o título?
- Tomando como base o conteúdo deste capítulo, responda: que países estavam alinhados com os nazistas?

Contra o inimigo comum

Texto A

[A Segunda Guerra Mundial] Tornou-se uma guerra internacional, porque em essência suscitou as mesmas questões na maioria dos países ocidentais. Foi uma guerra civil, porque as linhas que separavam as forças pró e antifascistas cortavam cada sociedade. Jamais houve um período em que o patriotismo, no sentido de lealdade automática ao governo nacional de um cidadão, contasse menos. Quando a Segunda Guerra Mundial acabou, os governos de pelo menos dez velhos países europeus eram chefiados por homens que, em seu começo (ou, no caso da Espanha, no começo da guerra civil) tinham sido rebeldes, exilados políticos ou pelo menos pessoas que tinham encarado seu próprio governo como imoral e ilegítimo.

Eric Hobsbawm. *Era dos extremos*: o breve século XX – 1914-1991. São Paulo: Companhia das Letras, 1995. p. 146.

Texto B

O que uniu todas essas divisões civis nacionais numa única guerra global, internacional e civil, foi o surgimento da Alemanha de Hitler. Ou, mais precisamente, entre 1931 e 1941, a marcha para a conquista e a guerra de aliança de Estados – Alemanha, Itália e Japão, da qual a Alemanha de Hitler se tornou o pilar central.

Eric Hobsbawm. *Era dos extremos*: o breve século XX – 1914-1991. São Paulo: Companhia das Letras, 1995. p. 147.

Texto C

Contudo, um outro fator entrelaçou os fios da política nacional numa única teia internacional: a consistente e cada vez mais espetacular debilidade dos Estados democráticos liberais (que coincidiam ser também os Estados vitoriosos da Primeira Guerra Mundial); a sua incapacidade ou falta de vontade de agir, individualmente ou em conjunto, para resistir ao avanço de seus inimigos. Como vimos, foi essa crise do liberalismo que fortaleceu os argumentos e as forças do fascismo e dos governos autoritários. [...]

Eric Hobsbawm. *Era dos extremos*: o breve século XX – 1914-1991. São Paulo: Companhia das Letras, 1995. p. 148.

Mussolini passa em revista as tropas fascistas, por ocasião das comemorações pelo 14º aniversário da Marcha sobre Roma. Novembro de 1936.

De olho no texto

1. Segundo o autor, pode-se afirmar que a Segunda Guerra Mundial foi um conflito entre patriotismos? Justifique sua resposta.
2. Explique a importância da ideia de que o "fascismo significa guerra" para a eclosão da Segunda Guerra Mundial.
3. Comente como os textos relacionam as democracias liberais com a ascensão do fascismo.

QUESTÕES GLOBAIS

1. Em 10 de dezembro de 1948, a Assembleia Geral da Organização das Nações Unidas, ONU, aprovou a Declaração Universal dos Direitos Humanos. Leia a seguir alguns trechos do documento.

   > Artigo 1º – Todos os seres humanos nascem livres e iguais em dignidade e direitos. São dotados de razão e consciência e devem agir em relação uns aos outros com espírito de fraternidade.
   >
   > Artigo 2º – §1 Todo ser humano tem capacidade para gozar os direitos e as liberdades estabelecidos nesta Declaração, sem distinção de qualquer espécie, seja de raça, cor, sexo, idioma, religião, opinião política ou de outra natureza, origem nacional ou social, riqueza, nascimento, ou qualquer outra condição. [...]
   >
   > Artigo 3º – Todo ser humano tem direito à vida, à liberdade e à segurança pessoal.
   >
   > Artigo 4º – Ninguém será mantido em escravidão ou servidão; a escravidão e o tráfico de escravos serão proibidos em todas as suas formas.
   >
   > Artigo 5º – Ninguém será submetido à tortura nem a tratamento ou castigo cruel, desumano ou degradante.
   >
   > Declaração Universal dos Direitos Humanos. Rio de Janeiro: Unic, 2000.

   a) Por qual motivo você acha que foi necessário elaborar esse documento após o final da Segunda Guerra?

   b) Descreva atos praticados pelos nazistas que desrespeitaram alguns ou vários dos direitos citados acima.

   c) Você conhece outros momentos do século XX em que os direitos citados acima foram desrespeitados?

2. Discuta com os colegas sobre a aplicação, no mundo atual, das normas contidas na Declaração Universal dos Direitos Humanos.

PARA SABER MAIS

Livros

O diário de Anne Frank, edição autorizada por Otto H. Frank e Mirjam Pressler. Rio de Janeiro: Record, 2013.
   Anne Frank, jovem judia nascida na Alemanha, sua família e mais quatro pessoas viveram, entre 1942 e 1944, trancadas nos fundos de um velho edifício na Holanda. Em seu diário, ela apresenta o cotidiano no esconderijo, os conflitos entre os moradores e seus sentimentos. História verídica, o diário transformou-se em livro.

O menino do pijama listrado, de John Boyne. São Paulo: Companhia das Letras, 2007.
   Fábula ficcional, o livro conta fatos da Segunda Grande Guerra sob a perspectiva de duas crianças: Bruno e Shmuel. Alheios à cruel realidade dos fatos, as duas crianças se envolvem em uma curiosa relação de amizade.

Os cavaleiros da toca, de Marconi Leal. São Paulo: Cortez, 2005.
   Durante a Segunda Guerra, Hitler e Mussolini fizeram um pacto: juntos invadiram países e mataram inocentes. Isso é o que aprendem Luíza, Adriana e Breno, em uma perigosa missão de resgate.

Site

<http://www.bbc.co.uk/portuguese/especial/912_childwar>
   O *site* apresenta fotos da dura realidade vivida por crianças e famílias durante a Segunda Guerra Mundial. Acesso em: 1º set. 2014.

●●● Síntese

O expansionismo nazista
- A eliminação dos inimigos internos
- A Grande Alemanha
- A Europa em guerra

A guerra
- A invasão da União Soviética
- Os Estados Unidos na guerra
- A superioridade dos Aliados
- As bombas atômicas sobre o Japão

O pós-guerra
- As conferências de Yalta e Potsdam
- O mundo bipolar
- O intervencionismo estadunidense

Linha do tempo

SÉCULO XX (1931 — 1951)

- **1933** Primeiro campo de concentração nazista em Dachau, Alemanha
- **1938** Anexação da Áustria e dos Sudetos pela Alemanha
- **1939** Alemanha invade a Polônia
- **1940**
- **1941** Alemanha invade a União Soviética / Ataque japonês a Pearl Harbour
- **1942** Batalha de Midway
- **1943** Nazistas derrotados em Stalingrado
- **1944** Desembarque aliado na Normandia – Dia D
- **1945** Rendição da Alemanha / Bomba atômica em Hiroshima e Nagasaki / Rendição do Japão
- **1947** Doutrina Truman e Plano Marshall
- **1949** Criação de dois Estados alemães

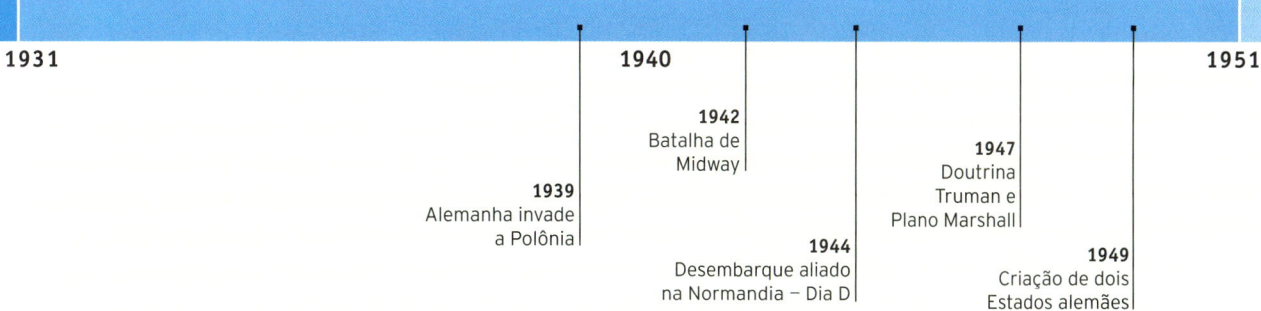

O governo de Getúlio Vargas, iniciado após a Revolução de 1930, procurou atender a algumas reivindicações dos movimentos sociais ocorridos durante a Primeira República. Ao mesmo tempo, foi um governo fortemente personalista e centralizador. Vargas foi um presidente popular, mas não democrático.

A Era Vargas

CAPÍTULO 3

O presidente Getúlio Vargas durante visita a São Paulo. Fotografia de 1952.

O QUE VOCÊ VAI APRENDER

- A política dos anos 1930 e a Constituição de 1934
- A organização do Estado Novo
- O Brasil na Segunda Guerra Mundial
- A crise e a queda do governo de Getúlio Vargas

CONVERSE COM OS COLEGAS

Ao longo da História, muitos governantes se isolaram em seus palácios, mantendo contato com poucas pessoas no dia a dia, quase sempre membros da elite.

Mas em meados do século XX surgiu um novo tipo de governante. Ele procurava se mostrar próximo do povo, aparecendo em público com frequência e construindo uma imagem de defensor dos interesses de toda a nação. Na fotografia ao lado vemos o presidente brasileiro Getúlio Vargas desfilando em carro aberto, em uma visita oficial a São Paulo. Ele acena e sorri para a multidão. Observe os detalhes dessa fotografia e responda.

1. Como as pessoas estão recepcionando o presidente?
2. Como você interpreta a presença do presidente na rua, junto ao povo?
3. Uma pessoa no lado direito da imagem registra a passagem do presidente e a reação do povo. Por que a passagem do presidente foi filmada?
4. Discuta com os colegas que características e/ou ações tornam um governante popular.

MÓDULO 1

O primeiro governo Vargas

Após a Revolução de 1930, Getúlio Vargas tornou-se o presidente do Governo Provisório. Uma de suas mais importantes responsabilidades, então, era encaminhar o processo de elaboração de uma nova Constituição para o Brasil.

••• Vargas e as oligarquias estaduais

Após a Revolução, Getúlio estabeleceu o Governo Provisório. Destituiu os presidentes estaduais eleitos, suspendeu a Constituição de 1891 e concentrou o poder político em suas mãos. Para governar os estados, nomeou **interventores**, em sua maioria tenentes. Ao extinguir a autonomia estadual, Vargas esperava controlar as oligarquias rurais que, a partir dos estados, governaram o Brasil durante a Primeira República.

Os tenentes desejavam, como Vargas, um governo federal forte, que centralizasse a arrecadação dos tributos, incentivasse a industrialização e criasse uma legislação trabalhista que diminuísse os conflitos entre trabalhadores e empresários.

Derrotadas em 1930, as oligarquias rurais defendiam a elaboração de uma nova Constituição que restituísse a autonomia estadual, esperando, assim, recuperar o poder que haviam perdido com a Revolução de 1930.

A Revolução Constitucionalista de 1932

No estado de São Paulo, a nomeação do interventor causou grande descontentamento. Embora tivesse apoiado a Revolução de 1930, o Partido Democrático de São Paulo (PD), de oposição à oligarquia rural, foi rejeitado por Getúlio, que nomeou como interventor do estado o tenente pernambucano João Alberto. O resultado foi o início de uma campanha por uma nova Constituição, que restituísse a autonomia a São Paulo.

Nem mesmo a sucessiva troca de interventores conseguiu arrefecer o movimento em São Paulo. Em maio de 1932, os ânimos se acirraram com a morte de quatro estudantes paulistas em confronto com as tropas getulistas. Martins, Miragaia, Dráuzio e Camargo (MMDC) tornaram-se mártires do levante armado que se iniciou em julho do mesmo ano, com o objetivo de depor Vargas.

Isoladas e contando com menor quantidade de armamentos e soldados, as tropas paulistas se renderam em outubro de 1932. No ano seguinte, Getúlio nomeou Armando de Salles Oliveira para interventor em São Paulo. Político ligado à oligarquia cafeeira, ele criou as condições para uma reaproximação de São Paulo com o governo federal.

O cartaz retrata a visão dos constitucionalistas de 1932 sobre o governo de Getúlio Vargas. Observe que a personagem do bandeirante, simbolizando os paulistas, esmaga Getúlio Vargas com a mão, representado como um homem pequeno. Ao fundo, a bandeira paulista tremula.

●●● O debate político no início dos anos 1930

Em 1933 iniciou-se o processo de eleições para a Assembleia Nacional Constituinte, atendendo às reivindicações de grupos de todo o país, principalmente às de representantes da elite cafeeira paulista. Desde 1932, já estava em vigor um novo Código Eleitoral que estabelecia, pela primeira vez na história do Brasil, o **voto secreto** e dava às mulheres o direito de votar em eleições nacionais. Analfabetos e menores de 21 anos não podiam votar (na Constituição de 1934, a idade mínima passou para 18 anos).

O Código também previa a formação de uma bancada classista, ou seja, um conjunto de deputados que representavam associações profissionais e que seriam eleitos por delegados escolhidos pelos associados dos sindicatos. A Assembleia Nacional Constituinte foi formada por 214 representantes eleitos por voto direto e popular e 40 representantes classistas. Seu principal debate dizia respeito à centralização política.

Getúlio Vargas, os tenentes e os representantes dos estados economicamente mais fracos defendiam um governo federal forte e centralizador. Os estados dotados de economia diversificada, como São Paulo e Rio de Janeiro, pretendiam manter sua autonomia em relação ao governo federal.

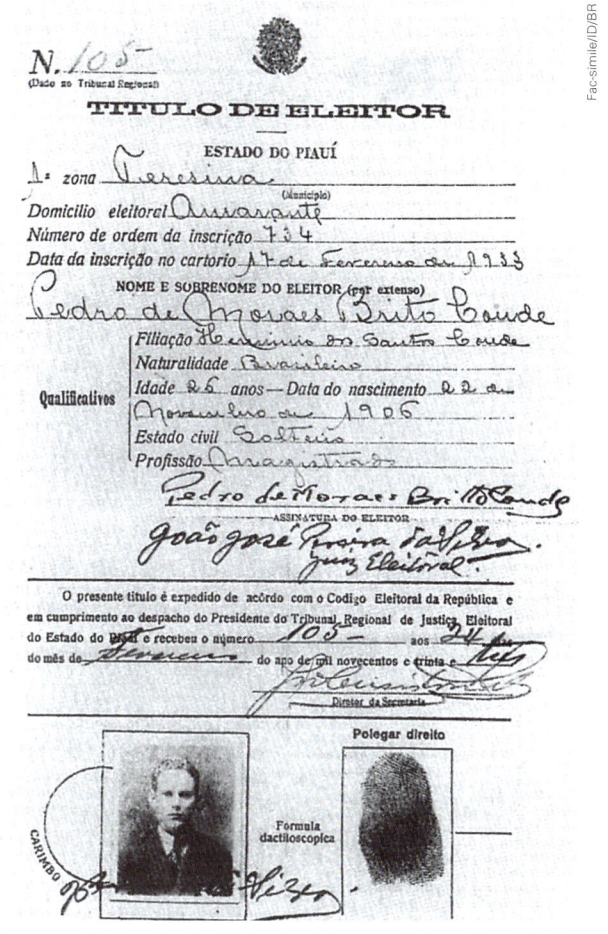

Um exemplo do primeiro título de eleitor com fotografia adotado pelo Código Eleitoral de 1932.

A Constituição de 1934

A Constituição promulgada em 16 de julho de 1934 manteve o **princípio da federalização**, garantindo a autonomia dos estados em relação ao governo central, e definiu que o presidente seguinte fosse eleito pelos deputados constituintes, por meio do voto indireto. Assim, no dia 17 de julho de 1934, Getúlio Vargas foi eleito presidente do Brasil.

A Constituição de 1934 também indicava que o governo assumiria a posição de mediador nos conflitos trabalhistas: ao criar a **Justiça do Trabalho**, estabelecia um conjunto de leis de proteção ao trabalhador e tornava legítima a pluralidade sindical.

Além disso, a nova Carta Constitucional determinava a nacionalização das minas, jazidas minerais e quedas-d'água, o que era um prenúncio da política nacionalista que marcaria o governo de Getúlio Vargas.

O constituinte Medeiros Neto assinando a Constituição de 1934. Rio de Janeiro, RJ.

As leis do trabalho

A movimentação política dos trabalhadores urbanos durante o Governo Provisório de Getúlio Vargas impôs a necessidade de regulamentação de algumas leis trabalhistas. Mas, ao mesmo tempo que Getúlio assegurava certos direitos aos trabalhadores, enfraquecia os movimentos reivindicatórios, adotando medidas para manipular as organizações sindicais sob a influência do recém-criado **Ministério do Trabalho**.

O controle governamental sobre os sindicatos, todavia, não se impôs por completo na Constituinte. Getúlio esperava que a Assembleia aprovasse um modelo de sindicato único por categoria profissional, mas em lugar disso foram aprovadas a **pluralidade** e a **autonomia sindicais**.

Pela nova Constituição, ficavam instituídos o descanso semanal remunerado, a criação da carteira profissional, o salário mínimo, a jornada de oito horas diárias de trabalho, as férias anuais remuneradas, a proteção contra o trabalho para menores de 14 anos e a proteção à gestante.

Com a criação da **Justiça do Trabalho**, tornou-se ainda possível recorrer a um tribunal para solicitar indenização por demissão sem justa causa ou por acidentes de trabalho. Contudo, essa Justiça só foi regulamentada em 1941.

Na mesma época os trabalhadores passaram a ter direito a aposentadoria e pensão.

Conquistas trabalhistas: espaço da igualdade?

A criação de leis que garantiam direitos aos trabalhadores foi um avanço no Brasil, a partir da década de 1930. Entretanto, muitas vezes esses direitos não se aplicavam a todos os trabalhadores.

- Discuta com os colegas se a atual Constituição brasileira, de 1988, garante direitos iguais para todos os trabalhadores. Deem exemplos que comprovem – ou não – o cumprimento dessa lei.

OS DIREITOS DAS MULHERES

A Constituição de 1934 legitimou o direito feminino de votar e ser votado, ampliando a participação das mulheres na política. Elas também foram beneficiadas por leis que lhes garantiam conciliar trabalho e maternidade.

Contudo, os salários pagos às mulheres eram mais baixos do que os dos homens, e elas ainda sofriam discriminação na maioria das carreiras.

A médica paulista Carlota Pereira de Queirós foi a primeira mulher eleita deputada constituinte e lutou pela participação política feminina. A fotografia mostra um encontro dos deputados constituintes de 1934, em 28 de julho daquele ano. Biblioteca Nacional, Rio de Janeiro, RJ.

Verifique o que aprendeu

1. Qual era a reivindicação dos representantes das oligarquias rurais ao novo governo instituído após a Revolução de 1930?
2. Qual foi a primeira medida tomada por Vargas em relação a São Paulo e qual a reação do Partido Democrático de São Paulo (PD), força política que havia apoiado a Revolução de 1930, contra a oligarquia paulista?
3. Qual foi a grande inovação do Código Eleitoral de 1932? Quem estava apto a votar, segundo o Código?
4. Cite três conquistas trabalhistas da Constituição promulgada em 1934.

ATIVIDADES

1. Sobre a conjuntura política dos anos 1930, discuta com um colega as questões que seguem. Registrem suas conclusões no caderno.
   a) Por que, a partir de 1930, fez-se necessário substituir a Constituição Republicana de 1891, vigente até então?
   b) Que tipo de pressão dos paulistas o governo federal sofreu para dar início ao processo democrático de elaboração de uma nova Constituição?
   c) Como e quando a Assembleia Constituinte foi convocada? Como os deputados foram escolhidos?

2. O texto abaixo data de 1933 e é um trecho do diário escrito por Getúlio Vargas enquanto esteve na presidência do Brasil. Leia-o com atenção.

   > Vou entregar São Paulo aos que fizeram a revolução contra mim. Não pode haver maior demonstração de desprendimento. Será que estou colocando armas nas mãos dos inimigos para que se voltem contra mim? Que farão na Constituinte? O futuro dirá, e muito próximo! [...]
   > Nomeado o dr. Salles Oliveira para interventor em São Paulo, afastadas todas as dificuldades. Isso traz uma sensação de tranquilidade.
   >
   > Getúlio Vargas. *Getúlio Vargas*: diários. São Paulo: Siciliano; Rio de Janeiro: FGV, 1995. v. 1. p. 231-232.

   a) A que revolução Getúlio Vargas se refere no início do trecho?
   b) Qual seria, segundo o presidente da República, sua maior demonstração de desprendimento?

3. Explique o que é o princípio da federalização e por que sua aplicação limitava o poder político de Getúlio Vargas.

4. O texto a seguir trata dos resultados de uma versão da pesquisa Ganhos de homens, ganhos de mulheres feita pela Fundação Carlos Chagas sobre o trabalho feminino no Brasil. A pesquisa foi atualizada em 2007.

   > A desigualdade dos rendimentos femininos diante dos masculinos é um traço persistente, seja qual for o ângulo sob o qual se analise a questão. Senão vejamos:
   >
   > • As mulheres ganham menos que os homens independentemente do setor de atividade econômica em que trabalhem. [...];
   >
   > • [...] são menores os patamares [níveis] de rendimento feminino, independentemente da jornada semanal de trabalho [...];
   >
   > • Quanto mais elevada a escolaridade, maiores as chances de obter melhores rendimentos. Se isso é verdadeiro para trabalhadores de ambos os sexos, porém, parece se aplicar mais a eles do que a elas. Observando os rendimentos dos que atingiram os mais altos níveis de escolarização – 15 anos e mais, ou que cursaram uma faculdade, tem-se que 30% dos homens, e apenas 10% das mulheres, tinham rendimentos superiores a 10 SM [salários mínimos] [...];
   >
   > • Os recepcionistas ganhavam, em média, 1,85 SM e as recepcionistas, 1,59 SM por mês;
   >
   > • Entre os secretários executivos e bilíngues, os homens ganhavam 5,79 e as mulheres 3,71 SM;
   >
   > • As agentes comunitárias de saúde e afins ganhavam 1,54 SM por mês, em média, e os agentes, 2,06 SM.
   >
   > Disponível em: <http://www.fcc.org.br/bdmulheres/serie8.php?area=series>. Acesso em: 2 set. 2014.

   Com base nos dados apresentados pela Fundação Carlos Chagas, como você qualificaria a situação da mulher no mercado de trabalho brasileiro?

MÓDULO 2

A radicalização política

O governo constitucional que se estabeleceu após a promulgação da Constituição de 1934 foi curto e conturbado. Vargas aproveitou-se do grave momento político nacional para impor seu projeto centralizador e ditatorial.

A polarização ideológica

Os efeitos da crise de 1929 colocaram em dúvida a capacidade dos governos democráticos de enfrentar o desemprego e a carestia. Como consequência, na década de 1930, os movimentos de esquerda e de direita no mundo todo, incluindo o Brasil, cresceram e radicalizaram suas posições.

Na Europa, comunistas e socialistas propunham a formação de uma sociedade igualitária por meio de reformas promovidas por frentes populares eleitas pelo povo e capazes de combater os ideais fascistas.

As organizações conservadoras, alinhadas com a doutrina fascista, defendiam a centralização e o fortalecimento do poder dos governos federais e a suspensão dos princípios liberais de pluralidade partidária, entre outras propostas.

O integralismo

No Brasil, os ideais fascistas foram defendidos pela **Ação Integralista Brasileira** (**AIB**), fundada em 1932 por Plínio Salgado. Os integralistas enfatizavam a importância social da unidade familiar, defendiam os valores cristãos e eram nacionalistas, antiliberais e anticomunistas. Defendiam também o fortalecimento do poder central nas mãos de um líder como solução para os graves problemas políticos e sociais do Brasil.

Cartaz de propaganda integralista distribuído no Brasil entre 1935 e 1937. Atrás do soldado, o símbolo do movimento, a letra grega sigma, que sugere a soma de valores.

A saudação manifestada pela mão levantada com o lema *anauê* parece ter origem na língua tupi e significa "você é meu irmão". Nos desfiles que organizavam, os integralistas vestiam uniformes verdes e eram, por isso, chamados de camisas-verdes. Na fotografia, uma manifestação de integralistas, no Rio Grande do Sul, década de 1930.

●●● As esquerdas se unem

A **Aliança Nacional Libertadora (ANL)**, fundada em 1935 com a intenção de ser uma grande Frente Popular, queria organizar no Brasil um governo nacional, popular e revolucionário.

Dentro da ANL reuniam-se socialistas, liberais, comunistas, católicos e remanescentes do Tenentismo para lutar contra o imperialismo e o fascismo, defendendo as liberdades democráticas. Propunham a reforma agrária, visando reduzir o poder do latifúndio na economia brasileira, e apoiavam os movimentos grevistas, cada vez mais intensos.

O crescimento dos movimentos populares e dos enfrentamentos entre a AIB e a ANL nas ruas dos grandes centros urbanos foi o pretexto de que Getúlio precisava para endurecer o governo. Em 1935, ele conseguiu que o Congresso Nacional aprovasse a **Lei de Segurança Nacional**. Os termos da lei tornavam a ANL ilegal. Ficavam proibidos os comícios, as passeatas ou qualquer manifestação contrária ao governo. A ala mais radical da ANL resolveu, então, partir para a revolta armada, em uma tentativa de derrubar o governo e tomar o poder. E foi o que tentou fazer em 1935, com o apoio da III Internacional Comunista.

A Intentona Comunista

A liderança do levante armado conhecido como **Intentona Comunista**, em 1935, coube ao antigo líder tenentista Luís Carlos Prestes. Estabelecido na União Soviética desde 1931, Prestes retornou clandestinamente ao Brasil quatro anos depois, na companhia da alemã Olga Benário, com quem ele se casou. Ambos eram ligados ao movimento internacional comunista.

O levante teve início em 23 de novembro de 1935, no 21º Batalhão de Caçadores, em Natal, e atingiu a cidade do Recife, com a participação de civis e militares.

Ainda em novembro, o 3º Regimento de Infantaria, localizado na cidade do Rio de Janeiro, também se rebelou. Contudo, o tão esperado apoio de outras unidades do exército e das populações urbanas não ocorreu. O movimento acabou sendo violentamente reprimido e seus líderes, presos.

Getúlio soube tirar proveito político da Intentona. Declarando o iminente perigo comunista que ameaçava o país, conseguiu que o Congresso Nacional apoiasse o estado de sítio e adotou medidas repressivas em todo o território nacional.

A prisão de Prestes e Olga

Luís Carlos Prestes e Olga Benário foram presos em março de 1936. Desde então, nunca mais voltaram a se ver. Olga, que era judia, foi entregue pelo governo brasileiro à Alemanha nazista e morreu na câmara de gás de um campo de concentração. Quando foi presa, estava grávida de Anita, filha de Prestes. Anita nasceu nas prisões nazistas e foi entregue à avó paterna brasileira, depois de intensa campanha internacional.

Prestes saiu da prisão apenas em 1945, quando Getúlio foi afastado do poder.

Luís Carlos Prestes (à direita) sendo levado à prisão por soldados da Polícia Especial no Rio de Janeiro, RJ, em 1936.

Capa do jornal carioca *A Manhã*, de 27 de novembro de 1935.

●●● O golpe do Estado Novo

Concentrando cada vez mais poderes em suas mãos, o presidente conseguiu o apoio das oligarquias estaduais e nomeou homens da sua confiança para chefiar o Estado-Maior do Exército e o Ministério da Guerra. Dessa forma, preparava o caminho para impedir as eleições de 1938, previstas pela Constituição de 1934.

Na campanha eleitoral de 1937, o Estado já se encontrava bastante fortalecido em nível federal. Getúlio discursava regularmente sobre os supostos riscos de uma campanha eleitoral que poderia dar início a novas agitações sociais e abrir espaço para outro golpe comunista. Secretamente, seu aliado Francisco Campos já redigia uma nova Constituição, que deveria substituir a de 1934.

O Plano Cohen e o golpe final

Os integralistas da AIB, que defendiam o fim do regime liberal-democrático no Brasil, deram a Getúlio o motivo que lhe faltava para implantar uma ditadura no país. O capitão Olímpio Mourão Filho, ligado à AIB, forjara um documento, intitulado **Plano Cohen**, cuja autoria foi atribuída aos comunistas para incriminá-los. No falso plano, descrevia-se a estratégia pela qual os revolucionários tomariam o poder.

Em 10 de novembro de 1937 Getúlio falou pelo rádio sobre os supostos planos dos comunistas e anunciou o início do **Estado Novo**. As eleições foram suspensas, assim como as liberdades civis e políticas. O Congresso Nacional foi fechado. A Constituição de 1934 foi substituída por outra, conhecida como Polaca, uma referência à Constituição autoritária polonesa, de orientação fascista, que teria servido de modelo para Francisco Campos.

A fotografia registra o momento em que Getúlio Vargas anunciou pelo rádio a nova Constituição, em novembro de 1937. Rio de Janeiro, RJ.

Verifique o que aprendeu ●●●

1. Como a radicalização política da década de 1930 se manifestou no Brasil?
2. Qual era o projeto dos integralistas?
3. O que foi a ANL?
4. A Intentona Comunista atingiu seu objetivo? Por quê?
5. O que foi o Plano Cohen e qual foi a reação de Vargas quando tomou conhecimento da existência desse documento?

ATIVIDADES

1. Por que, no início da década de 1930, eram frequentes os confrontos entre integralistas e militantes da Aliança Nacional Libertadora nas ruas das grandes capitais brasileiras?

2. O texto abaixo foi extraído do Plano Cohen, documento forjado pelo capitão Olímpio Mourão Filho, membro da Ação Integralista Brasileira.

> No plano de violências deverão figurar [...] os homens a serem eliminados e o pessoal encarregado dessa missão. Todavia, tão importantes quanto estes serão os reféns, que, em caso de fracasso parcial, servirão para colocar em xeque as autoridades. Serão reféns: os ministros de Estado, presidente do Supremo Tribunal, e os presidentes da Câmara e do Senado, bem como, nas demais cidades, duas ou três autoridades ou pessoas gradas. A técnica para a colheita de reféns será a seguinte: os raptos deverão ser executados em pleno dia, nas próprias residências, que serão invadidas por grupos de 3 a 5 homens dispostos e bem-armados e munidos de narcóticos violentos (clorofórmio, éter em pastas de algodão empapadas) e serão transportados para pontos secretos e inatingíveis, com absoluta segurança. Em caso de fracasso, proceder ao fuzilamento dos reféns.
>
> Citado por Hélio Silva. *A ameaça vermelha*: o Plano Cohen. Porto Alegre: L&PM, 1980. p. 283-284.

a) Qual é a ameaça descrita no texto?
b) Considerando que o texto acima era uma farsa, que intenção teriam seus verdadeiros autores ao escrevê-lo?
c) Qual era a relação do Plano Cohen com a instauração do Estado Novo, em 1937?

3. No discurso que fez em 10 de novembro de 1937, em uma emissora de rádio, além de "denunciar" o Plano Cohen, Getúlio afirmou:

> [...] quando as competições políticas ameaçam degenerar em guerra civil, é sinal de que o regime constitucional perdeu o seu valor prático, subsistindo apenas como abstração.
>
> Citado por Boris Fausto. *Getúlio*: o poder e o sorriso. São Paulo: Companhia das Letras, 2006. p. 81.

a) Qual foi a razão para o golpe de 1937, segundo o discurso de Getúlio?
b) Na sua opinião, por que o governo de Getúlio Vargas escolheu o rádio como meio de divulgação de suas decisões?

4. A charge abaixo foi criada em 1937 pelo cartunista brasileiro Belmonte. Ela foi publicada no jornal *Folha da Manhã* em 22 de julho de 1937. Como o autor da charge relaciona a mudança de estado de espírito de Getúlio entre os anos de 1930 e 1937 com os fatos políticos ocorridos no decorrer desse período?

Belmonte. História de um governo. *Folha da Manhã*, 22 jul. 1937.

MÓDULO 3

O Estado Novo

O Estado Novo inaugurou no Brasil um período no qual conviveram duas teses fundamentais: a modernização do Brasil por meio do desenvolvimento econômico e a divulgação do nacionalismo cultural.

●●● A modernização centralizadora

Durante a década de 1920, os membros do movimento tenentista e também outros setores da sociedade acreditavam que as oligarquias estaduais eram "atrasadas" e que a única maneira de modernizar o país seria fortalecer o governo federal para que ele pudesse encaminhar as reformas necessárias: adoção do voto secreto, eleições livres e diretas, oferta de educação pública e gratuita, diversificação da economia e investimento em políticas industriais. Contudo, alguns segmentos sociais entendiam que essa modernização independeria das conquistas liberais e democráticas.

O golpe que legitimou o Estado Novo significou a vitória da tese da **modernização centralizadora**, ou seja, o Estado seria o responsável pelas políticas públicas de modernização nacional. Dentro dessa proposta, o Poder Legislativo não teria espaço. Getúlio converteu-se, assim, no comandante do Estado empreendedor.

A Marcha para o Oeste

Para promover a integração do território brasileiro, em 1940 Vargas criou o programa Marcha para o Oeste.

Além de planejar e inaugurar a cidade de Goiânia (GO), o governo criou territórios federais, como os que correspondem aos estados de Amapá, Roraima e Rondônia, e incentivou a colonização do norte do Paraná, dando origem a cidades como Londrina e Maringá.

Ilustração retirada de uma cartilha de 1941, produzida para crianças durante o Estado Novo. A imagem de Getúlio ao centro da bandeira nacional em forma de mapa do Brasil simboliza o caráter centralizador do governo Vargas.

Getúlio Vargas encontra povos indígenas da Região Centro-Oeste, no lançamento do programa Marcha para o Oeste, em 1940. Cartão-postal produzido pelo DIP.

Aos olhos de quem enxerga

Mesmo antes da instauração do Estado Novo, Getúlio Vargas tinha evidente preocupação com a imagem do seu governo perante a opinião pública. Por isso, em 1934, criou um órgão federal para cuidar especialmente dessa questão, o Departamento de Propaganda e Difusão Cultural (DPDC). Em 1938 esse órgão foi substituído pelo Departamento Nacional de Propaganda, que, em 1939, deu lugar ao Departamento de Imprensa e Propaganda (DIP).

O nacional-desenvolvimentismo

O plano de desenvolvimento econômico elaborado pelo Estado Novo tinha na industrialização um dos seus mais importantes pilares. Mas o plano dependia de investimentos em indústrias de base. Por isso, o governo deu especial atenção ao setor siderúrgico. Em 1940 editou o Código de Minas, que proibia a participação estrangeira na mineração e na metalurgia nacionais e, no ano seguinte, criou a **Companhia Siderúrgica Nacional**.

A política intervencionista do Estado Novo foi também responsável pela criação da **Companhia Vale do Rio Doce**, em 1942, voltada para a exploração do minério de ferro, e da **Companhia Hidrelétrica do São Francisco**, em 1945, com o objetivo de fornecer eletricidade para a Região Nordeste.

Aproveitando-se da conjuntura internacional da Segunda Guerra Mundial, que aumentava a demanda por matérias-primas usadas pela indústria bélica, o governo brasileiro incentivou a exploração do látex na Amazônia, em uma tentativa de fazer renascer os bons tempos da economia da borracha no Brasil. Assim, além de diversificar as exportações nacionais, incentivava a ocupação de áreas desabitadas do território brasileiro e a industrialização nacional da borracha. A campanha de **expansão para a Amazônia** foi chamada de Batalha da Borracha.

Os cafeicultores, embora representassem a oligarquia que fez oposição a Vargas, também se favoreceram das medidas implementadas pelo governo, como a **política de valorização do café**. Para manter a competitividade no mercado internacional e evitar a diminuição dos níveis de exportação de café, o governo mandou recolher e queimar estoques do produto. Como consequência, o Estado manteve bons níveis de arrecadação de impostos sobre as exportações.

Parte inferior do alto-forno da Companhia Siderúrgica Nacional de Volta Redonda, RJ, 2008.

NACIONALISMO E PETRÓLEO

A criação do Conselho Nacional do Petróleo (CNP) em 1938 apontava para a clara intenção do Estado Novo de regular e desenvolver o setor petrolífero no Brasil. O governo pretendia manter a indústria de refino do petróleo como atividade nacional. No entanto, o debate sobre os custos e a tecnologia necessários para a implantação de grandes refinarias brasileiras com capital estrangeiro enfraqueceu a posição nacionalista dentro do CNP. No fim do governo Vargas foram permitidas explorações estrangeiras de petróleo.

Primeiro poço de petróleo do Brasil. Lobato, BA, 1939.

●●● O trabalhismo

Getúlio Vargas atuou como mediador dos crescentes conflitos entre patrões e empregados e, desse modo, conseguiu manter o controle político do país. Vargas também regulamentou medidas e leis que haviam sido aprovadas após a Revolução de 1930. Em 1943, as leis de proteção ao trabalho foram reunidas no documento intitulado **Consolidação das Leis do Trabalho** (**CLT**). Esse documento, além de juntar as normas já existentes, introduziu novos direitos e regulamentações.

Nessa mesma época, o Ministério do Trabalho desenvolveu uma intensa campanha de popularização da imagem de Getúlio Vargas como o protetor dos pobres. Para isso, serviu-se do programa de rádio oficial do governo, a *Hora do Brasil*, transmitido desde 1938 dos estúdios da Rádio Guanabara. Em 1939 a transmissão do programa tornou-se obrigatória.

O corporativismo sindical

Do ponto de vista da organização sindical, o Estado Novo alterou significativamente a Constituição de 1934. A pluralidade sindical foi suspensa e, em seu lugar, restabeleceu-se o regime de sindicato único por categoria. Para serem legalmente reconhecidos, os sindicatos deveriam estar filiados ao Ministério do Trabalho. Criou-se ainda a contribuição sindical obrigatória, que era recolhida pelo ministério e repassada aos sindicatos oficiais. Além disso, as greves foram proibidas porque, segundo o Estado Novo, não atendiam aos interesses da produção nacional.

Com o tempo, surgiram líderes sindicais mais ligados ao governo do que aos interesses dos trabalhadores que representavam. Esses líderes, os chamados **pelegos**, garantiam ao governo uma segura base de apoio sindical.

Panfleto com trecho de palestra do ministro do Trabalho Marcondes Filho transmitida pela *Hora do Brasil*, 1942, Rio de Janeiro, RJ.

O corporativismo

O sindicalismo que se estabeleceu no Estado Novo ficou conhecido como corporativista porque pretendia reunir os trabalhadores em uma estrutura sindical única e hierarquizada. Os trabalhadores ficavam impedidos de fundar sindicatos livres e independentes do governo.

Getúlio Vargas em almoço com jornalistas sindicalistas (década de 1940). Rio de Janeiro, RJ.

O controle da informação

Criado em 1939, o **Departamento de Imprensa e Propaganda** (**DIP**) tinha como uma de suas funções mais importantes a coordenação e a orientação da propaganda interna e externa do governo. Para isso, produzia e distribuía material de divulgação das realizações governamentais. Também promovia manifestações públicas e cívicas de apoio a Vargas, principalmente em ocasiões que favoreciam a aproximação entre o presidente e as camadas trabalhadoras. Cabia ainda ao DIP realizar a censura às informações e às expressões artísticas e culturais, sempre que estas contrariassem as diretrizes oficiais.

A ideologia trabalhista

A ação do DIP contribuiu para o desenvolvimento da ideologia do trabalhismo. Centrada na figura política do presidente da República, afirmava que as leis trabalhistas haviam sido conquistadas e regulamentadas devido à união do presidente com o povo.

De acordo com essa ideologia, o fator que unia Getúlio ao povo era o trabalho. Fazia-se crer que o Estado Novo instituía no Brasil uma democracia social, ou seja, um regime político que privilegiava as conquistas sociais, como as leis trabalhistas. Entretanto, a democracia política baseada em liberdades políticas e civis, em organização partidária e em eleições era desconsiderada.

Nas cartilhas escolares produzidas pelo DIP, as crianças eram informadas sobre as principais realizações e metas do governo e conclamadas a contribuir para a construção de um Brasil grande e moderno por meio do estudo e do trabalho.
Ilustração de cartilha do DIP, 1940.

Homenagem de trabalhadores a Getúlio Vargas na Esplanada do Castelo, Rio de Janeiro, RJ, 1940.

●●● O nacionalismo cultural

A política nacionalista e centralizadora do Estado Novo também marcou as propostas nas áreas da educação e da cultura, comandadas por **Gustavo Capanema**, ministro da Educação e de Saúde Pública de Vargas entre 1934 e 1945.

Capanema apoiou um grande número de intelectuais e artistas modernistas, que prestavam ao governo serviços culturais: o compositor Heitor Villa-Lobos, o pintor Candido Portinari, os arquitetos Lúcio Costa e Oscar Niemeyer, o poeta Carlos Drummond de Andrade e o cineasta Humberto Mauro, entre outros.

O ministro deu também grande importância à preservação do patrimônio cultural brasileiro, encarado como elemento fundamental na construção da identidade nacional. Para isso criou o **Serviço do Patrimônio Histórico e Artístico Nacional** (**SPHAN**).

Ênfase na educação

Durante todo o tempo em que esteve à frente do ministério, Capanema destinou especial atenção aos ensinos Médio e Superior. Com a intenção de modernizar a educação brasileira e qualificar a mão de obra para as indústrias em expansão, desenvolveu o **ensino secundário profissionalizante**. Além disso, tornou obrigatório o ensino de **Educação Moral e Cívica**. Para dar continuidade ao projeto de centralização e estabelecimento de um padrão nacional de ensino universitário, criou a **Universidade do Brasil** (atual Universidade Federal do Rio de Janeiro – UFRJ).

O ministro Capanema incentivou ainda a prática da Educação Física nas escolas, entendendo-a como agente da saúde pública. E, em 1939, fundou a Escola Nacional de Educação Física e Desportos (ENEFD), a primeira do país em nível superior.

> **Verifique o que aprendeu** ●●●
> 1. Defina a modernização centralizadora do Estado Novo.
> 2. Qual foi o setor da indústria escolhido por Vargas para promover a modernização do Brasil?
> 3. Que imagem Vargas procurou construir perante as camadas populares?
> 4. Defina a palavra pelego.
> 5. Qual era o papel do Departamento de Informação e Propaganda?
> 6. O que foi o nacionalismo cultural?

Jovens participam de aula na Escola Nacional de Educação Física e Desportos, no Rio de Janeiro, RJ, em outubro de 1939.

ATIVIDADES

1. Por que Getúlio Vargas tinha tanta preocupação em fazer propaganda de seu governo?

2. O texto a seguir trata da relação dos compositores brasileiros com o Estado Novo. Leia-o e, em seguida, responda às questões.

   > Os compositores foram incentivados a abandonar temas como a malandragem e a boêmia em prol do trabalho, sob pena de terem suas letras censuradas, como aconteceu com O bonde São Januário, de autoria de Ataulfo Alves e Wilson Batista, cujos versos diziam: "O bonde de São Januário/ leva mais um otário/ sou eu que vou trabalhar". A letra foi convenientemente emendada: a palavra otário foi trocada por operário. O samba-exaltação, que louvava as potencialidades do país, também se tornou moeda corrente, como exemplifica Aquarela do Brasil, de Ary Barroso, datada de 1939. [...]
   >
   > [A Rádio Nacional] promoveu vários concursos [musicais]. [...] Nas palavras de um compositor da época, eleições livres e diretas, em pleno Estado Novo, só mesmo para escolher a melhor música...
   >
   > Tânia Regina de Luca. Coerção e persuasão no Estado Novo. Revista *Br História*, São Paulo, Duetto, ano 1, n. 5, p. 29.

   a) Destaque do texto a frase que exemplifica o tipo de censura às letras de música no Estado Novo.

   b) A palavra censurada na canção "O bonde de São Januário" (otário) não atingia diretamente o governo de Vargas. Por que será, então, que houve censura, nesse caso? Discuta essa questão com um colega e registrem as conclusões no caderno.

   c) Por que no texto há uma citação afirmando que no Estado Novo só havia eleições para escolher a melhor música?

3. A imagem ao lado retrata parte das comemorações da semana da Pátria de 1941, no Rio de Janeiro. Observe os elementos que a compõem e responda às questões propostas.

   Cerimônia de comemoração da Semana da Pátria, Rio de Janeiro, RJ, 1941.

   a) O que mais chama sua atenção na imagem?

   b) Quem são as pessoas da fotografia? O que carregam nas mãos?

   c) Analise a maneira como se comportam as pessoas da fotografia. Considerando-se que a fotografia foi tirada em 1941, você diria que essa imagem está ou não coerente com aquele momento político brasileiro? Justifique sua resposta usando o conhecimento que você adquiriu no estudo deste capítulo.

4. Qual foi o efeito da política trabalhista adotada pelo Estado Novo para o movimento dos trabalhadores no Brasil?

ARTE e CULTURA

Pintores operários: o Grupo Santa Helena

Em 1934, artistas imigrantes e filhos de imigrantes radicados na cidade de São Paulo montaram seus ateliês em salas do palacete Santa Helena (hoje demolido), antigo edifício comercial situado na praça da Sé, no centro da capital paulista. O nome do palacete deu origem ao do grupo de artistas: Grupo Santa Helena.

Os artistas que ali se reuniram tinham em comum o fato de trabalhar em outros ofícios para ganhar a vida. Os primeiros a se instalar no palacete foram: Francisco Rebolo (1902-1980) e Mário Zanini (1907-1971), ambos pintores de paredes; Manoel Martins (1911-1979), ourives; Fúlvio Pennacchi (1905-1992), proprietário de um açougue e professor de arte em um colégio paulistano. A eles depois se juntaram Alfredo Rizzotti (1909-1972), mecânico; Clóvis Graciano (1907-1988), pintor de postes e placas de ferrovia e, depois, fiscal de consumo da cidade de São Paulo; Alfredo Volpi (1896-1988), marceneiro, entalhador e encadernador; Humberto Rosa (1908-1948), professor de desenho; e Aldo Bonadei (1906-1974), professor de arte e figurinista.

O Grupo Santa Helena tornou-se um dos mais importantes núcleos de artistas plásticos de São Paulo e do Brasil. Trouxe à pintura um novo olhar, mais despretensioso e lírico que o dos modernistas.

Francisco Rebolo. *Paisagem com casas*, 1940. Óleo sobre tela. Instituto de Estudos Brasileiros, São Paulo, SP. Rebolo foi o primeiro pintor a montar ateliê no Palacete Santa Helena, em 1934. Nascido na cidade de São Paulo, era filho de imigrantes espanhóis. É considerado um dos maiores paisagistas da pintura brasileira.

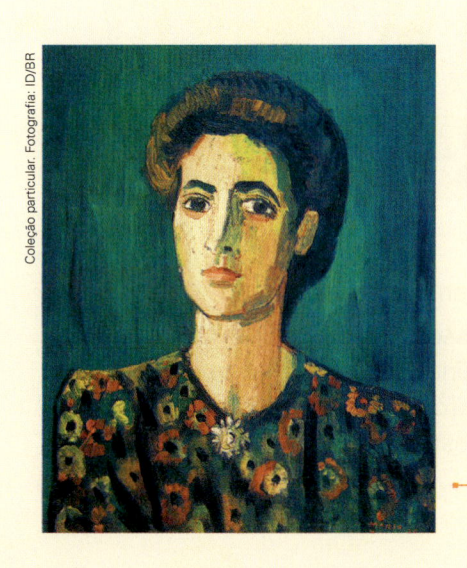

Mário Zanini. *Retrato de Hilde Weber*, 1938. Óleo sobre tela. Pintor paulistano de origem humilde, filho de imigrantes italianos, Zanini foi o primeiro a se juntar a Rebolo no Palacete Santa Helena, em 1935.

Manoel Martins. *Praça da Sé*, 1940. Óleo sobre madeira. Paulistano, filho de imigrantes portugueses, mudou-se para o palacete Santa Helena em 1935, formando o primeiro núcleo do grupo, com Rebolo e Zanini.

Fúlvio Pennacchi. *Colheita da uva*, 1939. Óleo sobre madeira. Imigrante italiano, diplomou-se em pintura na Academia Real de Lucca, na Itália. Instalou seu ateliê no Santa Helena em 1936.

Atividades

1. Observe as imagens e descreva-as.
2. Que diferenças você nota entre as telas vanguardistas estudadas na seção *Arte & Cultura* do capítulo 1 e estas?
3. Os pintores do Grupo Santa Helena praticavam diferentes ofícios para ganhar a vida e pintavam, inicialmente, como amadores. Você conhece algum artista amador? O que ele ou ela faz para ganhar a vida e que tipo de arte pratica: pintura, escultura, música, teatro? Compartilhe suas informações com os colegas.

MÓDULO 4 — O retorno à democracia

O contexto internacional da Segunda Guerra Mundial marcou as relações políticas internas e externas do Brasil. A aproximação com os Estados Unidos no final da década de 1930 e a entrada na guerra ao lado dos Aliados no início da década seguinte acabariam por enfraquecer a ditadura getulista.

●●● O Estado Novo e as relações internacionais

Nas primeiras décadas do século XX, as nações industrializadas manifestavam grande interesse pelas matérias-primas brasileiras. Um desses países era a Alemanha nazista, que não possuía um império colonial importante e, desde 1933, passava por uma fase de grande crescimento econômico.

Entre 1935 e 1937, o Brasil assinou vários acordos comerciais, pelos quais a Alemanha se tornou a principal compradora do algodão nacional e o Brasil passou a importar diversos produtos germânicos. Vargas esperava ainda negociar com a Alemanha a construção de um complexo siderúrgico e de um arsenal naval no Rio de Janeiro, empreitadas para as quais precisava de recursos financeiros e tecnológicos.

O governo dos Estados Unidos, que considerava a América Latina sua área de influência exclusiva, procurou barrar essa aproximação entre Brasil e Alemanha, principalmente após a eclosão da guerra na Europa, em 1939. Em dezembro de 1941, os Estados Unidos declararam guerra à Alemanha e intensificaram as pressões para que o Brasil definisse sua posição no conflito, pois pretendiam utilizar as bases militares existentes no Nordeste brasileiro.

No centro dessa disputa, o governo Vargas mantinha uma posição ambígua, buscando obter vantagens nas negociações com as duas nações.

Vargas (à esquerda) e o presidente estadunidense Franklin Roosevelt, sentado a seu lado. Rio de Janeiro, RJ, novembro de 1936.

AMÉRICA, TERRA DA ALEGRIA

Concebidos como material de propaganda, os longas-metragens, produzidos pelos estúdios Walt Disney, *Olá amigos* e *Você já foi à Bahia?* faziam parte da política de boa vizinhança adotada pelo presidente Franklin Roosevelt a partir de 1933.

Em *Olá amigos*, de 1942, o Pato Donald e o Pateta, personagens familiares do público estadunidense, fazem uma viagem pela América do Sul, onde entram em contato com uma América alegre e pitoresca. No filme estão ausentes os contrastes sociais e os conflitos políticos.

Em *Você já foi à Bahia?* (1945), Donald vem ao Brasil, onde é recebido por Zé Carioca. Na trilha sonora estão músicas de Ary Barroso e de Dorival Caymmi.

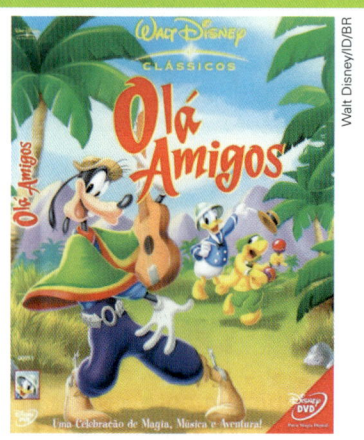

Capa do DVD *Olá Amigos*.

●●● O Brasil contra o Eixo

No início de 1942, existiam setores no governo brasileiro que eram favoráveis à maior aproximação com Hitler, enquanto outros defendiam o alinhamento com as forças democráticas comandadas pelos Estados Unidos.

Uma série de fatores, incluindo o afundamento de navios brasileiros por submarinos alemães e o oferecimento de compensações financeiras e tecnológicas pelos estadunidenses, contribuiu para que Vargas se decidisse por declarar guerra à Alemanha e à Itália, em 31 de agosto de 1942, aliando-se aos estadunidenses.

A aliança com os Estados Unidos

Os acordos internacionais firmados pelo governo, entre fevereiro e agosto de 1942, anunciaram uma aproximação econômica entre Brasil e Estados Unidos. Essa aproximação resultou no aparelhamento das Forças Armadas brasileiras com tecnologia estadunidense e na concessão de financiamento para inúmeros projetos estratégicos, entre eles a criação da Companhia Vale do Rio Doce, destinada a abastecer a Inglaterra com minério de ferro, matéria-prima essencial para o esforço de guerra aliado.

A construção da Companhia Siderúrgica Nacional, em Volta Redonda, estado do Rio de Janeiro, com capital e tecnologia estadunidenses, também foi resultado dessas negociações.

A partir de então, a influência cultural, política e econômica dos Estados Unidos no Brasil tornou-se cada vez maior.

A campanha brasileira na guerra

A mobilização de setores da sociedade brasileira em favor da declaração de guerra contra o nazismo incentivou Getúlio a organizar, em agosto de 1943, a **Força Expedicionária Brasileira** (**FEB**), para lutar na Europa. Além de aumentar o seu prestígio perante a opinião pública e consolidar o apoio dos militares ao Estado Novo, Vargas esperava melhorar a posição brasileira nas negociações do pós-guerra.

A FEB lutou, a partir de junho de 1944, no Mediterrâneo, especialmente em território italiano, sob as ordens do 5º Exército estadunidense. Sua principal função era impedir que o exército alemão avançasse sobre o território francês. Os soldados brasileiros se destacaram na campanha da Itália, onde conseguiram uma série de vitórias sobre as tropas nazifascistas em Monte Castelo, Castelnuovo e Montese.

O Brasil enviou cerca de 25 mil homens para a guerra, dos quais 454 morreram em batalha.

Força Expedicionária Brasileira – FEB

O distintivo da FEB, uma cobra fumando cachimbo, foi criado pelos pracinhas brasileiros em resposta aos que duvidaram da participação das tropas da FEB na guerra. Os céticos alegavam que era mais fácil uma cobra fumar do que essa participação ocorrer.

Capa da revista *O Cruzeiro*, de 29 de agosto de 1942. A imprensa apoiou a participação brasileira no conflito.

●●● O crescimento da oposição

A participação do Brasil na Segunda Guerra ao lado dos Aliados, representantes das forças democráticas, fez crescer no país a oposição não apenas ao nazismo, mas a todos os governos autoritários. Tais críticas acabaram atingindo o próprio governo brasileiro, que, desde 1937, mantinha a população sob regime ditatorial.

População dispersada pela polícia quando aguardava passeata estudantil na praça do Patriarca, São Paulo, SP, 1943.

Verifique o que aprendeu ●●●

1. Que vantagens viam a Alemanha e os Estados Unidos em uma aproximação com o Brasil?
2. Como repercutiu no Brasil a vitória dos Aliados?
3. Por que o Alto-Comando do Exército depôs Getúlio, se o presidente vinha demonstrando disposição para comandar a redemocratização do Brasil?

A oposição à ditadura de Getúlio Vargas já vinha se organizando desde os anos anteriores. As lideranças civis favoráveis à redemocratização do Brasil procuravam mostrar as contradições do Estado Novo, que apoiava os Aliados contra os regimes autoritários da Alemanha e da Itália, mas, internamente, mantinha o Brasil sob forte censura e impedia a organização de eleições diretas e a formação de partidos livres.

O fim do Estado Novo

Ao final da Segunda Guerra, Getúlio, pressionado, começou a sinalizar que estava disposto a realizar reformas políticas e a aceitar o retorno ao regime democrático. Convocou eleições legislativas, para a Câmara e o Senado, e permitiu a organização livre de partidos políticos. O DIP foi fechado e, em abril de 1945, os presos políticos foram anistiados.

Todavia, como a popularidade de Getúlio ainda era grande, alguns setores da sociedade temiam um novo golpe que o mantivesse no poder. Por isso, o Alto-Comando do Exército depôs Getúlio, que assinou sua renúncia sem resistência em 29 de outubro de 1945.

Edição de *O Globo*, de 30 de outubro de 1945.

ATIVIDADES

1. Leia o texto a seguir e responda às questões propostas.

   > A primeira filial do Partido Nazista fora da Alemanha foi fundada no Brasil, em 1928. O alvo desse agrupamento político – que permaneceu ativo durante dez anos, sem ser incomodado pelas autoridades brasileiras – era a comunidade alemã estabelecida no país. Os participantes, em sua quase totalidade, eram alemães natos, considerados "puros" do ponto de vista da teoria racial divulgada por Hitler. Em seu auge (1937), o partido somou 2 900 integrantes, configurando-se como o maior grupo de nazistas "de carteirinha" fora da Alemanha.
   >
   > Ana Maria Dietrich. Porta-vozes de Hitler. *Revista de História da Biblioteca Nacional*, Rio de Janeiro, ano 2, n. 20, p. 22, maio 2007.

   a) De acordo com o texto, o estabelecimento de grupos nazistas no Brasil foi coibido pelo governo? Justifique sua resposta.
   b) Considerando a política externa do governo Vargas, como você explica a situação descrita no texto?

2. Leia o texto e responda às questões.

   > O *Correio da Manhã*, em sua edição de 1º de julho de 1942, anunciava um ato de repúdio ao fascismo, que se espalhava pela Europa e se estendia para o lado de cá do Atlântico. O jornal definia a passeata a ser promovida dali a poucos dias por estudantes universitários como uma "reafirmação da fé no destino da democracia" [...].
   >
   > [...]
   >
   > A passeata contou com a participação de milhares de jovens [...]. Hélio de Almeida, presidente da UNE em 1942/43, relata que procuraram o chefe de Polícia, capitão Filinto Müller, a fim de pedir licença para a realização da passeata [...]. A permissão foi negada, pois o capitão considerou o ato subversivo. O passo seguinte foi procurar o ministro interino da Justiça, embaixador Vasco Leitão da Cunha [...]. Contrariado com a atitude de seu subordinado hierárquico, o embaixador não só deu a permissão como prometeu que a polícia não interviria no assunto.
   >
   > Angélica Müller. Alunos fora do Eixo. *Revista de História da Biblioteca Nacional*, Rio de Janeiro, ano 2, n. 20, p. 18-20, maio 2007.

   a) De acordo com o texto, as manifestações políticas ocorridas no Brasil durante a Segunda Guerra Mundial sinalizavam uma opinião favorável ou contrária ao Estado Novo?
   b) Como podemos interpretar a decisão do ministro interino da Justiça, Vasco Leitão da Cunha, ao liberar a passeata de estudantes que havia sido proibida pelo chefe de Polícia, Filinto Müller?
   c) Mesmo com a censura do DIP, o jornal falava em "reafirmação da fé no destino da democracia". Explique.
   d) A União Nacional dos Estudantes (UNE) participou ativamente dos manifestos ocorridos na década de 1940. Em que outros momentos da história brasileira a UNE se destacou? Como é sua atuação hoje? Pesquise.

3. Se o Brasil tinha forte relacionamento comercial com a Alemanha, por que o governo escolheu participar da Segunda Guerra Mundial ao lado dos Aliados?

4. Quais foram os fatores que levaram Getúlio a incentivar a formação da Força Expedicionária Brasileira?

5. Que relação é possível estabelecer entre a participação do Brasil na Segunda Guerra Mundial e a saída de Getúlio Vargas em 1945?

APRENDER A...

Realizar uma enquete

As pesquisas de opinião fazem parte do cotidiano da população e aparecem com frequência nos meios de informação. Trata-se de um levantamento estatístico feito com determinado grupo de pessoas (amostra).

Há vários tipos de pesquisa de opinião. Um deles são as enquetes, geralmente usadas para levantar a opinião de uma comunidade a respeito de diversos temas.

Uma enquete pode ser realizada por um órgão oficial, um meio de comunicação, uma empresa, uma escola ou até mesmo entre moradores de um bairro.

Suponha que, em uma escola, um professor de História resolveu realizar uma enquete para descobrir se os alunos e funcionários são a favor de um terceiro mandato consecutivo para um presidente da República. Após realizar a pesquisa, é necessário organizar os dados para saber o resultado.

■ A comunicação dos resultados da enquete

Os dados de uma enquete podem ser organizados e comunicados de diversas maneiras. Os gráficos, por exemplo, possibilitam a visualização dos resultados.

Observe o gráfico abaixo. Considere que os dados usados na elaboração do gráfico foram obtidos a partir de uma enquete com alunos de uma escola.

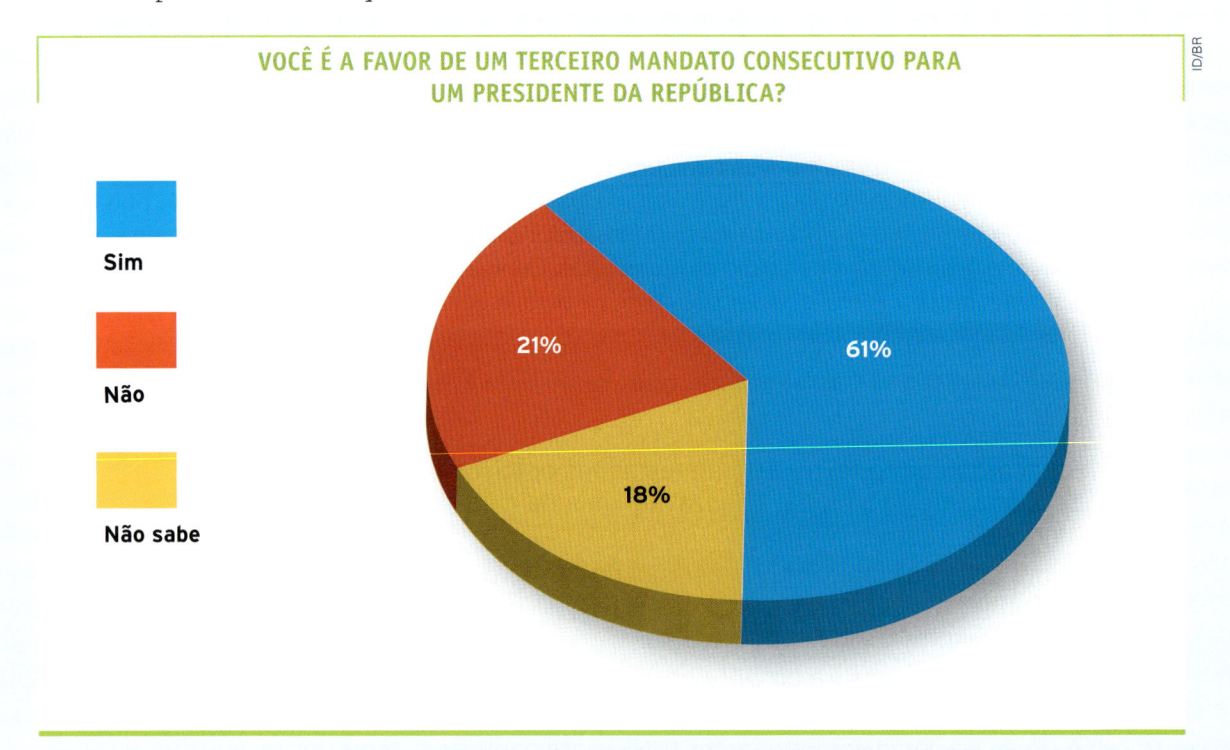

VOCÊ É A FAVOR DE UM TERCEIRO MANDATO CONSECUTIVO PARA UM PRESIDENTE DA REPÚBLICA?

- Sim: 61%
- Não: 21%
- Não sabe: 18%

Você poderá utilizar a enquete sempre que precisar.

Para produzir uma boa enquete, no entanto, é preciso seguir alguns passos.

■ Escolha do tema e da pergunta

Você estudou uma série de assuntos nos capítulos anteriores. Alguns deles são amplamente conhecidos pela população e provocam uma série de opiniões divergentes.

1. Observe a tabela na página seguinte e escolha um dos temas e a respectiva pergunta, para realizar uma enquete.

Tema	Questão para a enquete
1. Poder econômico dos grandes proprietários de terras	Você acredita que o poder econômico dos latifundiários diminuiu depois do governo de Getúlio Vargas?
2. O governo do presidente Getúlio Vargas	Você considera que o presidente Vargas foi o melhor da história do Brasil?
3. Voto feminino	Na sua opinião, a vida das mulheres mudou depois que elas conquistaram o direito ao voto?
4. A Segunda Guerra Mundial e a bomba de Hiroshima	Você considera que era necessário o exército estadunidense jogar a bomba atômica sobre Hiroshima para pôr fim, definitivamente, à Segunda Guerra Mundial?
5. Capitalismo × comunismo	O capitalismo é um sistema econômico melhor do que o comunismo?
6. Tema de um dos três capítulos deste volume já estudados (a escolher)	Elaborada por você.

- **Escolha da amostra e realização da enquete**

Uma vez definidos o tema e a pergunta para a enquete, é necessário decidir quem serão os entrevistados.

2. Escolha um grupo de pessoas para entrevistar. (Seria interessante que os entrevistados fossem de diferentes idades.)
3. Decida quando e onde realizará a entrevista. (Na escola? No seu bairro? Com seus familiares?)

- **Análise dos dados e comunicação dos resultados**

4. Organize em uma tabela os dados coletados durante as entrevistas.
5. Escolha a forma pela qual comunicará os resultados.
6. Decida onde os dados serão expostos ou publicados (*site*, mural ou jornal da escola, etc.).

Adolescentes entrevistando uma mulher em São Paulo, SP, 2009.

DOSSIÊ

A propaganda do Estado Novo

A década de 1930 é marcada pela existência de Estados autoritários, principalmente na Europa, onde diversas ditaduras haviam sido instauradas. Governos como os de Benito Mussolini na Itália (no poder desde 1922), Jozef Pilsudski na Polônia (1926), Engelbert Dollfuss na Áustria (1932), Antonio Salazar em Portugal (1933), Adolf Hitler na Alemanha (1933) e Francisco Franco na Espanha (1939) eliminaram as liberdades políticas e impuseram à imprensa e às artes um pesado controle estatal.

A intenção desse controle não era apenas censurar a circulação de notícias e ideias inconvenientes ao regime. Manipulando as informações, os governos pretendiam também criar uma imagem positiva de seus atos, convencendo a população a apoiar as autoridades em sua tarefa de comandar o país.

A propaganda autoritária no Brasil

No Brasil, após a queda da república liberal em outubro de 1930, o governo se aproximou pouco a pouco do modelo europeu de Estado forte. Apesar da criação, desde 1931, de alguns órgãos de ação limitada, o controle mais efetivo da imprensa e da produção cultural brasileiras veio apenas após novembro de 1937, quando um golpe instituiu a ditadura do Estado Novo. Imitando o modelo nazifascista, em dezembro de 1939 foi criado o Departamento de Imprensa e Propaganda (DIP).

Com o DIP, dirigido pelo jornalista Lourival Fontes (chamado por alguns de "Goebbels tropical", em alusão ao ministro da propaganda de Hitler), o governo procurou exercer um controle total sobre jornais, cinemas, teatros, publicação de livros – incluindo os didáticos –, festas cívicas, comemorações públicas e competições esportivas.

O controle da imprensa escrita era necessário pela importância que possuía perante as camadas mais ricas da população. Contudo, em um país com grande número de analfabetos, como era o Brasil, os meios de comunicação de massa não podiam ser ignorados pela máquina de propaganda do Estado Novo. No fim da década de 1930, o meio de comunicação mais popular, principalmente nas cidades, era o rádio, cujo aparelho receptor tornava-se cada vez mais acessível aos trabalhadores urbanos.

A ditadura nas ondas do rádio

Atento à grande popularidade do rádio, o DIP controlava rigidamente a programação das emissoras brasileiras, não apenas na área jornalística, mas também nos programas musicais, sem dúvida os de maior audiência. Todas as músicas deviam obrigatoriamente passar pela aprovação prévia do censor, em um processo que acabava proibindo um grande número de composições. No ano de 1940, por exemplo, 108 programas e 373 letras de música foram censurados.

Mas a ação do Estado Novo, pelas mãos do DIP, não era apenas repressora. O governo federal procurou incentivar a produção e a divulgação de músicas que estivessem de acordo com os valores do novo regime, convidando figuras populares como Carmem Miranda, Lamartine Babo, Ary Barroso, Oduvaldo Viana, Donga e Francisco Alves para participarem de grandiosos espetáculos musicais.

O cantor Francisco Alves na capa da revista *Ritmos*, fevereiro de 1949.

A estatização da Rádio Nacional, em março de 1940, deu ao governo sua própria emissora, que em poucos anos se tornou campeã de audiência, apresentando os mais famosos cantores e atores do país. Junto com os programas musicais e jornalísticos, o Estado Novo fazia sua propaganda, cooptando as camadas populares. Uma das mais curiosas formas de propaganda do regime era a comemoração do aniversário de Getúlio Vargas.

A construção do mito

Além da censura e da propaganda, outro elemento comum aos regimes autoritários que antecederam a Segunda Guerra Mundial foi a construção da imagem do supremo governante, indivíduo que encarna o regime e atrai a atenção do povo, em geral retratado como um pai que provê o sustento e garante a segurança da sociedade, diante de todas as adversidades.

No Brasil não foi diferente: sob o comando do DIP, a imagem do presidente Getúlio Vargas foi envolta em uma atmosfera de mito. Getúlio era o grande líder, corajoso, sábio, desprovido de ódio e de vaidade. Inúmeros livros foram lançados sobre o dirigente dos brasileiros, entre os quais figuravam cartilhas destinadas às crianças, para que desde cedo aprendessem a admirá-lo e a obedecer-lhe.

Mas era no aniversário de Vargas que a construção do mito ficava mais evidente: desde 1940, o dia de nascimento do presidente, 19 de abril, tornara-se uma festa pública, comemorada em bailes realizados em todo o país, enquanto os jornais publicavam biografias e relatos sobre os grandes feitos do líder máximo da Nação e as rádios transmitiam programas no mesmo tom.

Comemoração do Dia do Trabalho, estádio do Vasco da Gama, Rio de Janeiro, RJ, 1942.

Propaganda do DIP de 1940. Nela Getúlio Vargas aparece junto a alunos de escola pública.

■ Discussão sobre o texto

1. Por que as ditaduras, em geral, investem na construção da imagem do "grande líder", fazendo da autoridade máxima do governo um mito?
2. Em sua opinião, é válido os governos investirem em campanhas de divulgação e de valorização de suas realizações? Justifique sua opinião.
3. Em sua opinião, que papel devem ter os meios de comunicação de massa, como o rádio, a televisão, o cinema, etc., na formação política da sociedade? Discuta com os colegas.

FAZENDO HISTÓRIA

A cartilha da propaganda varguista

Leia a seguir trecho de uma cartilha editada pelo DIP em 1942.

Exijo de todos vós o que impus a mim e que é, para os militares, um postulado de dever: o compromisso de devotamento de cada dia, de cada hora e de cada minuto, pela prosperidade e pela grandeza do Brasil.

[...]

A hora é de ação clara e direta, de realizações úteis. De trabalho fecundo e criador. Dar todo o prometido à Nação, que espera diretivas sadias, conduzi-la sem tergiversações [rodeios], resolver e executar é o nosso dever. O Brasil está de pé, vigilante e disposto a tudo empenhar na conquista do seu destino imortal.

[...]

O trabalho é o maior fator de elevação da dignidade humana.

Havia abundância de doutores e falta de técnicos especializados. O Governo Nacional resolveu empreender obra decisiva. Além de modernizar os estabelecimentos existentes, ampliando-lhes a capacidade e a eficiência, iniciou a construção de grandes escolas profissionais, que deverão constituir uma vasta rede de ensino popular.

[...]

Se me perguntardes qual o programa do Estado Novo, eu vos direi que esse programa é cortar o país de estradas de ferro, de estradas de rodagem, de vias aéreas; é incrementar a sua produção, amparar a sua lavoura e fomentar [facilitar] o crédito agrícola; é desenvolver a sua exportação; é aparelhar as suas Forças Armadas; é organizar a opinião civil para que ela seja um só pensamento brasileiro.

Contemplai-a [a bandeira nacional] com maior e justificado orgulho. Ela tremula só, única e dominadora, sobre todo o nosso vasto território. Símbolo do Brasil de hoje e de amanhã, bela e forte, afirma a unidade moral e material do nosso povo, numa síntese perfeita da sua existência e dos seus ideais de engrandecimento.

A juventude no Estado Novo. Rio de Janeiro: DIP, 1942. CPDOC-FUE, RJ. Arquivo Getúlio Vargas.

Ilustração da cartilha do DIP, 1942.

1. Em seu discurso, Getúlio cobra dos brasileiros um dever. Que dever é esse?
2. O período que antecedeu o Estado Novo foi marcado por uma série de movimentos grevistas. Que ideia presente no discurso de Vargas pode ser entendida como uma reação do Estado a esses movimentos?
3. Por que, segundo Vargas, o Governo Nacional resolveu investir em escolas profissionais?
4. Que parte do texto nos permite afirmar que Getúlio pretendia modernizar o Brasil? Anote-a no caderno.
5. Por que Getúlio pede que todos os brasileiros contemplem a bandeira nacional?
6. Explique de que maneira a imagem reforça o conteúdo do texto que ela acompanha.

LENDO HISTÓRIA

Antes de ler

- O texto que você vai ler trata da era do rádio. Na sua opinião, por que esse meio de comunicação foi tão importante no início do século XX? E hoje, qual a importância do rádio na sociedade brasileira?
- A imagem mostra uma família ao redor de um aparelho de rádio, ouvindo a programação. Como as pessoas escutam o rádio hoje?

A era do rádio

Durante a década de 1930, o rádio despertou sentimentos que variavam do fascínio à rejeição. O universo radiofônico estava impregnado de todo tipo de estereótipo: era o lugar da fama e da ascensão social ao mesmo tempo [que era] o ambiente da marginalidade e dos marginais, proibido às pessoas de "boa família".

A curiosidade e o desejo das camadas populares de possuírem aparelhos de rádio cresciam, e, quando as famílias ainda não podiam ter seus próprios rádios, lançavam mão de uma prática que se tornou muito corriqueira [...] Era comum que as famílias que tinham aparelhos de rádio os compartilhassem com os vizinhos, permitindo que acompanhassem parte da programação. Alguns estabelecimentos comerciais também mantinham aparelhos de rádio ligados como forma de atrair a freguesia.

Família carioca reunida na noite do ano-novo de 1942, atenta ao discurso do presidente Vargas pelo rádio.

Em busca desses ouvintes, as emissoras se empenhavam em produzir programas cada vez mais populares, criando uma "via de mão dupla" na relação rádio/sociedade, em que a opinião pública (o gosto popular) adquiriu um peso fundamental. [...]

Muitos programas eram produzidos e gravados nas emissoras cariocas, em especial na Rádio Nacional, e depois redistribuídos para o restante do país. Essa prática reforçava a fama obtida pelos artistas da emissora e o fascínio que a Capital Federal exercia sobre o interior. A modernidade que chegava pelo rádio tinha características urbanas, difundindo, para os moradores do interior, hábitos das grandes cidades. A publicidade era feita de forma direta, com anúncios, ou indireta, embutida nos textos dos programas, criando o mercado de consumo para os produtos. O rádio foi um excelente veículo de divulgação de novos hábitos de consumo, sendo o preferido pelas multinacionais para o lançamento de novas marcas e produtos.

Lia Calabre. *A era do rádio*. 2. ed. Rio de Janeiro: Jorge Zahar, 2004. p. 25-29.

De olho no texto

1. De acordo com o texto, em que segmentos da população o rádio encontrou maior receptividade?
2. Na década de 1930, o aparelho de rádio ainda era um bem de consumo relativamente caro. Como se explica, então, sua enorme popularidade no período?
3. Que mudanças o rádio produziu na sociedade brasileira?
4. Ao observar as pessoas em volta do rádio, o que você pode pressupor sobre esse momento? Na sua opinião, o rádio pode ser comparado com a televisão atualmente?
5. O programa *Voz do Brasil*, veiculado ainda hoje, já se chamou *Hora do Brasil*. Ele foi criado em 1935, pelo governo Vargas, e a partir de 1938 tornou-se obrigatório. É transmitido, de segunda a sexta-feira, por quase todas as rádios abertas do país (as rádios AM). Escute pelo menos 15 minutos da programação e depois escreva suas impressões sobre ela. É interessante? Atraente? A quem pode interessar? Que função pode ter nos dias de hoje?

QUESTÕES GLOBAIS

1. Observe a imagem e responda às questões.

Cartaz de 1932, São Paulo, SP.

a) Descreva esse cartaz. Comente a imagem e o texto.
b) A mensagem do cartaz remete a um dos assuntos estudados neste capítulo. Identifique-o a partir das referências que a imagem fornece. Justifique a resposta.
c) Na sua opinião, por que o soldado convoca os leitores a consultar a consciência?

2. Quais foram as consequências da participação do Brasil na Segunda Guerra Mundial?

PARA SABER MAIS

Livros

Heitor Villa-Lobos, de Loly Amaro de Souza. São Paulo: Moderna, 2001.
Biografia do maestro e compositor brasileiro, que produziu sua obra em forte afinidade com o nacionalismo que caracterizou a Era Vargas.

O barbeiro e o judeu da prestação contra o sargento da motocicleta, de Joel Rufino dos Santos. São Paulo: Moderna, 2007.
Essa história acontece logo depois da Segunda Guerra Mundial. Era uma época de grande esperança, em que se acreditava que ninguém mais sofreria por pertencer a povos ou religiões diferentes. No Brasil, soprava o ar leve do fim do Estado Novo. Mas tudo era apenas esperança ou se tornaria realidade?

Site

<http://www.macvirtual.usp.br/mac/templates/projetos/seculoxx/modulo2/modernidade/eixo/stahelena/stahelena.htm>
Nesse *site* é possível conhecer um pouco da vida e da obra de artistas que fizeram parte do Grupo Santa Helena, em São Paulo. Acesso em: 3 set. 2014.

●●● Síntese

O primeiro governo de Vargas
- Vargas se indispõe com as oligarquias estaduais
- Conflitos entre os adeptos do governo central e os da descentralização estadual
- Os paulistas se revoltam em 1932 exigindo uma nova Constituição
- A nova Constituição é promulgada em 1934

A radicalização política
- Comunistas e conservadores polarizam o cenário político
- Esquerda brasileira se une na Aliança Nacional Libertadora (ANL)
- A ANL promove uma tentativa de golpe de Estado, a Intentona Comunista
- Vargas implanta o Estado Novo, ditadura de inspiração fascista

O Estado Novo
- Governo adota a centralização modernizadora
- Apoio à industrialização, simbolizada pela Companhia Siderúrgica Nacional
- A Consolidação das Leis do Trabalho

O retorno à democracia
- O governo brasileiro e suas relações internacionais
- Vargas apoia os Estados Unidos e declara guerra à Alemanha
- A Força Expedicionária Brasileira (FEB) combate na Itália
- A vitória da democracia na guerra fortalece oposição ao Estado Novo
- O fim do Estado Novo

▭ Linha do tempo

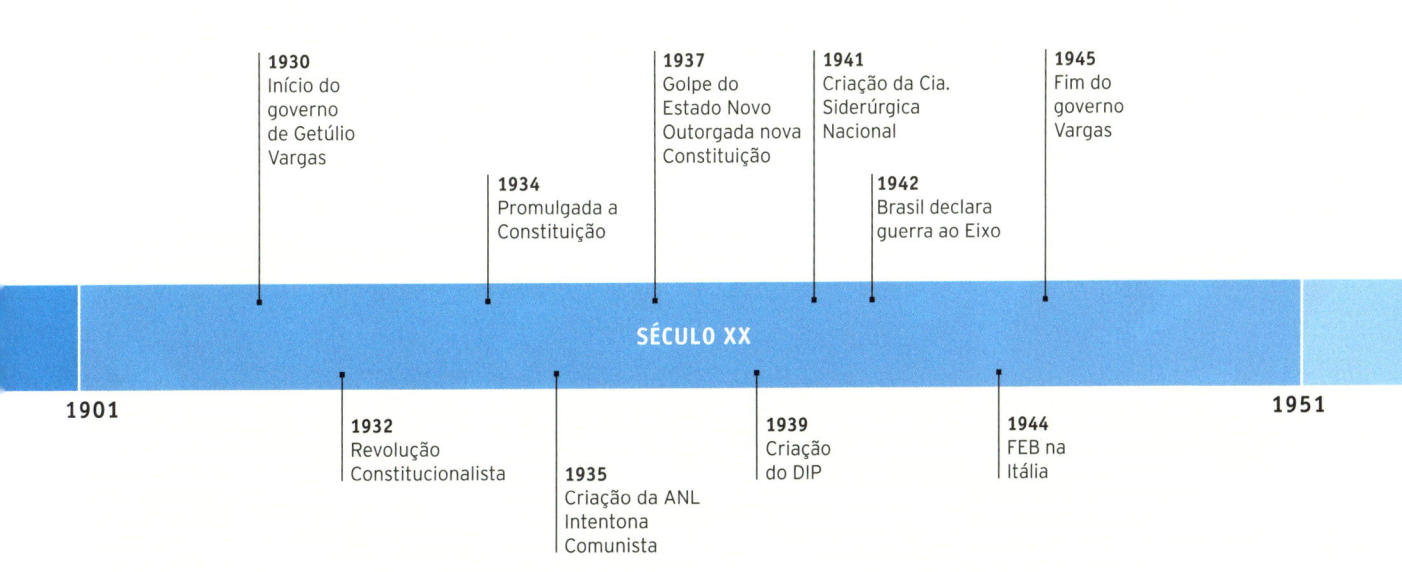

SÉCULO XX (1901 – 1951)

- **1930** Início do governo de Getúlio Vargas
- **1932** Revolução Constitucionalista
- **1934** Promulgada a Constituição
- **1935** Criação da ANL Intentona Comunista
- **1937** Golpe do Estado Novo Outorgada nova Constituição
- **1939** Criação do DIP
- **1941** Criação da Cia. Siderúrgica Nacional
- **1942** Brasil declara guerra ao Eixo
- **1944** FEB na Itália
- **1945** Fim do governo Vargas

Entre os anos 1950 e início dos 1990, a Guerra Fria foi responsável por uma série de conflitos armados, incluindo a luta pela independência dos povos colonizados da África e da Ásia. Muitas pessoas passaram a se manifestar pela paz de diversas maneiras. Foram essas manifestações que trouxeram a liberdade poética e o humanismo para o centro dos debates políticos nos anos 1960.

O mundo dividido

CAPÍTULO 4

O QUE VOCÊ VAI APRENDER

- O mundo reorganizado após a Segunda Guerra Mundial
- A descolonização da África e da Ásia
- As revoluções comunistas na China, Coreia e Vietnã
- A contracultura nos anos 1960
- As disputas no Oriente Médio

CONVERSE COM OS COLEGAS

Os vencedores da Segunda Guerra Mundial tiveram tempo e recursos materiais para grandes conquistas. Os russos enviaram satélites e seres humanos ao espaço pela primeira vez na história, enquanto os estadunidenses lançaram homens à Lua e venderam bens de consumo industrializados para várias partes do planeta. Contudo, por trás desse espetáculo de desenvolvimento e conquistas, havia também muito descontentamento e problemas. Os países capitalistas não conseguiam eliminar a desigualdade social, enquanto muitos grupos nos países socialistas ansiavam por mais liberdade. Por todo o mundo houve manifestações e rebeliões.

1. A fotografia ao lado foi feita na cidade de Paris, capital da França, em maio de 1968, ano que ficou conhecido pela eclosão de protestos e rebeliões que se disseminaram em diversas partes do mundo. Faça uma descrição da imagem e das pessoas que nela aparecem.

2. Identifique na imagem elementos que remetam à atitude de protesto e de questionamento dos padrões sociais e de costume da França no final da década de 1960.

3. Você conhece algum movimento de protesto que tenha ocorrido no Brasil nos últimos quarenta anos, levando pessoas às ruas para pedir mudanças? Em sua opinião, qual a importância dessas manifestações para o exercício da cidadania?

Manifestação em Paris, França, em maio de 1968.

MÓDULO 1
As independências na África e na Ásia

A Segunda Guerra Mundial ajudou a enfraquecer as potências imperialistas e a fortalecer o nacionalismo dos povos colonizados da África e da Ásia. Entre as décadas de 1940 e 1960 muitas colônias asiáticas e africanas conquistaram sua independência.

●●● A Índia de Gandhi

Os ingleses sabiam que a coesão interna deixaria os povos dominados muito mais fortes. Portanto, uma das táticas que utilizavam para manter o domínio em seus territórios era dividir as responsabilidades da administração colonial com os chefes locais tradicionais. Assim, os territórios coloniais eram mantidos em contínua desunião, sobretudo aqueles habitados por hindus e muçulmanos.

Apesar dessa tática, já existia uma resistência oficial hindu desde fins do século XIX, representada pelo partido do Congresso. A partir de 1942, o partido liderado por **Mahatma Gandhi** e **Jawaharlal Nehru** reafirmou sua luta pela independência pautada no princípio da **não violência**.

Pacifismo e desunião

Pregando o princípio da não violência (*Satyagraha*, em sânscrito), Gandhi liderou os indianos em sua luta pelas liberdades civis e contra os impostos cobrados pelos britânicos.

Um dos principais protestos pacíficos organizados por Gandhi foi a **Marcha do Sal**, realizada em 1930. Gandhi foi preso, mas a resistência continuou. Diante das pressões, após a Segunda Guerra Mundial o Império Britânico abriu negociações para a transferência do poder. O objetivo era manter a união do território, garantindo os interesses econômicos ingleses na região. Apenas em 1947 a Índia obteve a independência, mas a união territorial não foi mantida. Devido a conflitos religiosos entre a maioria hinduísta e a minoria muçulmana, formaram-se a **Índia** e o **Paquistão**, respectivamente. Essa divisão do território foi traumática, provocando massacres e deslocamento de grande parte da população.

O Paquistão foi dividido em Ocidental e Oriental (Bangladesh, desde 1971). As lutas pela independência nos territórios sob o domínio inglês na Ásia ainda resultaram na criação do Ceilão (hoje Sri Lanka), de Cingapura e da Birmânia (hoje Mianma).

> **A desobediência civil**
>
> Como forma de resistência pacífica, Gandhi propôs o princípio da desobediência civil, que consistia em não cumprir as regras impostas pelos ingleses. Sobre isso ele declarou: [...] "A primeira coisa, portanto, é dizer-vos a vós mesmos: Não aceitarei mais o papel de escravo. Não obedecerei às ordens como tais, mas desobedecerei quando estiverem em conflito com a minha consciência. O assim chamado patrão poderá surrar-vos e tentar forçar-vos a servi-lo. Direis: Não, não vos servirei por vosso dinheiro ou sob ameaça. Isso poderá implicar sofrimentos. Vossa prontidão em sofrer acenderá a tocha da liberdade que não pode jamais ser apagada".
>
> Letícia Canêdo Bicalho. *A descolonização da Ásia e da África*: processo de ocupação colonial – transformações sociais nas colônias – os movimentos de libertação. São Paulo: Atual, Universidade Estadual de Campinas, 1985. p. 45.

Gandhi, ao centro, organizou a Marcha do Sal, em 1930. Nela os hindus protestaram contra a lei inglesa que proibia o povo de extrair sal de seu próprio país, obrigando-o a comprar o produto importado da Inglaterra.

As independências na África

Após o término da Segunda Guerra Mundial (1945), a resistência dos povos africanos ao colonialismo, existente desde que os europeus dominaram o continente, intensificou-se. O processo de conscientização da própria identidade étnica e cultural fortaleceu os movimentos nacionalistas e resultou na independência de diversos países da África.

Luta nacionalista e tradição

O colonialismo na África havia criado **fronteiras artificiais** que não respeitavam as diferenças étnicas africanas. Assim, em um único país, juntavam-se diferentes etnias, muitas vezes rivais.

À época das independências, havia cerca de oitocentas etnias nos vários países africanos. Apesar das diferenças, era consenso que o continente retomasse sua autonomia política e fosse governado por líderes locais, respeitando as tradições dos diferentes grupos.

O primeiro movimento armado pela independência foi o da Argélia, iniciado em 1954 pela Frente de Libertação Nacional (FLN), por meio de guerrilha urbana e, principalmente, rural. A guerra foi de extrema violência, tanto pela repressão dos franceses, que pretendiam manter o controle das áreas de petróleo, quanto pela reação dos nacionalistas. A independência se consolidou em 1962.

No Quênia, militantes da etnia Kikuyu, organizados em um movimento conhecido como Mau Mau, lutaram contra a Inglaterra entre 1952 e 1956. Mas a independência só veio em 1963.

As colônias portuguesas só se tornaram independentes na década de 1970, após a queda do regime ditatorial em Portugal. Na Guiné Bissau e em Cabo Verde, os movimentos pró-independência duraram de 1961 a 1973, mas a vitória ocorreu apenas em 1974. Em Moçambique, o reconhecimento pela independência chegou em 1975, após cerca de 13 anos de luta.

Em Angola, as lutas iniciaram em 1956, com a criação do Partido Africano. Em 1961, após uma sublevação em Luanda e outra no norte do país, dois grupos rivais passaram a lutar pela independência: o Movimento Popular de Libertação de Angola (MPLA) e a União das Populações de Angola (UPA), que, a partir de 1962, mudou o nome para Frente Nacional de Libertação de Angola (FNLA). Em 1966, após uma divisão da FNLA, formou-se também a União Nacional para Independência Total de Angola, a Unita.

Em 11 de novembro de 1974, após a queda do sucessor de Salazar, Marcelo Caetano, na Revolução dos Cravos, a independência foi declarada pelo MPLA. No entanto, FNLA e Unita continuaram a combater o MPLA, com apoio de potências externas, como os EUA. Em 1991 houve uma eleição, com vitória de Eduardo dos Santos, do MPLA, que não foi reconhecida pela oposição. A guerra recomeçou e prosseguiu até 2002, quando a Unita perdeu forças, depondo as armas e passando a lutar politicamente na oposição ao governo.

O pan-africanismo

Nos anos 1950 surgiu na África um movimento chamado pan-africanismo, cujo objetivo era a união dos povos de todos os países africanos na luta contra o preconceito racial e o enfrentamento, em conjunto, dos problemas sociais, políticos e econômicos do continente.

Em 1963, foi fundada a Organização de Unidade Africana, que, em 2002, passou a se chamar União Africana.

Além de lutar contra a pobreza, a miséria, as guerras, as doenças e a corrupção, o movimento pan-africano pretende resgatar as etnias, favorecendo sua união em suas regiões de origem, e defender suas práticas religiosas e o uso de línguas nativas, anteriormente proibidas pelos colonizadores.

A União Africana também objetiva promover a livre circulação de pessoas no continente, um Parlamento e um tribunal pan-africano e um Banco Central, para que possa se criar uma moeda única, como na União Europeia.

Adultos e crianças muçulmanos desfilam por Orã, no oeste da Argélia, para comemorar a independência do país, em julho de 1962.

●●● O Terceiro Mundo

Após a Segunda Guerra Mundial, o demógrafo francês Alfred Sauvy criou a expressão **Terceiro Mundo** ao se referir às nações pobres do planeta. O autor baseou-se no termo Terceiro Estado, que, na Revolução Francesa, indicava as camadas sociais que não pertenciam nem à nobreza nem ao clero, não tendo, pois, direitos políticos. O termo ajudava a compreender a situação dos povos africanos e asiáticos que lutaram pela independência, mas mantiveram-se à margem do cenário político e econômico mundial. Os países da América Latina também faziam parte desse grupo.

As novas nações africanas e asiáticas continuaram a fornecer matérias-primas (agrícolas e extrativas) para os países industrializados, perpetuando o modelo de exploração colonial. Ao mesmo tempo, a ajuda externa recebida aumentava a dependência econômica dessas nações em relação aos países ricos.

As metrópoles muitas vezes não se opuseram ao processo de independência para não mergulharem em guerras infindáveis e dispendiosas, mantendo uma condição de dependência econômica e cultural, o que fez aumentar os níveis de pobreza existentes.

Tentativas de independência efetiva

Os líderes Jomo Kennyata, do Quênia, e Gamal Abdel Nasser, do Egito, defendiam os interesses comuns aos novos Estados independentes diante dos interesses das antigas nações colonizadoras. O que estava em jogo era a garantia de que as emancipações políticas possibilitassem o desenvolvimento e a construção de sociedades mais justas.

A **Conferência de Bandung**, realizada na Indonésia em 1955, foi um passo importante nessa direção. Em meio à Guerra Fria, representantes de 29 países outrora colonizados declararam-se **não alinhados** a nenhum dos dois blocos e propuseram ajuda mútua contra agressões imperialistas.

Após a descolonização, o chamado Terceiro Mundo passou por guerras, ditaduras e genocídios. Na maior parte dos casos, os governantes nativos não conseguiram harmonizar os diferentes grupos étnicos, políticos e religiosos que constituíam as novas nações. Valendo-se da corrida armamentista entre as superpotências, líderes da Guerra Fria, esses grupos também se armaram para lutar uns contra os outros, em uma espiral crescente de violência.

Sessão da Conferência de Bandung, em 18 de abril de 1955.

O *Apartheid* na África do Sul

A independência da África do Sul, em 1910, fortaleceu o poder da minoria branca que praticava uma política segregacionista, cujo objetivo era o de impedir a convivência entre negros e brancos. Essa política resultou no *Apartheid*, regime oficial que, entre 1948 e 1992, isolou a população negra do país. A minoria branca, composta principalmente de descendentes de colonos holandeses e ingleses, mantinha intactos seus direitos civis e vivia separada da maioria da população pertencente a etnias africanas. Nesse período, os negros foram impedidos de exercer os direitos civis e políticos.

Cabia às mulheres negras limpar banheiros reservados somente aos brancos. Johanesburgo, África do Sul, 1985.

Verifique o que aprendeu ●●●

1. O que era o princípio da não violência na Índia?
2. Qual o significado da expressão "fronteiras artificiais", no contexto do colonialismo na África?
3. O que quer dizer Terceiro Mundo?
4. O que foi a Conferência de Bandung?

ATIVIDADES

1. Observe a tabela a seguir.

Países mais ricos e mais pobres (1820-1992)
(PIB *per capita* em dólares)

Mais ricos					
1820	PIB	1900	PIB	1992	PIB
Reino Unido	1756	Reino Unido	4593	Estados Unidos	21558
Holanda	1561	Nova Zelândia	4320	Suíça	21036
Austrália	1528	Austrália	4299	Japão	19425
Áustria	1295	Estados Unidos	4096	Alemanha	19351
Mais pobres					
Indonésia	614	Mianma	647	Mianma	748
Índia	531	Índia	625	Bangladesh	720
Bangladesh	531	Bangladesh	581	Tanzânia	601
Paquistão	531	Egito	509	Rep. Dem. do Congo	353
China	523	Gana	462	Etiópia	300

Fonte de pesquisa: PNUD. *Relatório do desenvolvimento humano, 1999*. Lisboa: Trinova, 1999. p. 38.

a) Quais são os países ricos que mais aparecem na tabela?
b) Quais são os países pobres mais citados?
c) Localize os países que eram colônias no fim do século XIX. Eles figuram entre os países mais ricos ou mais pobres, segundo os dados apresentados na tabela?

2. O mapa a seguir mostra a localização dos países citados na atividade anterior.

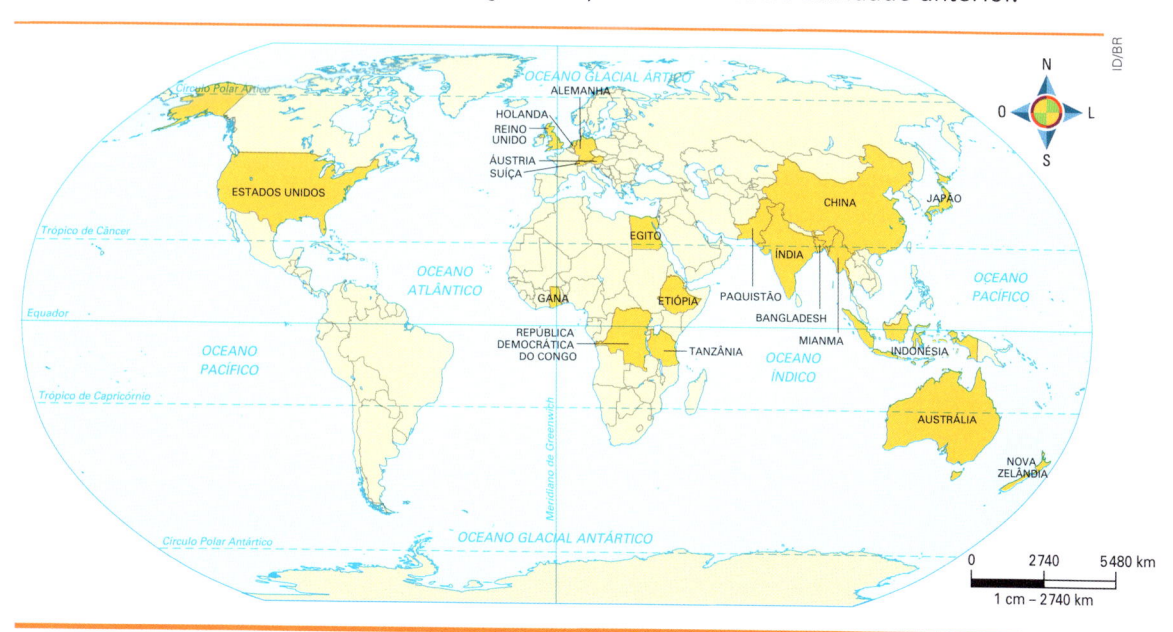

Fonte de pesquisa: *Atlas geográfico escolar*. Rio de Janeiro: IBGE, 2007. p. 32.

a) Em quais continentes estão localizados os países mais pobres? Por que os países mais pobres pertencem a esses continentes?
b) Elabore um texto com base em seus conhecimentos sobre o colonialismo do século XIX, levando em consideração as informações da tabela e do mapa.

3. Em dupla, discutam sobre a importância da Conferência de Bandung e, em seguida, escrevam no caderno as conclusões a que chegaram. Nessa discussão, levem em consideração:
a) a situação política e econômica das ex-colônias participantes;
b) o contexto da Guerra Fria e a decisão dos novos países.

MÓDULO 2
A Revolução Chinesa

A China do início do século XX ainda conservava uma economia arcaica e muitos problemas sociais. A partir de 1911, o país foi palco de uma série de disputas entre grupos políticos que queriam tomar o poder. Em 1949, ocorreu a Revolução Comunista, liderada por Mao Tsé-tung.

O Partido Comunista Chinês

Até a década de 1910, a China foi governada pela dinastia Manchu, que mantinha os mesmos traços arcaicos do passado, e ainda colaborava com a dominação estrangeira no país. Em 1911, a monarquia foi derrubada pelo **Kuomintang**, o Partido Nacional do Povo, que instaurou a República. Entretanto, por causa da resistência de chefes militares locais, o Kuomintang só elegeu um presidente em 1921.

Também em 1921 foi fundado o **Partido Comunista Chinês** (PCC), que no início aliou-se ao Kuomintang. A partir de 1927, no entanto, os comunistas escolheram um caminho próprio com o objetivo de construir o socialismo na China, e a aliança se desfez.

O PCC formou então as Bases Vermelhas, grupos de guerrilha constituídos principalmente por camponeses que atuavam em diferentes regiões da China. Além de treinar o **Exército Vermelho**, que se preparava para tomar o poder, as bases reorganizaram a vida da comunidade de modo que garantisse a exploração da terra em favor de todos.

No norte da China, Mao Tsé-tung e o exército comunista controlavam grande parte do território. Na imagem, de 1944, Mao discursa para centenas de seguidores.

A Longa Marcha (1934-1935)

Em 1933, o Kuomintang iniciou uma campanha para aniquilar as Bases Vermelhas e reprimir os comunistas. Sob a liderança de Chiang Kai-chek, 900 mil soldados partiram contra o Exército Vermelho.

Em uma retirada estratégica, o Exército Vermelho percorreu, durante um ano, cerca de 10 mil quilômetros a pé, atravessando a China de sul a norte. **Mao Tsé-tung** comandou a **Longa Marcha** e tornou-se a principal liderança do PCC.

Na mesma época, os japoneses invadiram o território chinês, episódio que enfraqueceu politicamente o Kuomintang e fortaleceu o PCC. As regiões ocupadas pelos japoneses e libertadas pelo Exército Vermelho, por exemplo, sediaram as primeiras experiências de reforma agrária no país.

Com a expulsão dos japoneses, no fim da Segunda Guerra Mundial, a "China Vermelha" de Mao Tsé-tung avançou sobre a "China Livre" do Kuomintang, até conquistar a vitória final em outubro de 1949 e instaurar a **República Popular da China**.

Mao Tsé-tung (1893-1976)

Filho de camponeses, cedo Mao Tsé-tung identificou-se com os ideais socialistas e tomou contato com o pensamento político ocidental, fruto de uma educação apurada. Lutou como soldado no exército revolucionário que derrubou a dinastia Manchu, em 1911, e foi um dos membros fundadores do Partido Comunista Chinês. Nos anos 1920 atuou na organização de sindicatos. Nos anos seguintes organizou o Exército Vermelho no interior do país e liderou o processo revolucionário em curso. Governou a República Popular da China de 1949 até a sua morte, em 1976. Seu governo foi marcado pelo culto à sua pessoa e às suas ideias, muitas delas reunidas numa coletânea que foi chamada de *Livro Vermelho*. Escreveu também *Uma nova democracia* (1940), *Literatura e arte* (1942), entre outros textos.

••• A Revolução Cultural e o *Livro Vermelho*

Na China revolucionária, os trabalhadores dos setores agrícola e industrial passaram a ter participação efetiva nas decisões econômicas do país. A necessidade de aumentar os níveis de produtividade, no entanto, fez com que, no início dos anos 1960, um setor do PCC voltasse a incentivar as práticas de livre mercado e a iniciativa privada. O Exército Vermelho, ao contrário, defendia o aprofundamento dos princípios revolucionários e anticapitalistas que haviam sido traçados por Mao em seu *Livro Vermelho*.

Para promover os ideais contidos no *Livro Vermelho*, o Exército Vermelho, que trocara seu nome para Exército Popular de Libertação (EPL), lançou uma campanha de alcance nacional. Dessa forma, o EPL não apenas controlou o Partido Comunista como estabeleceu os caminhos da Revolução Cultural chinesa (1966-1976). Seu objetivo declarado era reaproximar o PCC das massas populares e diminuir a burocracia que tomara conta do partido.

Movimento de massas e combate ao "velho"

A Revolução Cultural pretendia difundir os princípios e as conquistas do comunismo chinês, utilizando-se do fervor revolucionário e aumentando a participação popular.

Com o incentivo de Mao Tsé-tung, jovens estudantes formaram comitês revolucionários que ficaram conhecidos como **Guarda Vermelha**. Os seus integrantes promoviam discussões em universidades, fábricas e comunidades camponesas sobre o ensino, a coletivização das terras e dos meios de produção e a realidade social, como forma de reafirmar os princípios revolucionários.

Para manter o empenho revolucionário dos chineses, combatiam-se os "Quatro Velhos": velhos costumes, velhos hábitos, velhas ideias e velha cultura. Mao e a Guarda Vermelha esperavam, dessa forma, atingir a alma dos chineses com uma revolução econômica e cultural.

Aqueles que não se enquadravam nas novas diretrizes da Revolução eram perseguidos. Exemplo disto foi o que aconteceu com vários intelectuais. Considerados aliados do "imperialismo internacional", foram enviados a campos de trabalho onde deveriam aprender sobre os valores do trabalho braçal e da vida simples.

> **A Revolução Cultural e o teatro**
>
> Durante a Revolução Cultural, o teatro tornou-se instrumento de propaganda política e consagração da figura de Mao Tsé-tung como o grande condutor da Revolução.
>
> Em 1965, a ópera *O leste é vermelho* foi encenada pela primeira vez na China. Eram os primeiros passos da Revolução Cultural, que se consolidaria em 1966 e usaria constantemente a linguagem teatral para divulgar ideias e formar politicamente os cidadãos chineses.

Estudantes e professores realizam marcha em Pequim, em 1966, a favor de Mao Tsé-tung.

A modernização da China

Em 1972, o então presidente dos Estados Unidos, Richard Nixon, visitou a China. Sua intenção era aproximar os dois países e, dessa forma, isolar a União Soviética no cenário da Guerra Fria. Na época, a China já havia se afastado da influência soviética e implantara um regime comunista próprio.

Essa aproximação permitia à China buscar condições para implementar o almejado desenvolvimento tecnológico e industrial. O crescimento da produtividade, especialmente a exploração das bacias de petróleo, tornava imprescindível o conhecimento das técnicas ocidentais.

A partir de 1976, após a morte de Mao Tsé-tung, a abertura para a tecnologia ocidental foi acelerada. A urgência de modernização da agricultura, da indústria, da cultura e da defesa fez com que o governo priorizasse a formação técnica dos chineses e enviasse jovens para estudar no exterior, principalmente nos Estados Unidos.

No início da década de 1980, os Estados Unidos já eram o terceiro maior parceiro comercial da China, atrás apenas de Hong Kong, possessão inglesa em território chinês, e do Japão.

Abertura econômica, consumo e ditadura

A aproximação com os Estados Unidos transformou a economia chinesa. Além da modernização industrial, provocou forte aumento do consumo.

A agricultura chinesa teve sua produtividade elevada, e a indústria leve voltou-se para o mercado externo, criando milhares de novos empregos. O país conseguia empréstimos a juros baixos com bancos estrangeiros e, assim, importava unidades industriais de base que deram suporte para, por exemplo, o desenvolvimento das ferrovias.

Do ponto de vista dos direitos civis e políticos, entretanto, os avanços foram quase nulos. A China manteve o regime comunista de partido único, no qual as manifestações de oposição eram fortemente reprimidas.

Em 1991, com o fim da Guerra Fria, essa situação de parceria privilegiada China-Estados Unidos mudaria.

> **Verifique o que aprendeu**
> 1. Como se iniciou a trajetória do Partido Comunista Chinês?
> 2. Explique o que foi a Longa Marcha.
> 3. O que foi a Revolução Cultural?
> 4. O que aconteceu com a China após a morte de Mao Tsé-tung, em 1976?
> 5. Descreva as relações entre Estados Unidos e China no contexto da Guerra Fria.

Desde o início dos anos 2000, as ruas de Shangai, China, já evidenciavam a adoção do modelo de consumo estadunidense. Fotografia de 2011.

ATIVIDADES

1. Leia o texto abaixo. Trata-se de um relatório escrito por Mao Tsé-tung sobre os camponeses chineses antes da guerra civil entre a "China Vermelha", de Mao Tsé-tung, e a "China Livre", do Kuomintang.

   > Dentro de pouco tempo, centenas de milhões de camponeses das províncias do centro, do sul e do norte da China se levantarão como uma tempestade, um furacão, como uma força impetuosa e violenta que nada, por poderoso que seja, os poderá deter. Romperão com as amarras e se lançarão pelo caminho da liberdade. Sepultarão a todos os imperialistas, caudilhos militares, funcionários corruptos e déspotas locais. Todos os partidos e camaradas revolucionários serão submetidos à prova perante os camponeses e terão que decidir de que lado se colocam [...].
   >
   > Mao Tsé-tung. Relatório sobre uma investigação do movimento camponês em Hunan.
   > Disponível em: <http://educaterra.terra.com.br/voltaire/mundo/china_7.htm>. Acesso em: 4 set. 2014.

   a) Segundo Mao, qual é o grupo social que liderará o processo revolucionário?
   b) Contra quais grupos eles terão de lutar para conquistar a sua liberdade?

2. Que vantagens a aproximação com os Estados Unidos trouxe para a China?

3. Observe a imagem ao lado. Trata-se de um cartaz de propaganda do governo chinês na época da Revolução Cultural.
   a) Descreva a imagem.
   b) Como a Revolução Cultural é representada no cartaz?

   Cartaz chinês de propaganda de 1971; a mensagem diz "Todas as pessoas unidas contra os imperialistas estadunidenses".

4. Leia o texto a seguir.

   > [...]. O regime de Mao Tsé-tung atingiu seu clímax na Revolução Cultural de 1966-76, uma campanha contra a cultura, a educação e a inteligência sem paralelos na história do século XX. Praticamente fechou a educação secundária e universitária durante dez anos, suspendeu a prática da música clássica e outras (ocidentais), quando necessário através da destruição de seus instrumentos, e reduziu o repertório nacional de teatro e cinema a meia dúzia de obras politicamente corretas [...].
   >
   > Eric Hobsbawm. Era dos extremos: o breve século XX – 1914-1991. São Paulo: Companhia das Letras, 1995. p. 488.

   a) De acordo com o texto, o que foi a Revolução Cultural comandada por Mao Tsé-tung?
   b) Compare o que o autor diz sobre o "repertório nacional de teatro" com as políticas de propaganda do governo de Mao Tsé-tung.
   c) Converse com um colega a respeito das medidas tomadas por Mao Tsé-tung durante a Revolução Cultural e elabore um texto.

MÓDULO 3

O enfrentamento das superpotências

Para evitar a expansão do socialismo na Ásia, os Estados Unidos se envolveram em conflitos na Coreia e no Vietnã. Além disso, Estados Unidos e União Soviética se enfrentaram em disputas tecnológicas e armamentistas.

••• A Guerra Fria

Após o final da Segunda Guerra Mundial, o cenário político internacional foi marcado pela disputa da hegemonia entre Estados Unidos e União Soviética. Esses dois países travaram um conflito diplomático, econômico, tecnológico e ideológico. Como nunca ocorreu um embate militar direto entre os dois, esse período ficou conhecido como **Guerra Fria**.

A corrida armamentista e espacial

Em 1945, os Estados Unidos jogaram bombas atômicas sobre as cidades japonesas de Hiroshima e Nagasaki. Em 1949, a União Soviética fez o seu primeiro teste bem-sucedido com a bomba nuclear. A partir de então, os dois países passaram a investir em pesquisa científica para o aperfeiçoamento de armas nucleares. A **corrida armamentista**, disputada pelos dois países, colocava o planeta em permanente estado de alerta em razão da possibilidade de uma guerra e do uso das armas de destruição em massa.

Os Estados Unidos e a União Soviética instalaram bases militares em territórios de países aliados, de onde poderiam lançar mísseis em território inimigo caso entrassem em guerra. Além disso, os acordos representados pela Otan (Organização do Tratado do Atlântico Norte, pró-ocidente) e pelo Pacto de Varsóvia (pró-União Soviética) eram estratégias claras de dominação das potências que, já em 1957, equiparam seus foguetes com mísseis nucleares visando à defesa conjunta dos países-membros em caso de ataque militar.

O desenvolvimento tecnológico possibilitou a criação de mísseis de longo alcance e artefatos de exploração espacial. A União Soviética saiu à frente na conquista do espaço. Em 1957, foi o primeiro país a colocar um satélite na órbita da Terra, o Sputnik I, e, no mesmo ano, lançou o Sputnik II.

Os estadunidenses se assustaram: um foguete que transporta um satélite pode muito bem transportar ogivas nucleares. Assim, em 1958, os Estados Unidos criaram a **Nasa** (sigla em inglês de *National Aeronautics and Space Administration*), agência aeroespacial responsável pelo desenvolvimento de artefatos espaciais: foguetes cada vez mais velozes e armas cada vez menores e mais potentes. A chegada da missão estadunidense Apolo 11 à Lua, em 1969, comprovou o êxito dos investimentos daquele país.

> **O Pacto de Varsóvia**
>
> Em 1955 a Alemanha Ocidental, capitalista, tornou-se membro da Otan, o que trazia as tropas anticomunistas para junto da Cortina de Ferro. Em resposta, a União Soviética reuniu os países sob sua influência em Varsóvia, Polônia, e criou sua própria organização de defesa militar, conhecida como Pacto de Varsóvia.

Neste cartaz russo, de c. 1945, lê-se no alto, em azul: "Ouça, país, o sonho do povo está chamando! Hoje nosso povo regozija-se e canta". Na bandeira está escrito: "Todo o poder aos sovietes".

●●● A Guerra da Coreia (1950-1953)

Entre 1910 e 1945 a Coreia foi possessão japonesa. Com o final da Segunda Guerra Mundial, conquistou sua autonomia, porém foi dividida em duas zonas de ocupação: a República da Coreia (Coreia do Sul), sob influência dos Estados Unidos, e a República Popular Democrática da Coreia (Coreia do Norte), sob influência da União Soviética. Os novos governos, no entanto, desejavam reunificar a Coreia, cada um reivindicando para si o controle do país.

Em 1950, a Coreia do Norte atacou a Coreia do Sul. Com o apoio do Conselho de Segurança da ONU, os Estados Unidos declararam que, como nação agressora, a Coreia do Norte estava sujeita a represálias.

Temendo um avanço dos Estados Unidos até suas fronteiras, a China enviou reforços para a Coreia do Norte. O presidente estadunidense, Harry Truman, chegou a cogitar o uso da bomba atômica no conflito. Em 1953, foi assinado um acordo de paz que intensificou a Guerra Fria: não houve vencedor e a Coreia continuou dividida.

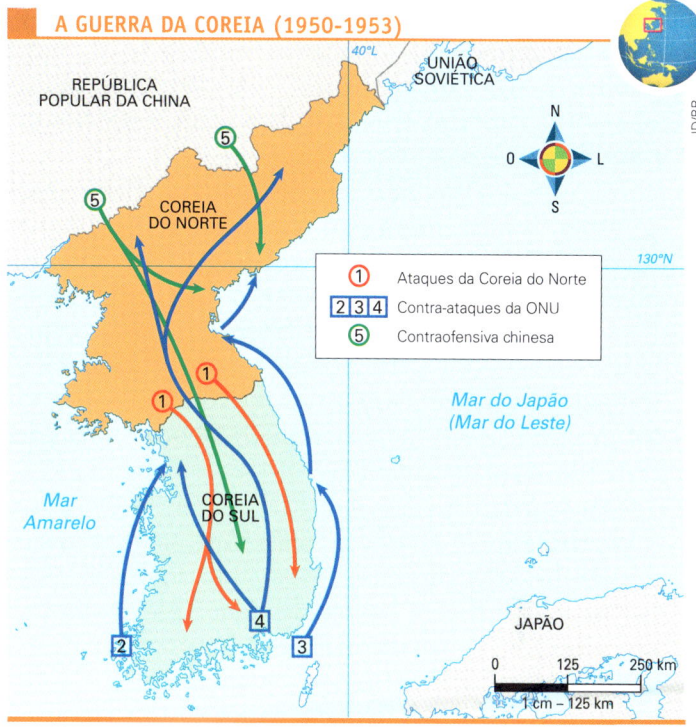

Fonte de pesquisa: *Atlas histórico*. Madrid: SM, 2005. p. 135.

●●● A Guerra do Vietnã (1959-1975)

O Vietnã foi colonizado durante o século XIX pelos franceses, e invadido pelo Japão durante a Segunda Guerra Mundial. Em 1945, quando os japoneses foram expulsos, o líder comunista Ho Chi Minh proclamou a independência do país. Os franceses, no entanto, pretendiam recolonizar a península, o que gerou um conflito que se estendeu até 1954, com a derrota francesa.

Ao final da guerra, o Vietnã foi dividido em dois: o norte ficou com os comunistas, e o sul, sob o regime capitalista. Com o apoio dos Estados Unidos, no Vietnã do Sul formou-se um governo ditatorial que perseguiu, a partir de 1959, grupos comunistas como a **Frente de Libertação Nacional**, o Vietcongue. A partir de 1963, os Estados Unidos iniciaram o envio de tropas para lutar contra os vietcongues e invadir o Vietnã do Norte, mas acabaram sendo derrotados. Em 1975, o Vietnã foi unificado sob o regime comunista.

Fonte de pesquisa: *Atlas histórico*. Madrid: SM, 2005. p. 140.

●●● A Alemanha dividida

Em 1949, o território alemão ocupado pela União Soviética ganhou autonomia, passando a se chamar República Democrática Alemã (RDA), também chamada Alemanha Oriental. Foi mantido no país o regime comunista controlado pelos soviéticos.

Os alemães que ficaram do lado oriental e que se insurgiram contra o domínio soviético foram duramente reprimidos. Uma lei previa a prisão de quem tentasse sair do país sem permissão. Os soviéticos argumentavam que com isso procuravam impedir uma invasão capitalista vinda do lado ocidental. Foram construídos fossos para impedir a passagem de veículos, e o controle na fronteira foi intensificado. Mas a evasão do lado oriental para o ocidental dava-se da mesma forma.

Ao contrário da Alemanha Ocidental, a RDA tinha uma economia predominantemente agrícola. Apesar de ter se recuperado na década de 1960, com incentivo à industrialização, e sua população ter atingido um bom padrão de vida, a Alemanha Oriental não alcançou o grau de desenvolvimento da vizinha mais industrializada, apoiada pelos Estados Unidos.

O Muro de Berlim separou famílias. Nesta fotografia, de 1961, casal se arrisca ao subir no muro, possivelmente para ver algum familiar ou conhecido que está no lado Oriental.

O Muro de Berlim

O maior símbolo da divisão do território alemão foi o **Muro de Berlim**. Em 1961, a Alemanha Oriental ergueu um imenso paredão de aço, cimento e arame farpado eletrificado, com 155 km de comprimento e 3,6 metros de altura, dividindo oficialmente a cidade. O muro era monitorado por soldados armados instalados em guaritas. A eles cabia atirar ou prender quem tentasse passar de um lado para o outro sem permissão.

O muro dividiu a cidade de Berlim em um lado oriental (de influência socialista) e outro ocidental (de influência capitalista). A população da cidade – entre ela familiares, amigos e conhecidos – ficou também assim dividida, até 1989. Nesse ano, iniciou-se o processo de reunificação da Alemanha, e o muro foi derrubado.

O Muro de Berlim em 1982. Na foto, temos a visão de quem está do lado ocidental e olha para o lado oriental.

Verifique o que aprendeu ●●●

1. O que significa o termo Guerra Fria?
2. Por que se temia a utilização de armas de destruição em massa durante a Guerra Fria?
3. Qual foi o resultado da Guerra da Coreia?
4. Por que os Estados Unidos intervieram no Vietnã?

ATIVIDADES

1. Leia o texto abaixo.

   > O projeto soviético para enviar o homem à Lua começou com a nave Soyuz 1, mas foram os americanos os primeiros a chegar [à] superfície lunar em 20 de julho de 1969, quando o módulo lunar Eagle da nave Apolo 11 pousou no solo [do satélite], e o primeiro homem a pisar na Lua, Neil Armstrong, deu fim à corrida espacial. A famosa fala do astronauta tornou-se célebre na história do século XX: "Um pequeno passo para o homem, mas um grande passo para a Humanidade".
   >
   > As viagens à Lua começaram bem antes das viagens a Marte e foram símbolo do domínio mundial americano, já que o contexto era o da Guerra Fria, na qual EUA [Estados Unidos] e União Soviética disputavam o poder político e econômico.
   >
   > O homem no espaço: conhecimento e incerteza. Disponível em: <http://www.comciencia.br/reportagens/espaco/espc09.htm>. Acesso em: 4 set. 2014.

   a) Utilizando argumentos do texto, explique o que foi a corrida espacial.
   b) Segundo o texto, o que significava, para os Estados Unidos, viajar à Lua?
   c) Em dupla, produzam um texto comentando a frase de Armstrong: "Um pequeno passo para o homem, mas um grande passo para a Humanidade". Em seu comentário, considerem o contexto em que ela foi dita.

2. Sobre as guerras da Coreia e do Vietnã, responda.
   a) Em qual contexto político mundial elas se inserem?
   b) É possível traçar semelhanças entre ambas? Justifique.
   c) Qual o resultado dos conflitos para ambos os países?

3. Observe a fotografia ao lado. Ela foi feita em Saigon, Vietnã, em 1972, e mostra crianças vietnamitas vítimas das bombas de *napalm* — um agente químico gelatinoso inflamável —, lançadas pelo exército estadunidense contra os vietcongues, durante a Guerra do Vietnã.

   a) Qual a relação existente entre a imagem ao lado, o contexto da Guerra do Vietnã e a interferência estadunidense na região?
   b) A vitória dos vietcongues é considerada a maior derrota dos Estados Unidos na Guerra Fria. Com base na fotografia e em seus conhecimentos sobre o conflito, avalie quem foi o maior derrotado nessa guerra.

   Phan Thi Kim Pluc com ferimentos ocasionados pela bomba de *napalm*, Saigon, Vietnã, 1972.

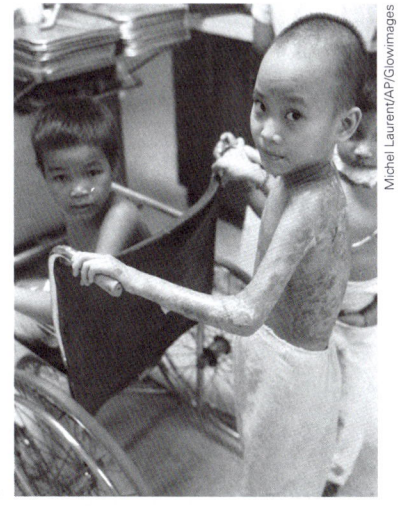

4. O texto a seguir foi publicado em 2007 e trata da repressão comunista durante a Guerra Fria na Alemanha Oriental.

   > A exumação dos arquivos da Stasi, a polícia política da antiga Alemanha Oriental, está na ordem do dia no país, que vem reavaliando os excessos cometidos pelo regime comunista. Um documento inédito acaba de ser revelado, causando comoção. Trata-se de uma autorização da Stasi para abater "sem condições" qualquer pessoa que tentasse cruzar o Muro de Berlim. E a ordem, datada de 1973, ainda ressalta: "Não hesitem em fazer uso de sua arma de fogo, mesmo em caso de violação da fronteira por mulheres e crianças, frequentemente utilizadas pelos traidores".
   >
   > Bernard Brigouleix. O muro da vergonha. Revista *História Viva*. São Paulo, Duetto, n. 48, out. 2007.

   a) Por que o documento encontrado causou comoção?
   b) Quem são os traidores mencionados pela Stasi?

ARTE e CULTURA

A cultura estadunidense a serviço da Guerra Fria

Durante a Guerra Fria, os Estados Unidos tiraram proveito de sua grande e rica indústria cultural para disseminar no mundo ocidental o repúdio aos valores socialistas e supervalorizar o *american way of life*, o "estilo americano de viver".

Hollywood, a maior indústria cinematográfica do mundo, produziu uma série de filmes entre as décadas de 1960 e 1980 em que heróis estadunidenses ou ocidentais enfrentavam vilões soviéticos ou socialistas. Nos roteiros dos filmes, percebia-se o maniqueísmo: o bem (estadunidense) contra o mal (soviético).

Os ideais estadunidenses também fizeram parte de muitos seriados, desenhos animados e histórias em quadrinhos. Era comum os heróis – sempre retratados como fortes, invencíveis e justos – fazerem algum tipo de represália ao vilão socialista.

James Bond, o agente secreto 007, personagem criada em 1953 pelo escritor inglês Ian Fleming, é um dos grandes símbolos da propaganda cultural ocidental durante a Guerra Fria. Personagem de uma série de filmes, produzidos até hoje, Bond é um agente britânico bonito, elegante, adorado pelas mulheres e que se envolve em conspirações internacionais. O filme mais expressivo do período é *Moscou contra 007*, de 1963, no qual ele enfrenta uma poderosa organização secreta da União Soviética. Foi protagonizado por Sean Connery e Daniela Bianchi, ao lado.

Muitos filmes retrataram o drama dos combatentes estadunidenses na Guerra do Vietnã, apresentados como "mocinhos", ao passo que os vietcongues eram vistos como vilões. Na década de 1980, duas personagens se destacaram nos cinemas: Rambo, interpretado por Sylvester Stallone (na foto ao lado, em Rambo III, de 1987), e o Coronel Bradock, interpretado por Chuck Norris.

O incrível Hulk, série em quadrinhos lançada em 1962, também trata da questão armamentista. O cientista Bruce Banner, envolvido em pesquisas nucleares para o governo estadunidense, é atingido por uma bomba detonada por um espião iugoslavo. A partir de então sofre mutações genéticas que o transformam em Hulk. Bruce passa a ser perseguido pelo governo dos Estados Unidos. Ao lado, uma imagem da adaptação cinematográfica de 2008.

Entre os anos de 1966 e 1969, a televisão estadunidense exibiu o seriado *Star Trek*, que no Brasil chamou-se *Jornada nas Estrelas*, um dos mais populares da ficção científica. Em meio à corrida espacial e armamentista, seu criador, Gene Roddenberry, retratou as aventuras de uma tripulação espacial pelo Universo, que representava a união da humanidade. O elenco principal era composto de duas personagens estadunidenses, uma escocesa, uma japonesa, uma soviética, uma africana e uma extraterrestre. O seriado trata de temas como imperialismo, valores éticos, paz, preconceito racial e tecnologia.

Doutor Destino – o Doctor Doom que aparece em destaque na capa da revista acima – é o vilão da série em quadrinhos estadunidense *Quarteto Fantástico*, criada em 1961. Essa série faz inúmeras referências à corrida espacial e tecnológica. Doutor Destino é o monarca da fictícia Latvéria, uma alusão à Letônia, uma das repúblicas que integraram a União Soviética.

■ Atividades

1. Você conhece alguma história com as personagens citadas? Conte a seus colegas.
2. Com o fim da Guerra Fria, como os vilões passaram a ser retratados no cinema estadunidense?
3. E no Brasil, como são retratados os vilões nas diferentes produções artísticas?

MÓDULO 4

O Oriente Médio

Com o fim da Segunda Guerra Mundial, o Oriente Médio ganhou importância por possuir as maiores jazidas de petróleo do planeta. A disputa pelo controle dessas jazidas levou a Guerra Fria para a região, assim como fomentou guerras e revoluções. A criação do Estado de Israel foi outro motivo para a instabilidade regional.

A criação do Estado de Israel

Desde o final do século XIX, muitos judeus imigravam para a Palestina, território onde existiu o Reino de Israel até 70 d.C, quando os romanos destruíram o Templo de Jerusalém e a população local teve de se exilar. Eram guiados pelos ideais do **Movimento Sionista**, que, inspirado nos fenômenos nacionalistas da Europa, defendia o retorno à chamada "Terra Prometida" e a criação de uma pátria que abrigasse os judeus de todo o mundo.

Ao fim da Segunda Guerra, o trauma causado pelas perseguições nazistas aumentou ainda mais o fluxo migratório de judeus europeus em direção à Palestina, e a divulgação dos horrores praticados nos campos de extermínio tornou parte da opinião pública internacional favorável ao sionismo.

Em 1947, a ONU aprovou a resolução que permitia a criação de um Estado judeu, **Israel**. A nova nação dividiria o território palestino com um Estado árabe. Os árabes, no entanto, não concordaram em perder parte do seu território.

O resultado da instalação do Estado de Israel, em 1948, foi a guerra deflagrada, naquele mesmo ano, entre árabes e israelenses. Após 15 meses de lutas, Israel venceu os árabes e expandiu seus territórios sobre terras antes ocupadas por palestinos.

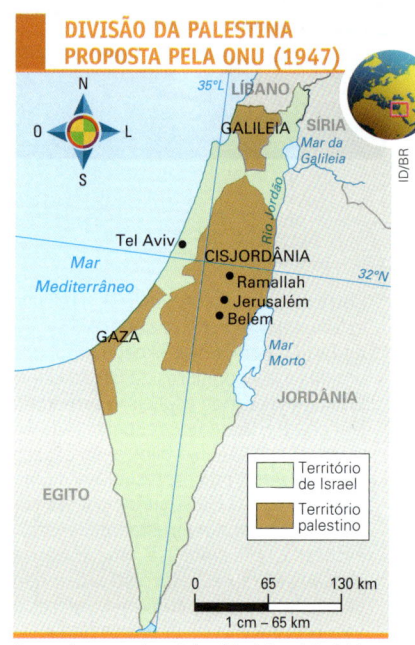

Fonte de pesquisa: *Atlas histórico*. Madrid: SM, 2005. p. 142.

Judeus festejam a criação do Estado de Israel, em 1948, nos Estados Unidos.

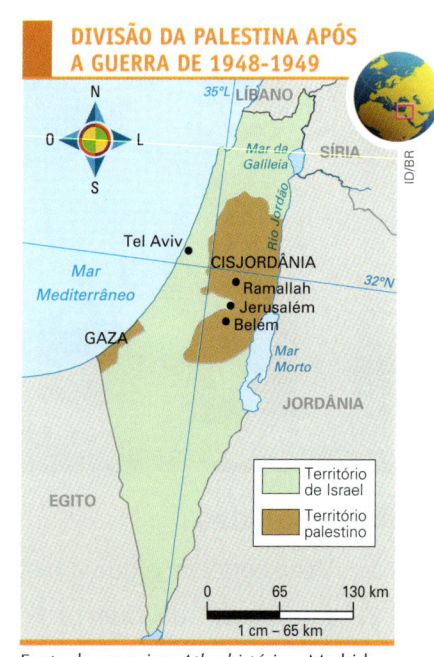

Fonte de pesquisa: *Atlas histórico*. Madrid: SM, 2005. p. 142.

A tensão permanente

Apesar de derrotados naquela que ficou conhecida como a Primeira Guerra Árabe-Israelense, os Estados árabes do Oriente Médio posicionaram-se contra a existência de Israel. A região tornou-se um foco de tensão constante: os países árabes se armavam para expulsar os judeus, que por sua vez fortaleciam seu exército para manter a integridade do Estado de Israel.

Em 1967, a tensão entre Egito, Síria e Jordânia contra o Estado israelense gerou uma nova guerra. Prevendo um ataque iminente, Israel destruiu a força aérea egípcia e, em apenas seis dias, derrotou os exércitos dos três países árabes. Como resultado, mais palestinos foram expulsos de suas terras e Israel ocupou vários territórios, incluindo a cidade de Jerusalém. A **Guerra dos Seis Dias** serviu também para consolidar a Guerra Fria na região: Síria e Egito, em busca de armas para um futuro ataque, aproximaram-se da União Soviética, ao passo que Israel obtinha apoio dos Estados Unidos.

O Yom Kippur e a crise do petróleo

Em 1973, no Dia do Perdão, o Yom Kippur, dia sagrado para os judeus, Egito e Síria voltaram a atacar Israel. Nesta **Guerra do Yom Kippur** os países árabes, pela primeira vez, obtiveram seguidas vitórias, principalmente por utilizarem moderno armamento soviético. Os israelenses logo se recuperaram e iniciaram o contra-ataque, mas a escalada da guerra foi contida pelas duas superpotências, União Soviética e Estados Unidos, para as quais um conflito armado na região não era conveniente naquele momento.

Em resposta a mais essa derrota, os países árabes iniciaram o boicote do fornecimento de petróleo aos aliados de Israel, principalmente aos Estados Unidos e à Europa Ocidental. Era o início da primeira **crise do petróleo**, quando o mundo capitalista entrou em profunda recessão. A partir de então, o estabelecimento da paz no Oriente Médio passou a ser assunto prioritário para os países do Ocidente.

> **Jerusalém**
>
> Vista da cidade de Jerusalém, Israel, 2009.
>
> Jerusalém é a cidade sagrada de três religiões. Para os judeus, é o local onde o rei Davi se estabeleceu e seu filho, Salomão, construiu o grande templo. Para os cristãos, foi palco da paixão e ressurreição de Jesus. Para os muçulmanos, é a cidade onde Maomé subiu aos céus.
>
> A disputa por Jerusalém – que a ONU defende ser uma cidade internacional e os palestinos consideram sua capital – tornou-se questão fundamental para os israelenses, que também a veem como sua capital histórica e indivisível.

Na Guerra do Yom Kippur morreram cerca de 770 soldados e quase 2500 ficaram feridos. Na foto, soldados israelenses carregam feridos em Golan, 1973.

●●● A busca por um equilíbrio difícil

A crise do petróleo estimulou os Estados Unidos a promover negociações no Oriente Médio. O governo estadunidense teve papel fundamental na aproximação entre egípcios e israelenses, a partir de 1977. Como resultado, em 1979 foi firmado o **Acordo de Camp David**, pelo qual o Egito reconhecia o Estado de Israel e os israelenses devolveriam aos egípcios os territórios ocupados desde 1967.

O acordo com o Egito foi o primeiro passo de um processo, mas não garantia a paz para Israel. Além da permanente hostilidade da Síria e do Líbano, os próprios palestinos resistiam à ocupação de suas terras, frequentemente, com violência.

Com a intermediação do presidente estadunidense Jimmy Carter (centro), Anwar Sadat (esquerda), presidente do Egito, e Menachem Begin, primeiro-ministro de Israel, assinaram o acordo de Camp David, em Washington, Estados Unidos, em 1979.

A resistência palestina

Um grande número de palestinos, fugindo das guerras e da perseguição israelense, dirigiram-se a países da região, onde, muitas vezes, instalaram-se em campos de refugiados. Alguns desses refugiados se uniram e, em 1964, fundaram a **Organização para Libertação da Palestina** (OLP), que de início atuou como força auxiliar das nações que lutavam pela criação de um Estado palestino. Com a derrota dos exércitos árabes na Guerra dos Seis Dias, a OLP passou a atuar isoladamente, promovendo atentados terroristas a alvos israelenses.

Liderada desde 1969 pela figura carismática de **Yasser Arafat**, a OLP passou a agir principalmente a partir da Síria e do Líbano, de onde promovia ataques a Israel. Os ataques motivaram a invasão do Líbano pelas forças israelenses, em 1982. Essa invasão, que praticamente destruiu o sul do território libanês e sua capital, Beirute, atingindo duramente a população civil, teve êxito na tarefa de expulsar a OLP, mas jogou a opinião pública internacional contra os israelenses.

A Intifada

Em 1987, os moradores das zonas palestinas ocupadas por Israel desde 1967 – Cisjordânia e Faixa de Gaza – iniciaram a revolta chamada **Intifada**, ou "levante", em árabe.

Atacando os soldados israelenses com pedras, paus e bombas caseiras, muitos jovens palestinos foram feridos ou mortos pelo poderoso exército de Israel, o que novamente provocou a condenação dos israelenses por parte da opinião pública internacional.

Intifada palestina atuando contra o exército israelense, 1988.

●●● A esperança de paz

Após anos de conflitos, a possibilidade de uma paz real e duradoura entre árabes e israelenses surgiu no início da década de 1990. Desgastado por anos de atentados terroristas e pressionado pelos Estados Unidos, o governo israelense tomou a decisão histórica de negociar com a OLP.

O lema do então primeiro-ministro de Israel, Yitzhak Rabin, era "terra em troca de paz", isto é, devolver aos palestinos parte das terras invadidas na guerra de 1967 em troca do fim dos ataques da OLP e o início da convivência pacífica entre os dois povos. Baseado nesses princípios surgiu o **Acordo de Oslo**, ratificado por Yitzhak Rabin e por Yasser Arafat em Washington, em setembro de 1993.

O Acordo de Oslo previa a criação de um Estado palestino, retomando parcialmente o projeto da ONU de 1947. Haveria uma fase intermediária, em que os territórios palestinos teriam autonomia relativa e seriam administrados pela **Autoridade Palestina**, órgão que serviria de embrião para o futuro Estado.

Os Estados Unidos continuaram a intermediar negociações pela paz entre árabes e israelenses. Na fotografia, Yitzhak Rabin e Yasser Arafat confirmam o Acordo de Oslo diante do presidente estadunidense Bill Clinton, em Washington, Estados Unidos, 1993.

Uma causa, muitos grupos

O posicionamento da OLP não representava, porém, o fim das hostilidades entre palestinos e israelenses. A causa comum pela criação de um Estado árabe na Palestina é disputada por vários grupos, que divergem quanto à prática de atos terroristas e à aceitação do Estado de Israel.

O mais tradicional e influente desses grupos é o **Fatah**, que controla a OLP. No Acordo de Oslo, o Fatah abandonou o objetivo de destruir Israel, possibilitando a paz. Porém, outros grupos palestinos se opõem a essa política, principalmente o **Hamas** e a **Jihad Islâmica**.

Bandeira da Palestina, hasteada pela primeira vez em uma organização da ONU, a Unesco, em dezembro de 2011.

O radicalismo contra a paz

Em 1995, a Autoridade Palestina, sob o comando do Fatah, passou a administrar a **Faixa de Gaza** e a **Cisjordânia**, indicando que o processo de paz se consolidava. Contudo, grupos extremistas de ambos os lados agem para que o conflito não tenha fim.

Radicais palestinos querem a completa destruição do Estado israelense, enquanto radicais israelenses exigem a expulsão dos palestinos e a ocupação definitiva de toda a região por Israel. Um grupo extremista israelense promoveu o assassinato do primeiro-ministro Yitzhak Rabin, em 1995.

Apesar de alguns avanços desde então, como a retirada de moradores judeus da Faixa de Gaza, em 2005, as divergências internas e o uso da violência por ambas as partes desencadearam novos conflitos, mantendo distante a expectativa de paz.

••• O Irã, aliado dos Estados Unidos

As grandes jazidas de petróleo do Oriente Médio geram riquezas para os países da região, mas também são motivo de acirradas disputas e de tensões permanentes. O consumo crescente de petróleo, elemento vital para a sobrevivência dos grandes países industriais, fez com que as potências ocidentais, lideradas pelos Estados Unidos, desejassem intervir nos países árabes a fim de garantir o acesso a essa fonte de energia.

O Irã, governado pelo xá Reza Pahlevi, que mantinha um governo autoritário e violento, era pró-ocidente. Sua polícia secreta, a Savak, prendia, torturava e matava indivíduos considerados subversivos e mantinha a população em constante estado de tensão.

Os Estados Unidos apoiavam Pahlevi e lhe forneciam armas sofisticadas que faziam do Irã a maior potência militar do Oriente Médio.

••• A revolução iraniana

A maior oposição à ditadura do xá era feita pelos religiosos xiitas, que condenavam tanto a repressão política quanto o desprezo do governo pelos valores islâmicos.

Em 1977, pressionado por forças internas e pela opinião pública internacional, Reza Pahlevi diminuiu a repressão e introduziu algumas reformas democráticas. Mas esse gesto apenas serviu para que a oposição se fortalecesse e os protestos tomassem as ruas das cidades iranianas.

No início de 1979, muitas manifestações em Teerã forçaram o xá a renunciar. Instalou-se então a **República Islâmica do Irã**, comandada pelo aiatolá Khomeini, líder religioso xiita. O governo republicano impôs a **lei islâmica**, que, baseada no Corão, restringia, entre outras coisas, as vestimentas femininas ocidentais e o consumo de álcool. Mas garantiu uma série de direitos à população, como o voto, a educação para todos e a participação das mulheres no parlamento.

A instalação de uma república revolucionária teve grande impacto nos demais Estados islâmicos, principalmente naqueles governados por monarquias, que passaram a temer uma revolução em seus próprios países.

A república iraniana, hostilizando os antigos aliados do xá, adotou uma postura antiamericana, suspendendo as exportações de petróleo para os Estados Unidos e aumentando a tensão no mercado petrolífero mundial. Os Estados Unidos passaram então a apoiar outra nação árabe na região, o Iraque de Saddam Hussein.

O aiatolá Khomeini foi expatriado por opor-se ao governo do xá Reza Pahlevi. Ficou 15 anos no exílio e, quando voltou, tornou-se o líder da República Islâmica do Irã. Fotografia de 1988.

O Islã e os xiitas

No século VII, dois grupos disputaram o legado religioso e político de Maomé.

Um deles defendia que apenas os descendentes de Maomé deviam reinar no Islã. Eram os xiitas. Eles se contrapunham aos sunitas, muçulmanos que aceitavam eleger como califa um indivíduo sem vínculo de sangue com o profeta.

Desde então, por não darem legitimidade às dinastias que governam os países islâmicos, os xiitas estabeleceram uma relação de conflitos com as demais correntes do Islamismo.

Verifique o que aprendeu •••

1. Que entidade internacional foi responsável pela criação do Estado de Israel em 1948?
2. Qual era o lema adotado pelo primeiro-ministro israelense Yitzhak Rabin?
3. Qual foi o resultado da revolução que depôs o xá do Irã em 1979?
4. Primeiro os Estados Unidos apoiaram o Irã, depois o Iraque. Por quê?

ATIVIDADES

1. Por que os acordos de paz firmados ao longo das décadas de 1990 e 2000 entre palestinos e israelenses não resultaram em uma paz sólida e duradoura?
2. Por que as monarquias islâmicas temiam o fortalecimento do Irã xiita?
3. Relacione a disputa entre União Soviética e Estados Unidos durante a Guerra Fria com os conflitos ocorridos no Oriente Médio nas décadas de 1940 a 1980.
4. Sobre os acordos de Camp David e Oslo, faça o que se pede.
    a) Pesquise, no conteúdo do capítulo, as informações sobre os dois acordos citados. Desenhe o quadro abaixo no caderno e complete-o com as informações obtidas.

Acordo	Ano	Partes envolvidas	Termos do acordo
Camp David			
Oslo			

    b) Depois, escreva um texto apresentando cada um dos acordos e comparando os dois momentos históricos distintos.
    c) A que conclusão você chega a respeito da existência desses dois acordos? Qual foi a intenção dos países envolvidos em firmá-los?

5. Observe a charge abaixo. Ela representa uma cena das ações violentas que o grupo palestino Hamas empreende contra Israel. O militante à esquerda, com um cinturão onde se lê "Hammas" (grafado em inglês), diz: "É tempo de declarar vitória e voltar para casa". Ao que o militante à direita responde: "Esta é nossa casa".
Depois, responda às questões.

Charge de Glenn Foden, 2008.

a) Qual é a situação do local onde estão representados os dois militantes do Hamas?
b) O que os militantes carregam com eles?
c) Qual é, em sua opinião, o significado da frase "É tempo de declarar vitória e voltar para casa"?
d) Qual é a mensagem contida no diálogo travado entre os dois militantes?

APRENDER A...

Utilizar um texto literário como fonte histórica

Os textos literários são fontes importantes para a pesquisa e para o entendimento da história em um determinado local e época. Entre os inúmeros autores brasileiros, Machado de Assis destaca-se como um dos mais importantes para os estudiosos que procuram compreender como se comportava a sociedade brasileira do século XIX. Trabalharemos com um trecho do conto desse autor intitulado "Pai contra mãe", publicado originalmente em *Relíquias da casa velha*, em 1906.

■ A leitura de textos literários

Para ler e entender um texto literário, nesse caso produzido no século XIX, é importante ficar atento a algumas considerações:

- Pode haver palavras desconhecidas, incluindo as que não são mais usadas, como "desfastio". Portanto, é preciso consultar o dicionário.
- Há alguns modos específicos de colocação pronominal e verbal, como a junção dos pronomes pessoais oblíquos lhe mais o, lho.
- As personagens representam os valores da época.
- Algumas práticas sociais do período em questão aparecem com ênfase, como é o caso da escravidão no conto que trabalharemos.
- É necessário conhecer os principais aspectos da biografia do autor.

■ Trechos de um conto para leitura

No decorrer da história escrita por Machado de Assis, José Cândido e Clara, brancos e livres, personagens do conto, têm um filho. Em meio à pobreza, são aconselhados por tia Mônica, outra personagem que mora com o casal, a levar o recém-nascido à roda dos enjeitados. José Cândido, desesperado por não querer perder o filho, entrega-se à procura de uma solução para o caso e encontra-a: capturar escravos fugidos, trabalho que lhe renderia algum dinheiro e que o auxiliaria a sustentar seu filho. Entre os anúncios que tinha em mãos, um lhe chama a atenção.

Leia os trechos abaixo, extraídos do conto "Pai contra mãe", em seguida responda às questões.

Machado de Assis escreveu de maneira crítica sobre os costumes e valores de sua época. Na foto, o escritor no Rio de Janeiro, RJ, 1857.

A escravidão levou consigo ofícios e aparelhos, como terá sucedido a outras instituições sociais. [...] Um deles era o ferro ao pescoço, outro ferro ao pé; havia também a máscara de folha de flandres. A máscara fazia perder o vício da embriaguez dos escravos, por lhes tapar a boca. Tinha só três buracos, dois para ver e um para respirar, e era fechada atrás da cabeça por um cadeado. [...] Os funileiros as tinham penduradas, à venda, na porta das lojas. [...] Quem perdia um escravo por fuga dava algum dinheiro a quem lho levasse. Punha anúncios nas folhas públicas, com sinais do fugido, o nome, a roupa, o defeito físico [...] Ora, pegar escravos fugidos era um ofício do tempo. Não seria nobre, mas por ser instrumento da força com quem se mantém a lei e a propriedade, trazia esta outra nobreza. [...] Ninguém se metia em tal ofício por desfastio ou estudo; a pobreza, [...] a inaptidão para outros trabalhos, [...] davam impulso ao homem [...] para pôr em ordem a desordem. [...]

[...]

122

Naquela [noite], [José Cândido] reviu todas as suas notas de escravos fugidos. [...] Uma, porém, subia a cem mil-réis. Tratava-se de uma mulata; [...] Cândido Neves [...] pegou dos braços da escrava, [...], atava-lhe os pulsos e dizia que andasse. [...] – Estou grávida, meu senhor! exclamou. [...] – Siga! repetiu [...]. Foi arrastando a escrava pela Rua dos Ourives, [...] onde residia o senhor. [...] – Aqui está a fujona, [...] No chão, onde jazia, levada do medo e da dor, e após algum tempo de luta a escrava abortou.

Machado de Assis. Disponível em: <http://www.dominiopublico.gov.br>. Acesso em: 17 set. 2014.

Anúncio de escravos fugidos no jornal *A Província de São Paulo*, 4 jan. 1875.

Nos troncos, vários escravos eram punidos ao mesmo tempo.
Jean-Baptiste Debret, *Negros no tronco*, século XIX. Aquarela.

1. Qual é o assunto tratado nos trechos selecionados?
2. Quais são as personagens que aparecem?
3. Por que o título do conto é "Pai contra Mãe"?

■ **Análise e reconstituição da sociedade brasileira do século XIX com base em informações contidas nos trechos selecionados**

Para compreender as estruturas políticas, econômicas, sociais e culturais do período citadas em um texto literário, é preciso interpretar nesse texto alguns dados históricos. As orientações a seguir o ajudarão a fazer essa associação.

- Leia as perguntas que se encontram em "Questões de ampliação e análise" e tente respondê-las com base no que você acha que possa ser a resposta correta, ou seja, registre suas suposições.
- Em seguida, procure informações que possam ajudar a rever suas suposições em livros que tratem sobre a temática da escravidão no Brasil.
- Registre em forma de lista as informações que você selecionar.
- Volte às suas suposições e verifique se elas estavam adequadas. Revise-as complementando o texto ou reescrevendo as respostas.

■ **Questões de ampliação e análise**

4. Qual era a utilidade dos aparelhos descritos no conto?
5. Por que o autor diz no conto que "pegar escravos fugidos era um ofício do tempo"?
6. "Lei", "propriedade" e "ordem" são palavras contidas no conto. Quais eram os significados desses termos no contexto do século XIX?
7. Você já ouviu falar da "roda dos enjeitados"? Explique o que você sabe a respeito do assunto.
8. O que o conto de Machado de Assis nos revela sobre as relações sociais do Brasil do século XIX?

MÓDULO 5

Movimento contra os costumes nos anos 1960

Nos anos 1960, os jovens mobilizaram o mundo para mudar os costumes vigentes e reivindicar liberdade, igualdade civil e paz. A Guerra Fria, os preconceitos raciais, o capitalismo, o comunismo, as ditaduras foram alvo de contestações por parte da juventude.

••• Contracultura

Nos anos 1960, os jovens foram os protagonistas de movimentos que criticavam o consumismo capitalista e as ditaduras que reprimiam os povos submetidos ao comunismo e a regimes militares e civis de exceção. Esses movimentos ficaram conhecidos como **contracultura**. Além dos jovens, vários setores da sociedade passaram a contestar os costumes e a ordem estabelecida, inclusive camponeses e operários.

Uma onda de rebeliões tomou as ruas das grandes cidades do mundo em 1968. Manifestações nos Estados Unidos contra a Guerra do Vietnã, o Maio Francês e as tentativas de democratização do regime comunista na Tchecoslováquia são exemplos que marcaram esse ano.

Maio de 1968

Na França, uma insurreição popular iniciada com o movimento estudantil tomou proporções nacionais, com a adesão de vários setores da população. Ante a repressão violenta do governo, foi decretada uma greve geral da qual participaram 6 milhões de grevistas, com cerca de 300 fábricas ocupadas por operários.

Esse movimento repercutiu no mundo inteiro, gerando uma onda de protestos em países da Europa, das Américas e da Ásia.

"Fim da guerra"

Nos Estados Unidos, havia em 1968 uma crescente oposição à Guerra do Vietnã. A opinião pública questionava a justiça de uma guerra feita por uma grande potência contra um pequeno país de camponeses. As imagens do sofrimento de civis e de soldados mortos eram transmitidas pela televisão e causaram grande impacto.

Contra a guerra, os jovens estadunidenses tomaram as ruas em campanhas pacifistas e contra o alistamento militar.

A Primavera de Praga

Em 1968, na Tchecoslováquia, país alinhado com a União Soviética, um grupo de intelectuais tentou promover reformas que aumentassem as liberdades dos cidadãos e permitissem eleições livres. O movimento pelas reformas ficou conhecido como **Primavera de Praga**.

Mas as tropas do Pacto de Varsóvia invadiram o país a mando da URSS, os líderes reformistas foram detidos e se instalou um rígido regime de censura e controle policial da população.

A juventude como força social

No ano de 1968, jovens em diversas partes do mundo protagonizaram vários protestos. Os motivos eram variados: a Guerra do Vietnã, a repressão política nos países socialistas, a ditadura militar no Brasil, as imposições consumistas do capitalismo ocidental. Afirmava-se, naquele momento, o desejo da juventude de ser ouvida pela sociedade.

1. Discuta com os colegas de que maneiras, atualmente, os jovens se articulam para ter voz na sociedade.
2. Quais são suas principais reivindicações e anseios?

Fim da "Primavera de Praga". Jovens cercam tanques soviéticos em Praga. Apesar da resistência pacífica dos jovens, tropas do Pacto de Varsóvia invadem a capital tcheca e derrubam o governo reformista de Alexandre Dubcek, em 1968.

O movimento *hippie*

Os jovens dos anos 1960, além de se manifestarem politicamente, passaram a contestar também as regras de comportamento, incluindo a moral sexual.

A linha de frente dessa contestação era formada pelos **hippies**. Os *hippies* condenavam os valores da civilização industrial e do consumo – que, para eles, subjugavam as pessoas ao ritmo da produção – e defendiam uma sociedade alternativa, em que a humanidade se tornasse mais integrada à natureza, livre das neuroses da modernidade.

De forte influência anarquista, tais movimentos pregavam, entre outros, a solidariedade, a abolição das hierarquias e da propriedade privada, o amor livre, o pacifismo e a formação de comunidades apartadas da sociedade industrial. Seu lema era **Paz e Amor**.

Os *hippies* acreditavam que as mudanças de comportamento seriam suficientes para transformar a sociedade e trazer a felicidade para todos.

A música também era uma forma para que os *hippies* celebrassem o pacifismo, criticassem os valores sociais vigentes e expusessem suas ideias. Na fotografia, jovens se reúnem em parque da cidade de Nova York na década de 1970.

Direitos civis

Os grupos que defendiam os direitos civis dos negros nos Estados Unidos também podem ser incluídos no grande movimento de contestação ao grupo social dominante.

Em alguns estados estadunidenses, os negros não podiam votar, frequentar as escolas exclusivas de brancos, nem mesmo sentar-se ao lado de brancos nos ônibus. Na década de 1960, inúmeros grupos passaram a lutar pelo fim da discriminação racial.

Martin Luther King, líder da ala moderada do **Movimento Negro** estadunidense, pregava a desobediência civil pacífica como forma de luta. Ele afirmava que a comunidade afro-americana sofria os mesmos preconceitos que os povos pobres do Terceiro Mundo, unindo-se aos movimentos pacifistas contra a Guerra do Vietnã. Já o grupo **Panteras Negras**, de orientação mais radical, defendia o uso da violência para garantir a igualdade civil e social das pessoas de origem africana no país.

A campanha contra a violência e pela união dos povos, no entanto, não impediu que Martin Luther King fosse assassinado na cidade de Memphis, em 1968.

Grupo de mulheres em marcha de apoio ao Partido dos Panteras Negras. New Haven, Connecticut, novembro de 1969.

Feminismo

A luta pelos direitos civis nos anos 1960 incluía os direitos das mulheres. O movimento feminista, que no início do século XX lutara pelo direito ao voto para as mulheres, reivindicava agora a igualdade das mulheres em relação aos homens em todos os setores da vida social: no trabalho, na vida conjugal, na liberdade de escolha sobre ter ou não filhos.

••• A contestação rock'n'roll

Os jovens contestadores dos anos 1960 escolheram a música como veículo para divulgar suas ideias. O *rock'n'roll*, gênero musical surgido nos Estados Unidos na década anterior, espalhou-se pelo mundo como símbolo do comportamento jovem, chocando os mais conservadores onde quer que fosse tocado.

A década de 1960 foi pródiga em ídolos do *rock'n'roll*. Nesse período surgiram grandes bandas que reuniam milhares de fãs, como os Beatles, banda formada em Liverpool, na Inglaterra, e os Rolling Stones, outra banda inglesa de grande sucesso.

Um dos grandes nomes dessa geração de roqueiros foi o estadunidense Bob Dylan. Ele foi o porta-voz dos defensores das liberdades individuais, que não se identificavam com os valores da sociedade que emergiu nos Estados Unidos do pós-guerra. Suas letras, longas e complexas, tratavam dos temas que abalaram sua época, como a guerra.

O disco *Sgt. Peppers Lonely Hearts Club Band*, dos Beatles (1968), é considerado uma das maiores obras do *rock'n'roll* de todos os tempos.

••• A Arte Pop

A corrente artística que melhor exprime a cultura e a visão de mundo do período da Guerra Fria é a chamada Arte *Pop*. Rompendo as fronteiras entre a publicidade, os objetos de desejo da sociedade de consumo e a arte, o *Pop* expunha, sem criticar, o consumismo e os valores descartáveis da sociedade industrial. Garrafas de refrigerantes mundialmente famosos, estrelas de Hollywood, latas de sopa, histórias em quadrinhos, tudo servia de tema para os artistas *pop*, como os estadunidenses **Robert Rauschenberg**, **Roy Lichtenstein** e **Andy Warhol**. O *Pop* explicitava o consumismo descartável capitalista, mas não elogiava o socialismo; explicava, mas não ditava lições. É a própria imagem dos anos de contestação.

Este é o símbolo mais conhecido dos Rolling Stones, banda que sobreviveu a todas as transformações do *rock* e se mantém em atividade.

Um exemplo de Arte *Pop*: *Mulher se afogando*, obra de Roy Lichtenstein, óleo e tinta sintética sobre tela, de 1963.

Verifique o que aprendeu •••

1. O que foi a Primavera de Praga?
2. Qual era o lema dos *hippies*?
3. Que gênero musical tornou-se símbolo da rebeldia jovem nos anos 1960?
4. O que foi a Arte *Pop*?

ATIVIDADES

1. Descreva o que foi e como se estruturava o movimento negro dos Estados Unidos.
2. Relacione a Guerra Fria com os movimentos jovens de contracultura dos anos 1960.
3. O texto a seguir foi escrito pelo historiador inglês Peter Burke, que vivenciou os acontecimentos da década de 1960.

> Uma das datas da qual os membros da minha geração jamais vão se esquecer é 1968 [...]. Os estudantes se revoltaram, hastearam bandeiras vermelhas, atiraram coquetéis Molotov, lutaram contra a polícia ou fugiram dela, arrancaram paralelepípedos das ruas, ergueram barricadas (pela primeira vez desde a Segunda Guerra) [...].
>
> As revoltas estudantis não costumam conquistar a simpatia do público, mas esses fatos o fizeram. Mesmo as pichações nos muros foram fotografadas e reproduzidas na imprensa, sendo imitadas em outras cidades como Oxford.
>
> Algumas daquelas pichações são recordadas até hoje, especialmente "A imaginação ao poder!".
>
> Peter Burke. Lembranças de maio. *Folha de S.Paulo*. Disponível em: <http://www1.folha.uol.com.br/fsp/mais/fs0405200805.htm>. Acesso em: 4 set. 2014.

a) Pensando no contexto da Guerra Fria, responda: quais motivos teriam levado os estudantes a se rebelar?
b) Que motivos teriam levado o público a simpatizar com o movimento estudantil mencionado no texto?
c) Retire do texto trechos nos quais o autor afirma que o movimento estudantil continua na memória das pessoas que viveram naquele período.
d) Em sua opinião, por que esses acontecimentos foram tão marcantes?
e) Os jovens de hoje também fazem movimentos de contestação? Dê exemplos atuais, mencionando: o que reivindicam e como agem.

4. Escreva em seu caderno um texto comentando os aspectos mais importantes do movimento *hippie*.

5. Em outubro de 1956, um jornalista britânico publicou uma crítica ao então novo estilo musical, o *rock'n'roll*. Leia alguns trechos a seguir.

> A música [...] produz um contágio nos jovens "modernizados" [...] Daí provocar em moças e rapazes um sentimento de completa irresponsabilidade e uma atmosfera de explosão que pode, inclusive, determinar delitos mais graves, como ocorreu numa cidade australiana, onde um homem foi navalhado, quando tentava impedir que um grupo de jovens, na porta do cinema, provocasse maiores tumultos.
>
> [...] é essa música que [...] causa conflitos no seio de jovens mal formados pela educação modernizada, dando assunto aos estudiosos de problemas psicológicos. E são tais as preocupações que esse novo gênero de música está provocando que um juiz de Londres aventou a necessidade de se proibir a divulgação da mesma. "Se – disse ele – essa música provoca nos jovens os mesmos efeitos do álcool, não vejo por que não se proíba a sua divulgação, da mesma forma que é proibido o consumo de álcool pelos menores."
>
> Conflitos e loucuras entre os jovens nas exibições do filme *Rock around the clock*. Disponível em: <http://almanaque.folha.uol.com.br/ilustrada_02out1956.htm>. Acesso em: 4 set. 2014.

a) Qual era a visão do jornalista sobre o *rock'n'roll*?
b) Segundo ele, o que essa música provoca nos jovens?
c) Como o jornalista justifica a preferência desses jovens pelo *rock*?
d) O autor aponta uma solução para sanar os problemas causados pelos ouvintes do *rock'n'roll*. Qual é?
e) Esse texto mostra uma visão preconceituosa do *rock*. Você conhece alguma manifestação artística que sofre preconceito? Se sim, quais são os argumentos utilizados? Em sua opinião, por que essa arte é criticada negativamente?

DOSSIÊ

O macarthismo

Em meio à guerra ideológica entre as duas potências durante a Guerra Fria, o senador estadunidense Joseph McCarthy (1908-1957) iniciou um movimento nacional que perseguia os suspeitos de participar do Partido Comunista ou supostos simpatizantes do comunismo. Foi um período chamado de "caça às bruxas" – uma referência à Inquisição –, que levou aos tribunais escritores, jornalistas, roteiristas, atores e diretores de cinema, sindicalistas e funcionários públicos.

O senador McCarthy aglutinou as forças conservadoras dos Estados Unidos em um período marcado pelo maniqueísmo ideológico, no qual, nos Estados Unidos, o comunismo era considerado a "encarnação do mal" e, na União Soviética, os capitalistas eram taxados como indivíduos egoístas, maus e exploradores perversos de outros seres humanos. A eclosão da Guerra da Coreia, em 1950, serviu para dar sustentação à pregação da ala conservadora estadunidense.

A paranoia anticomunista diante do "perigo vermelho" foi amplificada pela grande imprensa, levando o país a viver uma histeria coletiva. A delação de supostos comunistas tornou-se prática comum, na maioria das vezes feita em cima de suposições, em um contexto que exaltava teorias conspiratórias a serviço dos soviéticos.

McCarthy presidia o Comitê de Atividades Antiamericanas que investigava a vida dos suspeitos de serem simpatizantes ou até espiões pagos pela União Soviética. Milhares de pessoas tiveram suas vidas investigadas e foram colocadas em "listas negras". Além da delação, entre outros métodos usados para conseguir informações estava o pagamento de testemunhas e acusações sem fundamento. Grande parte das vezes, os apontados como suspeitos perdiam seus empregos ou tinham muitas dificuldades para encontrar trabalho.

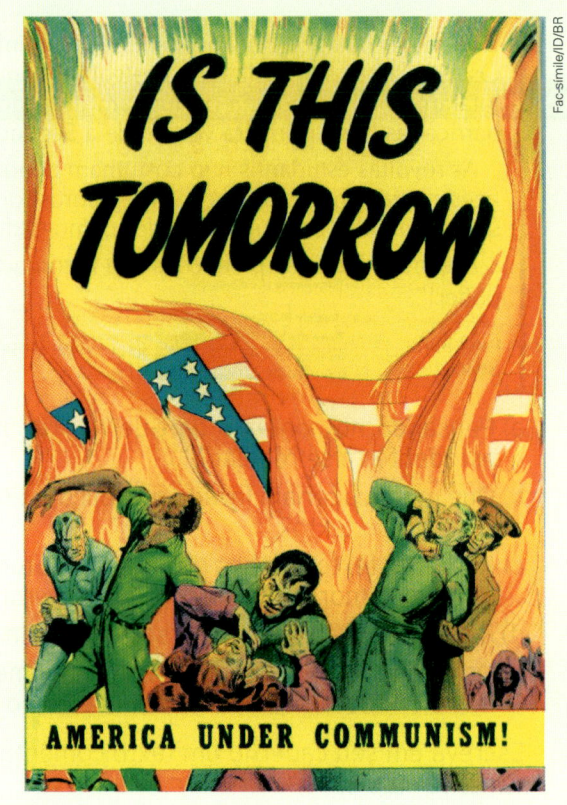

Capa de livro estadunidense de história em quadrinhos, publicado em 1947, chamando atenção para o "perigo" comunista. "Este é o amanhã: a América submetida ao comunismo!"

McCarthy em programa da televisão estadunidense, 1953.

Um *show* na mídia

Os acusados de praticar atividades antiamericanas eram convocados a prestar depoimentos na Comissão de Assuntos Antiamericanos do Senado. Cercado de câmeras, em audiências públicas, o indiciado era obrigado a retratar-se perante a nação.

Muitos cidadãos colaboraram com os trabalhos da Comissão, entre eles personalidades como o ator John Wayne, o animador Walt Disney, Richard Nixon e Ronald Reagan (mais tarde ambos se tornaram presidentes dos Estados Unidos), e Edgar Hoover, chefe do Federal Bureau of Investigation (FBI), o órgão federal estadunidense que cuidava das investigações dos acusados de praticar atividades consideradas antiamericanas.

Charles Chaplin retorna aos Estados Unidos após 30 anos de exílio voluntário. Fotografia de abril de 1972.

Milhares de estadunidenses foram vítimas do macarthismo, entre eles o cientista Albert Einstein. O ator inglês Charles Chaplin, criador da personagem Carlitos, foi denunciado ao Comitê de Atividades Antiamericanas e soube que teria de depor quando estava em viagem à Inglaterra. Decidido a não se submeter ao interrogatório no Congresso estadunidense, optou, como forma de protesto, pelo autoexílio na Europa. Chaplin só voltou aos Estados Unidos em 1972, para receber um Oscar pelo conjunto de sua obra, época em que o macarthismo não passava de uma má lembrança dos anos 1950.

Por meio da televisão, McCarthy levava suas ideias aos mais variados lares estadunidenses. Fotografia de abril de 1954. Nova York, Estados Unidos.

■ Discussão sobre o texto

1. Quais instrumentos os anticomunistas criaram para estabelecer um clima de aversão aos soviéticos?
2. Por que o macarthismo foi comparado à Inquisição?
3. A que situações eram submetidos os suspeitos de apoiar o comunismo?
4. Em sua opinião, por que os depoimentos eram transmitidos publicamente?

FAZENDO HISTÓRIA

Eu tenho um sonho

Em 1963, Martin Luther King liderou um movimento chamado "Marcha pelo Emprego e pela Liberdade" na capital dos Estados Unidos, Washington. Na ocasião, ele proferiu um importante discurso, hoje considerado um marco na luta pelos direitos civis dos estadunidenses afrodescendentes. Leia alguns trechos.

> Eu estou contente em unir-me com vocês no dia que entrará para a História como a maior demonstração pela liberdade na História de nossa nação.
>
> Cem anos atrás, um grande americano, [o presidente Abraham Lincoln] [...] assinou a Proclamação de Emancipação. Esse importante decreto veio como um grande farol de esperança para milhões de escravos negros que tinham murchado nas chamas da injustiça. Ele veio como uma alvorada para terminar a longa noite de seus cativeiros.
>
> Mas, cem anos depois, o Negro ainda não é livre.
>
> Cem anos depois, a vida do Negro ainda é tristemente inválida pelas algemas da segregação e as cadeias da discriminação.
>
> Cem anos depois, o Negro vive em uma ilha só de pobreza no meio de um vasto oceano de prosperidade material. Cem anos depois, o Negro ainda adoece nos cantos da sociedade americana e se encontra exilado em sua própria terra. [...]
>
> Agora é o tempo para transformar em realidade as promessas de democracia.
>
> Agora é o tempo para subir do vale das trevas da segregação ao caminho iluminado pelo sol da justiça racial. [...]
>
> Nós não estaremos satisfeitos enquanto um Negro não puder votar no Mississípi e um Negro em Nova Iorque acreditar que ele não tem motivo para votar. [...]
>
> Alguns de vocês vieram de áreas onde sua busca pela liberdade lhes deixou marcas pelas tempestades das perseguições e pelos ventos de brutalidade policial. Vocês são os veteranos do sofrimento. [...]
>
> Eu tenho um sonho de que um dia nas colinas vermelhas da Geórgia os filhos dos descendentes de escravos e os filhos dos descendentes dos donos de escravos poderão se sentar juntos à mesa da fraternidade.

Disponível em: <http://pensador.uol.com.br/colecao/rafacaffer>. Acesso em: 5 set. 2014.

Martin Luther King proferindo seu famoso discurso em 28 de agosto de 1963, em Washington, Estados Unidos.

1. Segundo Luther King, a abolição da escravidão atendeu às expectativas dos escravos? Justifique.
2. Retire argumentos do texto que mostrem a pobreza e a segregação dos afrodescendentes nos Estados Unidos.
3. Usando argumentos do discurso de Martin Luther King, como você descreveria a situação dos afrodescendentes nos Estados Unidos naquela época?
4. Em sua opinião, atualmente as condições de vida da população afrodescendente dos Estados Unidos se alteraram? Se necessário, pesquise informações recentes sobre o assunto em jornais, revistas ou internet.

LENDO HISTÓRIA

Antes de ler

- Analise o título do texto, procurando relacioná-lo aos assuntos estudados neste capítulo.
- Em sua opinião, o que é ser rebelde? Você consegue identificar manifestações de rebeldia nos dias atuais?

A juventude rebelde da Guerra Fria

Após 1945, a instauração da Guerra Fria reformularia o jogo político em termos, literalmente, de um duelo de propaganda. O núcleo das potências capitalistas de um lado e, de outro, o bloco soviético, separados simbolicamente pelo muro de Berlim, manteriam seu enfrentamento por meio do controle das comunicações, da política cultural e dos sistemas educacionais, na medida em que o advento das armas atômicas tornava o conflito direto inviável. Macarthismo e stalinismo se representavam como os únicos dialetos em que podia ser articulado qualquer discurso público ou prática cultural. Nas periferias do mundo, o confronto se desdobrava em violência desenfreada, por meio de ditaduras brutais e guerras genocidas em que eram testados os últimos prodígios da corrida armamentista, incluindo armas químicas, biológicas e mísseis teleguiados de grande impacto destrutivo. Os massacres diários nas periferias se traduziam em duelos estatísticos na linguagem publicitária da Guerra Fria.

A rebelião juvenil dos anos [19]60 – catalisada pela resistência obstinada à intervenção norte-americana no Vietnã e pelo repúdio à repressão da Primavera de Praga pelas tropas soviéticas – abriu um campo de representação cultural autônomo, desvinculado da polarização da Guerra Fria. A indignação, o idealismo, a generosidade e a disposição de sacrifício dos jovens, associados às suas mensagens de humanismo, pacifismo e espontaneidade no retorno aos valores da natureza, do corpo e do prazer, da espiritualidade, abalaram o campo político estagnado e os transportaram para o centro do espetáculo. Sua palavra de ordem, "Faça amor, não faça a guerra", seguia a fórmula concisa e lapidar dos *slogans* publicitários e era acompanhada do símbolo oriental de uma forquilha invertida dentro de um círculo, caracterizando um logotipo, o que demonstra o quanto os jovens se apropriaram de técnicas que regiam o universo das mercadorias.

Nicolau Sevcenko. *A corrida para o século XXI: no loop da montanha-russa.* São Paulo: Companhia das Letras, 2001. p. 85 (Coleção Virando Séculos).

Manifestação contra a Guerra do Vietnã, em São Francisco, Estados Unidos, em 1967.

De olho no texto

1. De onde são as periferias às quais o autor se refere?
2. Como os jovens contestaram a Guerra Fria?
3. De que maneira as superpotências e os contrários à Guerra Fria se apropriaram da propaganda para expor suas ideias?

QUESTÕES GLOBAIS

1. O cartunista brasileiro Henfil viajou para a China durante o período da Guerra Fria. Nos anos 1980, ele publicou um livro sobre a sua viagem. Leia um trecho a seguir.

> – Você vai à China? China China? China comunista?
>
> Passeei minha imprudência sob o olhar de inveja e medo de tudo quanto é amigo, família e colega. Talvez fosse a última vez que estivessem me vendo com vida. Se eu não morresse lá, de lavagem cerebral, morreria aqui de cirurgia para extirpar o vírus comunista que eu traria nos meus cabelos, roupas e principalmente na ALMA!
>
> [...]
>
> Henfil. *Henfil na China*: antes da coca-cola. Rio de Janeiro: Codecri, 1983. p. 7 (Coleção Edições do Pasquim).

No texto, por que Henfil brinca com a ideia de que sofreria lavagem cerebral na China e que teria de ser operado quando retornasse ao Brasil?

2. Observe a fotografia ao lado. Ela representa uma comemoração palestina pelos 20 anos de existência do grupo Hamas, movimento de resistência de forte inspiração religiosa. A manifestação aconteceu na cidade de Gaza, em 15 de dezembro de 2007. Na imagem, um grupo de manifestantes põe fogo na bandeira de Israel. Responda no caderno:

   a) Que nome se dá aos levantes populares ocorridos na Palestina, desde 1987, contra a ocupação do Exército Israelense na região?

   Manifestação na cidade de Gaza, foto de 2007.

   b) Por que, em sua opinião, os palestinos estão queimando a bandeira de Israel?

   c) Atitudes como a mostrada na fotografia são eficientes para se chegar a um bom termo entre as partes envolvidas? Discuta com um colega o que pode acontecer quando, em uma situação de impasse, em vez de buscarmos o caminho da paz, incitamos a violência. Registrem suas conclusões no caderno.

PARA SABER MAIS

Livros

A Guerra Fria, de Leandro Karnal. São Paulo: FTD, 2001.
O livro auxilia na compreensão do que foi o conflito camuflado da Guerra Fria. Discute, ainda, sobre seu final, há poucos anos.

A tatuagem, de Rogério Andrade Barbosa. Rio de Janeiro: Ediouro, 1998.
O livro conta a história de uma jovem que, para chamar a atenção dos guerreiros de sua nação, faz tatuagens no corpo. Para escrever a história, o autor baseou-se na lenda da tatuagem, da cultura dos luos.

Guerra e paz no Oriente Médio, de Michel Treignier. São Paulo: Ática, 1996.
A obra traça um panorama dos conflitos no Oriente Médio, desde as guerras seculares até o início do século XXI. Trata de aspectos naturais, econômicos e culturais que ajudam a entender as forças de interesse que agem na região.

Site

<http://www.adolescencia.org.br>
Site voltado para os jovens, sobretudo no que se refere a seu direito de conhecer as mudanças que ocorrem na adolescência. Acesso em: 4 set. 2014.

●●● Síntese

A descolonização da África e da Ásia
- A luta pacifista de Gandhi na Índia
- A descolonização na África e as fronteiras artificiais
- O Terceiro Mundo

A Revolução Chinesa
- O Partido Comunista Chinês e a Longa Marcha
- PCC toma o poder na China
- Mao domina o PCC e impõe a Revolução Cultural
- A modernização capitalista

O enfrentamento das superpotências
- Os testes da bomba atômica na União Soviética
- Sputnik inaugura corrida espacial
- Guerras na Coreia e no Vietnã contrapõem capitalistas e comunistas
- Berlim dividida por um muro

O Oriente Médio
- A criação do Estado de Israel
- Três guerras árabes-israelenses – Independência, Seis Dias e Yom Kippur
- Palestinos resistem com terrorismo e Intifada
- Egito reconhece Israel
- Israel é pressionado e aceita Autoridade Palestina
- A revolução iraniana

Movimento contra os costumes nos anos 1960
- Contracultura recusa capitalismo e socialismo
- *Hippies* pregam fim das hierarquias e volta à natureza
- Movimento pelos direitos civis nos Estados Unidos
- *Rock'n'roll* é a música da contestação

Linha do tempo

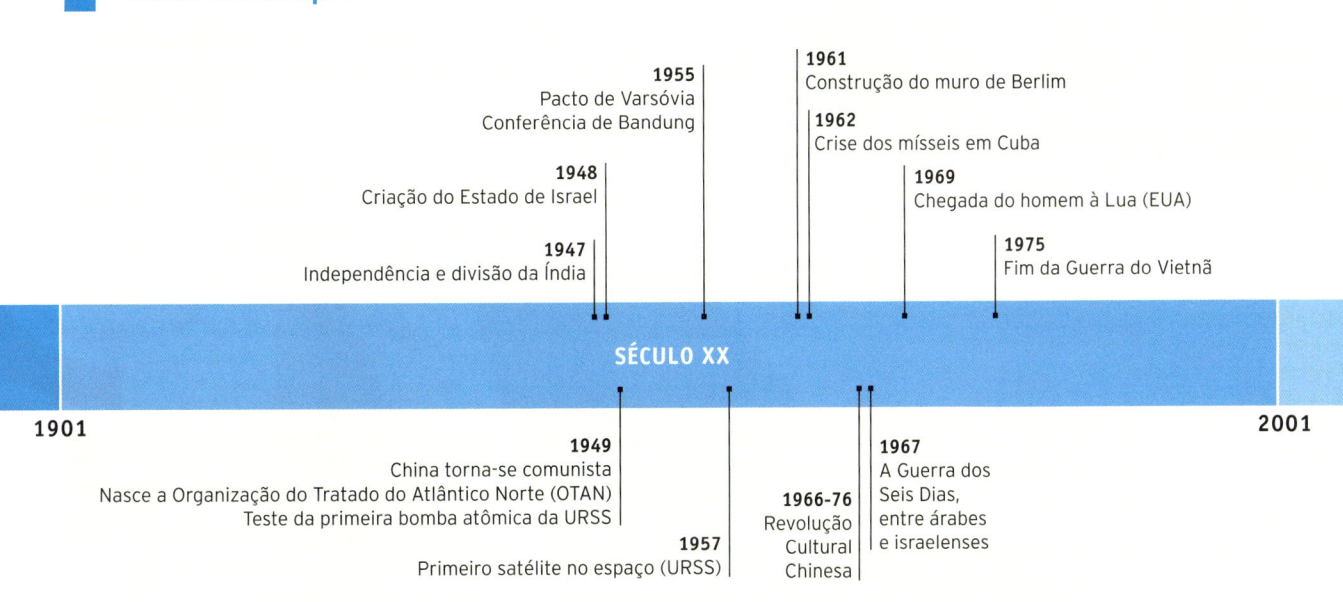

SÉCULO XX (1901 — 2001)

- **1947** Independência e divisão da Índia
- **1948** Criação do Estado de Israel
- **1949** China torna-se comunista / Nasce a Organização do Tratado do Atlântico Norte (OTAN) / Teste da primeira bomba atômica da URSS
- **1955** Pacto de Varsóvia / Conferência de Bandung
- **1957** Primeiro satélite no espaço (URSS)
- **1961** Construção do muro de Berlim
- **1962** Crise dos mísseis em Cuba
- **1966-76** Revolução Cultural Chinesa
- **1967** A Guerra dos Seis Dias, entre árabes e israelenses
- **1969** Chegada do homem à Lua (EUA)
- **1975** Fim da Guerra do Vietnã

133

Entre as décadas de 1930 e 1950, muitos países da América Latina passaram por um processo intenso de industrialização e urbanização.

Os grupos sociais que emergiram desse processo tornaram-se o foco da atenção de governantes adeptos de práticas paternalistas e autoritárias. Esses líderes foram chamados de populistas e tiveram grande influência na política de muitos países latino-americanos no século XX.

Populismo na América Latina

CAPÍTULO 5

O QUE VOCÊ VAI APRENDER

- O que é populismo
- Os governos populistas no Brasil e na América Latina
- O breve período de redemocratização no Brasil e os Anos Dourados
- Cultura brasileira na década de 1950

CONVERSE COM OS COLEGAS

A propaganda ao lado foi veiculada na revista brasileira O Cruzeiro, em junho de 1960. Ela se refere a um carro do modelo Simca Chambord, da fábrica de carros francesa Simca, que havia se instalado no Brasil em 1958. Foi um dos primeiros veículos de luxo produzidos no Brasil.

1. Analise a imagem, levando em consideração os seguintes elementos:
   a) Como as pessoas foram retratadas? Qual a expressão e a postura de cada uma delas em relação ao carro?
   b) Descreva o ambiente e a construção ao fundo. Você sabe de que construção se trata?

2. Além da imagem, a propaganda trazia a mensagem: "Novo expoente de classe e beleza na moderna paisagem brasileira".
   a) O que seria o "novo expoente de classe e beleza"?
   b) Em sua opinião, o que significa "na moderna paisagem brasileira"?

3. Você já viu em revistas, jornais, na TV ou internet outras propagandas de carros? É possível apontar semelhanças entre elas e a imagem ao lado?

4. O prédio retratado ao fundo está localizado em Brasília, atual capital federal.
   a) O que você sabe sobre Brasília? Troque informações com seus colegas e exponha suas conclusões.
   b) Por que, em sua opinião, Brasília ilustra esse anúncio de carro?

Propaganda do Simca Chambord, um dos primeiros carros de luxo produzidos no Brasil. Revista O Cruzeiro, 1960.

MÓDULO 1 — O populismo latino-americano

A partir da década de 1930 surgiu um fenômeno político importante na história latino-americana: o populismo. Nos governos populistas, os trabalhadores urbanos conquistaram maior participação política e as lideranças ligadas ao poder exerceram grande controle sobre a classe operária.

Populismo: origem e significado

A partir da década de 1930 muitos países latino-americanos passaram pelo processo de industrialização. Com isso acelerou-se a transição da sociedade rural para a urbana.

Nas grandes cidades, os trabalhadores tinham maior autonomia, já que estavam longe do controle exercido pelos proprietários rurais. Isso abriu oportunidade para a maior participação da população urbana nos processos eleitorais.

Visando conquistar o apoio político desses novos grupos sociais – operários fabris e classe média urbana –, algumas lideranças políticas passaram a apoiar as reivindicações dos trabalhadores, como o reconhecimento de direitos trabalhistas.

Eva e Juan Perón, ícones do populismo argentino, em campanha pela reeleição. Buenos Aires, Argentina, agosto de 1951.

Ao apoiar os operários, essas lideranças buscavam ampliar sua popularidade e estabelecer uma relação de fidelidade com os trabalhadores. Assim, estes se tornaram alvo de políticas assistencialistas governamentais.

O atendimento a qualquer reivindicação, como o direito à saúde, à educação e à assistência social, não era visto como conquista dos trabalhadores, mas como um gesto de boa vontade do líder político. A esse mecanismo de favores mútuos na política institucional denomina-se **populismo**.

Os governos populistas eram personalistas, ou seja, sustentavam-se na figura carismática do seu líder. Os presidentes Getúlio Vargas, Juscelino Kubitschek e Jânio Quadros, no Brasil, Lázaro Cárdenas, no México, e Juan Domingo Perón, na Argentina, são exemplos de líderes populistas.

Os mais destacados líderes populistas brasileiros: Getúlio Vargas, em 1950, São Paulo, SP (fotografia 1); Juscelino Kubitschek, em 1956, Rio de Janeiro, RJ (fotografia 2); Jânio Quadros, em 1959, Santos, SP (fotografia 3).

O México

Lázaro Cárdenas Del Rio, antes de assumir a presidência do México, participou da Revolução Mexicana (1910) como chefe de cavalaria do Exército. Recebeu a patente de general com apenas 25 anos. Em 1928 foi nomeado governador e chefe das operações militares em Michoacán, seu estado natal, que governou até 1932.

Em 1934 foi eleito presidente do México. Durante o seu mandato (1934-1940), adotou medidas para atender a algumas das reivindicações de diferentes grupos sociais e que visavam ao desenvolvimento da economia mexicana.

Entre essas medidas estava a estatização das empresas petrolíferas. Em 1938, Cárdenas expropriou as companhias até então controladas por empresas estrangeiras e criou a empresa estatal Petróleos Mexicanos (Pemex).

Ao adotar medidas como essa, Cárdenas queria fortalecer o capital nacional, reservando ao Estado um importante papel na modernização da economia. Entretanto, o governo mexicano sofreu forte pressão das grandes empresas estrangeiras. Assim, ao final do governo, ele abrandou seu discurso nacionalista e abriu a economia para receber novos investimentos de capitais estrangeiros.

A reforma agrária e a criação do PRI

Conciliando medidas nacionalistas que fortaleciam o capital interno e alguns projetos sociais, Cárdenas fortaleceu o Estado mexicano.

Ele levou adiante um programa de **reforma agrária**. A distribuição de terras, antiga reivindicação dos camponeses mexicanos, deflagrou diversos conflitos regionais, pois nem todos os proprietários e líderes políticos acataram a medida.

Em 1938, Cárdenas criou o **Partido Revolucionário Mexicano** (**PRM**), que em 1946 foi renomeado como **Partido Revolucionário Institucional** (**PRI**). O México foi governado pelo PRI até o ano 2000.

O caráter interventor do Estado foi o principal legado deixado por Cárdenas, e só começou a ser questionado na década de 1990.

Petróleo e nacionalismo

Presidente Felipe Calderón, México, março de 2007.

Cárdenas estatizou as empresas petrolíferas e desencadeou uma campanha nacionalista que perdurou por várias décadas após o fim de seu governo.

Em 2007, o presidente mexicano Felipe Calderón (fotografia acima) discursava em visita à Pemex, por ocasião do 69º aniversário da nacionalização do petróleo no México.

GLOSSÁRIO

Estatização: transformar uma empresa privada em propriedade do Estado.

A FORÇA DO PRI

O PRI permaneceu no poder por mais de 50 anos, até 2000, quando perdeu as eleições presidenciais para o conservador Vicente Fox, do Partido da Ação Nacional (PAN). Mesmo com essa derrota o PRI continuou sendo o principal partido político do país, contando com expressiva bancada de deputados e senadores.

O presidente Vicente Fox na Cidade do México, México, dezembro de 2000.

A Argentina peronista

Em 1941, o militar Juan Domingo Perón fundou o Grupo de Oficiais Unidos (GOU), de tendência fascista. O GOU organizou, em 1943, um golpe de Estado que depôs o então presidente Ramón Castillo. Perón foi nomeado vice-presidente da República e ministro da Guerra.

Em 1945, porém, Perón foi derrubado e preso pelos militares. O seu carisma e popularidade foram fundamentais nesse momento. O povo participou de campanhas pela sua libertação e Perón acabou sendo solto.

O governo de Perón

Libertado, Perón partiu para a campanha presidencial e foi eleito em 1946. Nesse período, a Argentina acumulava divisas com suas exportações. Esse superávit permitiu que Perón adotasse uma política de fortalecimento das indústrias nacionais. Assim, com o financiamento do Estado, o parque industrial argentino cresceu e garantiu mais postos de trabalho.

Perón aproximou-se dos sindicatos e introduziu **políticas sociais paternalistas** que beneficiavam os trabalhadores. Ao mesmo tempo que atendia às reivindicações trabalhistas, fortalecia os sindicatos que apoiavam o governo.

A Confederação Geral do Trabalho (CGT), uma das grandes organizações trabalhistas, aliou-se ao governo. Já os grupos que contestavam o governo – partidos de oposição, imprensa, setores conservadores e os socialistas – sofriam perseguições.

No início da década de 1950, a economia argentina desacelerou e o custo de vida se elevou. Com isso, a oposição ao regime ficou mais forte entre as Forças Armadas, a Igreja e os setores conservadores. Em 1955, o governo de Perón foi derrubado pelos militares e ele partiu para o exílio.

Em 1973, os peronistas, agrupados na Frente Justicialista de Libertação, lançaram a candidatura de Perón à presidência. Ele retornou ao país e à presidência da República, mas faleceu no ano seguinte. Sua segunda mulher, Isabelita Perón, vice de Perón, assumiu a presidência.

Militares observam a manifestação de apoio ao governo de Juan Domingo Perón, em Buenos Aires, Argentina, janeiro de 1974.

Eva Perón

Antes de assumir a presidência, Perón casou-se com a atriz Eva Duarte. Evita Perón, como ficou conhecida, teve grande participação no governo de seu marido. Atuou, por exemplo, em obras sociais que atendiam a população mais pobre do país. Com isso, fortalecia o apoio popular a Perón. Seu trabalho assistencial se tornou tão expressivo que ela passou a ser idolatrada como líder populista. Evita faleceu aos 33 anos, em 1952, vitimada por um câncer. Ainda hoje é um mito na história argentina.

Eva Perón discursa para uma multidão de mulheres em agosto de 1951. Buenos Aires, Argentina.

GLOSSÁRIO

Divisa: dinheiro de um país disponível para transações comerciais internacionais.

Verifique o que aprendeu

1. O que é populismo?
2. Relacione o processo de industrialização e a urbanização com o surgimento do populismo.
3. Identifique as principais medidas do governo de Lázaro Cárdenas no México.
4. Quais políticas Perón adotou em relação à indústria nacional e aos trabalhadores?

ATIVIDADES

1. Leia o fragmento abaixo e responda às questões.

   > A partir de 1948, ela [Eva Perón] trabalhou 18 horas por dia, quase sem se alimentar. [...] Em uma garagem adaptada da residência presidencial, juntou montanhas de doações em espécie (alimentos, roupas, acessórios) que lhe haviam feito os sindicatos para que distribuísse aos mais necessitados. Criou a Fundação Eva Perón, gigantesca organização antiburocrática que respondia às necessidades de todos aqueles para quem é sempre tarde demais. Ela recebia 12 mil cartas por dia, com os mais diversos pedidos, de cobertores a bolas de futebol. Os remetentes eram chamados a seu escritório na Secretaria do Ministério do Trabalho, onde Perón havia começado seduzindo os trabalhadores. [...]
   >
   > Eva Perón – A idolatrada mãe dos pobres. *História Viva*, São Paulo, Duetto Editorial, n. 19, maio 2005. Disponível em: <http://www2.uol.com.br/historiaviva/reportagens/eva_peron_-_a_idolatrada_mae_dos_pobres.html>. Acesso em: 17 set. 2014.

   a) Do que trata o texto?
   b) O que era a Fundação Eva Perón?
   c) Em dupla, conversem sobre o significado da frase: "Os remetentes eram chamados a seu escritório na Secretaria do Ministério do Trabalho, onde Perón havia começado seduzindo os trabalhadores".

2. O cartaz ao lado é uma propaganda da Secretaria do Trabalho e Previdência da Argentina, realizada durante o governo Perón.

   a) Por que a data de 1º de maio foi reproduzida no cartaz?
   b) Qual é o significado da mensagem do cartaz?
   c) Quais diferenças podemos apontar entre as duas personagens retratadas? É possível associá-las ao *slogan* do cartaz?

   A mensagem do cartaz diz: "Trabalhador, ontem oprimido, hoje dignificado".

3. Observe a tabela abaixo.

Sindicatos e filiados às centrais sindicais argentinas em 1941				
	CGT	Outras confederações	Autônomos	Total
Nº de sindicatos	217	56	83	356
Nº de filiados aos sindicatos	330 681	28 093	82 638	441 412

   Fonte de pesquisa: M. Murmis; J. C. Portantiero. *Estudios sobre los orígenes del peronismo*. Buenos Aires: Siglo XXI, 2004. p. 133.

   a) Compare os dados. O que a tabela indica?
   b) A que fator você atribuiria essa grande diferença nos números?

4. Sobre a participação política popular durante o período estudado, comente a seguinte afirmação: "Os trabalhadores urbanos foram os principais atores do cenário político enquanto duraram os governos populistas".

MÓDULO 2
A breve democracia

Após a deposição de Getúlio Vargas, em 1945, o general Eurico Gaspar Dutra foi eleito presidente do Brasil. Era o fim do Estado Novo e o início de um período político estruturado sobre bases democráticas e marcado pela sucessão de presidentes eleitos pelo voto direto.

O governo Dutra (1946-1951)

Depois de 15 anos sem eleições no Brasil, cerca de 6 milhões de pessoas compareceram às urnas em dezembro de 1945. A disputa levou à presidência o general Eurico Gaspar Dutra, com 55% dos votos.

Dutra tinha sido ministro da Guerra de Getúlio Vargas durante o Estado Novo e era membro do recém-criado Partido Social Democrático (PSD). A vitória de Dutra era também uma vitória pessoal do próprio Vargas, que apoiou o general e foi eleito senador pelo PSD, dando sinais de que a sua popularidade ainda era alta, apesar de ter feito um governo ditatorial e de todas as críticas que sofrera.

Eurico Gaspar Dutra (à direita), então ministro da Guerra, acompanhado de Getúlio Vargas no palácio Guanabara, Rio de Janeiro, RJ, em 1943.

A Constituição de 1946

Logo após a posse de Dutra, em janeiro de 1946, uma Assembleia Constituinte foi convocada para elaborar a nova Constituição brasileira, que deveria substituir a de 1937. No dia 18 de setembro de 1946 a nova Carta Constitucional foi promulgada. Seus pontos principais eram:

- Eleições diretas em todos os níveis e a independência dos três poderes: Executivo, Legislativo e Judiciário;
- Obrigatoriedade do voto para todos os brasileiros alfabetizados (50% da população brasileira na época), maiores de 18 anos, de ambos os sexos;
- Igualdade de todos perante a lei, liberdade de imprensa, de pensamento, de crença, de religião e de formar associações, desde que com objetivos lícitos.

Primeira página do jornal *Folha Carioca*, trazendo a manchete sobre a promulgação da nova Constituição, em 18 de setembro de 1946.

> **Principais partidos nas eleições de 1945**
>
> Com o fim do Estado Novo, novos partidos foram fundados e outros voltaram a se organizar oficialmente.
>
> **Partido Comunista Brasileiro** (PCB): fundado em 1922, tornado clandestino em 1935, anistiado por Vargas em 1945 e cassado por Dutra em 1947.
>
> **União Democrática Nacional** (UDN): fundada em 1945, com orientação liberal e contrária ao getulismo.
>
> **Partido Trabalhista Brasileiro** (PTB): fundado em 1945, sob inspiração de Vargas. Representava os operários urbanos.
>
> **Partido Social Democrático** (PSD): fundado em 1945, favorável a Vargas, reunia boa parte dos políticos tradicionais, ligados aos setores agrários.

Política e economia no governo Dutra

Durante o governo Dutra, a Guerra Fria intensificava-se. O Brasil alinhou-se ao bloco capitalista e rompeu relações diplomáticas com a União Soviética.

Dutra ordenou, em 1947, o fechamento do Partido Comunista Brasileiro (PCB), cassou o mandato dos parlamentares do PCB e fechou a CGT, sindicato controlado pelos comunistas. Dutra também interveio em outros sindicatos de tendência socialista e restringiu as greves.

No plano econômico, o governo limitou a intervenção do Estado na economia e liberou as importações. Porém, a inflação e o desequilíbrio da balança comercial obrigaram-no a adotar medidas de controle sobre importações e sobre os gastos públicos. Propôs também o **Salte**, um plano econômico desenvolvimentista que priorizava investimentos nas áreas da **S**aúde, **Al**imentação, de **T**ransporte e **E**nergia e que durou pouco mais de um ano.

"O petróleo é nosso"

Entre os anos de 1947 e 1953 houve um grande debate no Brasil sobre a exploração do petróleo, descoberto oficialmente no país em 1939. A questão central era: quais seriam as empresas encarregadas de explorar o petróleo em território brasileiro?

O gabinete do presidente Dutra concluiu, em 1947, que não era possível nacionalizar completamente a exploração do petróleo, pois os recursos técnicos e as tecnologias disponíveis eram insuficientes para garantir a produção e a refinação. O capital estrangeiro era, portanto, necessário.

Essa solução desagradou aos grupos nacionalistas, que defendiam o monopólio integral do Estado e iniciaram a campanha batizada de "O petróleo é nosso". Entre esses grupos destacavam-se os integrantes do PCB – que agiam clandestinamente –, os da **União Nacional dos Estudantes (UNE)** e os de setores militares.

O debate continuou durante o governo seguinte e, em 1953, foi criada a **Petróleo Brasileiro S.A. (Petrobras)**.

Monteiro Lobato

O escritor Monteiro Lobato foi um dos maiores defensores do monopólio estatal do petróleo brasileiro. Em uma época em que o governo afirmava que não existia petróleo no Brasil, lacrando poços de prospecção, Lobato afirmava abertamente a existência de petróleo em nosso território. Em 1937 publicou o livro infantil *O poço do Visconde*, no qual o petróleo era descoberto no Sítio do Picapau Amarelo. Em 1941 foi preso por criticar, em pleno Estado Novo, a falta de iniciativa do governo em procurar e explorar petróleo.

O poço do Visconde foi também uma forma de divulgar a causa pela busca do petróleo no Brasil.

NACIONALISTAS × ENTREGUISTAS

No governo Dutra cresceram as disputas entre os nacionalistas e seus adversários, apelidados de *entreguistas*, acusados de "entregar o Brasil aos estrangeiros". Em geral, os nacionalistas defendiam o estabelecimento de uma economia com a forte presença do Estado e distante dos Estados Unidos. Os chamados entreguistas queriam a abertura do mercado para o capital estrangeiro, menos intervenção do governo na economia e aproximação do Brasil com os Estados Unidos.

Panfleto do PCB de 1950. Na imagem, tentáculos com nomes de personalidades contrárias à nacionalização do petróleo tentam imobilizar o Brasil.

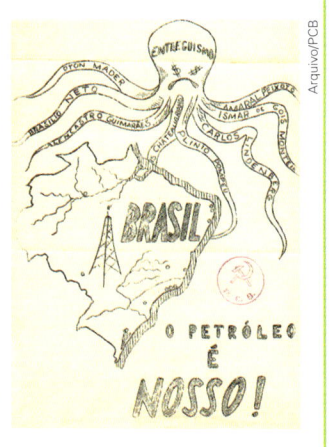

••• Governo Vargas (1951-1954)

Com grande influência política e prestígio popular, Vargas foi eleito senador em 1945 e logo depois retirou seu apoio ao governo do general Dutra. Os aliados políticos de Vargas começavam então a articular sua volta à presidência da República.

Para as eleições de outubro de 1950 havia três candidatos principais: Getúlio Vargas, que concorreria pelo PTB; Cristiano Machado, do PSD e apoiado pelo presidente Dutra; e o brigadeiro Eduardo Gomes, da UDN. Cerca de 8,2 milhões de eleitores compareceram às urnas: Vargas venceu as eleições com 48,7% dos votos.

Em seu mandato constitucional Vargas aproximou-se de diferentes partidos, com a intenção de diminuir a oposição e colocar-se acima dos conflitos políticos.

Crescimento da oposição a Vargas

No plano econômico, Vargas enfrentou o desafio de promover o desenvolvimento da indústria brasileira e, ao mesmo tempo, controlar a inflação. Criou várias empresas estatais: em 1952, o **Banco Nacional de Desenvolvimento Econômico (BNDE)**; em 1953, a Petrobras; e, em 1954, elaborou o projeto da **Eletrobras**. Evidenciava-se, assim, o caráter nacionalista de seu governo. Entretanto, empresários interessados na entrada de capital estrangeiro não aprovavam as medidas intervencionistas do Estado na economia e protestavam contra o nacionalismo da administração getulista.

Em 1953, outro fator aumentou as tensões no governo: a paralisação de cerca de 300 mil trabalhadores paulistas, que reivindicavam aumento salarial. No mesmo ano, a troca de alguns ministros agravou a crise política e certos setores militares passaram a fazer oposição a Vargas.

A UDN, liderada pelo jornalista Carlos Lacerda, acusava veementemente o governo de associação ao comunismo. Em agosto de 1954 Lacerda sofreu um atentado na rua Tonelero, que matou Rubens Vaz, major da Aeronáutica. Após apuração, concluiu-se que Gregório Fortunato, chefe da guarda pessoal do presidente Vargas, tinha sido o mentor do atentado. Com isso, os militares se posicionaram, exigindo a renúncia do presidente ou o deporiam.

Na manhã do dia 24 de agosto de 1954, Vargas cometeu suicídio com um tiro no coração.

Manchete do jornal *Última Hora*, noticiando a morte de Getúlio Vargas, ocorrida em 24 de agosto de 1954.

O ministro João Goulart

O ministério de Vargas refletia as alianças eleitorais e um esforço de conciliação nacional.

Em 1953, João Goulart, presidente do PTB e homem de sua confiança nos meios sindicais, foi nomeado ministro do Trabalho, Indústria e Comércio.

Carlos Lacerda após o atentado da rua Tonelero, no Rio de Janeiro, RJ, em agosto de 1954.

Verifique o que aprendeu •••

1. Quais eram os principais pontos da Constituição de 1946?
2. Explique as medidas adotadas por Dutra em relação à economia.
3. O que foi a campanha "O petróleo é nosso"?
4. Quais motivos levaram à crise que culminou com o suicídio de Vargas?

ATIVIDADES

1. As eleições de 1945 significaram a vitória pessoal de Vargas. Você concorda com essa afirmação? Elabore um pequeno texto no caderno, justificando sua opinião.

2. Analise a imagem ao lado e responda às questões.
   a) Identifique qual é o contexto em que a charge se baseia.
   b) Com base nos elementos destacados na imagem e em seus conhecimentos sobre a história do período, identifique os três principais partidos políticos brasileiros da época e seus respectivos candidatos na disputa da presidência da República.
   c) Qual é o humor da charge?
   d) Você diria que atualmente as campanhas eleitorais repetem a prática retratada na charge? Explique.
   e) Em dupla, discutam os aspectos positivos e negativos das propagandas eleitorais realizadas na cidade onde vocês vivem, procurando relatar a observação pessoal de cada um sobre as campanhas políticas nas ruas.

   Capa da Revista *Careta*, out. 1950. Em: Pedro Corrêa do Lago. *Caricaturistas brasileiros: 1836-2001*. Rio de Janeiro: Contracapa, 2001. p. 90.

3. O texto abaixo é uma marchinha chamada "Retrato do velho", feita para o Carnaval de 1951. Leia-o com atenção e responda às questões.

   > Bota o retrato do velho outra vez,
   > bota no mesmo lugar.
   > [...]
   > O sorriso do velhinho faz a gente trabalhar.
   >
   > Haroldo Lobo e Marino Pinto. Retrato do velho. Intérprete: Francisco Alves. Disponível em: <http://franklinmartins.com.br/som-na-caixa-gravação.php?titulo=retrato-do-velho>. Acesso em: 5 set. 2014.

   a) Identifique quem é o "velho" citado na marcha de Carnaval.
   b) A qual processo político essa marchinha se relaciona?
   c) Associe o significado dessa música com o momento político do começo da década de 1950.

4. Sobre o atentado da rua Tonelero, responda.
   a) O que foi esse atentado?
   b) Relacione o episódio com os momentos finais do governo de Vargas.

MÓDULO 3

Os Anos Dourados

O período em que Juscelino Kubitschek foi presidente da República (1956-1961) ficou conhecido como "Anos Dourados", por causa do crescimento econômico, da estabilidade política e do sentimento de otimismo que marcaram o seu governo após o conturbado desfecho do governo de Getúlio Vargas.

••• A eleição de Juscelino Kubitschek

Com a morte de Getúlio Vargas, o vice-presidente, Café Filho, assumiu a presidência da República. Enquanto isso, os partidos políticos já faziam suas campanhas para as eleições presidenciais de outubro de 1955.

O panorama político da época apresentava a diversidade das lideranças no país para disputar as eleições para presidente. Juscelino Kubitschek moldou sua candidatura como um homem moderno, com grande capacidade de realizar mudanças e de implantar o progresso, deixando as diferenças políticas do passado para trás.

Juscelino Kubitschek, do PSD, ex-governador de Minas Gerais, venceu a disputa com 34% dos votos, tendo como vice-presidente João Goulart, do PTB.

Golpe antes da posse?

Um mês após as eleições, o presidente em exercício, Café Filho, sofreu um ataque cardíaco e se afastou do cargo. Carlos Luz, presidente da Câmara dos Deputados, assumiu a presidência.

Ambos haviam sido contra a candidatura de Juscelino, e existiam indícios de um plano, orquestrado por Carlos Luz, por integrantes da UDN e por militares, para impedir a posse do presidente eleito.

Diante desse quadro político, o ministro da Guerra, general Lott, depôs o presidente em exercício, Carlos Luz. O objetivo era evitar que setores descontentes dentro do próprio governo tramassem um golpe para evitar que o presidente e o vice-presidente eleitos tomassem posse. Esse episódio ocorreu em novembro de 1955 e ficou conhecido como **golpe preventivo**.

Após o golpe, assumiu a presidência **Nereu Ramos**, vice-presidente do Senado, que ficou no governo até a posse oficial de Juscelino, em janeiro de 1956.

Capa da revista estadunidense *Time* (13 de fevereiro de 1956), na qual foi publicada uma entrevista com JK poucos dias após sua posse.

Juscelino Kubitschek (à esquerda, no primeiro plano) e João Goulart após a cerimônia de posse, no Rio de Janeiro, RJ, em 31 de janeiro de 1956.

••• Desenvolvimento acelerado

O *slogan* da campanha de Juscelino era "Cinquenta anos em cinco", na qual o então candidato prometia que em apenas cinco anos de governo traria cinquenta anos de modernização para o Brasil.

Para cumprir a promessa de campanha, JK optou por uma política econômica baseada no desenvolvimento industrial. Para isso, o presidente contou com financiamento do Estado e de capitais privados nacionais e estrangeiros. Essa combinação, denominada **nacional-desenvolvimentismo**, era parte da estratégia de governo para incrementar a industrialização e ampliar a infraestrutura no país.

Assim que assumiu a presidência, JK lançou o **Plano de Metas**, estabelecendo como objetivos o aumento da produção dos setores de energia, das indústrias de base, da produção de alimentos; melhorias nos setores de transporte e educação; construção da nova capital federal.

Multinacionais e desigualdade social

Durante seu governo, JK incentivou empresas multinacionais a se instalarem no Brasil. Dessa forma, diversas montadoras de automóveis se estabeleceram em São Paulo, na região do ABC (Santo André, São Bernardo do Campo e São Caetano do Sul). Estima-se que em 1960 essas indústrias fossem responsáveis por quase 80% dos automóveis produzidos no Brasil.

Apesar do acelerado crescimento econômico, a desigualdade social no país permanecia grande; a inflação e a dívida externa aumentaram. Por esses motivos, vários segmentos sociais se opuseram ao governo JK. Os movimentos sociais, como as Ligas Camponesas, reivindicavam a reforma agrária. Os nacionalistas questionavam os acordos feitos com o **Fundo Monetário Internacional** (**FMI**) e os empréstimos, que faziam crescer a dívida externa brasileira, refletindo-se no aumento da inflação.

Manifestação das Ligas Camponesas em prol da reforma agrária. Serra Geral, GO. Fotografia de 1963.

Fundo Monetário Internacional (FMI)

Logotipo do FMI

Segundo definição do *Dicionário de economia do século XXI*, o FMI é uma "Organização financeira internacional criada em 1944 na Conferência Internacional de Bretton Woods (em New Hampshire, Estados Unidos). É uma agência especializada da ONU [...]. O FMI foi criado com a finalidade de promover a cooperação monetária no mundo capitalista [...] e levantar fundos entre os diversos países-membros, para auxiliar os que encontrarem dificuldades nos pagamentos internacionais".

Paulo Sandroni. *Dicionário de economia do século XXI*. Rio de Janeiro-São Paulo: Record, 2007. p. 347.

●●● Brasília: síntese do progresso

A construção de uma nova capital já estava prevista desde a Constituição de 1891. Brasília significava a síntese do Plano de Metas de Juscelino Kubitschek, e em setembro de 1956 ele conseguiu a aprovação no Congresso para construí-la.

O local escolhido para erguer a nova capital do Brasil foi o centro geográfico do país, uma área do estado de Goiás que passou a constituir o Distrito Federal. A sede do governo federal foi assim transferida do litoral para o interior do Brasil.

Juscelino Kubitschek defendia que a nova capital permitiria a ocupação e o desenvolvimento de dois terços do nosso território, até então "espaços vazios", segundo palavras do presidente. De fato, o deslocamento da capital fez com que ocorresse um considerável aumento demográfico na região. Muitos de seus operários eram migrantes provenientes, principalmente, da Região Nordeste.

Uma cidade planejada

O projeto de Brasília é de autoria do urbanista Lúcio Costa, e as principais edificações foram criadas pelo arquiteto Oscar Niemeyer.

Vista do alto, a planta baixa da cidade assemelha-se a um avião. Em suas asas ficam as áreas comerciais e residenciais, e no que seria a fuselagem ficam os prédios do governo, os bancos e os espaços culturais. Na "cabine" localiza-se a Praça dos Três Poderes, onde estão o Congresso Nacional, o Palácio do Planalto e o Palácio da Justiça.

Em 1987, pelo seu conjunto patrimonial, Brasília recebeu da Unesco, a Organização das Nações Unidas para a Educação, a Ciência e a Cultura, o título de Patrimônio Cultural da Humanidade.

Vista aérea do Congresso Nacional, Praça dos Três Poderes e Esplanada dos Ministérios. Brasília, DF, 2010.

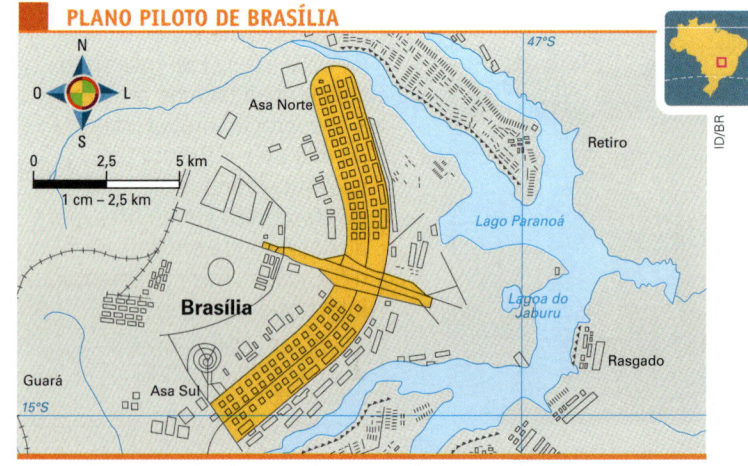

PLANO PILOTO DE BRASÍLIA

Fonte de pesquisa: *Atlas du 21ᵉ siècle*. Paris: Nathan, 2007. p. 140.

Verifique o que aprendeu ●●●

1. O que foi o "golpe preventivo" após a vitória de Juscelino Kubitschek?
2. Qual era o *slogan* da campanha de Juscelino Kubitschek?
3. Identifique as principais contestações ao governo de Juscelino.
4. O que mudou no país com a inauguração de Brasília?

ATIVIDADES

1. Em relação ao *slogan* "Cinquenta anos em cinco", responda às seguintes questões.
   a) Qual é o seu significado?
   b) Como o plano foi colocado em prática?
   c) Quais foram os resultados?

2. Analise a charge ao lado e o diálogo que a acompanha.
   a) Descreva os elementos que compõem a imagem.
   b) A charge tem um tom de crítica ou de elogio ao governo de JK? Justifique sua resposta.
   c) Ao fundo foram retratadas várias vezes a palavra "meta". Qual é o significado disso?
   d) Leia o diálogo reproduzido na legenda e identifique na fala de Juscelino alguns dos elementos que caracterizaram sua política econômica.

   A charge de Storni (1957) acompanha o seguinte diálogo:

   JK – Você agora tem automóvel brasileiro para correr em estradas pavimentadas com asfalto brasileiro, com gasolina brasileira. Que mais quer?

   JECA – Um prato de feijão brasileiro, seu doutor.

   Reprodução da charge Meta de faminto, de 1957, de Alfredo Storni. Em: Renato Lemos. *Uma história do Brasil através da caricatura*. Rio de Janeiro: Bom texto, Letras e Expressões, 2001.

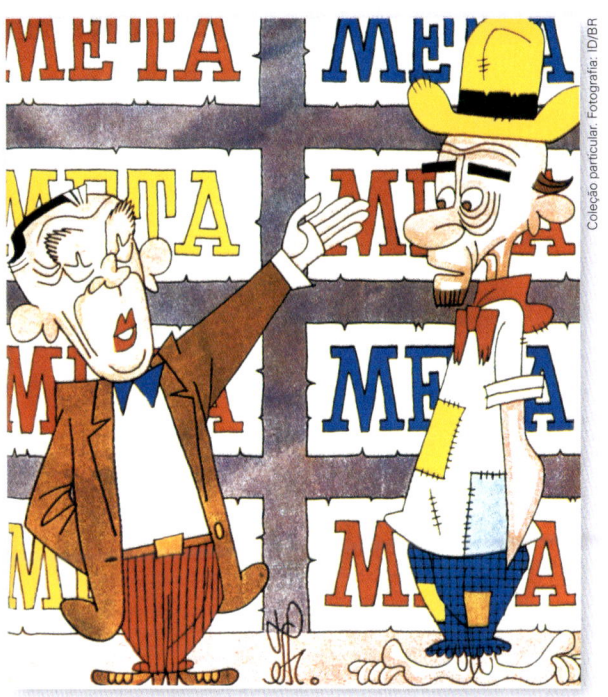

3. Faça uma síntese do Plano de Metas do governo de Juscelino Kubitschek.

4. O cordel é um tipo de literatura popular (contos, novelas e poesias) impresso artesanalmente e a custos bem baixos. O nome "cordel" surgiu do fato de os autores costumarem expor os livretos para venda pendurando-os em espécies de varais (cordéis) nas feiras livres e em locais públicos, principalmente da Região Nordeste brasileira. Hoje, o cordel é também popular em outras localidades do país. Leia os trechos de dois cordéis produzidos na década de 1950 e responda às questões.

   I)
   Agora dizem os golpistas
   Que são loucos nos extremos
   Os eleitos não tomam posse
   Muita bala nós teremos
   Isto caro leitor
   Isto é que nós veremos.

   Cuíca

   II)
   Edifícios gigantescos
   Obras arquiteturais
   Não solucionou a crise
   Que aumenta mais a mais
   Assim a crise perdura
   Só porque em agricultura
   O governo nada faz.

   Rodolfo Coelho Cavalcante

   Mark J. Curran. *História do Brasil em cordel*. São Paulo: Edusp, 1998. p. 152 e 154.

   a) Procure identificar os fatos referidos em cada um dos fragmentos.
   b) Os dois textos possuem o mesmo ponto de vista sobre Juscelino? Justifique.

ARTE e CULTURA

A arte de Oscar Niemeyer

Em 2007, o brasileiro Oscar Niemeyer completou 100 anos de vida. Considerado um dos maiores arquitetos do mundo, deixou sua marca por todo o século XX não só em Brasília, mas em outros projetos arquitetônicos e urbanísticos em várias regiões do Brasil e em outros países. Inovadora e polêmica, sua obra ainda hoje divide opiniões.

Pampulha – Igreja de São Francisco, Belo Horizonte, MG, 1940. Um dos mais antigos projetos de Niemeyer, a igreja de São Francisco faz parte do chamado "Conjunto Pampulha", no bairro de mesmo nome da capital mineira. A igreja foi decorada com pinturas do artista Candido Portinari. Fotografia de 2011.

Edifício Copan, São Paulo, SP. Realizado na década de 1950, o projeto sinuoso desse edifício pretendia desafiar as linhas retas das demais construções. O prédio tem a maior estrutura de concreto armado do país, com 115 metros de altura. Atualmente o Copan tem mais de 5 mil moradores, cerca de 70 estabelecimentos comerciais e até um Código de Endereçamento Postal (CEP) próprio. Fotografia de 2011.

Museu de Arte Contemporânea, Niterói, RJ. Uma das críticas feitas a esse trabalho de Niemeyer, de 1991, é o fato de as formas arquitetônicas não combinarem com a paisagem onde se inserem. Sobre o museu, o arquiteto declarou: "Quando comecei a desenhar esse museu, já tinha uma ideia a seguir. Uma forma circular, abstrata, sobre a paisagem. E o terreno livre de outras construções para realçá-la". Fotografia de 2010.

Edifício do Congresso Nacional, Praça dos Três Poderes, Brasília, DF, projetado em 1958. O prédio do Congresso Nacional não é somente uma das construções mais famosas do arquiteto, mas também se transformou em um dos símbolos do poder político brasileiro. Fotografia de 2010.

Sede do Partido Comunista Francês, Paris, projetado por Niemeyer no final dos anos 1960. Ao assumir este projeto, Niemeyer ratificava seu posicionamento político. Fotografia de 2009.

■ Atividades

1. O que chama a sua atenção nas obras de Oscar Niemeyer aqui representadas?
2. Que elemento comum você percebe no edifício do Congresso Nacional brasileiro e na sede do Partido Comunista Francês?
3. Na sua opinião, a partir do que você viu aqui, é fácil identificar uma obra de Oscar Niemeyer? Você conhece outras? Quais?

MÓDULO 4
O crescimento da classe média urbana

A partir da década de 1950, a população urbana aumentou consideravelmente no Brasil. As grandes cidades receberam cada vez mais migrantes vindos das zonas rurais. Muitos se deslocavam da Região Nordeste em direção ao Centro-Sul do país. A classe média também cresceu em número e em poder aquisitivo.

●●● A sociedade de consumo

O crescimento das cidades no Brasil esteve relacionado à expansão da industrialização e às crescentes migrações, impulsionadas pelas oportunidades de trabalho oferecidas nos centros urbanos.

A progressiva urbanização gerou a necessidade de se incrementarem atividades ligadas à administração, à saúde, ao comércio e à prestação de serviços. Nas cidades emergiam as **camadas médias urbanas**, formadas por administradores, funcionários públicos, profissionais liberais (médicos, advogados, etc.), prestadores de serviços, pequenos e médios empresários, entre outros. Ainda que não tivesse muita força ante os grandes partidos políticos, essa classe média dinamizou a economia, o que se refletiu no aumento do consumo.

Eletrodomésticos: símbolos de modernização

No final da década de 1950, os investimentos na indústria nacional e a abertura do mercado consumidor brasileiro ao capital estrangeiro provocaram algumas modificações na economia e nas sociedades urbanas do Brasil.

Uma grande quantidade de novos produtos industrializados, nacionais e importados, era oferecida aos brasileiros com capacidade de consumir: ferro elétrico, geladeira, fogão a gás, liquidificador, aspirador de pó, etc.

Muitos desses produtos já existiam no mercado, mas em versões ultrapassadas. Esse é o caso, por exemplo, do ferro a carvão, que fora substituído pelo ferro elétrico, e do fogão a lenha, substituído pelo fogão a gás.

A produção e o consumo desses itens alteraram o ritmo e o padrão de vida de alguns setores da sociedade brasileira e, por conta de sua praticidade e do fácil manuseio, esses produtos passaram a ser vistos como símbolos de modernidade.

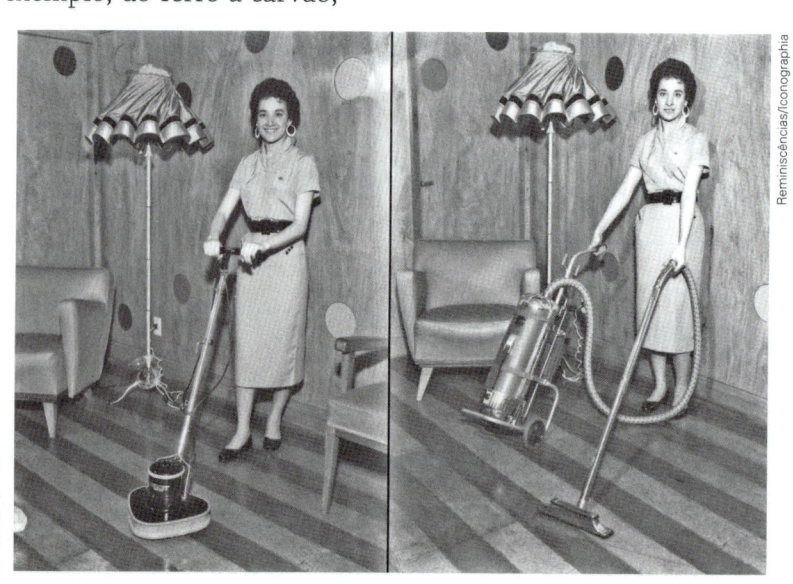

O uso de eletrodomésticos popularizou-se entre a emergente classe média urbana. As fotografias, de 1950, mostram uma enceradeira (à esquerda) e um aspirador de pó (à direita) em propaganda veiculada em revistas brasileiras da época.

••• Urbanização e migração

São Paulo foi o principal destino dos milhares de migrantes que queriam ganhar a vida na "grande cidade". Estima-se que no começo da década de 1960 chegavam anualmente a São Paulo cerca de 130 mil migrantes, em geral vindos das zonas rurais paulistas, de Minas Gerais e do Nordeste. Naquele ano a população paulistana era de 2,2 milhões de habitantes.

A grande concentração de pessoas em alguns polos industriais – como São Paulo e Rio de Janeiro – provocou uma crise imobiliária, pois não havia espaço suficiente para abrigar tantos moradores.

Crescendo para o alto: os arranha-céus

Uma das saídas para a crise imobiliária foi a **verticalização urbana**, isto é, o crescimento da cidade a partir da construção de altos edifícios, os chamados arranha-céus.

Essa solução teve alguns impactos na vida das cidades: grande concentração de prédios e pessoas nas regiões centrais; valorização imobiliária desses locais; e o surgimento de uma "cultura de apartamento", ou seja, os moradores passavam a viver cada vez mais distantes da rua e de outros espaços públicos, em troca de privacidade e de isolamento.

Conforme aumentavam as facilidades de crédito imobiliário e as possibilidades de locação de imóveis, surgiam apartamentos pequenos e quitinetes, que eram alternativas para pequenas famílias ou pessoas que moravam sozinhas.

Origem dos migrantes que chegaram a São Paulo nos anos 1950	População
Minas Gerais	500 000
Bahia	190 000
Pernambuco	63 000
Alagoas	51 000
Ceará	30 000

Fonte de pesquisa: Fundação Seade. Disponível em: <http://www.seade.gov.br>. Acesso em: 5 set. 2014.

Edifício Itália, em São Paulo, SP, 2011. O arranha-céu foi projetado na década de 1960 por Adolf Franz Heep.

Um Brasil ainda rural

Retirantes nordestinos em pau de arara. Fotografia de 1952.

Apesar do crescimento do número de migrantes nos grandes centros urbanos, no final da década de 1950 cerca de 64% da população brasileira ainda se concentrava nas zonas rurais.

Na fotografia, um pau de arara, caminhão adaptado para transportar pessoas, muito utilizado entre os anos de 1950-1970 pelos nordestinos que se mudavam para o Centro-Sul do país.

••• Novos hábitos e valores

Mesmo diminuindo as importações de bens de consumo e de máquinas, e investindo na indústria nacional, o Brasil continuava importando mercadorias e sendo influenciado pelos hábitos de consumo estadunidenses.

Na década de 1950, por exemplo, houve o aumento da fabricação e do interesse por produtos de beleza. Para vender cremes, xampus e outros cosméticos, as propagandas enfatizavam que a opção de usá-los era uma forma de ser moderno.

A televisão e o american way of life

As novidades que chegavam à sociedade brasileira na década de 1950 vinham basicamente dos Estados Unidos. O *American way of life* (modo de vida americano) espalhou-se pelo mundo, disseminando muitos dos valores e hábitos da sociedade estadunidense.

A televisão chegou ao Brasil em 1950, trazida por Assis Chateaubriand, que fundou a primeira emissora de televisão no país, a **TV Tupi**. Por causa da dificuldade em criar e transmitir programas, devido à falta de programação e de técnicos, não só a TV Tupi como outras emissoras que surgiram depois retransmitiam muitos filmes ou modelos de programas produzidos nos Estados Unidos.

A partir de então, a televisão, com o cinema, foi um dos principais veículos de comunicação a divulgar o padrão de vida estadunidense. Além dos filmes que já mostravam essa cultura, os astros de Hollywood apareciam em propagandas de sabonete ou de eletrodomésticos, influenciando o consumidor a comprar tal produto ou a adotar determinado comportamento.

Aos poucos, alguns produtos e traços característicos da cultura estadunidense tornaram-se presentes nas cidades brasileiras, como o *jeans*, as jaquetas de couro, os óculos escuros, entre outros.

Propaganda do sabonete Lever, década de 1950. A imagem dos atores de Hollywood era constantemente utilizada em propagandas de cosméticos.

A televisão no Brasil

Após mais de meio século da chegada da televisão ao Brasil, ainda se questiona qual deve ser seu papel em nossa vida cotidiana. Informação? Diversão? Educação? O importante, inicialmente, é aprendermos a nos posicionar de modo crítico diante daquilo a que assistimos todos os dias.

- Discuta com seus colegas qual papel a televisão exerce atualmente na sociedade brasileira.

Neide Aparecida, garota-propaganda da TV Tupi, em 1950. Nessa época, as exibições aconteciam ao vivo.

Verifique o que aprendeu •••

1. Identifique os fatores que provocaram o aumento do consumo no Brasil a partir da década de 1950.
2. Explique o que foi a verticalização urbana.
3. Comente o que é o *American way of life* e sua influência sobre setores da sociedade brasileira após a Segunda Guerra Mundial.

ATIVIDADES

1. Produza um texto que relacione as seguintes ideias: industrialização; crescimento das cidades; sociedade de consumo.

2. Observe com atenção a propaganda ao lado.
   a) Qual a expressão da personagem que aparece na propaganda?
   b) Que mensagem a propaganda quis transmitir, utilizando-se dessa imagem?
   c) Relacione o conteúdo do cartaz com o que você estudou.
   d) Em dupla, inspirem-se na propaganda ao lado para criar um anúncio de jornal ou revista dos anos 1950-1960. Divulguem um produto que era novidade na época. Pode ser uma geladeira, um carro, um ferro elétrico, uma televisão, entre outros.

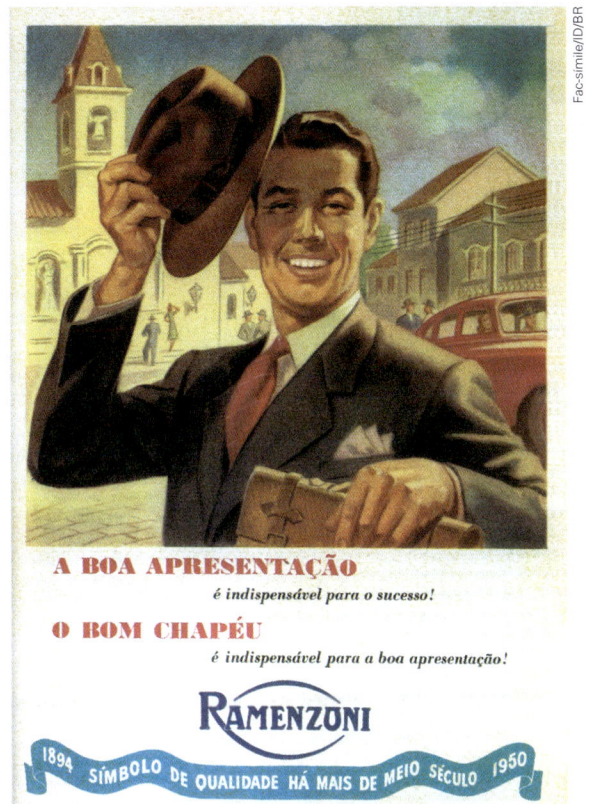

Cartaz de propaganda do chapéu Ramenzoni, 1950.

3. No final da década de 1950 e início da década de 1960, algumas regiões do Brasil passavam por uma crise imobiliária.
   a) Explique as razões dessa crise.
   b) Identifique as principais origens e os principais destinos dos migrantes.
   c) Cite uma das maneiras encontradas para contornar o problema.

4. Quais fatores possibilitaram o crescimento da classe média urbana, em tamanho e importância, a partir da década de 1950?

5. Observe o gráfico a seguir.

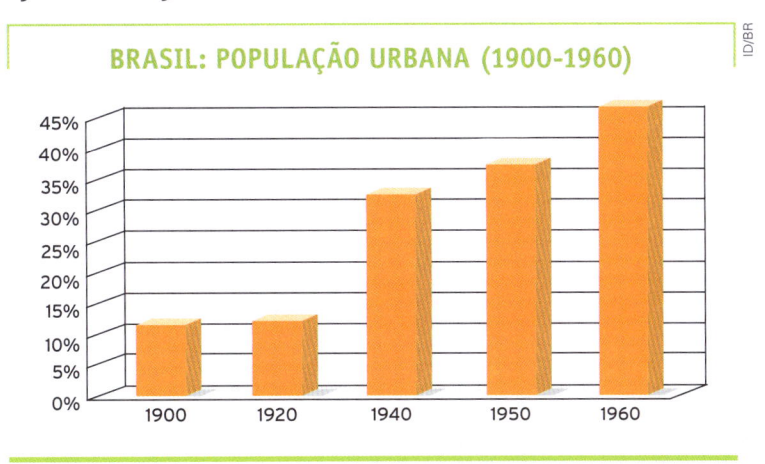

BRASIL: POPULAÇÃO URBANA (1900-1960)

Fonte de pesquisa: IBGE. Disponível em: <http://www.ibge.gov.br>. Acesso em: 5 set. 2014.

   a) O que podemos concluir com base nas informações do gráfico?
   b) Em qual década, segundo as informações do gráfico, se iniciou o crescimento da população urbana?

MÓDULO 5
Cultura na década de 1950

A produção cultural da década de 1950 também viveu seus bons momentos. Quase todos os campos artísticos foram impulsionados ou renovados no período: música, teatro, cinema, poesia.

●●● Efervescência cultural

Os anos 1950 também foram um período de intensa produção cultural no Brasil. Beneficiadas pelo bom momento político e econômico do país, a arte e a cultura brasileiras ficaram em maior evidência.

Cinemas, teatros, museus e centros culturais das cidades foram os locais onde mais se testemunhou esse florescimento cultural.

A efervescência ocorria tanto em eventos e manifestações considerados eruditos como nas expressões artísticas de natureza espontânea e popular. Essas manifestações ora funcionavam como afirmação de identidade da arte nacional, ora apropriavam-se de influências estrangeiras. Assim, estilos musicais brasileiros como a **bossa nova** e o samba conviviam com outros "importados", como o *rock'n'roll*.

A arte engajada, ou seja, aquela que propõe a reflexão de temas políticos e sociais, cresceu em importância. O Clube de Gravura de Porto Alegre, fundado em 1950, reunia artistas que privilegiavam aspectos da cultura regional, o folclore, o trabalhador e suas lutas, bem como fatos da história do Brasil. Esse grupo negava as técnicas consagradas nas artes plásticas, alegando sua influência europeia.

Vanguardas: a poesia concreta

São chamadas "vanguardistas" as ideias ou ações inovadoras em seu tempo. Na década de 1950, surgiram alguns movimentos de vanguarda na cultura brasileira, como o **Concretismo**, na poesia. Os concretistas propunham a interação entre a poesia e as artes plásticas, além de demonstrar uma preocupação com a forma dos versos no papel.

Décio Pignatari e os irmãos paulistas Haroldo e Augusto de Campos foram os precursores da poesia concreta, com o lançamento da revista *Noigandres* em 1952.

Poesia concreta de Pedro Xisto, 1960. O autor faz um jogo com a palavra "infinito".

Os anos dourados dos esportes

Nas décadas de 1950 e 1960, muitos esportistas brasileiros consagraram-se mundialmente. O atleta Adhemar Ferreira da Silva foi bicampeão olímpico no salto triplo (1952 e 1956). A tenista Maria Esther Bueno foi tricampeã no torneio de Wimbledon (1959, 1960 e 1964), na Inglaterra. O pugilista Éder Jofre sagrou-se campeão mundial em 1960. A seleção brasileira de futebol ganhou as Copas do Mundo de 1958 e 1962.

Adhemar Ferreira da Silva em Melbourne, Austrália, 1956, quando conquistou o bicampeonato olímpico.

A bossa nova

O movimento musical que ficou conhecido como Bossa Nova nasceu no Rio de Janeiro, no final da década de 1950, e consagrou o jeito de cantar sussurrado e contido, com temas leves sobre o cotidiano e sem muito compromisso com a temática política.

A bossa nova se iniciou formalmente em 1958, quando o cantor João Gilberto gravou "Chega de saudade", música composta por Antônio Carlos Jobim, o Tom, e Vinicius de Moraes. Esse movimento musical se diferenciava dos gêneros já conhecidos, como a valsa e o samba-canção, pois, além de inovar no estilo, incorporou características do *jazz* estadunidense.

A partir de 1959 apareceram vários intérpretes e compositores que representavam o movimento da Bossa Nova: Carlos Lyra, Roberto Menescal, Nara Leão, entre outros. Os artistas se reuniam geralmente em bares ou em apartamentos da zona sul do Rio de Janeiro.

E o novo estilo musical virou, rapidamente, sinônimo de sofisticação: espécie de "samba moderno" executado no violão ou no piano, mas sem os arranjos musicais ou o volume dos antigos sambas. Em pouco tempo, a bossa nova caiu no gosto de boa parte da classe média urbana brasileira.

Mais do que estilo musical, a bossa nova tornou-se um estilo de vida. Associada à modernidade, a expressão passou a servir para qualificar produtos e pessoas: um refrigerador moderno era "uma geladeira bossa-nova", e até Juscelino Kubitschek ficou conhecido como o "**presidente bossa-nova**".

Capa do LP *Chega de saudade*, de 1959, de João Gilberto.

A bossa nova no mundo e as críticas no Brasil

No início da década de 1960, aquele novo estilo musical brasileiro já agradava também ao público internacional. Em 1962, João Gilberto, Tom Jobim e outros compositores e intérpretes brasileiros realizaram um concerto em Nova York cujo sucesso serviu para apresentar o novo ritmo para o mundo. Se, por um lado, sua fama aumentava cada vez mais no exterior, por outro, internamente, o movimento passou a ser duramente criticado por alguns setores da sociedade. Muitos afirmavam que o novo gênero musical era elitista, alienado dos problemas políticos brasileiros e que não passava de uma cópia de estilos musicais estadunidenses.

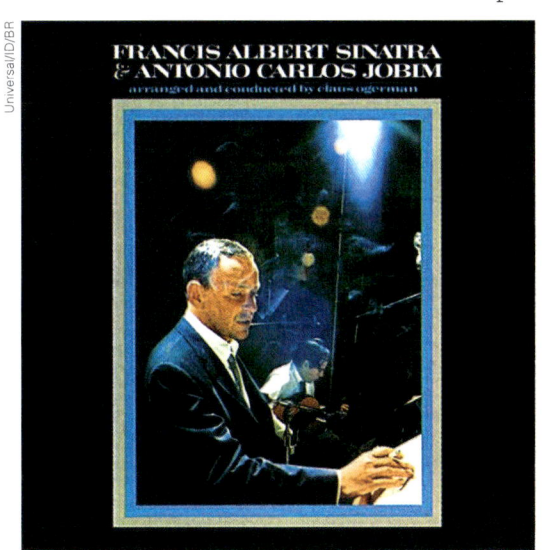

Francis (Frank) Sinatra encantou-se com a bossa nova e com a música de Tom Jobim. O resultado foi uma parceria musical que incluiu a gravação de discos. Capa do disco de 1967.

Inovações no cinema e no teatro

O **Cinema Novo** foi um movimento cinematográfico brasileiro que surgiu na década de 1950 e propunha a produção de filmes voltados à realidade brasileira, com uma linguagem simples que pudesse ser compreendida pelo povo.

Na década de 1960, a proposta do Cinema Novo recebeu a adesão de novos cineastas, como Glauber Rocha, Ruy Guerra, Arnaldo Jabor, Cacá Diegues, entre outros. O lema deles era "**uma ideia na cabeça e uma câmera na mão**".

A simplicidade das produções e a intenção de filmar um Brasil primitivo e rural contrastavam com a produção cinematográfica nacional, da década de 1940, que copiava os padrões de Hollywood, realizando filmes caros e que pouco tratavam da realidade brasileira.

O filme *Rio, 40 graus*, de Nelson Pereira dos Santos, de 1955, trata do difícil cotidiano de cinco meninos pobres cariocas. Na fotografia, os atores Sady Cabral (à esquerda) e Haroldo Oliveira.

Teatro engajado: o Teatro de Arena

Em 1953, foi fundado em São Paulo o grupo **Teatro de Arena**. Essa companhia teatral buscava produzir espetáculos com baixos custos que privilegiassem temas ligados às contradições do Brasil e valorizassem os atores e diretores nacionais.

Em 1958, o Teatro de Arena encenou *Eles não usam* black-tie, peça de Gianfrancesco Guarnieri, cujo enredo enfocava o cotidiano dos operários. Essa apresentação evidenciava a opção do grupo pelo chamado teatro engajado, que, além de encenar temas nacionais, pretendia provocar nos espectadores reflexões sobre a realidade social do país.

OS CONCURSOS DE *MISSES*

O *Miss* Universo é um concurso que elege a mulher considerada a mais bonita do mundo. Ele foi oficialmente organizado em 1952, na Califórnia, Estados Unidos. No Brasil, assim como em outras partes do mundo, já se promoviam concursos de beleza desde o final do século XIX. Porém, o primeiro concurso oficial de *Miss* Brasil ocorreu em 1954 e foi vencido pela baiana Martha Rocha, que ficou em segundo lugar no *Miss* Universo daquele ano. Após vencer o *Miss* Brasil, Marta Rocha ganhou imensa popularidade e passou a frequentar a casa de políticos, como Juscelino Kubitschek, e também os altos círculos sociais.

Martha Rocha, a *miss* Brasil de 1954, acompanhada de JK. Fotografia de 1960.

Verifique o que aprendeu

1. Por que se diz que a produção cultural brasileira da década de 1950 viveu seus "Anos Dourados"?
2. O que caracteriza os movimentos considerados de vanguarda? Dê um exemplo de movimento de vanguarda brasileiro.
3. Descreva o que foi a bossa nova e quais foram as principais críticas sofridas por esse gênero musical.
4. Explique o que foi o Cinema Novo.

ATIVIDADES

1. Leia o texto abaixo e responda às questões.

   > Para as boas famílias dos anos [19]50, cantar e tocar violão eram coisas associadas à boemia decadente da Lapa, às brigas de navalha entre malandros em botequins imundos, à cachaça, à pobreza e à prostituição. [...] Mas, para outras famílias, que não tomavam conhecimento desses ambientes, cantar e tocar violão eram uma prática remanescente de antigos saraus elegantes. [...] E, para outras famílias, ainda, cantar ou tocar violão, quando se era pago para isto, podia ser uma forma de escapar à pobreza [...].
   >
   > Ruy Castro. *Chega de saudade*: a história e as histórias da bossa nova. 2. ed. São Paulo: Companhia das Letras, 1990. p. 105.

   a) Identifique os três olhares destacados no texto pelo autor em relação a "cantar e tocar violão".
   b) Explique por que cada grupo social avalia de modo diferente a atividade de "cantar e tocar violão".
   c) Das três visões apresentadas no texto, qual teria prevalecido após a ascensão da bossa nova? Justifique sua resposta.

2. Leia os textos a seguir.

   ### Texto I

   > "Bossa nova" foi o nome dado pela imprensa carioca ao estilo musical criado no Rio de Janeiro, no final da década de 1950, por músicos que procuravam atualizar o samba a partir de informações musicais provenientes de algumas tradições, como a do *jazz* estadunidense e a do bolero mexicano. Com a intenção de fazer com que a música popular, principalmente o samba, acompanhasse o momento histórico que viam como "moderno", os criadores da bossa nova reverenciavam, nos repertórios estrangeiros utilizados, o que lhes parecia mais adequado para representar os novos tempos [...].
   >
   > S. C. Naves. Os 50 anos da bossa nova. Revista *Ciência Hoje*, Rio de Janeiro: SBPC, v. 41, n. 246, p. 23-24, mar. 2008.

   ### Texto II

   > O nacionalismo será o argumento principal contra a Bossa Nova. Seus críticos [...] irão acusá-la de ser música americana, "entreguista", de ofender a música brasileira, especialmente o *samba*.
   >
   > Luciana Salles Worms e Wellington Borges Costa. *Brasil século XX*: ao pé da letra da canção popular. Curitiba: Nova Didática, 2002. p. 70.

   a) Do que trata o texto I?
   b) Por que, segundo o autor do texto I, o novo estilo musical que surgiu no Brasil no final da década de 1950 foi chamado de bossa nova?
   c) Do que trata o texto II?
   d) A que conclusão se chega sobre a repercussão no Brasil do surgimento da bossa nova?

3. Em 1958, foi encenada pela primeira vez no Teatro de Arena, em São Paulo, a peça *Eles não usam black-tie*, escrita pelo ator e dramaturgo Gianfrancesco Guarnieri. O texto marcou época porque, também pela primeira vez, o drama da classe operária era levado aos palcos brasileiros. Responda no caderno às questões a seguir.

   a) Considerando o que você estudou neste capítulo, em sua opinião, a temática abordada na peça de Guarnieri está ou não de acordo com a mudança de mentalidade ocorrida nos 1950 no Brasil? Justifique a resposta.
   b) Após pesquisar no dicionário o significado da palavra "*black-tie*", relacione o nome da peça ao conteúdo que ela apresenta.

4. Identifique os elementos comuns entre as propostas do Cinema Novo e as do Teatro de Arena.

APRENDER A...

Analisar uma obra cinematográfica

Além de proporcionar diversão, o cinema é um instrumento valioso para estudar História. Assim, tanto os documentários – que informam sobre eventos, pessoas, fenômenos naturais, culturais, etc. – quanto os filmes de ficção trazem informações importantes sobre épocas, referências e acontecimentos.

Filmes de ficção ou documentários, no entanto, sempre revelam as visões que o diretor e o roteirista têm a respeito do assunto de que tratam. Portanto, as imagens, as fontes, o discurso que se apresenta e até a escolha da trilha sonora, do enquadramento da imagem, entre outros recursos técnicos, revelam muita coisa sobre a maneira como o diretor do filme quer contar determinado fato ou retratar um período histórico e, principalmente, que aspectos serão valorizados na sua abordagem.

Propomos a seguir um roteiro de análise de um documentário brasileiro que retrata um período da história política e cultural do país. Trata-se da obra *Os anos JK*: uma trajetória política, do diretor brasileiro Silvio Tendler. Esse roteiro também pode ser usado para análise de outros documentários, fazendo-se algumas adaptações.

- **A identificação do filme**

O trabalho de análise de um filme deve ser iniciado pela sua identificação. Com esse objetivo, leia a ficha técnica do filme (veja exemplo abaixo). Geralmente, essa ficha está registrada na caixa do DVD ou VHS e também é facilmente encontrada em *sites* e revistas especializadas em cinema. Depois, registre as seguintes informações.

1. Qual é o nome do filme?
2. Qual é o nome do diretor?
3. Em que ano o filme foi produzido?
4. Qual é o local de produção?
5. Quais são os atores principais?
6. Qual é o gênero do filme?
7. Qual o tempo de duração do filme?

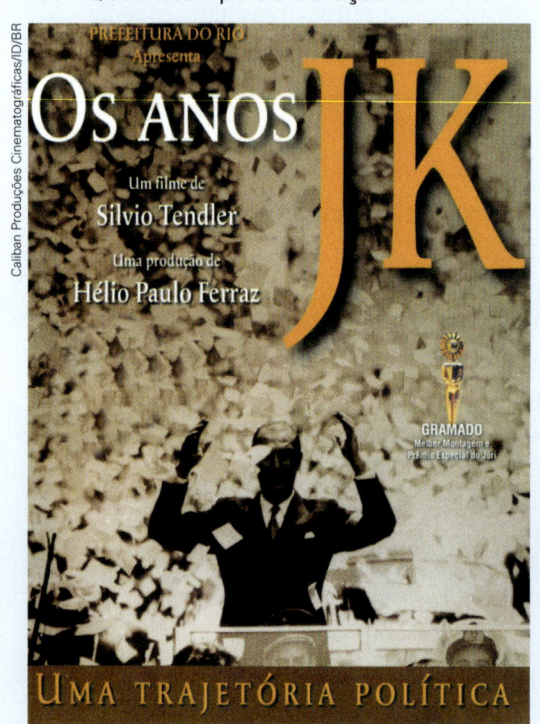

Título: *Os anos JK*: uma trajetória política. Brasil, 1980.
Gênero: Documentário.
Duração: 110 min.
Direção: Silvio Tendler.
Elenco: Depoimentos de Renato Archer, Othon Bastos, Henrique Lott, entre outros.
Distribuidora: Caliban Produções Cinematográficas/Embrafilme.
Produtora: Terra Filmes.
Disponível em: <http://www.epipoca.com.br/filmes_detalhes.php?idf=6697>. Acesso em: 17 set. 2014.

Cartaz de *Os anos JK*: uma trajetória política.

▪ O conteúdo do filme

Após a identificação, o próximo passo será conhecer a história que será contada no filme. Um documentário pode abordar vários temas diferentes, como ciência, arte, cultura popular, biografia, política, sociologia, etc. No caso específico do filme de Silvio Tendler, trata-se de um documentário histórico e biográfico. Histórico porque abrange um período histórico e narra acontecimentos que fazem parte da história brasileira; e biográfico porque o fio que conduz essa história parte da trajetória de uma personalidade brasileira, o presidente Juscelino Kubitschek. Ao assistir ao documentário, procure responder às seguintes questões.

8. Qual é o tema central do filme?
9. Como a história é contada?
10. Faça um breve resumo da história.

▪ A interpretação

Há vários recursos para se interpretar uma obra de arte. No caso do cinema, é preciso levar em conta não apenas o conteúdo (a história), mas também a forma como esse conteúdo é apresentado. E, para contar bem uma história, o cinema pode lançar mão de muitos recursos, como o enquadramento das imagens, a luz, o cenário, o figurino, a música, etc. Esses aspectos são bastante importantes para o entendimento e a compreensão da mensagem do filme, seja ficção, seja documentário.

11. Que cenas do filme mais chamaram a sua atenção?
12. O que as cenas do filme podem informar sobre a época e o local onde ele se passa?
13. Quais foram suas impressões a respeito da abordagem do tema? Você diria que a luz, o enquadramento da imagem e a trilha sonora utilizados prenderam mais ou menos a sua atenção? Tornaram a experiência de assistir ao filme agradável ou desagradável? Tais recursos auxiliaram no desenvolvimento do filme? Que outros comentários você gostaria de fazer sobre esse filme?

▪ A análise

Depois de ter visto o filme, feito a ficha técnica e refletido e discutido o assunto com os colegas e o professor, você vai produzir um texto analisando a obra. Para isso, será preciso seguir alguns passos.

Juscelino num bonde em meio à multidão do Rio de Janeiro, cena do filme *Os anos JK*: uma trajetória política.

14. Compare o assunto estudado neste capítulo com o que você assistiu no documentário. Você acredita que o conhecimento que já tinha sobre a história do Brasil ajudou na compreensão do documentário e contribuiu para o aprofundamento do tema?
15. Use suas anotações para escrever um texto sobre o filme. Faça uma introdução usando os dados objetivos, como nome, diretor, ano de produção, do que trata o documentário, etc. Depois, redija um parágrafo contando resumidamente a história e os detalhes que você quiser destacar e, por fim, escreva as suas conclusões sobre o filme.

DOSSIÊ

Futebol: a memória de 1950 e a decepção de 2014

Em 2007, a Federação Internacional de Futebol (Fifa) anunciou oficialmente que a Copa do Mundo de 2014 seria realizada no Brasil. Após 64 anos, o "país do futebol" teria novamente a responsabilidade de organizar a competição e de manter ou superar o nível alcançado nos últimos mundiais.

Qual a importância de se sediar uma Copa do Mundo?

Para o Brasil, havia pelo menos duas boas respostas: a primeira era que trazer um evento desse porte ao país seria um bom pretexto para se promoverem algumas melhorias na infraestrutura das cidades-sedes (transporte, segurança, rede hoteleira) e também um modo de atrair investimentos e turistas para os locais onde o evento seria realizado. A segunda resposta, ligada à memória dos brasileiros, era que o Brasil teria a oportunidade de superar o trauma do "Maracanaço". Você sabe o que foi o "Maracanaço"?

16 de julho: o dia da derrota

Em 1950, o Brasil sediou a quarta edição da Copa do Mundo, após 12 anos sem disputa, já que em 1942 e 1946 a competição não foi realizada por causa da Segunda Guerra Mundial.

Nessa copa, a seleção brasileira começou arrasadora, goleando seus adversários de modo impiedoso: 7 × 1 contra a Suécia; 6 × 1 contra a Espanha.

Para a partida final, contra os uruguaios, foi preparada uma enorme festa. Todos os brasileiros e a imprensa anunciavam a vitória brasileira como certa. O Maracanã recebeu o maior público da sua história para uma partida de futebol, cerca de 200 mil pessoas.

A seleção brasileira tinha a vantagem do empate e saiu na frente no placar. Porém, os uruguaios viraram o jogo. O Maracanã ficou em silêncio; o país também silenciou.

O dia 16 de julho de 1950 ficou conhecido como o dia do "Maracanaço" (uma variação para o termo em castelhano *Maracanazo*): a partida em que o "grande Maracanã" se calou diante dos uruguaios.

Campeões mundiais empolgando torcedores brasileiros

A seleção brasileira sagrou-se campeã do mundo em 1958, na Suécia. Naquele ano, nasceu para o mundo o garoto – na época com 17 anos – que, décadas mais tarde, seria considerado o "atleta do século": Pelé. O Brasil ganhou da anfitriã Suécia por 5 × 2 e ergueu pela primeira vez o troféu da Copa do Mundo.

Esse feito se repetiu no mundial seguinte, em 1962, no Chile, quando a seleção brasileira derrotou a Tchecoslováquia na final por 3 × 1. Muitos jogadores da seleção bicampeã são lembrados ainda hoje: Pelé, Garrincha, Zagallo, Vavá, Didi, Zito, Gilmar, Nilton Santos, entre outros.

Os sucessos da seleção de futebol naqueles dois campeonatos mundiais também colaboraram para aumentar o otimismo e a autoestima dos brasileiros.

Cena do jogo Brasil × Uruguai, Rio de Janeiro, RJ, 1950.

Jogadores da seleção campeã da copa de 1958 na Suécia. Pelé é o terceiro da esquerda para a direita, na fila de baixo.

O país dos craques

O Brasil, então, ficou conhecido mundialmente por ser o "país do futebol" devido às grandes apresentações nos mundiais de 1958, 1970 e 1982 e por revelar craques como Garrincha, Rivelino, Tostão, Zico e, mais recentemente, Romário, Ronaldo, Ronaldinho e Kaká, entre outros.

Entretanto, o futebol tornou-se um negócio muito rentável e profissionalizado. Os clubes e a organização desportiva brasileira nem sempre conseguem acompanhar essas mudanças, e os craques brasileiros acabam saindo do país para jogar em outros lugares do mundo. Assim, nas últimas décadas o Brasil deixou de ser o país do futebol para se tornar o "país dos craques de futebol". Cada vez mais cedo os jogadores que se destacam no Brasil são contratados por times estrangeiros.

O Brasil sob refletores

Antes da estreia do Mundial de 2014, o clima no Brasil era mais de tensão do que de otimismo. As imprensas nacional e internacional afirmavam que a construção dos estádios não terminaria até o início do campeonato e que o Brasil não teria condições de receber os torcedores estrangeiros. Parte da população brasileira saía às ruas para questionar os investimentos gastos para a realização da copa e pedir por melhorias na assistência à saúde, na educação, na segurança, etc.

Apesar das incertezas, no dia 12 de junho ocorreu o início do Mundial, na cidade de São Paulo. Os jogos do campeonato, que durou um mês, foram realizados em doze cidades das cinco regiões do Brasil. Ao todo, vieram mais de um milhão de turistas de, aproximadamente, duzentos países.

A decepção para os torcedores brasileiros, ao contrário do que se esperava, foi menos com a organização do evento do que com desempenho da seleção nas partidas. O Mundial de 2014 resultou em mais uma derrota marcante para a história do futebol brasileiro quando a seleção foi eliminada nas semifinais pela Alemanha por 7 X 1.

■ Discussão sobre o texto

1. Qual é a importância de o Brasil sediar a Copa do Mundo em 2014?
2. Por qual motivo o "Maracanaço" marcou a memória dos torcedores brasileiros?
3. Em sua opinião a decepção dos brasileiros com a derrota da seleção foi maior em 1950 ou em 2014? Justifique sua resposta.

FAZENDO HISTÓRIA

Poesia e literatura

O **Documento A** é um trecho do poema de João Cabral de Melo Neto, *Morte e vida severina*, escrito entre 1954 e 1955. Narra a trajetória de um migrante nordestino rumo ao litoral.

O **Documento B** é um fragmento do romance *O encontro marcado*, escrito por Fernando Sabino e publicado em 1956. Conta a história de um jovem que vivencia intensamente a boemia da cidade de Belo Horizonte nos anos de 1940 e 1950.

Documento A

Somos muitos Severinos
iguais em tudo e na sina:
a de abrandar estas pedras
suando-se muito em cima,
a de tentar despertar
terra sempre mais extinta,
a de querer arrancar
algum roçado da cinza.
Mas, para que me conheçam
melhor Vossas Senhorias
e melhor possam seguir
a história de minha vida,
passo a ser o Severino
que em vossa presença emigra.

[...]
Desde que estou retirando
só a morte vejo ativa,
só a morte deparei
e às vezes até festiva;
só morte tem encontrado
quem pensava encontrar vida,
e o pouco que não foi morte
foi de vida severina
(aquela vida que é menos
vivida que defendida,
e é ainda mais severina
para o homem que retira).

João Cabral de Melo Neto. *Morte e vida severina e outros poemas em voz alta*. Rio de Janeiro: J. Olympio, 1992. p. 71-72 e 79.

Documento B

[...] Mas vejam só esse espetáculo.
Era uma leva de retirantes dormindo debaixo do Viaduto. Haviam desembarcado na estação, não tinham para onde ir. Mais de cinquenta famílias: homens magros, sujos, mulheres de olho fundo e cabelo desgrenhado, crianças encardidas e seminuas, trouxas de roupa, esteiras, baús, promiscuidade, mau cheiro, abandono.

Fernando Sabino. *O encontro marcado*. 83. ed. Rio de Janeiro: Record, 2007. p. 81.

Artesanato em barro da feira de Caruaru, PE, representando retirantes.

1. Descreva a maneira como as palavras se organizam nos dois documentos.
2. Resuma brevemente o assunto tratado em cada texto e identifique o espaço onde se passa cada cena.
3. A qual tema podemos relacionar os dois textos?
4. As duas obras foram escritas na década de 1950. A partir dos dois trechos, explique por que elas podem ser compreendidas como representativas daquele momento histórico brasileiro.

LENDO HISTÓRIA

Antes de ler

- O título do texto menciona a sigla do nome de um presidente. Com base nos seus conhecimentos, responda: quem foi Juscelino Kubitschek?
- Por que você acha que o período em que ele esteve à frente da presidência da República ficou conhecido como "Anos Dourados"?

A memória de JK e dos Anos Dourados

O centenário de nascimento de Juscelino Kubitschek, a menos de um mês do primeiro turno das eleições de 2002, demonstrou o que já se sabia: mais de 40 anos depois de ter deixado o poder, o político mineiro se mantém um dos presidentes de maior prestígio da história do Brasil.

Na campanha, Luiz Inácio Lula da Silva, do PT, e José Serra, do PSDB, os dois principais candidatos à Presidência da República, disputaram a primazia da associação com JK. O esforço ficou evidente no simbolismo das comemorações da efeméride: o petista esteve em Diamantina, a cidade em que Juscelino nasceu; o tucano visitou o Memorial JK, em Brasília, a cidade que Juscelino criou.

Ambos os discursos, marcados pela ênfase no desenvolvimento, acenavam nostalgicamente com veladas promessas de uma volta aos anos dourados. No imaginário popular, tudo o que de bom aconteceu na segunda metade da década de [19]50 está ligado a JK – mesmo o que passou ao largo da Presidência da República, como a conquista da primeira Copa do Mundo ou a invenção da Bossa Nova.

[...] Mas, enquanto o JK dos candidatos parece ter apenas virtudes, o dos historiadores revela vícios também. Afinal, para citar um único exemplo, não é possível falar da expansão econômica de seu governo sem mencionar a inflação (embora a subida dos preços naquela época não esteja na origem do processo hiperinflacionário dos anos [19]80-90).

Oscar Pilagallo. *A história do Brasil no século 20*: 1940-1960. São Paulo: Publifolha, 2003. Disponível em: <http://www1.folha.uol.com.br/folha/publifolha/ult10037u300270.shtml>. Acesso em: 18 jan. 2012.

O Memorial JK construído em Brasília, inaugurado em 1981. Fotografia de 2011.

De olho no texto

1. Explique por que os candidatos à presidência nas eleições de 2002 buscavam recuperar a imagem de Juscelino Kubitschek.
2. Interprete a afirmação: "enquanto o JK dos candidatos parece ter apenas virtudes, o dos historiadores revela vícios também".
3. Indique alguns dos pontos considerados negativos do governo JK e que, possivelmente, não foram recuperados nos discursos dos candidatos em 2002.

QUESTÕES GLOBAIS

1. Leia o texto a seguir e responda às questões.

   > A segunda metade da década de 1950 é marcada pelo otimismo que assola o país. Ao impulso desenvolvimentista junta-se a confiança na consolidação da democracia. Anunciava-se um mundo novo admirável. O "novo" como traço moderno por excelência transformou-se na expressão capaz de definir o Brasil governado por JK. Para além das fronteiras econômicas e políticas, o novo atingiu o pensamento, a cultura, as artes nacionais [...].
   >
   > Wander Melo Miranda (Org.). *Anos JK*: margens da modernidade. São Paulo: Imprensa Oficial do Estado; Rio de Janeiro: Casa de Lúcio Costa, 2002. p. 122.

   a) Quais são as medidas de JK que podem estar relacionadas com o impulso desenvolvimentista mencionado no texto?

   b) Justifique a última frase do texto.

2. Observe a charge a seguir.
   a) Descreva a imagem dando destaque para o ambiente e as personagens.
   b) Identifique os elementos que podem ser considerados símbolos de modernidade durante a década de 1950.
   c) Por que a fala da personagem dá um sentido humorístico à charge?
   d) Em que contexto histórico está inserida essa charge?

   Charge de Péricles, publicada na revista *O Cruzeiro*, década de 1960.

PARA SABER MAIS

Livros

Breve história do futebol brasileiro, de José Sebastião Witter. São Paulo: FTD, 1996.
   Primeiro historiador a pesquisar o futebol do Brasil, o autor investiga os motivos de o povo brasileiro gostar tanto desse esporte.

JK: a saga de um herói brasileiro, de Francisco Viana. São Paulo: Nacional, 2006.
   Narra a trajetória do médico e político Juscelino Kubitschek, desde sua infância pobre em Diamantina até a sua transformação em destacado presidente brasileiro e mito nacional.

Sustos e sobressaltos na TV sem VT e outros momentos, de Tatiana Belinky. São Paulo: Paulinas, 2006.
   Consagrada autora de livros, Tatiana Belinky também trabalhou na televisão, logo quando foi implantada. Nesse livro, ela reúne "causos" ocorridos nos programas "ao vivo" da TV Tupi nas décadas de 1950 e 1960.

●●● Síntese

O populismo latino-americano
- O populismo: origem e significado
- O governo de Lázaro Cárdenas no México
- O populismo de Juan Domingo Perón na Argentina

A breve democracia
- O governo Dutra (1946-1951)
- A nova Constituição de 1946
- O retorno de Getúlio Vargas à presidência e o suicídio
- A criação da Petrobras

Os Anos Dourados
- O governo JK
- O Plano de Metas e os desafios sociais
- A construção e a inauguração de Brasília

O crescimento da classe média urbana
- As alterações nos padrões de consumo e os novos hábitos
- O êxodo rural
- A verticalização das cidades

Cultura na década de 1950
- Os movimentos artísticos engajados
- A bossa nova
- O Cinema Novo
- O Teatro de Arena e seu engajamento político e social

▫ Linha do tempo

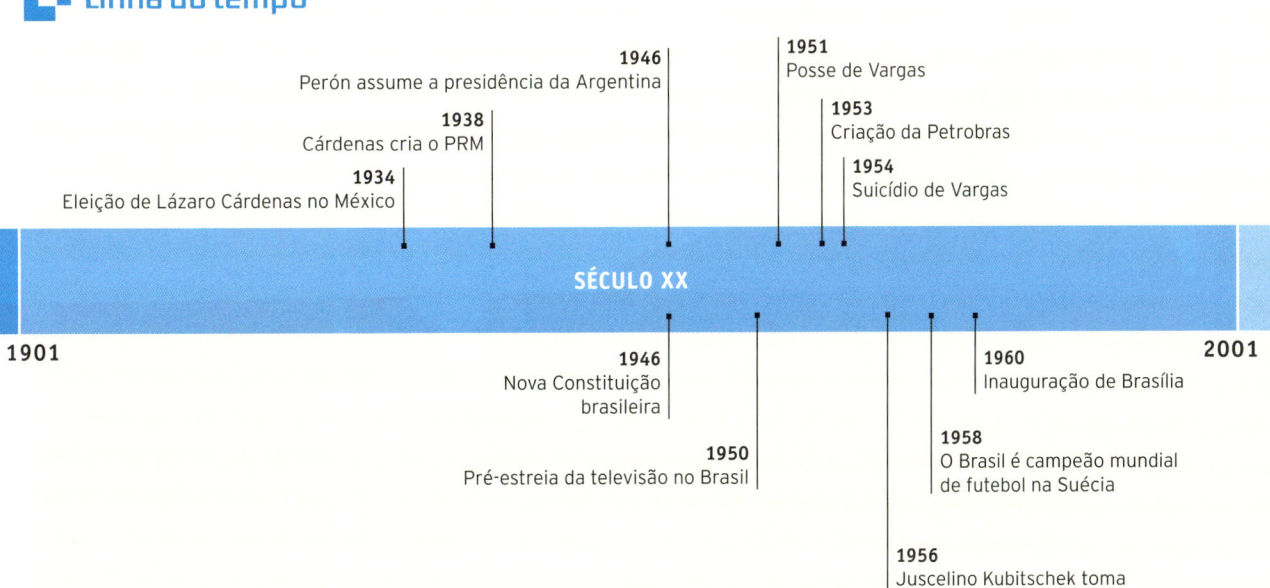

SÉCULO XX (1901 — 2001)

- **1934** — Eleição de Lázaro Cárdenas no México
- **1938** — Cárdenas cria o PRM
- **1946** — Perón assume a presidência da Argentina
- **1946** — Nova Constituição brasileira
- **1950** — Pré-estreia da televisão no Brasil
- **1951** — Posse de Vargas
- **1953** — Criação da Petrobras
- **1954** — Suicídio de Vargas
- **1956** — Juscelino Kubitschek toma posse da presidência
- **1958** — O Brasil é campeão mundial de futebol na Suécia
- **1960** — Inauguração de Brasília

Em meio às tensões da Guerra Fria, ocorreu em Cuba uma revolução de oposição aos Estados Unidos que adquiriu características socialistas. O exemplo desse movimento revolucionário espalhou-se pelo continente. Diversos grupos de esquerda lançaram-se ao projeto de conduzir a revolução em diferentes países. Esses movimentos não obtiveram, porém, o mesmo êxito que o cubano e sofreram a reação de grupos alinhados com os Estados Unidos, que depuseram governos e instalaram ditaduras militares na América Latina.

A América Latina na Guerra Fria

CAPÍTULO 6

O QUE VOCÊ VAI APRENDER

- A Revolução Cubana
- O colapso do populismo no Brasil
- O governo João Goulart
- As ditaduras militares na América do Sul

CONVERSE COM OS COLEGAS

O painel ao lado estava exposto em uma rodovia que liga a cidade de Havana à província de Matanzas, em Cuba. Ele mostra Ernesto Che Guevara, guerrilheiro que participou de alguns movimentos revolucionários, incluindo a Revolução Cubana, em 1959. Até hoje, diversos grupos de esquerda nos países latino-americanos o consideram símbolo da resistência ao capitalismo.

1. Pesquise no dicionário o significado das palavras "guerrilheiro" e "revolucionário". Releia as informações acima.
2. Você já tinha visto imagens de Che Guevara? Onde? O que você já sabia sobre esse guerrilheiro?
3. O que você entende sobre a afirmação "Teu exemplo vive, tuas ideias perduram"? Qual é a relação entre essa frase e a imagem ao lado?
4. Che Guevara era um líder socialista que pregava a revolução como solução para as desigualdades sociais e o fim da pobreza na América Latina. Você conhece algum país que está sob o regime socialista? Qual? Conte o que você sabe sobre esse país.

Painel com a imagem de Ernesto Che Guevara. Cuba, 2009.

MÓDULO 1

A Revolução Cubana

Em 1959, em uma ilha, situada a pouco mais de 100 km do litoral da Flórida, nos Estados Unidos, ocorreu a Revolução Cubana, movimento que derrubou uma ditadura favorável aos Estados Unidos e instituiu o socialismo. Sob a influência soviética, o país foi alvo de disputa entre as duas superpotências.

Cuba e os Estados Unidos

Desde que se tornou independente da Espanha, em 1898, Cuba manteve estreitas relações com os Estados Unidos. Por meio de uma emenda à Constituição cubana, conhecida como **Emenda Platt**, de 1901, o governo estadunidense estava autorizado a intervir no país para assegurar a independência cubana, e Cuba "venderia ou arrendaria" terras aos Estados Unidos para o estabelecimento de bases navais ou de apoio às tropas, caso os estadunidenses considerassem necessário. Essa relação de submissão de Cuba aos Estados Unidos foi contestada por diversos grupos sociais cubanos.

O golpe de Fulgêncio Batista

Em 1952, o presidente Fulgêncio Batista assumiu o governo cubano por meio de um golpe. Seu governo foi marcado por forte repressão a seus opositores, desigualdade econômica e corrupção. Nesse contexto, grupos revolucionários se organizaram para depor Batista. Entre os revolucionários estava Fidel Castro.

A ascensão de Fidel Castro

Fidel Castro acreditava que a ditadura de Batista seria derrotada se houvesse um amplo movimento popular armado.

A primeira ação do grupo revolucionário do qual participava ocorreu em julho de 1953, num ataque ao quartel de Moncada. A tentativa de derrubar Fulgêncio Batista fracassou e Fidel foi preso e posteriormente exilado.

A prisão de Fidel fez crescer seu prestígio. Num gesto político para diminuir as contestações a seu regime, Fulgêncio Batista anistiou Fidel em maio de 1955. No ano seguinte, Fidel organizou um movimento de guerrilha em Sierra Maestra, na região leste da ilha. Em 1º de janeiro de 1959, os guerrilheiros depuseram Fulgêncio Batista e tomaram o poder.

Sob o comando de Fidel Castro (ao centro), os guerrilheiros fizeram treinamento militar em Sierra Maestra e de lá buscaram o apoio da população ao movimento. Fotografia de 1957.

Fidel Castro no poder

O governo de Castro impôs medidas como a reforma agrária, a diminuição do preço dos aluguéis e a expropriação de empresas estrangeiras. Tais medidas foram contestadas pelos setores conservadores. O governo, por sua vez, passou a perseguir os opositores.

Um dos grandes colaboradores do governo de Fidel foi o argentino **Ernesto Che Guevara**. Ele executou importantes tarefas no início do governo, sobretudo na área econômica, para conjugar o projeto socialista e o crescimento econômico cubano.

Durante o mandato de Fidel, que durou até o início de 2008, Cuba foi reconhecida como uma nação que conseguiu avançar em áreas como saúde e educação, mas foi criticada por não garantir a plena liberdade de expressão.

A reação dos Estados Unidos

O novo governo contrariava os interesses estadunidenses na ilha. Por isso, em janeiro de 1961, os Estados Unidos romperam as relações diplomáticas com Cuba e, em abril desse mesmo ano, promoveram uma invasão militar na baía dos Porcos, no sul da ilha. A invasão foi um fracasso, e o governo estadunidense decretou embargo econômico a Cuba no ano seguinte. A intenção era isolar o comércio cubano do resto do mundo.

Essa situação levou à aproximação de Cuba com a União Soviética. Em maio de 1961, Fidel declarou que Cuba era um **Estado socialista**. O governo soviético se tornou o maior aliado comercial da ilha, comprando e vendendo produtos e investindo em sua economia.

A presença de uma nação socialista na área de influência estadunidense foi motivo de grande preocupação para os Estados Unidos. A aproximação entre cubanos e soviéticos era estratégica para ambos. Os cubanos se aliavam a uma superpotência e, dessa forma, teriam seu apoio numa eventual ação dos Estados Unidos. Os soviéticos, por sua vez, teriam um país aliado na zona de influência estadunidense.

Em 1962, a União Soviética instalou mísseis nucleares de longo e médio alcances em Cuba, apontados para os Estados Unidos. Esse episódio ficou conhecido como a **crise dos mísseis** e foi um dos momentos de maior tensão na relação entre as duas superpotências.

Oposição além da fronteira

Cubanos exilados festejam em Miami a notícia do afastamento de Fidel Castro do governo em 2008. Para muitos, o afastamento do dirigente seria o início da abertura política no país.

Os cubanos exilados em Miami formam o principal grupo anticastrista. Os fugitivos de Cuba buscam refúgio na Flórida, área dos Estados Unidos mais próxima da ilha. Viajando em embarcações precárias, muitos imigrantes sucumbem durante o percurso. Outros tantos são interceptados pela guarda costeira dos Estados Unidos e devolvidos a Cuba.

GLOSSÁRIO

Embargo econômico: proibição de circulação de mercadorias além das fronteiras do país que sofreu o embargo, isto é, o impedimento.

Fidel Castro, à esquerda, e o presidente soviético Nikita Kruschev, durante as comemorações do 1º de maio em Moscou, União Soviética, em 1963.

O bloqueio naval

O presidente dos Estados Unidos, John Kennedy, considerou a iniciativa uma afronta dos soviéticos. Por isso, declarou um bloqueio naval a Cuba, ou seja, nenhum navio poderia aportar na ilha. Além disso, o presidente estadunidense declarou também, que qualquer movimento bélico vindo de Cuba seria considerado um ataque direto da União Soviética contra os Estados Unidos. O risco de uma guerra nuclear era iminente.

Após intensas negociações diplomáticas, o líder soviético Nikita Kruschev aceitou retirar os mísseis de Cuba. Em troca, os Estados Unidos deveriam manter-se distantes do território cubano.

A exportação da revolução

A consolidação do governo socialista em Cuba inspirou outros movimentos revolucionários na América Latina. Cuba abrigou e treinou guerrilheiros que atuaram em diferentes países do continente.

Os Estados Unidos eram frequentemente apontados pelos socialistas como responsáveis pela crise econômica e social que os países latino-americanos viviam.

Em plena Guerra Fria, acreditava-se que o modelo cubano poderia se repetir em escala continental. Por isso, a propagação dos ideais revolucionários e o treinamento de guerrilheiros eram financiados pelos soviéticos.

Propondo-se a espalhar a experiência revolucionária em outras partes do mundo, Che Guevara abandonou o governo cubano em 1965 e iniciou sua peregrinação por regiões como a África e a América Latina, defendendo a necessidade de lutar contra o imperialismo estadunidense e implantar o socialismo.

Perseguido pela CIA, a Agência Central de Inteligência dos Estados Unidos, Che foi fuzilado na Bolívia em 9 de outubro de 1967. Sua morte deu origem a um dos maiores mitos revolucionários do século XX.

Camisetas que reproduzem a imagem de Che Guevara à venda em Varadero, Cuba, 2010. A imagem de Che se tornou símbolo da cultura *pop* do século XX.

Cuba e o fim da União Soviética

A excessiva dependência de Cuba em relação à União Soviética provocou um verdadeiro colapso econômico a partir de 1991, quando se consolidou a queda do socialismo. Os serviços de ônibus, por exemplo, deixaram de funcionar porque não havia combustíveis. Fidel Castro foi então obrigado a negociar com países capitalistas. Porém, devido ao embargo comercial imposto pelos Estados Unidos, muitos países não reataram relações comerciais com a ilha.

Verifique o que aprendeu

1. Qual era a influência dos Estados Unidos em Cuba antes da Revolução?
2. O que foi a Revolução Cubana?
3. Por que Cuba tornou-se um modelo para outros movimentos revolucionários?
4. Indique dois motivos que justifiquem a oposição dos Estados Unidos ao regime implantado em Cuba após 1959.

ATIVIDADES

1. Num discurso realizado em abril de 1961, Che Guevara fez a seguinte observação.

   > (Os imperialistas) sabem que não podem atacar diretamente, que existem mísseis com cargas atômicas que podem ser apontados contra qualquer lugar.
   >
   > Jorge Castañeda. *Che Guevara*: a vida em vermelho. São Paulo: Companhia das Letras, 2006. p. 257.

   a) Em que se baseia a certeza de Guevara de que Cuba não seria atacada?
   b) A crise dos mísseis não foi o único episódio da Guerra Fria no continente americano, mas foi o mais ameaçador para os Estados Unidos. Por quê?
   c) Cuba foi beneficiada pela crise dos mísseis? Justifique.

2. O embargo econômico imposto pelos Estados Unidos a Cuba começou em 1962. Com o colapso da principal parceira de Cuba, a União Soviética, em 1991, os cubanos passaram a sofrer restrições de toda ordem. Nessa época, chegou-se a dizer que Cuba sofreu um "segundo embargo econômico".
   a) Qual o significado da expressão "embargo econômico"?
   b) O que levou os Estados Unidos a decretar o embargo a Cuba?
   c) Por que o colapso da União Soviética afetou Cuba?
   d) Em sua opinião, quem foi mais prejudicado pelo embargo econômico: o governo ou a população? Justifique sua resposta.

3. Observe o mapa a seguir.

   ALCANCE DOS MÍSSEIS SOVIÉTICOS INSTALADOS EM CUBA

   Fonte de pesquisa: *Atlas histórico*. Madrid: SM, 2007. p. 135.

   a) Em dupla, interpretem o mapa acima, localizando as principais informações contidas nele.
   b) Depois, elaborem um pequeno texto associando as informações do mapa com a declaração de Che Guevara apresentada na atividade 1.

171

MÓDULO 2
O colapso do populismo no Brasil

O início da década de 1960 foi marcado por conturbações na política brasileira. O presidente Jânio Quadros e seu sucessor João Goulart não eram bem vistos pelos grupos conservadores, que temiam a participação política dos setores populares.

A campanha eleitoral de Jânio Quadros foi marcada pelo carisma do candidato que arrastava multidões em seu apoio. Campanha para a presidência da República em São Paulo, 1960.

A presidência de Jânio Quadros

Com o final do mandato de Juscelino Kubitschek, o ex-governador de São Paulo, Jânio Quadros, foi eleito presidente da República. Pertencia a um pequeno partido político, o Partido Trabalhista Nacional (PTN), e não integrava os principais círculos políticos da época. Apresentava-se como um político que combateria a corrupção e que atenderia aos interesses da classe média.

Ao assumir, Jânio adotou medidas polêmicas, como a proibição das brigas de galo e do uso de biquínis, demonstrando que seu governo tinha um perfil moralizador que intervinha diretamente na vida das pessoas. Ao mesmo tempo, investiu numa campanha moralista de investigação de escândalos de corrupção e adotou uma política de combate à inflação que agradava ao Fundo Monetário Internacional (FMI). Entre as medidas econômicas de seu governo estavam o congelamento dos salários e a diminuição do crédito como forma de restringir o consumo e frear a elevação de preços. Com menos consumo, os preços deveriam cair. Essas medidas, no entanto, eram impopulares.

A opinião pública comentava as práticas do presidente em seu cotidiano, que atraía a atenção ao dar ordens a seus assessores e ministros por meio de bilhetes. Além disso, Jânio não conquistou o apoio da maioria no Congresso. Suas medidas polêmicas e contraditórias colaboravam para seu isolamento.

Direitos individuais

Uma das bandeiras de Jânio Quadros, como candidato à presidência da República, foi a de moralizar a política e combater a corrupção. Nos quase sete meses em que governou o país, após a vitória nas urnas, Jânio Quadros adotou uma série de medidas polêmicas que visavam não à política, mas à moralização dos costumes, segundo seus critérios pessoais. Uma de suas ações polêmicas dizia respeito à proibição ao uso do biquíni.

1. Discuta com os colegas se um governo pode interferir nos direitos individuais das pessoas e se medidas como a proibição do biquíni poderiam trazer algum benefício para a sociedade como um todo.

2. Qual a diferença entre promover ações em prol da comunidade, como o combate à corrupção, ao uso indevido do dinheiro público ou ao abuso de poder, e outras que tocam a vida individual de cada um ou de uma pequena parcela da sociedade?

O medo do comunismo

No contexto da Guerra Fria, as divisões políticas internacionais se repetiam internamente no Brasil. Os setores liberais, alinhados com os princípios da economia capitalista, eram favoráveis à política estadunidense. Os setores que defendiam um projeto nacional-desenvolvimentista e estavam vinculados aos trabalhadores eram associados aos comunistas.

No plano internacional, Jânio adotou um conjunto de medidas denominado **Política Externa Independente** (**PEI**). Por meio dessa política, o Brasil deveria ter um comportamento autônomo no cenário internacional. Assim, o governo restabeleceu relações diplomáticas com a União Soviética, o que desagradou aos Estados Unidos.

Um dos gestos mais polêmicos do governo de Jânio foi a condecoração do líder revolucionário Ernesto Che Guevara com a medalha da Ordem do Cruzeiro do Sul. Os conservadores brasileiros, de orientação anticomunista, temiam a aproximação do governo brasileiro de países socialistas.

> **GLOSSÁRIO**
>
> **Condecoração:** ato de premiar ou homenagear uma pessoa por algum ato considerado digno.

Em 19 de agosto de 1961, em Brasília, o presidente Jânio Quadros recebeu Che Guevara.

O impasse da sucessão

Sem apoio popular e político, Jânio renunciou à presidência em 25 de agosto de 1961, com menos de sete meses à frente do governo do país. Alegou que "forças ocultas" o impediam de governar.

Com a renúncia do presidente, a Constituição previa que o vice, à época João Goulart, deveria assumir a presidência. Jango, como era conhecido, não pertencia ao mesmo grupo político de Jânio e tinha ligação com os movimentos trabalhistas. No momento da renúncia de Jânio, o vice-presidente estava em uma viagem à China, país comunista.

Os militares, partidários do anticomunismo, não estavam satisfeitos com a hipótese de um presidente trabalhista assumir o governo e deram início a uma grave crise política que dividiu o país e teve importantes consequências nos anos seguintes.

> **Para os militares, Jango seria o caos**
>
> Em uma nota de 30 de agosto de 1961, os ministros militares expressaram seu desagrado com o que era ainda uma eventualidade: a posse de João Goulart. Viam nesse fato o perigo de aproximação do comunismo. [...] Na Presidência da República, [...] o Sr. João Goulart constituir-se-á [...] no mais evidente incentivo a todos aqueles que desejam ver o país mergulhado no caos, na anarquia, na luta civil. As Forças Armadas [...] transformar-se-iam [...] em simples milícias comunistas [...].
>
> Oliveiros S. Ferreira. *Elos partidos*: uma nova visão do poder militar no Brasil. São Paulo: Harbra, 2007. p. 466.

Os militares e a posse de João Goulart

Alguns setores militares, políticos que apoiavam João Goulart e parcelas importantes do Congresso defendiam que a ordem constitucional deveria prevalecer, isto é, com a saída do presidente, o cargo seria ocupado por seu vice.

Entretanto, a ala conservadora das Forças Armadas queria que o presidente em exercício, o presidente da Câmara, Ranieri Mazzilli, convocasse novas eleições num prazo de sessenta dias, para evitar a posse de Jango. Mazzilli, que integrava o grupo dos defensores da ordem constitucional, rejeitou a proposta.

A viagem de Jango de volta para o Brasil foi longa. O futuro presidente aguardou no Uruguai o desfecho da crise política no Brasil. Um movimento pela legalidade foi liderado pelo governador gaúcho e cunhado de Jango, Leonel Brizola, e pelo comandante militar do Terceiro Exército com sede no Rio Grande do Sul, Machado Lopes.

Parlamentarismo: a saída negociada

As negociações entre grupos contrários e favoráveis à posse de Jango culminaram numa solução intermediária. O vice-presidente tomaria posse, mas uma reforma constitucional implementaria o parlamentarismo no Brasil.

O parlamentarismo é um sistema de governo no qual a responsabilidade dos assuntos administrativos cabe ao primeiro-ministro, que é chefe do Parlamento. Num sistema republicano parlamentarista, o presidente é o chefe de Estado, tendo a incumbência de representar o país, mas não de dirigir o governo.

Dessa forma, em 7 de setembro, Jango tomou posse como presidente da República e o país havia se tornado uma república parlamentarista. Estava criada uma solução legal que garantia a posse de Jango, mas que desagradava ao presidente e a seus apoiadores por ter restringido seus poderes.

Verifique o que aprendeu

1. Qual o significado da sigla PEI? O que o governo pretendia com esse conjunto de medidas?
2. Por que a condecoração de Che Guevara provocou mais um desgaste para a imagem do presidente Jânio Quadros?
3. Explique as consequências políticas da renúncia de Jânio Quadros.
4. Qual foi a saída para resolver o impasse criado após a renúncia de Jânio Quadros?

Multidão em frente ao palácio Piratini, em Porto Alegre, festeja a chegada de João Goulart, em 2 de setembro de 1961.

O jornal carioca *O Globo* reflete a expectativa pela posse de João Goulart, que ocorreria em 7 de setembro de 1961.

ATIVIDADES

1. Leia a letra da canção utilizada na campanha eleitoral de Jânio Quadros para a presidência da República em 1960. Em seguida, responda às questões propostas.

> Varre, varre, varre vassourinha
> Varre, varre a bandalheira
> Que o povo já está cansado
> De sofrer desta maneira
> Jânio Quadros é a esperança
> Desse povo abandonado
> Jânio Quadros é a certeza
> De um Brasil moralizado
> Alerta, meu irmão
> Vassoura, conterrâneo
> Vamos vencer com Jânio
>
> José Maugeri Neto. Disponível em: <http://franklinmartins.com.br>. Acesso em: 12 ago. 2014.

   a) Qual o principal tema da campanha de Jânio?
   b) Qual o símbolo adotado pelo candidato?
   c) Que promessa de campanha está contida na letra da canção?
   d) A canção faz referência à moralização do Brasil. Que medidas relativas aos costumes foram adotadas pelo presidente Jânio?
   e) Você considera essas medidas eficientes para a moralização do país? Justifique sua resposta.

2. As questões a seguir relacionam o governo Jânio Quadros com os acontecimentos da Guerra Fria. Responda-as em seu caderno.
   a) Quanto à política internacional, qual foi a postura de Jânio?
   b) Qual atitude de Jânio foi duramente criticada pelos setores ligados ao capitalismo?
   c) O anticomunismo foi importante para a crise que desencadeou a renúncia do presidente? Justifique.

3. Leia a manchete a seguir, publicada na primeira página do jornal *O Estado de S. Paulo*, em 26 de agosto de 1961, anunciando a renúncia de Jânio Quadros.

O ESTADO DE S. PAULO
SÁBADO, 26 DE AGOSTO DE 1961
EDIÇÃO DE HOJE 42 PÁGINAS

Quadros renuncia; Mazzilli presidente

   a) Quem era Mazzilli?
   b) Por que a manchete o indica como presidente?
   c) A posse de Mazzilli era legal constitucionalmente? Justifique.

4. Elabore um texto relacionando a atuação e a importância dos militares na crise sucessória de Jânio Quadros, em 1961.

5. Sobre o parlamentarismo, responda às seguintes questões.
   a) Qual é o seu significado?
   b) Qual é o papel do presidente da República em um sistema parlamentarista?
   c) Por que o parlamentarismo representou uma solução intermediária após a renúncia de Jânio?

6. Redija um breve texto relacionando os seguintes tópicos: anticomunismo; oposição a Jango; militares; viagem à China.

MÓDULO 3

O governo Jango

As disputas políticas durante o governo de João Goulart não foram amenizadas com a implantação do parlamentarismo. O presidente e seus aliados lutavam pela restituição do presidencialismo. Quando o parlamentarismo foi extinto, Jango governou plenamente, porém em pouco tempo foi deposto pelos militares.

O breve parlamentarismo

A experiência parlamentarista foi curta. O primeiro-ministro Tancredo Neves tinha como tarefa acalmar os ânimos políticos, enfrentar a crise econômica iniciada no governo de Juscelino e atender a demandas sociais urgentes, como as reivindicações do movimento sindical e a sempre adiada reforma agrária.

O ministério presidido por Tancredo era composto de forças antagônicas, como: o banqueiro Walter Moreira Salles, alinhado a políticas favoráveis aos Estados Unidos, e o chanceler San Thiago Dantas, que defendia a política de independência externa brasileira e se opunha, por exemplo, a qualquer ação dos Estados Unidos contra Cuba.

Tancredo demitiu-se em 1962 e, depois dele, outros primeiros-ministros assumiram o cargo. Nenhum deles conseguiu dar resposta satisfatória às demandas sociais, econômicas e políticas do país.

As forças em favor de Jango conseguiram marcar um plebiscito para janeiro de 1963, para consultar a população sobre a permanência do parlamentarismo ou a volta ao sistema presidencialista. O resultado foi uma vitória esmagadora do presidencialismo e, dessa forma, Jango finalmente passaria a exercer, de fato, o poder político.

Ministério presidido por Tancredo Neves, em Brasília, DF, 1961. Da esquerda para a direita: Walter Moreira Salles, Amauri Kruel, Angelo Nolasco, Gabriel Passos, Virgílio Távora, Clóvis Salgado, Tancredo Neves, João Goulart, João Segadas Viana, Ulysses Guimarães, Franco Montoro, Oliveira Brito e San Thiago Dantas.

As reformas de base

Os desafios socioeconômicos eram grandes: inflação, perda do poder aquisitivo dos trabalhadores e estagnação econômica. Para solucionar a crise, Jango utilizou-se de sua popularidade para implantar um projeto de reformas estruturais, as reformas de base. O plano, com um viés nacional-desenvolvimentista, previa grande intervenção do Estado nas relações econômicas e sociais.

As propostas das reformas atingiam diversas áreas. No setor financeiro, propunham o controle da remessa de lucros de empresas estrangeiras para o exterior; na educação, o governo defendia a reformulação das universidades; no sistema eleitoral, ampliava o direito de voto aos militares de baixas patentes: cabos e soldados.

A Igreja e o governo Jango

A Igreja católica no Brasil, durante o governo de João Goulart, mostrou-se bastante dividida. Enquanto os membros da alta cúpula e os setores conservadores se opunham ao governo, outros grupos ligados à esquerda apoiavam os movimentos sociais, como os organizados por sindicatos e entidades estudantis.

Reformas polêmicas

As medidas mais polêmicas, porém, eram a reforma agrária e a reforma urbana. Para a realização da primeira, Jango propunha desapropriar terras indenizando seus proprietários com títulos do governo no lugar de dinheiro. A reforma urbana assustava a classe média das cidades, receosa de perder suas propriedades.

Durante esse período destacaram-se as manifestações das **Ligas Camponesas**. O movimento, originado na Região Nordeste do país, em 1955, ganhou importância por ser autônomo, desvinculado dos sindicatos associados ao governo. As ligas reivindicavam direitos para o trabalhador do campo, além da reforma agrária. Francisco Julião, líder do grupo, contou com o apoio financeiro de Cuba, o que causou temor aos proprietários de terra.

O governo, atendendo à reivindicação das Ligas, promulgou em 1963 o **Estatuto do Trabalhador Rural**, que reconhecia aos trabalhadores rurais direitos sociais semelhantes aos dos trabalhadores urbanos.

O líder das Ligas Camponesas, Francisco Julião. Fotografia de 1960.

O caminho para o golpe militar

As reformas enfrentavam resistência no Congresso, e a crise econômica persistia. Nesse contexto, as forças políticas de esquerda e de direita se mobilizaram.

A esquerda, por meio dos sindicatos, propunha greves gerais em favor da aprovação das reformas de base. Os estudantes universitários ligados à UNE apoiavam as propostas de Jango e organizaram várias manifestações. A direita, incomodada com a aproximação de Jango dos movimentos populares e com seu discurso considerado radical, temia a "infiltração comunista". Isso fez com que setores do Exército, grandes empresários e grupos católicos conservadores tramassem a deposição do presidente.

Apoio popular para as reformas

O clima de conspiração se instalou no país, e Jango, para demonstrar sua força política, decidiu conclamar várias manifestações populares para pressionar o Congresso a aprovar suas reformas.

Um grande comício, no dia 13 de março de 1964, aconteceu no Rio de Janeiro. Mais de 150 mil pessoas compareceram à manifestação. Em seu discurso, Jango defendeu as reformas e decidiu iniciá-las mesmo sem a aprovação do Congresso.

No palanque, Jango assinou dois decretos: um nacionalizava todas as refinarias de petróleo do país; outro desapropriava terras às margens das ferrovias e rodovias federais. Com essas terras, ele pretendia iniciar a reforma agrária.

Em defesa das reformas de base do governo João Goulart, multidão comparece ao comício da Central do Brasil, Rio de Janeiro, RJ, em 13 de março de 1964.

●●● Marcha contra Jango

Dias depois do comício na Central do Brasil, mais de 300 mil pessoas participaram, em São Paulo, da **Marcha da Família com Deus pela Liberdade**, organizada por setores que se opunham a João Goulart. A passeata, ocorrida em 19 de março, era um claro sinal de desaprovação ao governo e apoio às Forças Armadas. O movimento contou com organizações industriais, a ala conservadora da Igreja católica, a classe média e grupos femininos tradicionalistas que apoiariam um golpe contra Jango.

A Marcha da Família com Deus pela Liberdade, praça da Sé, São Paulo, SP, 19 de março de 1964.

A deposição do presidente

Em 26 de março, no segundo aniversário da Associação dos Marinheiros e Fuzileiros Navais, um militar da Marinha, **cabo Anselmo**, então presidente da associação, proferiu um aplaudido discurso em que contestava medidas tomadas por seus superiores.

O ato foi considerado indisciplinar pelo ministro da Marinha. Entretanto, o presidente João Goulart apoiou o cabo e demitiu o ministro.

Os militares não aceitaram a intervenção de Jango em uma questão de âmbito interno das Forças Armadas. Os militares afirmavam que a hierarquia militar era um princípio fundamental da instituição, que não deveria sofrer interferências.

Essa crise desencadeou uma rebelião militar contra Jango. A primeira unidade a se rebelar foi a do general Olímpio Mourão Filho, de Juiz de Fora, Minas Gerais. As tropas dirigiram-se ao Rio de Janeiro e, ao contrário do que imaginavam, não encontraram resistência durante o percurso.

Esse gesto desencadeou um movimento militar que resultou na deposição de Jango, no dia 31 de março de 1964.

Verifique o que aprendeu ●●●

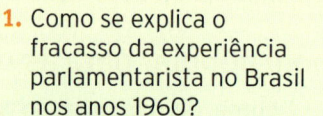

1. Como se explica o fracasso da experiência parlamentarista no Brasil nos anos 1960?
2. O que foram as reformas de base?
3. Por que as propostas de reforma agrária e urbana do governo Jango foram as mais polêmicas?
4. Em que medida a Marcha da Família com Deus pela Liberdade contribuiu para o processo que culminou com o golpe militar de 31 de março de 1964?

ATIVIDADES

1. O texto a seguir foi publicado no jornal *Correio da Manhã*, em 1961.

   > [...] O Parlamentarismo é adotado hoje nos países de organização democrática mais evoluída: Inglaterra, Itália, Alemanha e Japão; e está sendo introduzido nos países do Oriente. Considera-se que a prática proveitosa desse sistema pressupõe sólidas organizações partidárias e a obediência a certas normas de moralidade política, entre elas a fidelidade ao Partido.
   >
   > Alcino de Paulo Salazar. *Correio da Manhã*, 12 set. 1961. Em: Mary del Priore. *Documentos de História do Brasil*: de Cabral aos anos 90. São Paulo: Scipione, 1999. p. 104.

   a) Em qual contexto histórico foi escrito esse texto?
   b) Qual o ponto de vista do autor em relação ao parlamentarismo?
   c) Quais segmentos sociais possuíam o mesmo ponto de vista do autor?

2. Por qual motivo as reformas idealizadas por João Goulart foram consideradas radicais?

3. Leia o texto a seguir.

   > As tensões políticas que culminaram na queda do governo Goulart se desenvolveram num quadro de crise socioeconômica e radicalização político-ideológica muito explorado pelos conspiradores. [...]
   >
   > Marcos Napolitano. *O regime militar brasileiro*: 1964-1985. São Paulo: Atual, 1998. p. 8.

   a) Apresente um fator da crise socioeconômica do período.
   b) Explique o que foi a "radicalização político-ideológica" durante o governo João Goulart.
   c) Identifique neste módulo o grupo conspirador mais visível do período Jango.

4. Sobre o episódio da manifestação na Associação dos Marinheiros e Fuzileiros Navais, responda.
   a) O que foi essa manifestação?
   b) Por que a atuação de João Goulart foi considerada desastrosa?
   c) Qual foi o resultado dessa questão entre o presidente da República e os militares?

5. Observe a charge ao lado.
   a) Quem está representado nela?
   b) Descreva os trajes usados pela personagem e a ação apresentada na charge.
   c) O artista brasileiro Mollica criou essa charge em 1994 para lembrar uma data histórica do Brasil. Analisando o trabalho do artista, você é capaz de dizer que data é essa?
   d) Apresente dois motivos para que a ação representada ocorresse.

   Mollica, c. 1994.

MÓDULO 4

As ditaduras militares na América do Sul

As disputas da Guerra Fria favoreceram a implantação de ditaduras militares na América do Sul na década de 1970. Grupos alinhados aos Estados Unidos tomaram o poder em países como Argentina e Chile por meio de governos militares, em nome do combate ao comunismo.

••• O apoio dos Estados Unidos

Os Estados Unidos, para neutralizar a propagação do socialismo na América Latina e defender seus interesses econômicos na região, apoiaram a instalação e a permanência de ditaduras.

Como a questão do desenvolvimento econômico sempre foi um desafio para os Estados latino-americanos, muitos países aproveitaram-se desse apoio para obter benefícios comerciais da superpotência.

A doutrina de Segurança Nacional

Os Estados Unidos apoiavam os grupos que defendessem a manutenção da ordem conservadora nos países latino-americanos. Buscaram fortalecer os vínculos com as Forças Armadas desses países, firmando convênios para formação de militares latino-americanos em instituições estadunidenses.

A União Soviética, por sua vez, apostava na formação, no financiamento e no apoio aos grupos guerrilheiros.

Nesse contexto de confronto, desenvolveu-se entre os militares latino-americanos, a partir da década de 1950, a doutrina de Segurança Nacional. De acordo com essa doutrina, a integridade territorial e da população estaria ameaçada pelos movimentos sociais e pelos indivíduos que manifestavam postura anticapitalista.

Assim, a defesa da liberdade, da segurança e da ordem estabelecida justificariam golpes militares e ditaduras no continente.

A Operação Condor

A partir dos anos 1960, para combater os movimentos de esquerda que lutavam contra os regimes militares que vinham sendo implantados em países latino-americanos, estabeleceu-se uma aliança entre os governos conservadores de Brasil, Argentina, Chile, Bolívia, Paraguai e Uruguai, com o objetivo de acabar com organizações como Tupamaros no Uruguai, Montoneros na Argentina, o MIR no Chile, a ALN no Brasil e outras. Essa operação chamou-se **Condor** para lembrar a ave típica da região dos Andes, extremamente hábil na perseguição às suas presas.

Os militares ligados à repressão desses países do Cone Sul agiam em conjunto, trocando informações, cursos de treinamento e métodos de repressão, e foram responsáveis por cerca de 100 mil assassinatos e 400 mil torturados.

A operação só foi desmontada a partir dos anos 1980, quando começou a redemocratização nesses países.

Os Estados Unidos criaram políticas para manter sua influência no continente americano e barrar o socialismo. Em 1961, o presidente estadunidense John Kennedy (sentado) assinou, em Washington, Estados Unidos, um plano de ajuda econômica aos países da América Latina.

Em países como Argentina, Brasil e Chile, as Forças Armadas atuavam de maneira decisiva na política interna exercendo influência sobre ela. Na fotografia, o ditador paraguaio Alfredo Stroessner (à esquerda) e o ditador chileno Augusto Pinochet, em 1974.

●●● Ditadura argentina

A crise econômica durante a presidência de Isabelita Perón e a ação de grupos guerrilheiros como os montoneros, que entravam constantemente em conflito com a polícia, com o Exército e com grupos de extrema-direita, foram o pretexto para o golpe.

Em 24 de março de 1976, uma Junta Militar depôs Isabelita e dissolveu o Congresso, dando início à mais violenta das ditaduras sul-americanas.

Os "desaparecidos"

Os militares assumiram o poder alegando a necessidade de controlar a instabilidade política e combater o terrorismo de esquerda. As manifestações populares e as greves foram proibidas e adotou-se uma rígida censura aos meios de comunicação.

Mães da Praça de Maio diante da Casa Rosada, sede da presidência da República argentina. Fotografia de agosto de 2011, Buenos Aires, Argentina.

A repressão foi violenta e indiscriminada, ocorrendo tortura e desaparecimento de trabalhadores, estudantes e até mesmo mulheres grávidas. Nem todos os presos eram realmente militantes de grupos de extrema-esquerda. Após serem torturados e assassinados, os corpos "desapareciam", sem que houvesse qualquer registro da prisão ou do destino das vítimas. Estima-se que cerca de 30 mil pessoas tenham desaparecido durante o período ditatorial.

As reações contra os desmandos vieram das **Mães da Praça de Maio**, senhoras que se encontravam semanalmente em frente à sede do governo para exigir explicações sobre o paradeiro de seus filhos desaparecidos. Por trinta anos essas senhoras se encontraram todas as quintas-feiras para realizar o seu protesto.

A Guerra das Malvinas e o fim da ditadura

A ditadura argentina chegou ao fim após a catastrófica experiência de uma guerra contra o Reino Unido para recuperar o domínio das Ilhas Malvinas (hoje Ilhas Falkland), localizadas ao sul da Argentina. A propaganda oficial fazia crer que os argentinos venceriam a disputa. Após dois meses, o resultado foi uma humilhante derrota, pois o exército estava despreparado e mal equipado.

A crise militar, econômica e política e as pressões de grupos que desafiavam a ditadura, além das pressões internacionais, levaram à convocação de eleições presidenciais e ao fim do regime militar.

Capturados, soldados argentinos são vigiados por militar britânico, em junho de 1982, durante a Guerra das Malvinas.

●●● Chile: de Salvador Allende a Pinochet

Em 1970 os chilenos elegeram o socialista **Salvador Allende** como presidente da República. Ao assumir, Allende avançou com a reforma agrária e nacionalizou as companhias de exploração de cobre e de outros setores da economia para realizar a "transição ao socialismo". Essas medidas desagradavam aos Estados Unidos, às empresas estrangeiras e aos setores conservadores.

A transição econômica desejada por Allende enfrentou vários obstáculos, entre os quais uma grave crise de falta de alimentos em 1972, devido à queda da produção agrícola e ao boicote de grupos econômicos, que reduziam a produção como forma de pressionar o governo.

Salvador Allende pretendia estabelecer no Chile um socialismo democrático e pluripartidário. Fotografia de 1972.

A reação estadunidense e o golpe

O governo estadunidense já havia suspendido empréstimos ao Chile e pressionava as instituições internacionais para que não lhe repassassem recursos.

O governo chileno sofria cobranças tanto dos grupos sociais como dos econômicos. A tensão no país cresceu, e em 11 de setembro de 1973 o palácio presidencial de La Moneda foi incendiado pelas Forças Armadas chilenas. O presidente Allende foi morto dentro do palácio e os militares assumiram o poder.

A ditadura foi comandada pelo general **Augusto Pinochet**, que deteve poderes quase absolutos durante 17 anos. As atividades políticas e sindicais e a liberdade de imprensa foram banidas. A repressão foi intensa, comandada pela Diretoria de Inteligência Nacional, DINA, responsável pela tortura e morte de milhares de chilenos.

Em 1988, Pinochet convocou um plebiscito para que o povo decidisse sua continuidade no poder até 1997. Para sua surpresa, os chilenos disseram não à permanência, e Pinochet deixou a presidência em 1990. Esse resultado levou à redemocratização do Chile.

A ditadura de Pinochet conseguiu trazer estabilidade econômica ao país, diminuindo a inflação e o desemprego. Empresas estatais foram privatizadas e o investimento estrangeiro foi reabilitado. Essa mesma política econômica foi adotada em toda a América Latina.

A volta dos civis

No processo de redemocratização chilena os principais grupos políticos, como os democrata-cristãos, os social-democratas e os socialistas, formaram governos de coalizão que ficaram conhecidos como Concertación de Partidos por la Democracia. Todos os presidentes eleitos, incluindo a primeira mulher a governar o Chile, Michele Bachelet – eleita em 2006 – pertencem a essa coalizão.

Verifique o que aprendeu ●●●

1. Qual é a relação existente entre as ditaduras militares na América Latina e a Guerra Fria?
2. Quais as práticas mais comuns de violação dos direitos humanos nas ditaduras militares da Argentina e do Chile?
3. O que reivindicavam as Mães da Praça de Maio?
4. Aponte a principal novidade política que o governo Allende representava no Chile.

ATIVIDADES

1. Os interesses internacionais, no contexto da Guerra Fria, influenciaram os rumos da política na América Latina ao longo da década de 1970. A imagem ao lado reproduz a capa da revista *Panorama*, que traz um mapa estilizado da Argentina e a manchete "Radiografia da entrega".

   a) Que elementos foram usados na composição do mapa?

   b) Relacione a manchete com a imagem.

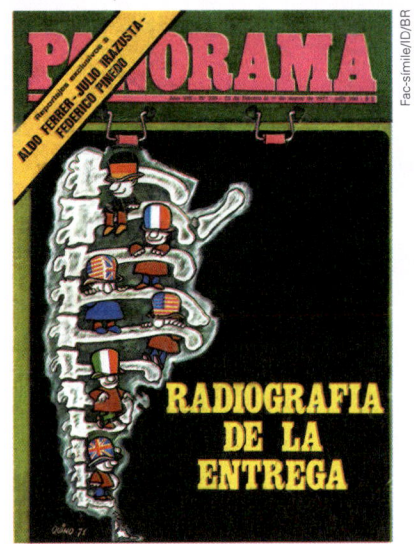

   Capa da revista *Panorama*, fevereiro-março de 1971, Argentina.

2. Leia o texto a seguir e responda às questões.

   > [...] na maioria dos casos, os cadáveres eram ocultados, enterrados em cemitérios como indigentes, queimados em valas coletivas, cavadas pelas próprias vítimas antes de serem fuziladas, ou lançados ao mar presos a blocos de cimento, após serem postos para dormir com uma injeção. Assim, não houve mortos, apenas "desaparecidos".
   >
   > Os desaparecimentos foram maciços entre 1976 e 1978 [...]. Foi um verdadeiro genocídio. [...] Em sua maioria, eram jovens entre 15 e 35 anos.
   >
   > Luis Alberto Romero. *História contemporânea da Argentina*. Rio de Janeiro: Jorge Zahar, 2006. p. 198-199.

   a) A que acontecimento se refere o texto acima?

   b) Qual é a diferença em usar o termo "desaparecidos" ou o termo "assassinados" para justificar a falta de informação sobre os inimigos políticos do Regime Militar?

3. Leia o texto a seguir.

   > Seu líder, o socialista Salvador Allende, foi eleito presidente em 1970, teve seu governo desestabilizado e, em 1973, foi derrubado por um golpe militar fortemente apoiado, talvez mesmo organizado, pelos EUA, que introduziram o Chile nos traços característicos dos regimes militares da década de 1970 – execuções ou massacres, oficiais e paraoficiais, tortura sistemática de prisioneiros e o exílio em massa de adversários políticos.
   >
   > Eric Hobsbawm. *Era dos extremos*: o breve século XX – 1914-1991. São Paulo: Companhia das Letras, 1995. p. 429-430.

   a) Do que trata o texto?

   b) Destaque do texto as passagens que ilustram a ditadura militar no Chile.

   c) Por que os Estados Unidos são mencionados? Qual a sua participação na história política chilena no período?

4. Leia a seguinte manchete de jornal publicada em janeiro de 2006.

   > Pinochet sofre processo por tortura
   >
   > Disponível em: <http://www.folha.uol.com.br>. Acesso em: 16 set. 2014.

   a) Quem foi Pinochet?

   b) De que ele estava sendo acusado?

ARTE e CULTURA

Memórias da ditadura argentina

A repressão e a violência da ditadura militar argentina deixaram profundas marcas na sociedade. Muitos artistas plásticos – durante e depois do regime ditatorial – se preocuparam em criticar e denunciar os abusos e as barbáries cometidos pelos órgãos repressores ou mostrar o drama das vítimas.

Durante o governo militar, os artistas que se opunham ao regime poderiam ser presos, torturados e até mesmo mortos.

Ainda nos dias de hoje obras são produzidas com essa temática. Alguns desses artistas são jovens, não vivenciaram a época e elaboraram suas obras baseados em relatos.

Entradas y salidas, gravura do jovem artista argentino Sergio Moscona, s.d. Os rostos desfigurados dos militares indicam uma crítica de Moscona à degradação moral e à irracionalidade das personagens.

Cuervos negros, negras lágrimas, técnica mista sobre tela, da artista Mariana Schapiro, 2006. As figuras dos corvos representam o período sombrio da ditadura; e as lágrimas que foram choradas nos momentos de terror vividos na Argentina.

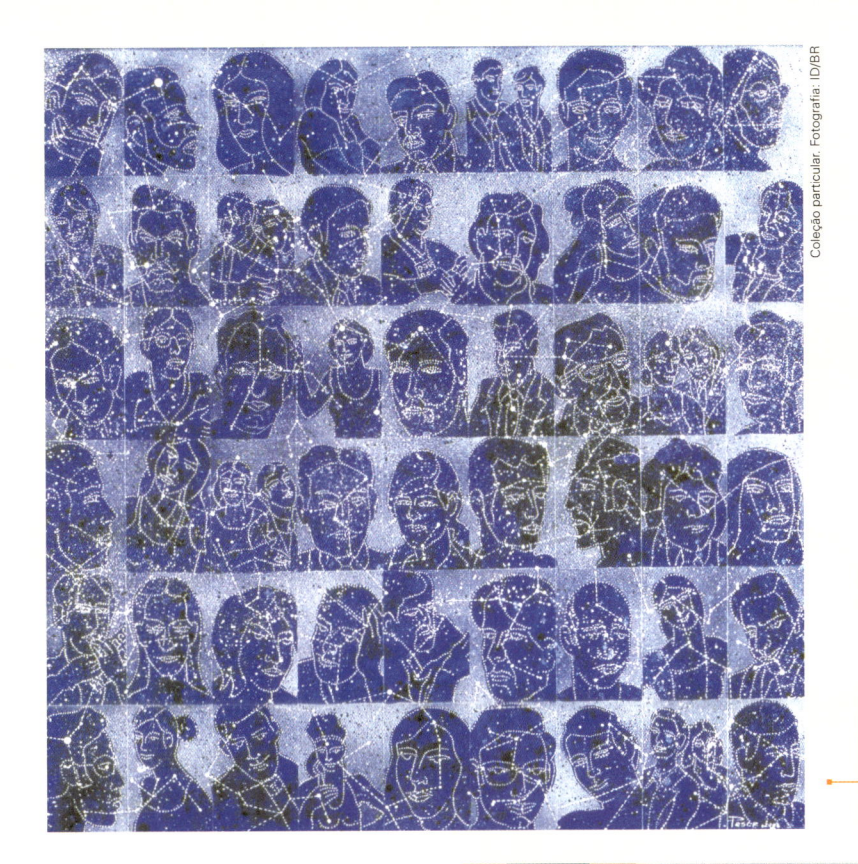

Ernesto Pesce. *Todo está guardado en la memória, sueño de la vida y de la historia*, 2006. Acrílico sobre tela. O artista homenageou as vítimas da ditadura, retratando seus rostos como se formassem constelações.

Sergio Moscona, *En todas las calles*, 2006. Acrílico sobre tela. Manifestantes, pessoas observando pelas janelas, rostos transfigurados, mulheres com lenço sobre a cabeça e militares com trajes civis no centro da cena. Na obra *Em todas as ruas*, há alusão às pessoas que eram capturadas nas ruas das cidades, incluindo cidadãos comuns sem vínculo com os movimentos considerados subversivos.

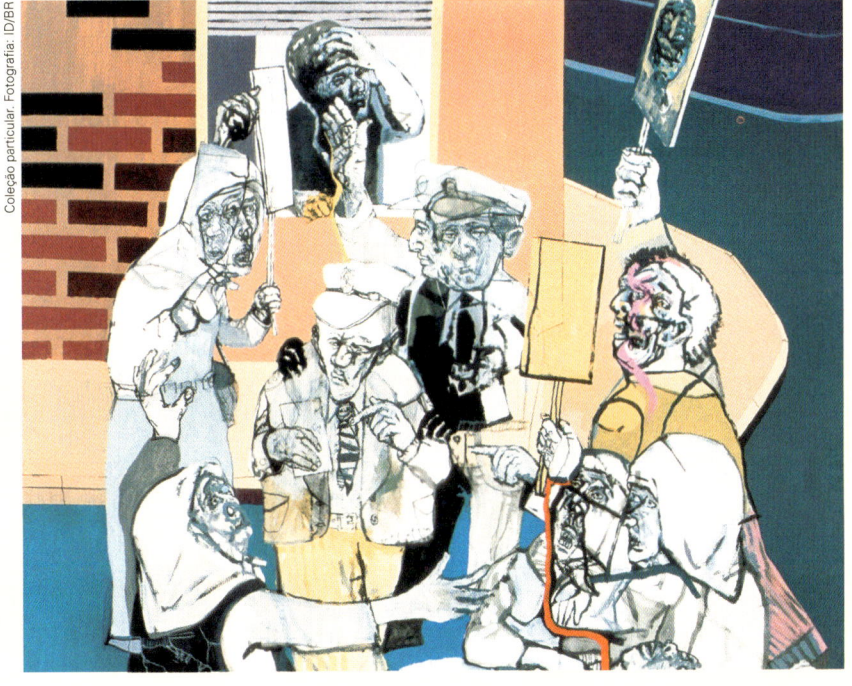

■ Atividades

1. Observe as imagens. Que impressões e sentimentos elas causam em você?
2. É possível estabelecer semelhanças e diferenças entre as obras?
3. Em sua opinião, por que ainda persiste a preocupação em se criar obras sobre a ditadura militar argentina?

DOSSIÊ

Tensões e armas nucleares

Desde a crise dos mísseis em Cuba, em 1962, a questão das armas nucleares tornou-se um tema preocupante. Mesmo com o clima de disputa deflagrado pela corrida armamentista entre as duas superpotências da Guerra Fria, nenhuma delas ousava usar esses armamentos. Havia arsenal suficiente para extinguir a vida humana no planeta Terra.

O fim da Guerra Fria, no início da década de 1990, não fez do mundo um lugar mais seguro.

Independentes, muitas das antigas repúblicas soviéticas tornaram-se detentoras da tecnologia nuclear. Quanto maior o número de países que dispõem de armas nucleares, maior o risco para todos.

O perigo não reside apenas na possibilidade de conflitos entre países menores. Os riscos aumentam se considerarmos que muitos dos países que dispõem de tecnologia nuclear estão empobrecidos ou têm um histórico de corrupção que permite supor que armas e tecnologias possam ser traficadas.

Portanto, embora seja uma questão pouco tratada, os especialistas consideram que as armas nucleares oferecem risco muito maior nos dias de hoje do que na época da Guerra Fria, pois elas podem estar a serviço de grupos criminosos.

Os tratados nucleares

Em 1968, a União Soviética e os Estados Unidos assinaram um Tratado de Não Proliferação Nuclear. O principal objetivo dos governos de Moscou e de Washington era evitar que outros países tivessem acesso à tecnologia nuclear para o desenvolvimento de armas. Era uma forma de manter restrito o número de países que tinham acesso à produção desse tipo de armamento. O tratado foi considerado por países como Alemanha, Japão e Itália um atentado inaceitável à soberania.

A partir da década de 1970, cresceu a militância dos movimentos antinucleares, e em 1995 quase 180 países já haviam assinado o tratado. Os países que assinaram o acordo de não proliferação ou já detinham a tecnologia ou são considerados pacifistas ou, então, na maioria dos casos, são países muito pobres. O Brasil assinou o acordo apenas em 1998.

O uso da tecnologia nuclear, entretanto, é considerado legítimo para fins pacíficos, como a produção de energia.

Protestos contra testes nucleares, Estados Unidos, década de 1970. A faixa diz "Parem com os testes nucleares".

Os desafios atuais

Os principais riscos de ataque nuclear na atualidade decorrem da posse dessa tecnologia por países considerados potências regionais que têm algum tipo de conflito com seus vizinhos. Entre esses países estão o Paquistão e a Índia.

A Agência Internacional de Energia Atômica (AIEA), ligada à ONU, é a responsável pela fiscalização do cumprimento do acordo. Porém, a atividade dos inspetores pode ser limitada pelos governos locais, que alegam questões de segurança ou escondem interesses. O trabalho dos inspetores é restrito e, dessa forma, os relatórios produzidos são insuficientes.

O caso do Irã

O Irã tem sido alvo de desconfiança sobre o uso de energia nuclear desde 2005. O programa iraniano, que prevê a construção de novas usinas nucleares, contraria os interesses dos Estados Unidos, que suspeitam que o país estaria desenvolvendo tecnologia para fabricar armas.

Para o governo do Irã, as usinas nucleares servirão para gerar energia, em substituição ao petróleo, garantindo assim o desenvolvimento econômico do país. Líderes estadunidenses, como o então presidente George W. Bush, não aceitaram o argumento e insinuaram que a tecnologia nuclear poderá ser utilizada por grupos fundamentalistas. O presidente dos Estados Unidos afirmou em 2003 que "a comunidade internacional precisa se unir para deixar claro ao Irã que não vamos tolerar a construção de armas nucleares. O Irã seria perigoso se tivesse uma arma nuclear".

Até meados de 2008, a AIEA não tinha encontrado nenhum indício que confirmasse as suspeitas dos Estados Unidos. Mesmo assim, as pressões do governo estadunidense e de outras potências – França e Alemanha, por exemplo – continuaram. Em setembro de 2008 o presidente iraniano Mahmoud Ahmadinejad declarou à ONU que continuará com seu programa nuclear.

Mahmoud Ahmadinejad, presidente do Irã em 2012, conta com o apoio de setores conservadores de seu país. Fotografia de 2012.

■ Discussão sobre o texto

1. Por que, mesmo após o fim da Guerra Fria, o mundo não se tornou mais seguro?
2. Discuta por que a crise dos mísseis de 1962 desencadeou pressões pela redução das armas nucleares.
3. Analise por que alguns países como Itália, Japão e Alemanha não integraram o acordo proposto pelos Estados Unidos e pela União Soviética de não proliferação de armas nucleares.
4. A Agência Internacional de Energia Atômica tem autonomia para agir, caso suspeite que determinado país não esteja cumprindo o acordo de não proliferação nuclear? Justifique.
5. Quais são as alegações dos Estados Unidos para impedir a construção de novas usinas nucleares no Irã? Quais as justificativas do Irã para desenvolver seu projeto?

FAZENDO HISTÓRIA

A crise do governo João Goulart

O documento abaixo é um trecho do editorial do jornal *Correio da Manhã*, de 31 de março de 1964.

Basta!

Até que ponto o Presidente da República abusará da paciência da Nação? Até que ponto pretende tomar para si, por meio de decretos-lei, a função do Poder Legislativo? Até que ponto contribuirá para preservar o clima de intranquilidade e insegurança que se verifica, presentemente, na classe produtora? Até quando deseja levar ao desespero, por meio da inflação e do aumento do custo de vida, a classe média e a classe operária? Até que ponto quer desagregar as Forças Armadas por meio da indisciplina que se torna cada vez mais incontrolável? [...]

Não contente de intranquilizar o campo, [...] agitando igualmente os proprietários e os camponeses, de desvirtuar a finalidade dos sindicatos, cuja missão é a das reivindicações de classe, agora estende a sua ação deformadora às Forças Armadas, destruindo de cima a baixo a hierarquia e a disciplina, o que põe em perigo o regime e a segurança nacional. [...]

Queremos o respeito à Constituição. [...] Se o sr. João Goulart não tem a capacidade para exercer a presidência da República e resolver os problemas da Nação dentro da legalidade constitucional, não lhe resta outra saída senão entregar o Governo ao seu legítimo sucessor.

É admissível que o sr. João Goulart termine o seu mandato de acordo com a Constituição. Este grande sacrifício de tolerá-lo até 1966 seria compensador para a democracia. Mas, para isto, o sr. João Goulart terá de desistir de sua política atual, que está perturbando uma Nação em desenvolvimento e ameaçando de levá-la à guerra civil.

A Nação não admite nem golpe nem contragolpe.

Disponível em: <http://franklinmartins.com.br/estacao_historia_artigo.php?titulo=basta-e-fora-dois-editoriais-do-correio-da-manha>. Acesso em: 4 set. 2014.

1. Qual é o tema discutido nesse editorial?
2. Qual a posição do jornal em relação ao presidente João Goulart? Registre dois itens extraídos do documento que justifiquem sua resposta.
3. O documento defende a ordem constitucional ou sua ruptura? Comente como o texto do jornal *Correio da Manhã* sugeria que João Goulart devesse se comportar diante da crise política pela qual passava o país.
4. Com base no que foi estudado neste capítulo, procure descobrir por que o jornal citou os dois problemas a seguir como consequências da política de governo do presidente João Goulart.
   a) Insegurança na classe produtora.
   b) Desespero das classes média e operária.

LENDO HISTÓRIA

Antes de ler

- Em 11 de setembro de 1973, o compositor chileno Victor Jara foi preso e levado ao Estádio Nacional, em Santiago, Chile. Nesse mesmo dia foi torturado, teve suas mãos amputadas e foi morto pelos militares. Antes disso, no estádio, escreveu seu último poema, que reproduzimos abaixo.
- Jara foi vítima da repressão do governo de seu país. Você conhece algum artista que já foi reprimido por causa de suas ideias ou atitudes?

Estádio Chile

Somos cinco mil
nesta pequena parte da cidade.
Somos cinco mil.
Quantos seremos no total,
nas cidades e em todo o país?
Somente aqui, dez mil mãos que semeiam
e fazem andar as fábricas.
Quanta humanidade
com fome, frio, pânico, dor,
pressão moral, terror e loucura!
[...]
Um morto, um espancado como jamais imaginei
que se pudesse espancar um ser humano.
[...]
Quantos somos em toda a pátria?
O sangue do companheiro Presidente
golpeia mais forte que bombas e metralhas.
Assim golpeará nosso punho novamente.
Como me sai mal o canto
quando tenho que cantar o espanto!
Espanto como o que vivo
como o que morro, espanto.
De ver-me entre tantos e tantos
momentos do infinito
em que o silêncio e o grito
são as metas deste canto.
O que vejo nunca vi,
o que tenho sentido e o que sinto
fará brotar o momento...

Victor Jara era líder do movimento Nueva Canción, caracterizado por músicas de protesto. Acima, aparece em fotografia de 1973.

Victor Jara. Estádio Chile, set. 1973.
Disponível em: <http://www.adital.com.br/site/noticia2.asp?lang=ES&cod=25825>. Acesso em: 14 set. 2014.

De olho no texto

1. Qual o tema central do poema?
2. No verso "o sangue do companheiro Presidente", a que episódio o poeta se refere?
3. Em sua opinião, como o poeta se sente? Cite trechos do poema para justificar sua resposta.
4. A quem ele se refere ao dizer "Quantos somos em toda a pátria?".

QUESTÕES GLOBAIS

1. Observe a ilustração.

Tio Sam parado ao lado do cesto de maçãs. Ilustração de 1897. Nas maçãs dentro do cesto estão escritos os nomes de estados estadunidenses conquistados após sua independência.

   a) Descreva a imagem. Atente para a personagem e o cenário retratados.

   b) Por que cada maçã que está no cesto foi identificada com o nome de um estado estadunidense?

   c) A personagem retratada é o Tio Sam, um dos símbolos dos Estados Unidos. Ele está observando a maçã na qual está escrito Cuba. Qual é o significado disso? Responda com base no que você estudou até aqui.

2. Compare os governos socialistas de Cuba e do Chile e indique as principais diferenças e semelhanças entre os dois processos.

[PARA SABER MAIS]

Livros

O jovem Che Guevara, de Roniwalter Jatobá. São Paulo: Nova Alexandria, 2004.
Conta a infância e a juventude do argentino Ernesto Guevara, o Che, um dos mais importantes líderes revolucionários da América Latina.

Mano descobre a liberdade, de Gilberto Dimenstein e Heloisa Prieto. São Paulo: Senac/Ática, 2001.
O livro é sobre um garoto que descobre segredos incríveis por meio da leitura de fatos passados. O principal deles trata da importância de justiça, respeito e liberdade.

Propaganda e cinema a serviço do golpe 1962/1964, de Denise Assis. São Paulo: Mauad, 2001.
Nesse livro a autora mostra como a arte e a propaganda podem desestabilizar um governo e mudar os rumos políticos de um país. Refere-se especificamente às produções patrocinadas por grandes empresários e altos funcionários públicos que colaboraram para desestabilizar o governo de João Goulart, abrindo caminho para os militares.

••• Síntese

A Revolução Cubana
- Cuba e sua relação com os Estados Unidos
- Fidel Castro no poder
- A reação dos Estados Unidos
- A exportação dos ideais da revolução

O colapso do populismo no Brasil
- A presidência de Jânio Quadros
- O medo do comunismo
- Os militares e a posse de João Goulart

O governo Jango
- O breve parlamentarismo
- As reformas de base
- O caminho para o golpe militar
- Marcha contra Jango

As ditaduras militares na América do Sul
- O apoio dos Estados Unidos
- A ditadura na Argentina
- As Mães da Praça de Maio
- A Guerra das Malvinas e o fim da ditadura
- Chile: de Salvador Allende a Pinochet

Linha do tempo

SÉCULO XX (1901 — 2001)

- **1959** Revolução Cubana
- **1961** Renúncia do presidente Jânio Quadros
- **1962** Crise dos mísseis
- **1964** Golpe militar e deposição de João Goulart
- **1967** Morte de Che Guevara
- **1973** Início da ditadura militar chilena
- **1976** Golpe militar na Argentina
- **1982** Argentina é derrotada na Guerra das Malvinas

191

PROJETO

Montagem de exposição de cartazes

Objetivos

Você e seus colegas vão produzir cartazes com informações sobre países que tiveram destaque na Guerra Fria. Nesses cartazes deve ser explicado por que esses países sobressaíram no período e devem ser apresentadas as condições atuais dessas nações, dos pontos de vista econômico, político e social.

Organização do trabalho

- O trabalho será realizado em grupos definidos pelo professor.
- Depois de formados, os grupos escolherão um dos países abaixo para pesquisar.

    Afeganistão   Cuba
    Angola   Vietnã do Norte
    Coreia do Norte   Vietnã do Sul
    Coreia do Sul

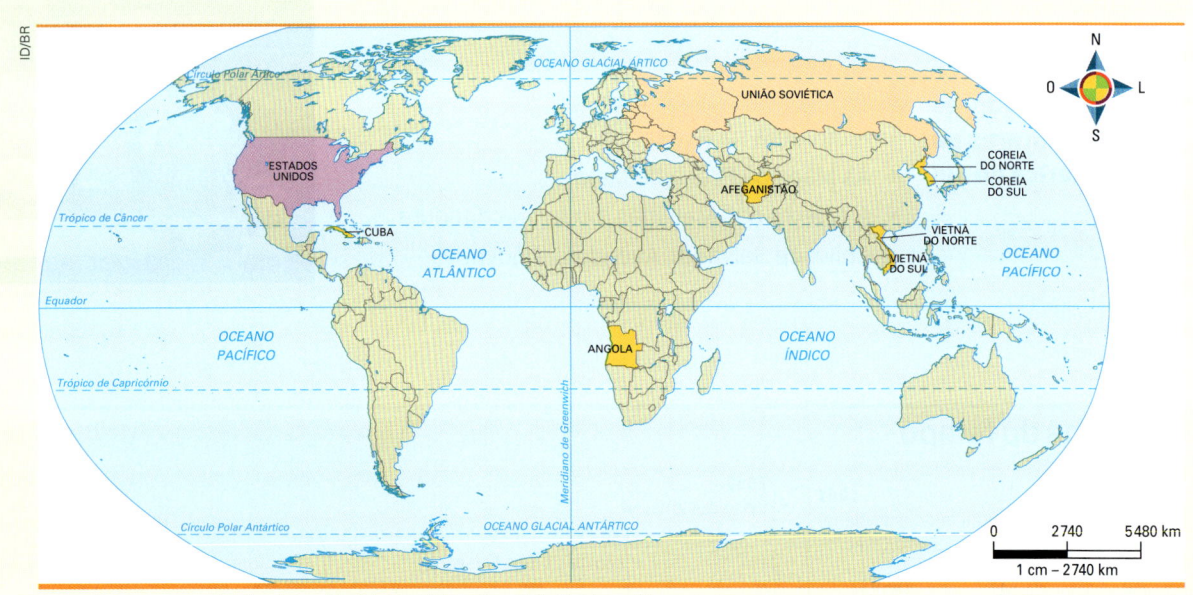

Fonte de pesquisa: *Atlas histórico escolar*. Rio de Janeiro: FAE, 1991. p. 45.

Levantamento de dados

- Cada grupo fará uma pesquisa sobre o país escolhido, levantando as seguintes informações:

- Situação socioeconômica e política antes do envolvimento com as questões da Guerra Fria:
  - regime político;
  - breve panorama social e econômico (verifique se o país era rico ou pobre, principais atividades econômicas, população e, se possível, índices de natalidade, desemprego, etc.)

- Situação do país no contexto internacional da Guerra Fria:
  - Como ocorreu seu envolvimento no conflito?
  - Estava alinhado a algum bloco?
  - Envolveu-se em alguma guerra?
  - Qual foi o desfecho?

- O país nos dias atuais:
  - população;
  - regime político;
  - renda *per capita*;
  - índice de mortalidade infantil;
  - principais atividades econômicas;
  - envolvimento em conflitos militares ou áreas de tensão.

- O grupo deverá pesquisar imagens para enriquecer o cartaz em revistas, jornais, livros e na internet, que ajudem a compreender a realidade atual do país.

> **DICAS DE PESQUISA**
> - Consultem *sites* desses países na internet, assim como as páginas de organismos internacionais como a ONU e o Banco Mundial, que possuem informações sobre esses países. Almanaques anuais de dados nacionais e internacionais também são boa fonte de pesquisa.
> - Não deixem de citar a fonte e a página (no caso de *site*, incluam na bibliografia o endereço e a data do último acesso).
> - Revistas de História, Geografia e revistas semanais trazem informações que podem ajudá-los na busca de dados confiáveis.

Elaboração do trabalho

- O grupo deverá reunir as informações solicitadas acima e juntá-las com outras selecionadas que possam enriquecer o trabalho.
- O grupo elegerá um redator para escrever um texto explicativo, partindo de uma elaboração coletiva do assunto. O texto deverá destacar o papel do país na Guerra Fria e a sua atual situação política.
- O texto deve ser sintético e claro.

Execução do cartaz

- O cartaz pode ser feito em papel *kraft* ou em cartolina. Se o grupo julgar necessário, consultem o professor sobre a possibilidade de confeccionar mais de um cartaz.
- No cartaz deverá aparecer em destaque um texto explicativo que situe o país no período da Guerra Fria e dados sobre sua realidade atual.
- Gráficos, tabelas e outros recursos gráficos devem ilustrar o cartaz para torná-lo mais didático e complementar ou aprofundar o conteúdo do texto.
- Na medida do possível, fotografias e ilustrações devem ser usadas para ajudar no entendimento do texto.

Montagem da exposição

- O professor vai decidir qual o local mais adequado para a montagem da exposição.
- Caberá a ele também marcar a data para a exposição dos trabalhos.
- Na data estabelecida, cada grupo fará uma breve apresentação sobre os resultados obtidos com esse trabalho.

Os historiadores costumam dividir o período da ditadura militar no Brasil em três etapas: de 1964 a 1968, a do estabelecimento do regime; de 1968 a 1974, a do endurecimento do regime; e de 1974 a 1985, a da abertura política, que culminou com o fim do ciclo militar de 21 anos. Nesse período, a economia do país cresceu apesar do aumento da dívida externa e do aprofundamento da desigualdade de renda, além de prisões, torturas, mortes e exílio de muitas pessoas que se opuseram ao regime.

Prá frente Brasil

7 de Setembro
DIA DA PÁTRIA

CONFEDERAÇÃO NACIONAL DA INDÚSTRIA
SERVIÇO SOCIAL DA INDÚSTRIA

SEMANA DA PÁTRIA

A ditadura militar no Brasil

CAPÍTULO 7

O QUE VOCÊ VAI APRENDER

- O golpe militar de 1964
- O endurecimento do regime
- O AI-5 e o fechamento político
- A distensão lenta e gradual
- A efervescência cultural nos anos 1960 e 1970

CONVERSE COM OS COLEGAS

As imagens ao lado são reproduções de dois cartazes de propaganda do governo brasileiro no início da década de 1970. Observe-os atentamente.

1. O que mais chamou a sua atenção nesses cartazes? Há referências que são comuns às duas imagens? Quais?
2. O que você conhece sobre a história política do Brasil no período em que eram veiculados cartazes como esses?
3. Preste atenção ao nome deste capítulo. O que você entende por "ditadura militar"?
4. Relacione o nome do capítulo às mensagens dos cartazes. Que impressões causam?
5. Por que os governos militares brasileiros faziam questão de veicular propagandas sobre o Brasil como essas que você vê aqui?
6. Será que todo mundo que vivia no Brasil na época da ditadura militar concordava com os métodos do governo para manter a ordem e o progresso do país? E o que será que pensavam as pessoas que discordavam do governo quando viam cartazes com mensagens como essas?

Cartazes de propaganda do governo militar brasileiro na década de 1970.

MÓDULO 1 — O golpe de 1964

O golpe militar de 1964 encerrou o período democrático brasileiro. Os militares tomaram o poder prometendo trazer estabilidade política, econômica e social. Esse período foi marcado pela repressão e por perseguições políticas.

●●● Castelo Branco: o início da ditadura

Em 31 de março de 1964, tropas rebeladas deixaram Juiz de Fora, MG, em direção ao Rio de Janeiro. Sem encontrar resistência, receberam adesão de importantes unidades militares de diversos locais do Brasil. O presidente João Goulart foi deposto e uma **junta militar** assumiu o poder.

No dia 11 de abril, o marechal Humberto de Alencar Castelo Branco foi eleito presidente da República pelo Congresso Nacional. A expectativa era de que ele apenas completasse o mandato de João Goulart, isto é, ficasse até 1966, quando seriam promovidas eleições diretas para a escolha de um novo presidente. Por isso, inicialmente, muitos setores não se opuseram ao novo governo. Porém, o governo militar se prolongou.

Castelo Branco (ao centro) durante sua posse. Brasília, DF, 1964.

Os Atos Institucionais

Nas mãos dos militares, o Poder Executivo fortaleceu-se em detrimento do Legislativo. A centralização política e as ações autoritárias se concretizaram, principalmente com a promulgação dos Atos Institucionais. Esses atos foram instrumentos jurídicos que permitiram ao governo militar alterar a Constituição sem a aprovação do Congresso Nacional.

O primeiro Ato Institucional, posteriormente nomeado AI-1, foi promulgado em 9 de abril de 1964. Com ele, foram cassados mandatos de parlamentares, governadores, e os direitos políticos de outros representantes eleitos, por um período de dez anos.

A justificativa para a cassação foi combater a ameaça comunista e a subversão. Outro artigo permitia a aprovação de projetos de lei por decurso de prazo, ou seja, os projetos do Poder Executivo que não fossem votados em trinta dias entravam em vigor automaticamente. Esse dispositivo enfraqueceu o Congresso Nacional. Foi o início da implantação da **Doutrina de Segurança Nacional**, cujo objetivo era identificar aqueles que questionavam e criticavam o regime estabelecido.

Entre 1964 e 1969 foram decretados dezessete Atos Institucionais.

As intervenções militares

A participação dos militares em diversas crises políticas, desde a proclamação da República, sempre foi justificada pelos próprios militares como parte da "missão constitucional" das Forças Armadas: preservar a ordem e os interesses nacionais. Porém, na história recente do país, apenas em 1964 eles tomaram o poder diretamente. Em outras ocasiões, os militares não agiram como protagonistas.

A política econômica

Os militares desejavam a modernização e o crescimento econômico do país e, para isso, estabeleceram uma **política econômica desenvolvimentista** calcada na ampla participação do Estado e do capital externo.

Assim, o governo Castelo Branco tomou medidas para superar a estagnação econômica, como a renegociação da dívida externa e a reorganização das contas públicas, promovendo ampla abertura da economia ao capital estrangeiro.

O arrocho salarial e o crescimento econômico

Internamente, o governo adotou medidas para conter a inflação, como o arrocho dos salários, impedindo que o percentual de reajuste do valor dos salários alcançasse os índices do custo de vida. Dessa forma, os salários passaram a ter poder menor de compra, o que reduziu o consumo e, consequentemente, a pressão inflacionária.

Ao mesmo tempo, atraídas pelos incentivos governamentais oferecidos, mais empresas multinacionais instalaram-se aqui, principalmente no eixo Rio-São Paulo, o que fortaleceu o parque industrial do país. Assim, o Brasil passou a ser importante exportador de manufaturados.

Politicamente poderosos durante o governo Jango, os **sindicatos** tiveram sua influência reduzida drasticamente. O controle e as intervenções impostas pelo governo praticamente anularam as manifestações de descontentamento em relação à abertura ao capital estrangeiro.

Aliança para o Progresso

A Aliança para o Progresso foi um programa de cooperação econômica implantado pelos Estados Unidos para ajudar os empobrecidos países latino-americanos. Foi estabelecido pelo presidente estadunidense John Kennedy, em 1961. Com esse programa, os Estados Unidos encontraram um meio de combater a propagação do comunismo na América Latina.

Cartaz do programa Aliança para o Progresso, 1961. Coleção particular.

A primeira página da *Folha de S.Paulo*, de 22 de abril de 1964, tratava da intenção do Ministério da Fazenda em combater a inflação a curto prazo, plano que seria submetido à análise de Castelo Branco.

GLOSSÁRIO

Arrocho dos salários: contenção do nível dos salários, geralmente associada a medidas de contenção de despesas; arrocho salarial.

Capital externo: recursos financeiros de outros países; capital estrangeiro.

As eleições indiretas e o bipartidarismo

O Ato Institucional n. 2, AI-2, foi promulgado em outubro de 1965. A partir desse ato, os partidos políticos existentes foram declarados extintos e as eleições para presidente e vice-presidente da República passaram a ser indiretas, feitas por um Colégio Eleitoral composto de parlamentares. O AI-2 implantou o **bipartidarismo**, isto é, apenas dois partidos representavam os grupos políticos: de um lado a Aliança Renovadora Nacional (**Arena**), favorável ao governo; de outro, o Movimento Democrático Brasileiro (**MDB**), que reunia os setores oposicionistas tolerados pelo governo.

Nas eleições para governadores e vice-governadores de estado, em 1966, os candidatos governistas foram derrotados em estados importantes. Em função disso, foi promulgado o AI-3, que suspendeu as eleições diretas também para governadores e vice-governadores, que passaram a ser eleitos pelas Assembleias Legislativas. Os prefeitos passaram a ser nomeados.

O AI-4, em 1967, estabeleceu a redução do mandato presidencial de cinco para quatro anos e excluiu a possibilidade de reeleição. Ao fixar a duração dos mandatos e a alternância no poder, os militares davam a entender que a ditadura não teria traço personalista. Isso apenas disfarçava o autoritarismo, pois os militares tinham plenos poderes e perseguiam os adversários que contestassem o regime. Mas o pior ainda estava por vir. Em 1968, foi decretado o AI-5, que aumentou a censura e a repressão política.

O AI-2 estabeleceu eleições indiretas para presidente, extinção dos partidos e suspensão das garantias constitucionais. Na fotografia, detalhe da primeira página do jornal *Folha de S.Paulo*, de 28 de outubro de 1965.

Reunião do Conselho de Segurança Nacional, órgão que assessorava o presidente, presidida pelo general Costa e Silva. Brasília, DF, 16 de julho de 1968.

Verifique o que aprendeu

1. Como o regime militar procurou disfarçar, inicialmente, que o país vivia sob uma ditadura?
2. Por que o governo militar contava com a simpatia do capital estrangeiro?
3. O que é um Ato Institucional?
4. O que foi o bipartidarismo implantado pelo AI-2?

ATIVIDADES

1. Explique por que alguns setores políticos não se opuseram imediatamente ao governo Castelo Branco.

2. O autor de cordéis Rodolfo Coelho Cavalcante, um anticomunista, saudou o golpe militar com estes versos.

> As primeiras providências
> Foram por certo tomadas
> Com a cassação dos mandatos
> E as liberdades privadas
> Dos políticos extremistas
> Realmente comunistas...
> Graças às Forças Armadas!
>
> Citado por: Mark Curran. *História do Brasil em cordel*. São Paulo: Edusp, 1998. p. 189.

   a) Para o autor, qual foi o principal mérito do regime militar?
   b) Por que a supressão das liberdades não é um problema para o autor?

3. Analise a imagem.
   a) O que se vê na fotografia?
   b) Em sua opinião, a imagem condiz com a visão do governo militar de que o país estava em uma situação normal?
   c) O que significa a presença de tanques de guerra nas ruas?

   Tanques na cidade do Rio de Janeiro, RJ, em 1964.

4. Leia o texto a seguir e responda às questões.

> Uma das características do regime implantado em 1964 foi o de não ser uma ditadura pessoal. Poderíamos compará-lo a um condomínio em que um dos chefes militares – general de quatro estrelas – era escolhido para governar o país com prazo definido. A sucessão presidencial se realizava, de fato, no interior da corporação militar, com audiência maior ou menor da tropa, conforme o caso, e decisão final do Alto Comando das Forças Armadas. Na aparência, de acordo com a legislação, era o Congresso quem elegia o presidente da República, indicado pela Arena. Mas o Congresso, descontados os votos da oposição, apenas sacramentava a ordem vinda de cima.
>
> Boris Fausto. *História do Brasil*. São Paulo: Edusp/Fundação para o Desenvolvimento da Educação. 1999. p. 475.

   a) Aparentemente, quem elegia o presidente? E quem o escolhia de fato?
   b) Qual era, na prática, a função do Congresso?
   c) Segundo o texto, é possível verificar diferenças entre a ditadura militar brasileira e os regimes ditatoriais do restante da América Latina?
   d) Qual era a intenção dos militares ao não permitir um governo personalista?

APRENDER A...

Analisar e comparar discursos históricos

Um mesmo acontecimento histórico pode ter diferentes versões ou ser interpretado sob pontos de vista distintos. Cada discurso, seja escrito ou falado, expressa o pensamento de seu autor ou do grupo que ele representa. Os fragmentos a seguir foram retirados de dois documentos históricos que se referem a um período conturbado da história do Brasil: os dias que antecederam o golpe militar de 1964. Refletem opiniões diferentes e defendem ideias opostas. O primeiro é o discurso proferido por João Goulart, então presidente da República, durante um comício em 13 de março de 1964, na Central do Brasil, no Rio de Janeiro. O segundo foi elaborado por generais do Exército como resposta ao discurso do presidente João Goulart e ficou conhecido como *Manifesto ao Exército*.

■ As fontes

Documento 1

Chegou-se a proclamar, trabalhadores brasileiros, que esta concentração seria um ato atentatório ao regime democrático como se no Brasil a reação ainda fosse dona da democracia, ou proprietária das praças e ruas. Desgraçada democracia a que tiver de ser defendida por esses democratas. Democracia para eles não é o regime da liberdade de reunião para o povo. O que eles querem é uma democracia de um povo emudecido, de um povo abafado nos seus anseios, de um povo abafado nas suas reivindicações [...].

Democracia, trabalhadores, é o que o meu governo vem procurando realizar, como é do meu dever. [...]

Há necessidade, trabalhadores, da revisão da Constituição da nossa República, que não atende mais aos anseios do povo e aos anseios do desenvolvimento desta Nação.

[...] o governo, que é também o povo e que também só ao povo pertence, reafirma os seus propósitos inabaláveis de lutar com todas as suas forças pela reforma da sociedade brasileira. Não apenas pela reforma agrária, mas pela reforma tributária, pela reforma eleitoral ampla, e pelo voto do analfabeto, pela elegibilidade de todos os brasileiros, pela pureza da vida democrática, pela emancipação econômica, pela justiça social e pelo progresso do Brasil.

João Goulart. Discurso de 13 de março de 1964. Disponível em: <http://www.gedm.ifcs.ufrj.br/upload/documentos/33.pdf>. Acesso em: 5 set. 2014.

Documento 2

Os Generais de Exército, abaixo-assinados, membros do Alto Comando, dirigem-se a seus camaradas:

Em ostensivo conluio com notórios elementos comunistas, sob cujo domínio parece que até mesmo encontra-se, o Presidente João Goulart vem se colocando na mais flagrante ilegalidade, através de sucessivos atentados à prática justa do regime democrático. [...]

A Nação está sendo mantida em permanente sobressalto que cada vez mais ameaça levar ao caos econômico-social, negando-se ao povo o clima de tranquilidade e de ordem indispensável ao trabalho honesto e fecundo, ao desenvolvimento da economia nacional e ao aprimoramento da justiça social.

[...] atenta-se sistematicamente contra as instituições militares que a Constituição Federal requer sejam "organizadas com base na hierarquia e disciplina" [...] e é o próprio Presidente da República quem incita à indisciplina e oferece plena cobertura a motins desencadeados, à vista do povo todo, sob a orientação de comunistas conhecidos. [...]

Conscientes das responsabilidades que nos cabem como Chefes, conclamamos a todos os camaradas do Exército Brasileiro, sem distinção de postos ou graduações, a cerrar fileiras em nome da Segurança Nacional, para salvaguarda da estrutura das nossas Forças Armadas gravemente ameaçadas.

Mauro Magalhães. Carlos Lacerda: o sonhador pragmático. Em: Mary Del Priore. *Documentos de História do Brasil*: de Cabral aos anos 90. São Paulo: Scipione, 1997. p. 110.

A interpretação dos discursos

Para interpretar um discurso é preciso primeiro identificar o tema tratado e para quem se destina a mensagem. Para isso, responda às questões.

1. Qual é o tema central do discurso de João Goulart? A quem esse discurso se destinava?
2. Qual é o tema central do manifesto dos generais do exército? Para quem esse manifesto foi escrito?

João Goulart discursando ao lado de sua esposa Maria Tereza, na Central do Brasil, em 13 de março de 1964.

Outro passo importante é distinguir as diferentes versões apresentadas. Responda.

3. Qual é o principal problema da sociedade brasileira da época, segundo o discurso de João Goulart?
4. Quais são as razões apontadas pelos militares para explicar a crise pela qual passava a sociedade brasileira em meados da década de 1960?
5. Qual era a visão de governo democrático para João Goulart, segundo o Documento 1?
6. O que significava governo democrático para os militares, segundo o Documento 2?

Também é necessário analisar as palavras usadas no texto, pois elas revelam o que pensa o autor do discurso.

7. Você já aprendeu que o presidente João Goulart defendia reformas sociais que priorizavam a classe trabalhadora. Localize no texto palavras ou expressões que fundamentem as suas ideias.
8. Agora, identifique no discurso dos militares palavras ou expressões que mostrem que eles defendiam ideias consideradas conservadoras, do ponto de vista político e social.

Redação de um texto crítico

9. Use as informações que você levantou, com base nos documentos analisados, para discutir as possíveis causas do golpe de 1964 e escreva suas conclusões a respeito.

MÓDULO 2
O endurecimento do regime

No final do governo Castelo Branco, crescia a insatisfação com o regime militar. A volta à "normalidade democrática", uma promessa dos militares, não se concretizou. Manifestações indicavam o repúdio de setores da sociedade brasileira ao governo. Porém, entre os anos de 1968 e 1974 a ditadura se fortaleceu e se tornou mais severa.

A linha dura no poder

O marechal **Arthur da Costa e Silva**, ex-ministro da Guerra de Castelo Branco, assumiu a presidência da República em 15 de março de 1967 e adotou medidas econômicas menos rigorosas que as de seu antecessor.

Seu objetivo era incentivar o crescimento econômico por meio de investimentos públicos internos, tais como a concessão de créditos a empresas e a flexibilização da taxa de câmbio, favorecendo o comércio exterior. Medidas como essas, assim como o combate à inflação e a adoção de uma nova política salarial, aplacaram a recessão e permitiram ao governo reconquistar o apoio de alguns setores da sociedade. Era o início do chamado **milagre econômico** brasileiro. Paralelamente, a repressão à oposição cresceu.

Em 1969, o presidente Costa e Silva adoeceu e os militares impediram que seu vice, o civil Pedro Aleixo, assumisse o poder. Indicaram para o cargo o general **Emílio Garrastazu Médici**.

Médici era defensor das medidas de combate aos opositores. Compactuavam com ele os militares do grupo conhecido por **linha dura**, porque apoiavam a repressão. Durante seu governo, foram frequentes as violações dos direitos humanos.

No plano econômico, Costa e Silva havia deixado bons resultados. Vivia-se um clima de ufanismo, embalado pela conquista do tricampeonato mundial de futebol pela seleção brasileira, em 1970.

Moderados e radicais

Havia divergências dentro das Forças Armadas. Em linhas gerais, podemos identificar dois grandes grupos: os moderados ou grupo da Sorbonne, numa alusão à formação francesa dos oficiais, ligados a Castelo Branco e à Escola Superior de Guerra (ESG), e os radicais, a linha dura, cujo principal representante era Médici.

GLOSSÁRIO

Concessão de crédito: empréstimo de dinheiro, serviço ou mercadoria para pagamento futuro.

Taxa de câmbio: taxa pela qual duas moedas de diferentes países podem ser trocadas.

O presidente Arthur da Costa e Silva. Rio de Janeiro, RJ, 1966.

●●● O AI-5 e o fechamento político

Em 1968, o deputado Márcio Moreira Alves fez um discurso responsabilizando os militares pela violência contra os movimentos estudantis e propondo o boicote aos desfiles de 7 de setembro daquele ano. Os militares queriam processá-lo, mas a Câmara dos Deputados não permitiu. Em resposta, o governo decretou o **AI-5**.

O quinto Ato Institucional foi uma das medidas mais duras e contestadas da ditadura militar. Com esse decreto, publicado em 13 de dezembro de 1968, Costa e Silva respondia às mobilizações políticas e ao enfrentamento ensaiado pelos políticos de oposição.

As medidas do AI-5

As principais decisões do AI-5 foram: o presidente da República passava a ter plenos poderes, em detrimento de qualquer lei ou instituição; ficavam estabelecidas a cassação de políticos que se opusessem ao governo e a suspensão do *habeas corpus* para os presos políticos.

O *habeas corpus* (do latim: "que tenhas teu corpo") é um instrumento jurídico existente em todas as nações democráticas de direito, e sua função é proteger os cidadãos que forem presos ilegalmente pelo Estado.

Com a suspensão do *habeas corpus*, os presos políticos podiam sofrer punições físicas e psicológicas, e até mesmo ser mortos, sem qualquer responsabilização do poder público. Institucionalizava-se, assim, a tortura no Brasil.

Em uma demonstração de força, o presidente Costa e Silva ainda fechou o Congresso Nacional e cassou o mandato dos parlamentares.

A censura se tornou mais rigorosa e as liberdades políticas, como o direito de expressão e organização, foram reprimidas com mais força. O AI-5 vigorou até 1979.

Por ordem da Polícia Federal, as rotativas do jornal *O Estado de S. Paulo* foram desligadas quando imprimiam a edição de 13 de dezembro de 1968, que protestava contra o AI-5.

Tortura nunca mais

A tortura é um crime contra a dignidade do ser humano. Durante a ditadura militar, ela foi largamente utilizada para obter confissões e delações. Atualmente, segundo órgãos de defesa dos direitos humanos, como a Anistia Internacional, a tortura continua sendo praticada no sistema carcerário brasileiro. Converse com os colegas.

1. Pesquisem em jornais, revistas e na internet informações sobre o atual sistema penitenciário no Brasil. Procurem saber de que forma os presos são tratados.
2. Discutam maneiras de superar esses problemas.

Cassação dos direitos políticos

Aqueles que tinham seus direitos políticos cassados não podiam, entre outras coisas, disputar eleições e exercer funções públicas. Além dos políticos, muitos funcionários públicos, como professores universitários, foram aposentados por divergir da ditadura.

Entretanto, embora fragilizado diante dos militares, o Congresso Nacional funcionou durante quase toda a ditadura.

●●● A luta armada e a repressão

A guerrilha foi a resposta dos movimentos de oposição aos atos de violência praticados pelos militares. Sindicatos e movimentos estudantis eram reprimidos pelas forças policiais e os partidos políticos tinham ação restrita. Como não havia liberdade de expressão e de organização política, os grupos mais radicais adotaram a luta armada.

As guerrilhas

A partir de 1967, formou-se no interior do país, na região do rio Araguaia, na fronteira dos estados do Pará, Maranhão e do atual Tocantins, um importante movimento guerrilheiro. A **Guerrilha do Araguaia**, como ficou conhecido o movimento, foi organizada pelo Partido Comunista do Brasil (PC do B) e reivindicava a posse da terra como instrumento para a organização dos camponeses. Os guerrilheiros se propunham a proteger os militantes e a população vizinha até que o movimento se fortalecesse e a ditadura militar fosse derrubada.

Montando um forte aparato militar, imensamente superior ao dos guerrilheiros, o governo conseguiu vencê-los em 1975. Apesar da resistência e do apoio de camponeses, os últimos combatentes foram dizimados.

Outros grupos de guerrilha surgiram no país. Dois dos mais conhecidos foram a Vanguarda Popular Revolucionária (VPR), da qual participava o capitão Carlos Lamarca, e a Ação Libertadora Nacional (ALN), liderada por Carlos Marighela.

A atuação das guerrilhas nas grandes cidades incluía assaltos a bancos e sequestros, como formas de financiar os movimentos e, ao mesmo tempo, chamar atenção da opinião pública.

A reação do governo foi intensa, com o uso constante de tortura contra os prisioneiros, para que delatassem os planos de ação e denunciassem os companheiros. Era comum a distribuição de cartazes que identificavam os guerrilheiros como inimigos do país e a serviço dos regimes comunistas.

Também houve reação por parte de grupos extremistas armados de direita, como o Comando de Caça aos Comunistas (CCC), que perseguiam os revolucionários.

> **O sequestro do embaixador**
>
> Em 1969, o embaixador dos Estados Unidos no Brasil, Charles Elbrick, foi sequestrado por guerrilheiros. As negociações para a libertação do representante do governo estadunidense incluíram a libertação de diversos presos políticos militantes de esquerda, que em seguida partiram para o exílio.

Cartaz e capa de revista com fotos de pessoas consideradas subversivas. No cartaz, o primeiro à esquerda, em cima, é Carlos Lamarca, da VPR. O governo apelava à ordem e à segurança da família para estimular a delação, o que obrigava os militantes a viver clandestinamente.

●●● A censura

A censura foi aplicada em diversos campos da cultura, do lazer e da informação. Assim como as manifestações políticas eram reprimidas, o governo censurava a imprensa, os livros publicados, as canções e os programas de televisão. Nas universidades, vários professores foram forçados a se aposentar por se oporem à ditadura.

Nos grandes jornais, havia censores nas redações, que liam as matérias antes de serem publicadas. Para deixar claro que atuava sob censura, o jornal *O Estado de S. Paulo*, por exemplo, publicava receitas culinárias ou versos dos *Lusíadas*, de Camões, no lugar das notícias censuradas. Sob o AI-5, ninguém tinha acesso pleno à informação.

Sem liberdade nas redações da grande imprensa, muitos jornalistas atuavam na chamada **imprensa alternativa**. *O Pasquim*, criado em 1969, foi a principal publicação com esse perfil. Com humor e ironia, o jornal expressava suas críticas e era um dos meios de resistência à censura.

Capa de *O Pasquim*, de 17 de novembro de 1969, publicada após a prisão de quase toda a equipe do jornal.

Música, teatro, televisão e cinema

Na música popular, as canções de protesto eram o principal alvo dos censores. Com o uso de metáforas, os compositores e intérpretes expressavam suas críticas.

Salas de teatro com peças consideradas subversivas chegaram a ser invadidas por tropas militares. À televisão, principal veículo de comunicação de massa, a ditadura dedicava atenção especial. Algumas telenovelas chegaram a ser interrompidas, pois os censores detectaram nelas críticas ao governo.

No cinema, os roteiros sofriam cortes e proibia-se a exibição de filmes que manifestassem opinião contrária à propaganda governista.

A espionagem política e a tortura

Para perseguir adversários, a ditadura valeu-se do Serviço Nacional de Informações (SNI), que espionava, infiltrava agentes nos grupos opositores e monitorava até os militares.

Havendo suspeita de "ameaça à ordem", as forças policiais prendiam suspeitos e instauravam processos contra eles. Durante o governo Médici, a pena de morte por fuzilamento foi incluída na Lei de Segurança Nacional.

O órgão de repressão mais atuante foi o Destacamento de Operações de Informações e Centro de Operações de Defesa Interna (DOI-Codi). Nesse e em outros órgãos, a tortura de presos políticos era uma prática comum.

O caso Para-Sar

Radicais das Forças Armadas forjaram planos terroristas para desacreditar os grupos de esquerda junto à opinião pública. Um dos mais controvertidos foi o caso Para-Sar, no qual o brigadeiro João Paulo Burnier ordenou que membros da Unidade de Busca e Salvamento da Aeronáutica (Para-Sar) executassem um extenso plano terrorista incluindo a explosão do gasômetro do Rio de Janeiro, que seria creditada a grupos de esquerda. O capitão-aviador Sérgio Miranda de Carvalho recusou-se a obedecer às ordens do brigadeiro Burnier e foi afastado da Força Aérea, em 1969.

O "milagre econômico"

O período de maior repressão política foi também o de maior expansão econômica. O Produto Interno Bruto brasileiro (PIB) cresceu cerca de 10% ao ano entre 1968 e 1974.

O crescimento foi sustentado pelo capital estrangeiro, que investiu, sobretudo, em indústrias de bens de consumo duráveis, como automóveis e eletrodomésticos. Os produtos eram vendidos graças à oferta de crédito, o que permitiu às camadas médias mais acesso ao consumo.

A construção civil também alavancava os índices de crescimento. O governo estimulou o crédito habitacional por meio do Banco Nacional da Habitação (BNH) e dos recursos do Fundo de Garantia do Tempo de Serviço (FGTS).

O "milagre econômico" escondia, no entanto, uma das perversidades do modelo de desenvolvimento ditatorial: o crescimento da dívida externa e a concentração da renda.

Para financiar a expansão, o governo atraía capitais externos pagando altos juros pelos empréstimos. A economia crescia e os grupos mais ricos aumentavam seu poder de compra. Mas o aquecimento da economia elevava os preços dos bens e mercadorias, o que atingia, sobretudo, as classes mais pobres. Como os salários não subiam na mesma proporção que os preços, os ricos estavam cada vez mais ricos e os pobres, cada vez mais pobres.

Porém, com a propaganda governamental e a percepção de crescimento das oportunidades, as pessoas associavam o êxito econômico à ditadura e, portanto, a apoiavam.

Verifique o que aprendeu

1. O que foi o AI-5? Relacione suas principais medidas.
2. Qual era o objetivo das guerrilhas?
3. Por que a ditadura censurava a imprensa e as manifestações artísticas?
4. O que foi o SNI? Qual era a sua função durante o regime militar?
5. Explique o que foi o "milagre econômico".

Grandes obras públicas, como usinas hidrelétricas, pontes e a rodovia Transamazônica, foram símbolos do "milagre econômico". As obras eram utilizadas como propaganda governamental, pois representavam o progresso que a ditadura afirmava assegurar ao país. Na fotografia, a ponte Rio-Niterói, RJ, em construção, dezembro de 1973.

ATIVIDADES

1. Leia alguns trechos do AI-5.

   > Art. 2º O Presidente da República poderá decretar o recesso do Congresso Nacional, das Assembleias Legislativas e das Câmaras de Vereadores [...].
   > Art. 3º [...] poderá decretar a intervenção nos Estados e Municípios, sem as limitações previstas na Constituição.
   > [...]
   > Art. 5º A suspensão dos direitos políticos, com base neste Ato, importa simultaneamente em: [...]
   > II. suspensão do direito de votar e de ser votado nas eleições sindicais; [...]
   > IV. aplicação, quando necessário, das seguintes medidas de segurança:
   > a) liberdade vigiada;
   > b) proibição de frequentar determinados lugares; [...]
   > Art. 10º Fica suspensa a garantia de *habeas corpus* nos casos de crimes políticos, contra a segurança nacional, a ordem econômica e social e a economia popular.
   >
   > Disponível em: <http://www.planalto.gov.br/ccivil_03/AIT/ait-05-68.htm>. Acesso em: 5 set. 2014.

   a) Qual cargo político teve seus poderes ampliados?
   b) Que medidas foram estabelecidas?
   c) Por que o AI-5 é considerado arbitrário?
   d) Transcreva o trecho do documento que indica que também as pessoas não diretamente relacionadas a atividades políticas específicas seriam atingidas.

2. Como os órgãos de comunicação e as manifestações artísticas (cinema, música, televisão, teatro, jornais) reagiam às imposições do regime militar?

3. Em sua opinião, os anos 1968-1974 foram efetivamente "anos de endurecimento do regime"? Justifique.

4. Analise a tabela abaixo e responda às questões propostas.

Índice do salário mínimo real (1960-1970) (1960 = 100)	
Ano	%
1960	100,00
1964	92,42
1967	71,92
1968	70,38
1970	68,93

   Fonte de pesquisa: Maria Yedda Linhares (Org.). *História geral do Brasil*. Rio de Janeiro: Elsevier, 1990. p. 369.

   a) Interprete a tabela e explique o que aconteceu com o valor do salário mínimo entre as décadas de 1960 e 1970.
   b) Considerando os dados da tabela, é possível dizer que o crescimento econômico favoreceu a todos os brasileiros? Por quê?
   c) Como ficou conhecido o período entre 1968-1974 do ponto de vista econômico?

5. Leia o trecho abaixo. Junto com os colegas, discutam o porquê da opção na ditadura pelo transporte individual e as consequências dessa opção nos dias atuais. Elabore um texto com as conclusões.

   > Não foram pequenos os custos sociais decorrentes da expansão da indústria automobilística. Em primeiro lugar, a grande ênfase em carros de passageiros encorajou uma forma relativamente ineficiente de transporte. A questão do combustível era vital, porque o Brasil importava então 80 por cento do seu petróleo.
   >
   > Thomas Skidmore. *Brasil*: de Castelo a Tancredo. Rio de Janeiro: Paz e Terra, 1988. p. 277.

MÓDULO 3

A distensão lenta e gradual

O sucessor de Emílio Garrastazu Médici foi o general Ernesto Geisel. Em seu governo, que começou em 1974, Geisel deu início ao processo de abertura política. Com isso pretendia promover a volta à "normalidade democrática", após torturas, exílios e perseguições. Esse processo, porém, foi lento. Demorou mais de dez anos para ser concluído.

••• A abertura "lenta, gradual e segura"

Geisel assumiu a presidência com o intuito de preservar a unidade entre os militares e reduzir a influência dos integrantes da chamada linha dura, responsáveis pela prática da tortura e pela perseguição aos opositores do regime militar.

Ao mesmo tempo, Geisel não queria demonstrar a fraqueza do regime e, menos ainda, estimular manifestações de grupos de esquerda contra a ditadura. Por isso, prometeu uma abertura "lenta, gradual e segura".

Porém, sob o novo governo, as coisas não caminhariam como desejavam os grupos que lutavam pela volta à democracia, como a Ordem dos Advogados do Brasil (OAB), a Igreja católica e a Associação Brasileira de Imprensa (ABI), mas também não se manteve a política de ações violentas e desumanas contra os grupos de esquerda.

O governo pretendia recuperar o diálogo com a sociedade civil organizada e, aos poucos, permitir o livre funcionamento dos outros poderes, num caminho que restabelecesse a ordem democrática.

Em seu discurso de posse, em março de 1974, Geisel prometeu realizar a abertura política.

Durante o governo Geisel ocorreram grandes manifestações como esta, na cidade do Rio de Janeiro, RJ, em 1979. Exigiam-se a libertação dos presos políticos e a permissão para o regresso dos exilados.

Os anos da distensão

Os grupos militares da linha dura viam com reservas as intenções do novo presidente. Geisel assumiu o poder com a guerrilha dizimada e procurou aproximar-se de grupos que mantinham resistência à ditadura, mas que não apoiavam os movimentos de extrema esquerda, como alguns setores da imprensa.

As forças militares radicais temiam que Geisel, num gesto político de aproximação com a sociedade civil, começasse a investigar casos de tortura praticados por elas.

O clima de tensão dentro do próprio regime indicava um confronto entre os partidários da abertura e os defensores de métodos cruéis de repressão. Nesse embate, uma nova onda de violência, entre 1974 e 1975, atingiu suspeitos que atuavam na imprensa.

O caso Herzog

Um caso específico abalou a reputação do regime militar. O jornalista Vladimir Herzog, que trabalhava na TV Cultura de São Paulo, havia sido convocado para depoimentos no DOI-Codi. No entanto, apareceu morto no dia seguinte, após ter assinado um documento no qual afirmava ser comunista. Um comunicado oficial do comando do Exército, de 27 de outubro de 1975, afirmava que o jornalista havia se suicidado. Fotografias foram divulgadas para comprovar a informação, mas diversos indícios sinalizavam que ele havia sido assassinado nas dependências do DOI-Codi.

Um grande ato ecumênico foi organizado na Catedral da Sé, no centro de São Paulo. Milhares de pessoas compareceram ao ato e lideranças religiosas criticaram a ação violenta, o uso da tortura e o desrespeito aos direitos humanos no Brasil.

Essa manifestação fez com que a sociedade se mobilizasse cada vez mais contra os métodos ditatoriais. Geisel repreendeu o comandante do exército em São Paulo. Mas somente após outras mortes ocorridas em circunstâncias parecidas com a de Herzog, também nas dependências do DOI-Codi paulista, o presidente destituiu o comandante e passou o controle dos órgãos de repressão para a presidência da República, em 1976.

A fotografia divulgada pelo exército após a morte de Herzog sugere que ele havia cometido suicídio. No entanto, não convenceu a opinião pública brasileira. São Paulo, SP, 25 de outubro de 1975.

O ato ecumênico em homenagem a Herzog, realizado na Catedral da Sé, em São Paulo, SP, em 31 de outubro de 1975, reuniu milhares de pessoas, numa das manifestações políticas mais importantes contra o regime militar.

●●● O final da ditadura

O governo temia que a oposição se fortalecesse ainda mais após a morte de Herzog e de outros, em condições tão obscuras. O resultado das eleições municipais de 1976 consagrou candidatos oposicionistas em grandes cidades do país, incluindo as capitais, que votaram apenas para eleger vereadores.

Para não perder o controle da situação nas eleições seguintes, o governo preparou um plano conhecido como o "pacote de abril", decretado em 1977. O Congresso foi fechado e foi criada a figura dos **senadores biônicos**, que correspondiam a um terço do Senado e não eram eleitos diretamente. Foi a solução encontrada pelo regime para não perder a maioria entre os representantes no Congresso. No mesmo pacote de leis, o mandato presidencial passou a ser de seis anos e as eleições de 1978, para governador, passaram a ser indiretas.

No plano econômico, a crise internacional fez diminuir a entrada de recursos. Com isso as taxas de crescimento despencaram e o custo de vida disparou. Era o fim do "milagre econômico".

Governo Figueiredo

O último presidente militar foi o general **João Batista Figueiredo**. Ao assumir o governo, em março de 1979, ele prometeu concluir a abertura iniciada por Geisel.

Em agosto de 1979, o Congresso Nacional aprovou a **Lei da Anistia**, que permitia aos exilados retornar ao Brasil e prometia não investigar os crimes políticos praticados durante o regime, aí incluídos os dos militares.

Os altos índices de inflação e de desemprego fizeram com que os sindicatos voltassem a organizar manifestações. Um dos que mais se destacaram foi o Sindicato dos Metalúrgicos do ABC, em São Paulo.

Tendo como um dos líderes o sindicalista Luiz Inácio Lula da Silva, os metalúrgicos encorajaram greves e manifestações de outras categorias trabalhistas pelo país. Porém, após uma greve ocorrida em 1980, os líderes foram presos pelo governo.

Nesse ano, o governo criou uma tática para impedir a vitória do MDB nas eleições estaduais de 1982. Foi restabelecido o **pluripartidarismo**, e cinco partidos foram legalmente constituídos: o Partido Democrático Social (PDS, sucessor da Arena), o Partido do Movimento Democrático Brasileiro (PMDB, ex-MDB), o Partido dos Trabalhadores (PT), o Partido Democrático Trabalhista (PDT) e o Partido Trabalhista Brasileiro (PTB). Com isso, o governo pretendia pulverizar os votos da oposição.

Em 1982, foram realizadas eleições diretas para governador. Os partidos de oposição venceram nos estados politicamente mais fortes, como São Paulo, Rio de Janeiro e Minas Gerais.

> **O terrorismo de direita**
>
> A linha dura queria intimidar e refrear os movimentos pela redemocratização. Uma carta-bomba enviada para a seção da Ordem dos Advogados do Brasil, em 1980, matou a secretária da instituição. Em 1º de maio de 1981, um oficial do exército morreu e outro ficou ferido com a detonação de uma bomba no carro estacionado em que estavam, no Rio Centro, RJ, enquanto acontecia um grande *show* de música popular brasileira.

> **Verifique o que aprendeu** ●●●
>
> 1. Por que Geisel afirmou que faria uma abertura "lenta, gradual e segura"?
> 2. A única forma de oposição ao regime militar era a dos movimentos de guerrilha? Justifique.
> 3. Por que o caso Herzog foi um marco na luta pela abertura política?
> 4. Qual era o principal objetivo da Lei da Anistia?

O líder sindicalista Lula em missa realizada durante a greve dos metalúrgicos no ABC, SP, em 1980.

ATIVIDADES

1. Leia o texto abaixo, sobre a proposta de abertura feita por Geisel.

   > O projeto de abertura [...] deveria claramente comportar garantias básicas para o regime: evitar o retorno de pessoas, instituições e partidos anteriores a 1964; proceder-se em um tempo longo – seu caráter lento –, de mais ou menos dez anos, o que implicaria a escolha ainda segura do sucessor do próprio Geisel e a incorporação de uma nova constituição. [...]
   >
   > Francisco Carlos Teixeira da Silva. Crise da ditadura militar e o processo de abertura política no Brasil, 1974-1985. Em: Jorge Ferreira e Lucilia de Almeida Neves Delgado (Org.). *O tempo da ditadura*: regime militar e movimentos sociais em fins do século XX. Rio de Janeiro: Civilização Brasileira, 2003. p. 262-263.

   a) Quais as garantias necessárias para que se implementasse a abertura?
   b) Como se explica a necessidade de um tempo longo para o processo de abertura?
   c) Quais as medidas consideradas necessárias para a realização do processo?

2. Todos os setores militares concordavam com a proposta de abertura de Geisel? Justifique.

3. Leia o texto abaixo.

   > Nos primeiros meses do governo Geisel os linhas-duras deram mostras de que ainda controlavam o aparato de repressão e o estavam usando para enfraquecer os esforços visando à liberalização. [...]
   >
   > [...] No início de abril um ilustre advogado de São Paulo, Washington Rocha Cantral, foi preso e torturado. [...] O fato de terem podido arrastá-lo e torturá-lo mostrava quão pouco mudara o comportamento do governo em comparação com a era de Médici. Mas a circunstância de ele ter ousado processar o Exército e de a Ordem dos Advogados havê-lo apoiado tão ruidosamente mostra o quanto mudara a disposição de ânimo público. O medo das violências das forças de segurança começara a refluir e uma instituição de elite estava pronta para desafiá-las.
   >
   > Thomas Skidmore. *Brasil*: de Castelo a Tancredo. Rio de Janeiro: Paz e Terra, 1988. p. 329.

   a) Junte-se a um colega. Identifiquem as mudanças políticas e sociais a que o texto se refere. Utilizando as informações do texto e o que aprenderam sobre esse tema, tracem um painel da era Médici e do início da abertura proposta por Geisel. Apontem semelhanças e diferenças, permanências e transformações.
   b) Ao final, elaborem um texto com as conclusões a que chegaram.

4. O texto a seguir trata da questão do MDB no final do período militar. Leia-o e responda às questões.

   > [...] em seu interior [do MDB] militavam diferentes correntes político-ideológicas, na prática seus antagonismos se dissipavam permitindo uma unidade de ação que não era do interesse de um Governo cujo objetivo era manter sob seu controle o processo da abertura. O bipartidarismo que funcionara até então já não servia mais aos interesses do regime. Era preciso promover a fragmentação desta frente, sobretudo porque o surgimento dos movimentos sociais independentes fortalecia o bloco oposicionista sob o comando do MDB [...].
   >
   > Lincoln de Abreu Penna. *Uma história da República*. Rio de Janeiro: Nova Fronteira, 1989. p. 324.

   a) Por que o sistema bipartidário fortalecia o MDB?
   b) Por qual motivo o governo entendia ser necessário acabar com o bipartidarismo?
   c) A abertura política proposta pelo governo era totalmente democrática? Justifique.

MÓDULO 4

A efervescência cultural

O período da ditadura militar foi também um momento de ebulição cultural, com a realização de importantes manifestações artísticas. De alguma forma, os artistas que apresentavam suas obras dialogavam com o processo político da ditadura. A arte tornou-se um caminho para a contestação aos governos militares.

••• O movimento estudantil

Entre as principais vozes contra a ditadura estavam as dos estudantes. Representando a categoria, a União Nacional dos Estudantes (UNE) promoveu diversas manifestações e passeatas. Os estudantes reivindicavam o aumento de vagas nas universidades públicas, a universalização do ensino gratuito e a melhora do nível e das condições de estudo.

Em 1964, a UNE e as representações locais da União Estadual dos Estudantes (UEE) foram colocadas na ilegalidade. Para os militares, os estudantes não passavam de "jovens baderneiros", ligados a setores e partidos de esquerda. Ainda assim, atuando na clandestinidade, os estudantes continuaram contestando o regime militar. Em junho de 1968, organizaram no Rio de Janeiro a manifestação que ficou conhecida como a "Passeata dos Cem Mil", um dos mais significativos atos de repúdio ao regime militar. Outra manifestação foi o XXX Congresso da UNE, em Ibiúna, interior de São Paulo. Mais de mil estudantes compareceram, e o encontro foi interrompido com a chegada das forças do Departamento de Ordem Política e Social, o Dops, criado para controlar e reprimir movimentos de oposição à ditadura e que prendeu centenas de estudantes. A UNE só voltou à legalidade em 1985.

"Passeata dos Cem Mil", em junho de 1968, Rio de Janeiro, RJ.

Os Centros Populares de Cultura

Além das greves, passeatas e manifestações diretas contra os governos militares, os estudantes participaram da vida política do país nos Centros Populares de Cultura (CPC), criados em 1961.

Por meio de atividades artísticas, os CPC disseminavam a discussão política nos setores populares da sociedade. Pretendia-se, assim, conscientizar a população do que se passava na política brasileira usando o teatro, a música e o cinema.

●●● O teatro engajado

Em São Paulo, o sucesso do Teatro de Arena, que privilegiava os autores nacionais e a discussão da realidade política do país, estimulou outros grupos teatrais a encenar peças com temas engajados na realidade nacional.

Em outros lugares do Brasil, como Recife, surgiam grupos amadores que, mesmo sem recursos, dispunham-se a popularizar esse tipo de espetáculo.

O Teatro Oficina

Além do Arena, outro expoente do teatro engajado brasileiro foi o **Teatro Oficina**. Fundado em 1958 por um grupo de estudantes da Faculdade de Direito da Universidade de São Paulo, o Oficina se tornou um local para a repercussão de temas políticos nas décadas de 1960 e 1970.

Em 1967, o Oficina realizou uma das principais montagens teatrais do período: *O rei da vela*, baseada em texto escrito em 1933 por Oswald de Andrade. A peça narra a história de um industrial falido do ramo de velas, que se afunda em dívidas tomando dinheiro emprestado de um americano. Toca em temas controversos, como a economia nacional, a relação com os Estados Unidos e os conflitos de classes sociais.

A partir de 1974, com o exílio de José Celso Martinez Corrêa, diretor do grupo, o Teatro Oficina realizou poucas montagens. Na década de 1990, José Celso retomou os trabalhos do grupo.

Atores durante apresentação da peça *O rei da vela*, de Oswald de Andrade, em 1967, dirigida por José Celso Martinez Corrêa. No elenco estavam: Renato Borghi, Francisco Martins, Fernando Peixoto, Liana Duval, Ítala Nandi, Etty Fraser, Dirce Migliaccio, entre outros.

●●● Os festivais de música

Na segunda metade da década de 1960, surgiram os festivais de música brasileira, que tinham o propósito de lançar novos talentos. Tais eventos tiveram grande sucesso graças a dois fatores: a expansão da televisão no Brasil, com as grandes emissoras (Record, Excelsior e Globo) que promoviam os festivais; e o momento político vivido pelo país, com a juventude percebendo nas letras das canções um meio de manifestar-se politicamente.

Entre 1965 e 1969, os festivais possibilitaram o surgimento de uma nova geração de compositores e intérpretes da Música Popular Brasileira, a MPB, como Geraldo Vandré, Edu Lobo, Chico Buarque, Gilberto Gil, Caetano Veloso, Tom Zé, Milton Nascimento, Elis Regina, Jair Rodrigues, entre outros. Paralelamente aos festivais de MPB, também foram realizados os festivais universitários e o Festival Internacional da Canção, cuja primeira edição foi apresentada pela TV Rio e depois pela Rede Globo.

Nara Leão, durante Festival da TV Record, em outubro de 1966. O júri premiou a inocente canção "A banda", cantada por Nara Leão. Chico Buarque, porém, compositor da canção, exigiu o empate com "Disparada", música militante de Geraldo Vandré.

Tropicalismo e Jovem Guarda

Em meio ao tenso ambiente da política brasileira, das acirradas disputas dos festivais, da eloquência das canções de protesto e da música engajada, surgiram dois importantes movimentos no cenário musical: o Tropicalismo e a Jovem Guarda.

O **Tropicalismo** nasceu com a proposta de assimilar influências, ritmos e formas musicais em evidência em outras partes do mundo. Para os tropicalistas, tratava-se de mesclar temas brasileiros com as inovações estéticas estrangeiras, sem rejeitar nenhum gênero musical nacional.

Artistas e grupos musicais, como Tom Zé, Os Mutantes, Caetano Veloso, Gilberto Gil e outros, absorviam elementos de diferentes gêneros musicais (*rock*, bolero, samba, etc.), recorrendo à guitarra elétrica em substituição ao violão, e enfatizavam a necessidade de modernização e internacionalização da MPB.

O movimento tropicalista influenciou vários campos artísticos. Para além da música, muitos estudiosos consideram que montagens de teatro, como *O rei da vela*, manifestações artísticas, como as de Hélio Oiticica, e filmes, como *Terra em transe*, de Glauber Rocha, aproximavam-se da proposta tropicalista.

A **Jovem Guarda**, cujo surgimento está ligado ao programa de mesmo nome apresentado na TV Record a partir de 1965, foi um movimento musical que basicamente repercutia e incorporava características do *rock*, influenciado, sobretudo, por grupos como Beatles e Rolling Stones. A assimilação deu origem ao chamado "iê-iê-iê", o *rock* brasileiro da década de 1960.

Roberto Carlos, Erasmo Carlos e Wanderléa, os maiores expoentes do iê-iê-iê, foram prontamente rotulados de "alienados" pelo público engajado, pois o programa de televisão e as letras de suas canções não tratavam de temas da política nacional. Mas a Jovem Guarda influenciou uma multidão de jovens, que passaram a copiar o modo de vestir, de falar e de se comportar de seus ídolos.

Os Mutantes, grupo de *rock* formado em 1966 por Rita Lee, Arnaldo Baptista e Sérgio Dias, caracterizava-se pela irreverência.

> **Verifique o que aprendeu**
> 1. Qual era a proposta dos Centros Populares de Cultura?
> 2. O que foram o Tropicalismo e a Jovem Guarda?
> 3. Explique a expressão "teatro engajado".
> 4. O que levou os festivais de música da década de 1960 a ter tanto sucesso?

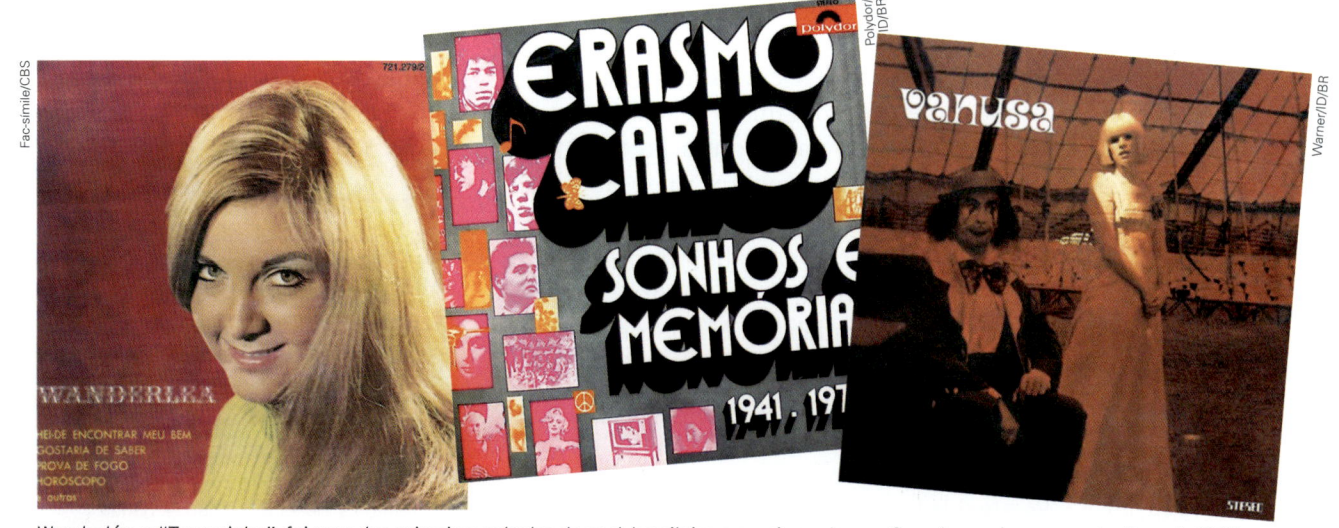

Wanderléa, a "Ternurinha", foi uma das primeiras estrelas do *rock* brasileiro a surgir na Jovem Guarda, aqui em capa de disco de 1967; Erasmo Carlos, o "Tremendão", fazia dupla com Roberto Carlos, com quem gravou muitos discos, como esse de 1972; Vanusa (à dir.), estrela do movimento, cantava músicas românticas, aqui em capa de disco de 1974.

ATIVIDADES

1. Leia a notícia a seguir, veiculada em agosto de 1977, e responda às questões.

> O Secretário de Segurança Pública, coronel Antônio Erasmo Dias, comandou pessoalmente a operação policial que interrompeu o ato público que se realizava ontem à noite defronte à PUC [Pontifícia Universidade Católica de São Paulo], prendendo todos os manifestantes, estimados em mais de mil pessoas. [...]
>
> "O ato público está proibido", disse o secretário. "Comícios, passeatas e qualquer tipo de ato público estão proibidos. Todos serão presos e enquadrados na Lei de Segurança Nacional. Não aceitamos desafios. [...]"
>
> Cassetetes, bombas de gás lacrimogêneo e de efeito moral foram empregados [contra os estudantes] pelos policiais.
>
> Folha de S.Paulo, 23 ago. 1977. Em: Mary Del Priore. *Documentos de História do Brasil*: de Cabral aos anos 90. São Paulo: Scipione, 1997. p. 122-123.

   a) Quais foram os argumentos usados pelo secretário para impedir a manifestação?
   b) Qual foi a reação da polícia em relação aos estudantes?
   c) Com base no conteúdo do capítulo, responda: O que justificava a atitude do secretário e da polícia?

2. Observe a charge a seguir.

   Elabore um pequeno texto analisando o significado da expressão "pancadas esparsas" e por qual motivo a personagem Graúna associou a expressão à política.

   Charge de Henfil retratando duas de suas personagens, o bode Orelana e Graúna. *Revista Fradim*, 1974-1975.

3. A quais processos históricos o surgimento dos festivais de música no Brasil está relacionado?

4. O texto abaixo é de Torquato Neto, um dos idealizadores do Tropicalismo. Leia-o com atenção.

> Um grupo de intelectuais – cineastas, jornalistas, compositores, poetas e artistas plásticos – resolveu lançar o tropicalismo. O que é? Assumir completamente tudo o que a vida dos trópicos pode dar, sem preconceitos de ordem estética, sem cogitar de cafonice ou mau gosto, apenas vivendo a tropicalidade e o novo universo que ela encerra, ainda desconhecido. Eis o que é.
>
> Citado por: Joaquim Alves de Aguiar. Panorama da música popular brasileira: da bossa nova ao *rock* dos anos 80. Em: Jorge Schwartz (Org.); Saúl Sosnowski. *Brasil*: trânsito da memória. São Paulo: Edusp, 1994. p. 147-148.

   a) De acordo com o texto, explique a razão do nome Tropicalismo.
   b) Cite dois artistas ligados ao movimento tropicalista.
   c) A partir do texto acima, interprete a frase: "O projeto extenso do tropicalismo define-se pela assimilação" (Luiz Tatit. *O século da canção*. Cotia: Ateliê, 2004. p. 207).

ARTE e CULTURA

A história do Brasil no traço de Henfil

O cartunista mineiro Henrique de Souza Filho, o Henfil (1944-1988), colaborou em vários órgãos da imprensa brasileira, como *O Pasquim*, *Jornal do Brasil* e *O Globo*. Ao longo de 25 anos de atividade, criou personagens que se tornaram populares, como Graúna, Zeferino, bode Orelana e os Fradins.

A vida política e os temas sociais eram suas principais inspirações. Com criatividade, Henfil fez uma leitura crítica e bem-humorada do Brasil. Por meio de seus desenhos, podemos entender um pouco a história brasileira recente, da ditadura à abertura política.

■ Crítica social

Essas charges foram publicadas na *Revista Fradim*, nos anos de 1974 e 1975, período final do "milagre econômico".

Os indicadores utilizados pelos governos militares para exaltar a melhoria econômica e social do país eram vistos com ironia por Henfil.
Revista Fradim, 1974-1975.

As personagens falam de fome e pobreza, a face oculta do propalado "milagre econômico". Durante o regime militar, as desigualdades sociais e regionais se acentuaram.
Revista Fradim, 1974-1975.

Crise econômica

A crise do petróleo (1973-1979) abalou a economia mundial. No Brasil, extremamente dependente dos investimentos estrangeiros, a crise pôs fim ao "milagre econômico". Com inflação, arrocho salarial e endividamento, os brasileiros começaram a pagar a conta da prosperidade, que os governos militares garantiam ser permanente.

A escalada inflacionária e suas consequências para as classes operárias eram tema sempre abordado por Henfil. *Revista Fradim*, 1974-1975.

Política e sociedade

Os projetos de modernização do país propostos pelos governos militares contrastavam com problemas como a falta de saneamento básico e de serviços de saúde. Como formar um mercado consumidor em meio à carência e à pobreza?

A Graúna de Henfil ironiza os projetos de modernização e industrialização do país. A urgência em criar "polos consumidores" para os produtos industrializados contrastava com problemas básicos, como a falta de água no Nordeste. *Revista Fradim*, 1974-1975.

■ Atividades

1. Que períodos da história do Brasil estão representados aqui pelos desenhos de Henfil?
2. Você conhece outros cartunistas brasileiros? Quais? Que temas eles abordam em seus desenhos?

DOSSIÊ

A Copa de 1970: o uso político do futebol

Em plena ditadura militar, o Brasil venceu a Copa do Mundo realizada no México em 1970. A seleção canarinho tornou-se tricampeã mundial, um feito inédito na história do futebol.

As relações entre esse esporte e a política sempre alimentaram muitas polêmicas. Para alguns intelectuais, o futebol serviria para mascarar a realidade e pôr em segundo plano a violência praticada pelo Estado policial.

A vitória da seleção poderia ficar restrita às discussões sobre a eficiência do time de Pelé, Tostão, Carlos Alberto e Rivelino. Porém, durante o governo Médici, havia a campanha ufanista do "Prá frente Brasil", que pretendia divulgar a ideia de um Brasil em pleno desenvolvimento, para a qual contribuíam a construção da Transamazônica, das usinas hidrelétricas e outras obras. A seleção vitoriosa era a personificação desse sonho de "Brasil grande".

Em meio às perseguições aos opositores e à prática da censura, a propaganda oficial apresentava os resultados econômicos da era do "milagre econômico". O êxito na economia e a conquista da Copa foram manipulados pela ditadura.

Além de não poder haver crítica, nem liberdade de opinião e expressão, alimentou-se o ufanismo. Defender o país e o governo era quase obrigatório, de acordo com o *slogan* mais repetido à época: "Brasil: ame-o ou deixe-o".

Adesivo da campanha "Brasil: ame-o ou deixe-o".

A televisão

No início da década de 1970, a televisão era um veículo popular nas classes médias dos centros urbanos. Os jogos da Copa do México foram os primeiros a ser transmitidos pela TV, em rede nacional, embalados pelo hino: "Noventa milhões em ação / Pra frente Brasil do meu coração / [...] De repente é aquela corrente pra frente / Parece que todo o Brasil deu a mão / Todos ligados na mesma emoção / Tudo é um só coração / Todos juntos vamos / Pra frente Brasil / Brasil / Salve a seleção!"

A seleção brasileira antes de disputar a semifinal da Copa de 1970.

Aparentemente singela, essa canção, composta por Miguel Gustavo, reforçava a noção de um país unido com um único objetivo, numa mesma emoção. A propaganda ditatorial tinha uma mensagem semelhante: os que divergiam do governo eram considerados inimigos. A "corrente pra frente" do futebol vinculava-se ao "Brasil grande" dos militares que governavam o país. O autoritarismo pegava carona na euforia festiva.

Uso político

É importante observar que o uso político de um esporte popular, como o futebol, não ocorre por uma só via. Torcer pela seleção brasileira não significa alienação das dificuldades do país. E, inversamente, ser consciente dos problemas nacionais não implica torcer pelo fracasso do time brasileiro.

Todavia, no caso do governo Médici, o uso político foi facilitado por estarmos numa ditadura e o governo ter o controle total dos meios de comunicação. O país de Terceiro Mundo que se transformava numa potência futebolística podia, por associação, tornar-se uma potência militar, política e econômica.

O presidente Médici recebeu o time campeão em Brasília e começou a apoiar a Confederação Brasileira de Desporto (CBD), a atual CBF, que a partir de 1971 passou a organizar o campeonato nacional. Em 1979, 94 times disputavam o título nacional. O próprio presidente da CBD, Heleno de Barros Nunes, ao explicar o crescimento da competição, sintetizou a aproximação entre o governo e os dirigentes esportivos: "Onde a Arena vai mal, mais um clube no Nacional".

Se a Arena, o partido governista, perdia apoio e seu poder eleitoral diminuía, à medida que a ditadura caminhava para o fim, o governo investia na construção de estádios e no fortalecimento dos clubes de futebol de todo o país.

Em Brasília, DF, o jogador Roberto Rivelino levanta a taça Jules Rimet, da conquista do tricampeonato mundial de futebol, em 1970. À direita, o presidente Médici cumprimenta outros jogadores.

■ Discussão sobre o texto

1. Como ocorreu o uso político da vitória da seleção brasileira na Copa de 1970 por parte da ditadura militar?
2. A vitória da seleção brasileira contribuiu para criar um sentimento ufanista no país. Explique por quê.
3. Analise o papel da televisão na criação do espírito ufanista durante a Copa de 1970.
4. Em termos políticos, por que a apreciação de um fenômeno popular como o futebol é diferente em um regime ditatorial e em um regime democrático?
5. Como se deu a aproximação entre a ditadura e os dirigentes esportivos após a Copa de 1970?

FAZENDO HISTÓRIA

A prática da tortura

O texto a seguir é o depoimento do frei Tito de Alencar, um religioso católico que foi torturado por apoiar movimentos estudantis e lutar contra a ditadura juntamente com outros membros da ordem dominicana. Seu testemunho e trajetória entre os anos 1968 e 1974 – quando supostamente se suicidou – tornaram-se símbolos da repressão empregada contra os que lutavam em favor da democracia.

> Ao chegar à Oban, fui conduzido à sala de interrogatórios. [...] O assunto era o congresso da UNE em Ibiúna, em outubro de 1968. Queriam que eu esclarecesse fatos ocorridos naquela época. Apesar de declarar nada saber, insistiam para que eu "confessasse". Pouco depois levaram-me para o pau de arara. Dependurado, nu, com mãos e pés amarrados, recebi choques elétricos, de pilha seca, nos tendões dos pés e na cabeça. Eram seis os torturadores, comandados pelo capitão Maurício. Davam-me "telefones" (tapas nos ouvidos) e berravam impropérios. Isso durou cerca de uma hora. Descansei quinze minutos ao ser retirado do pau de arara. O interrogatório reiniciou. As mesmas perguntas, sob cutiladas e ameaças. Quanto mais eu negava, mais fortes as pancadas. A tortura, alternada de perguntas, prosseguiu até as vinte e duas horas. Ao sair da sala, tinha o corpo marcado por hematomas, o rosto inchado, a cabeça pesada e dolorida. Um soldado carregou-me até a cela 3, onde fiquei sozinho. Era uma cela de 3 × 2,5 m, cheia de pulgas e baratas. Terrível mau cheiro, sem colchão e cobertor. Dormi de barriga vazia, sobre o cimento frio e sujo.

GLOSSÁRIO

Impropérios: ofensas.

Oban: Operação Bandeirante. Operação militar financiada por empresários, encarregada da perseguição aos opositores do regime.

Pau de arara: instrumento de tortura que consiste em um pedaço de pau passado entre os joelhos e cotovelos flexionados. Apoiado em dois suportes, suspende a vítima de cabeça para baixo e de cócoras.

Depoimento citado por Frei Betto em *Batismo de sangue*. Em: Mary Del Priore. *Documentos de História do Brasil*: de Cabral aos anos 90. São Paulo: Scipione, 1997. p. 113-114.

A trajetória de frei Tito foi contada no filme *Batismo de sangue*, de Helvécio Ratton, em 2007. O ator Caio Blat (de camisa mais clara) interpreta frei Tito.

1. Com base no conteúdo do capítulo, responda: Por que o assunto do interrogatório era o Congresso da UNE?
2. A quais métodos de tortura o frei foi submetido?
3. Como frei Tito foi tratado após o término da tortura?
4. Discuta com os colegas por que eram utilizados métodos de tortura e se eles eram realmente eficazes dentro do contexto da ditadura militar.

LENDO HISTÓRIA

Antes de ler

- O que significa a palavra "contracultura"? Procure seu significado em um dicionário.
- Na sua opinião, por que o título do texto a seguir relaciona juventude e contracultura?

A juventude e a contracultura

A agitação cultural e política internacional dos anos 1960 ligava-se a uma série de condições materiais comuns a diversas sociedades, além das especificidades locais – no caso brasileiro, em especial, as lutas pelas reformas de base no pré-1964 e contra a ditadura após essa data, que levaram alguns ao extremo da luta armada. Essas condições comuns estavam presentes especialmente na Europa Ocidental e nos Estados Unidos, mas eram compartilhadas também por países em desenvolvimento, como o Brasil: crescente urbanização, consolidação de modos de vida e cultura das metrópoles, aumento quantitativo das classes médias, acesso crescente ao ensino superior, peso significativo dos jovens na composição etária da população, incapacidade do poder constituído para representar sociedades que se renovavam, avanço tecnológico (por vezes ao alcance das pessoas comuns, que passaram a ter cada vez mais acesso, por exemplo, a eletrodomésticos como aparelhos de televisão [...]), etc. Essas condições materiais não explicam por si sós as ondas românticas de rebeldia e revolução, apenas deram possibilidade para que frutificassem ações políticas e culturais inovadoras e diversificadas, aproximando a política da cultura e da vida cotidiana, buscando colocar a imaginação no poder.

Estudantes, no centro do Rio de Janeiro, manifestando-se contra a ditadura, no dia da "Passeata dos Cem Mil", em 26 de junho de 1968.

Foram características dos movimentos libertários dos anos 1960, particularmente de 1968, no mundo todo: inserção numa conjuntura internacional de prosperidade econômica; crise no sistema escolar; [...] busca do alargamento dos sistemas de participação política, cada vez mais desacreditados; simpatia pelas propostas revolucionárias alternativas ao marxismo soviético; recusa de guerras coloniais ou imperialistas; negação da sociedade de consumo; [...] ânsia de libertação pessoal das estruturas do sistema (capitalista ou comunista); mudanças comportamentais; vinculação estreita entre lutas sociais amplas e interesses imediatos das pessoas; aparecimento de aspectos precursores do pacifismo, da ecologia, [...] do feminismo, de movimentos [...], de minorias étnicas e outros, que viriam a desenvolver-se nos anos seguintes.

Marcelo Ridenti. Cultura e política: os anos 1960-1970 e sua herança. Em: Jorge Ferreira; Lucilia de Almeida Neves Delgado (Org.). *O tempo da ditadura*: regime militar e movimentos sociais em fins do século XX. Rio de Janeiro: Civilização Brasileira, 2003. v. 4. p. 152-153.

De olho no texto

1. Qual é a ideia central exposta no texto?
2. O autor vincula os movimentos de contestação aos processos de urbanização, ao acesso a bens de consumo e informação. Que outras explicações podemos dar para o clima de rebeldia do final da década de 1960?
3. A partir do texto, é possível afirmar que as propostas dos movimentos da década de 1960 estão presentes na atualidade? Exemplifique.

QUESTÕES GLOBAIS

1. Relacione as três fases da ditadura militar e os principais acontecimentos de cada uma delas.

2. O que levou à decretação do AI-5? Quais foram as principais consequências?

3. Relacione o "milagre econômico" e as condições econômicas vividas pela maioria da população.

4. Analise o papel da sociedade civil brasileira durante a ditadura. Em sua opinião, a sociedade se manifestou contra os abusos realizados?

5. Leia o fragmento abaixo.

> No ano seguinte [1971] os dois jornais passam a publicar assuntos não usuais na 1ª página em lugar dos textos censurados: poemas de Camões no *Estado* e receitas culinárias no *Jornal da Tarde*. [...]
>
> Em agosto de 1981 *O Estado de S. Paulo* e o *Jornal da Tarde* ganham em última instância uma ação contra a União pelas perdas sofridas com a apreensão das edições de 10 e 11 de maio de 1973, quando apenas os dois jornais foram proibidos de noticiar a renúncia de Cirne Lima, ministro da Agricultura durante o governo Médici.
>
> Disponível em: <http://www.estadao.com.br/historico/resumo/conti6.htm>. Acesso em: 5 set. 2014.

Junte-se a um colega. Com base nas informações dos trechos acima:

a) Identifiquem a que período da História do Brasil esses textos se referem.

b) Considerando o que vocês estudaram no capítulo, elaborem um painel sobre esse período histórico. Destaquem as principais datas, eventos e personagens. Usem também imagens para ilustrá-lo.

PARA SABER MAIS

Livros

Almanaque Jovem Guarda, de Ricardo Pugialli. Rio de Janeiro: Ediouro, 2006.
O livro apresenta a obra e os artistas mais destacados do Tropicalismo e da Jovem Guarda. Trata da efervescente época dos festivais de música na televisão e de sua influência ainda nos dias de hoje.

Dinheiro do céu, de Marcos Rey. São Paulo: Global, 2005.
História de suspense, enigma, surpresa e amor, que conta a história de Danilo Marino, cujo início se passa no período do golpe militar de 1964, no Brasil.

A república dos argonautas, de Anna Flora. São Paulo: Companhia das Letras, 1998.
Em 1979, a autora é apenas uma menina de 14 anos e mora na Vila Madalena, em São Paulo. Os tempos são de passeata, luta política, mas também de namoro com os meninos da república dos argonautas. Livro que mistura a política e a ideologia ao romance e à história recente do Brasil.

Sites

<http://www.centrocultural.sp.gov.br/gibiteca/henfil.htm>
Nesse *site* é possível conhecer aspectos da vida e da obra do cartunista Henfil. De personalidade crítica e satírica, o artista retratou a situação brasileira na década de 1970 com apurado bom humor. Acesso em: 5 set. 2014.

<http://www.itaucultural.org.br/jovemguarda/>
Além do acervo com as músicas mais famosas da Jovem Guarda, o *site* traz vídeos, fotos e a história dos principais artistas da época. Acesso em: 5 set. 2014.

●●● Síntese

O golpe de 1964
- O início da ditadura militar
- A abertura ao capital estrangeiro
- Os Atos Institucionais
- As eleições indiretas e o bipartidarismo

O endurecimento do regime
- A linha dura no poder
- O AI-5
- A luta armada, a repressão e a censura
- A espionagem política e a tortura
- O milagre econômico

A distensão lenta e gradual
- A abertura "lenta, gradual e segura"
- Os anos da distensão
- O caso Herzog
- Governo Figueiredo

A efervescência cultural
- O movimento estudantil
- Os festivais de música
- O teatro engajado
- Tropicalismo e Jovem Guarda

▪ Linha do tempo

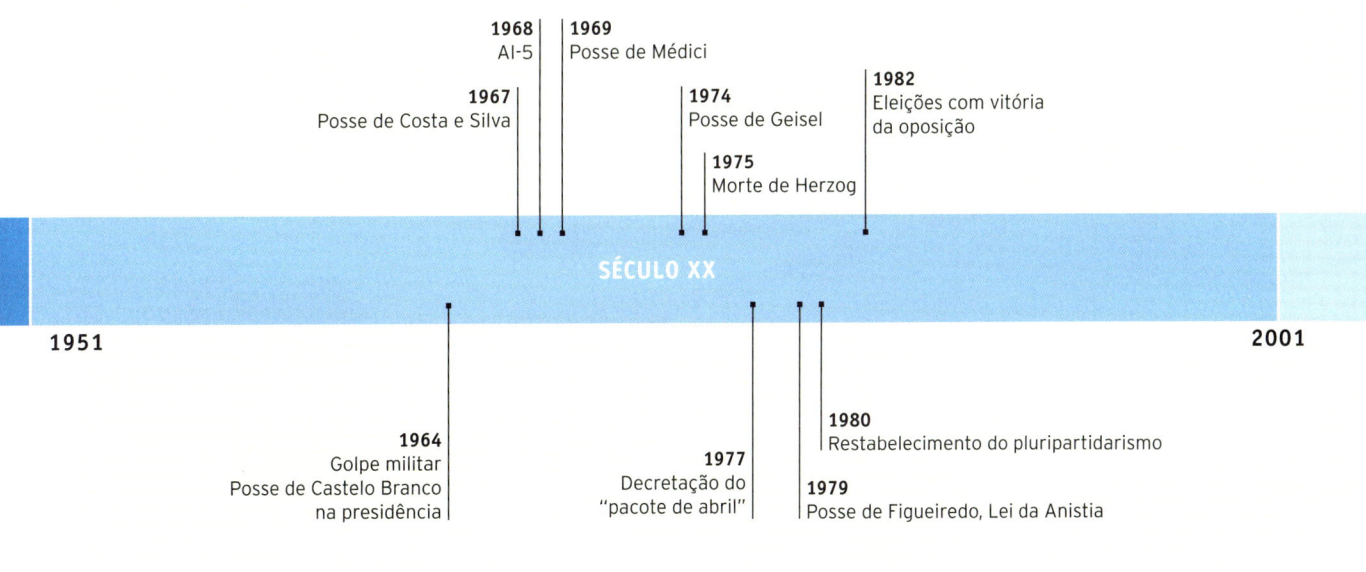

1967 — Posse de Costa e Silva
1968 — AI-5
1969 — Posse de Médici
1974 — Posse de Geisel
1975 — Morte de Herzog
1982 — Eleições com vitória da oposição

SÉCULO XX

1951 — 2001

1964 — Golpe militar. Posse de Castelo Branco na presidência
1977 — Decretação do "pacote de abril"
1979 — Posse de Figueiredo, Lei da Anistia
1980 — Restabelecimento do pluripartidarismo

A partir do fim da ditadura militar, o Brasil voltou a viver sob o regime democrático. Mas questões sociais ainda representam um desafio para o país. Os sucessivos governos, desde 1985, enfrentaram crises econômicas e denúncias de corrupção. A liberdade de expressão, o acesso à informação e o respeito à pluralidade de opiniões, características do processo democrático, permitiram ao país avançar na solução de alguns problemas sociais e econômicos, mesmo no cenário de crise financeira global desse início de século XXI.

A consolidação da democracia

CAPÍTULO 8

O QUE VOCÊ VAI APRENDER

- A campanha pelas Diretas Já
- A eleição indireta de Tancredo Neves
- O governo Sarney
- As eleições diretas
- Os governos Collor, Itamar e FHC
- O governo Lula
- O governo Dilma Rousseff

CONVERSE COM OS COLEGAS

No início do século XXI, o Brasil conquistou notável projeção internacional. Grande produtor global de alimentos, minérios, e também de produtos industrializados, passou a se destacar como um dos maiores consumidores mundiais de produtos de alta tecnologia, como computadores, automóveis e telefones celulares. Como parte dessa nova posição no mundo, o Brasil venceu a disputa para sediar a Copa do Mundo de Futebol de 2014.

Para atender às rígidas normas da Fifa (Federação Internacional de Futebol), muitos estádios foram reformados, construídos ou reconstruídos.

1. A imagem ao lado mostra as obras de reconstrução do principal estádio de Salvador, o estádio Octávio Mangabeira, conhecido como Fonte Nova, na Bahia, em fotografia de 2011. Como você descreveria a cena representada na fotografia? Que tipo de impressão você tem ao observar essa cena?

2. Em 1950, o Brasil sediou sua primeira Copa do Mundo. Quais foram as principais mudanças ocorridas no Brasil entre 1950 e a primeira década do século XXI?

3. O poder público, estadual e federal, financiou a maior parte das reformas dos estádios que sediaram jogos na copa de 2014. Qual é a sua opinião sobre o assunto? Foi importante para o Brasil sediar uma copa do mundo? Por quê?

Obras do estádio Octávio Mangabeira, em Salvador, Ba, que foi sede de jogos da Copa do Mundo de Futebol em 2014. Fotografia de 2011.

MÓDULO 1

A redemocratização

O projeto de abertura política conduzido pelos generais encerrou-se no dia 15 de março de 1985, com a posse do primeiro civil como presidente da República desde 1964. A abertura política, porém, não foi um ato de generosidade dos militares. Ela nasceu de uma exigência da sociedade brasileira.

••• Diretas Já

Em março de 1983, o jovem deputado do PMDB pelo Mato Grosso, Dante de Oliveira, enviou à Câmara Federal um projeto de emenda constitucional que previa o retorno das eleições diretas para presidente da República. Tudo indicava que aquele seria mais um projeto oposicionista rejeitado, dentre tantos outros.

Algumas lideranças políticas e sindicais resolveram convocar o povo para se manifestar a favor da emenda. A princípio uma iniciativa limitada, o movimento cresceu com o apoio de diversos setores da sociedade, que, formando uma grande frente suprapartidária, criaram a campanha pelas **Diretas Já**. Em 25 de janeiro de 1984, um comício na praça da Sé, em São Paulo, reuniu 200 mil pessoas. A partir daí, as manifestações passaram a atrair multidões em praças e avenidas de todo o país.

> **Emenda Dante de Oliveira**
>
> O ex-deputado Dante de Oliveira, autor da emenda das Diretas Já, fez sua carreira política no estado do Mato Grosso. Dante também foi prefeito de Cuiabá e governador daquele estado e faleceu em 2006.
>
> Dante de Oliveira. Fotografia de 2004, em São Paulo, SP.

Manifestantes reunidos para um dos maiores atos públicos de apoio à emenda constitucional que restabelecia as eleições diretas para presidente. Ao fundo, a igreja da Candelária, no Rio de Janeiro, RJ, em 1984.

Palanque onde aparecem alguns líderes do movimento pelas Diretas Já (a primeira-dama paulista Lucy Montoro, o governador do estado de São Paulo André Franco Montoro, a cantora Fafá de Belém e o vice-governador Orestes Quércia), em comício em São Paulo, SP, em março de 1984.

Apesar do amplo apoio popular, o governo militar agiu duramente contra as Diretas Já, censurando a imprensa e pressionando os deputados governistas a votarem contra o projeto. Na madrugada do dia 26 de abril de 1984, a emenda das eleições diretas foi derrotada na Câmara Federal, frustrando milhões de brasileiros.

●●● A sucessão presidencial

Em 1985, chegava ao fim o mandato presidencial do general João Baptista Figueiredo. A eleição permanecia indireta. Mas, com o país em plena abertura política e depois da campanha pelas Diretas Já, não havia mais condições políticas para impor ao **Colégio Eleitoral** outro general-presidente. O governo agora dependia do seu partido político, o Partido Democrático Social (PDS), para eleger um presidente comprometido com o regime militar que impedisse qualquer tentativa de punição pelos crimes cometidos pelo Estado durante a ditadura.

No entanto, o governo não teve sucesso. O nome indicado pelos militares, Mário Andreazza, coronel do exército e ministro do Interior, foi derrotado na Convenção do PDS pelo deputado Paulo Maluf, que, apesar de ser um político ligado à ditadura, não contava com o apoio dos militares. A vitória de Maluf **dividiu** o PDS em malufistas e governistas, beneficiando a oposição.

Tancredo Neves. Fotografia de 1980, em Uberlândia, MG.

A Aliança Democrática

O Partido do Movimento Democrático Brasileiro (PMDB), que saíra fortalecido da campanha das Diretas Já, apresentou a candidatura de um moderado, o governador mineiro Tancredo Neves. Descontente com a candidatura de Maluf, um grupo de políticos rompeu com o governo, formando a **Frente Liberal**. O ex-presidente do PDS, José Sarney, foi então escolhido candidato à vice-presidência da chapa de Tancredo, selando o acordo entre o PMDB e a Frente Liberal, que, juntos, criaram a **Aliança Democrática**.

Apesar da resistência ao nome de Sarney, identificado com a antiga Arena e a ditadura militar, a campanha de Tancredo contava com grande apoio popular e da imprensa, reforçando sua candidatura perante o Colégio Eleitoral.

> **Os "autênticos" do PMDB**
>
> Desde a sua criação, o Partido do Movimento Democrático Brasileiro (PMDB) tornou-se a legenda dos opositores ao regime militar. Muitos de seus membros eram claramente esquerdistas, ligados a partidos e movimentos postos na ilegalidade. Quando o pluripartidarismo foi implantado, o PMDB recebeu novos membros, nem todos com passado de luta pela liberdade. Foi assim que surgiu a chamada "ala dos autênticos", reunindo os políticos identificados com os primeiros tempos do MDB. Os militares temiam que, com a abertura política, os "autênticos" chegassem ao poder e perseguissem os agentes da ditadura.

Material da campanha de Tancredo Neves à presidência da República em 1984, retratando uma das manifestações pró-Diretas Já no Nordeste.

••• A eleição de Tancredo e Sarney

Tancredo Neves e José Sarney foram eleitos pelo Colégio Eleitoral no dia 15 de janeiro de 1985. As expectativas da população em relação a esse governo, que adotou o *slogan* "Muda Brasil!", eram muito grandes. Esperava-se que a democracia viesse resolver todos os problemas herdados da época da ditadura.

No campo social, a desigualdade econômica era o principal desafio. O combate à miséria e a ampliação dos direitos sociais se impunham como questões urgentes.

Na economia, a crise iniciada na segunda metade da década de 1970 acentuava-se cada vez mais. A inflação acelerada, a queda do poder de compra dos assalariados e o crescimento do desemprego exigiam providências rápidas do novo governo.

As incertezas também eram grandes. Como os militares se comportariam, após o longo ciclo ditatorial, recebendo ordens de um presidente civil? A Aliança Democrática incluía de ex-guerrilheiros de esquerda a antigos aliados dos militares. Como um grupo tão heterogêneo iria conviver no governo?

Após ser eleito pelo Colégio Eleitoral, Tancredo Neves comemora acompanhado do deputado Ulysses Guimarães (à direita) e de sua esposa, dona Risoleta Neves (à esquerda), entre outros políticos que apoiaram sua candidatura. Brasília, DF, 1985.

A morte de Tancredo

O clima de grande esperança popular com o fim dos governos militares transformou-se, porém, em decepção.

Na véspera da posse, na noite de 14 de março, Tancredo Neves foi hospitalizado. Apesar de não haver uma norma constitucional que previsse essa situação, decidiu-se empossar na presidência o vice-presidente eleito, **José Sarney**, enquanto se aguardava o restabelecimento de Tancredo.

A alegria dos correligionários foi substituída pela apreensão. Após passar por várias cirurgias, Tancredo Neves faleceu no dia 21 de abril de 1985.

Verifique o que aprendeu •••

1. O que foi o movimento das Diretas Já?
2. Como o governo reagiu em relação à campanha pelas Diretas Já?
3. Por que a eleição de Tancredo criou um clima de grande expectativa no país?

ATIVIDADES

1. Analise a charge de Angeli abaixo, datada de 1984, e responda às questões.

A voz do Brasil (II), charge de Angeli, 1984.

a) Qual é o tema central da charge?
b) Como são representados os defensores das eleições indiretas?
c) Como são representados os partidários das eleições diretas?
d) Qual é a mensagem dessa charge?

2. Leia o texto abaixo e responda às questões propostas.

> Ulysses Guimarães, o *senhor Diretas Já*, alma da oposição brasileira durante quase duas décadas, entra em eclipse diante da ascensão fulgurante de Tancredo. Este, melhor negociador, mais moderado, conseguira costurar a ampla aliança que encerraria o ciclo militar da vida republicana brasileira.
>
> Francisco Carlos Teixeira da Silva. Crise da ditadura militar e o processo de abertura política no Brasil, 1974-1985. Em: Jorge Ferreira; Lucilia de Almeida Neves Delgado (Org.). *O tempo da ditadura*: regime militar e movimentos sociais em fins do século XX. Rio de Janeiro: Civilização Brasileira, 2003. v. 4. p. 278.

a) Para o autor, por que Ulysses Guimarães, líder histórico do PMDB, perdeu espaço para Tancredo Neves?
b) Por que, naquele momento, a moderação foi um componente importante para a redemocratização do país?

3. Escreva um texto no caderno explicando por que os militares queriam eleger, em 1985, um presidente comprometido com a ditadura, ainda que fosse um civil.

4. Apresente três elementos que favoreceram a vitória da oposição nas eleições presidenciais indiretas de 1985.

5. Identifique os principais desafios a serem enfrentados pelo governo democrático brasileiro, após o fim do regime militar, nos três itens abaixo.
   a) Articulação política.
   b) Economia.
   c) Área social.

MÓDULO 2
O governo Sarney

O início da Nova República foi marcado pela promulgação de uma nova Constituição, que assegurou os direitos políticos e ampliou os sociais. A crise econômica e a inflação crescente, no entanto, persistiram por todo o período.

●●● Por caminhos indiretos

Temia-se que a posse inesperada de José Sarney, político maranhense que fora ligado à ditadura, pudesse complicar o processo de redemocratização. Nas semanas posteriores à sua eleição, Tancredo escolhera o ministério, assumira compromissos e firmara perante a população a volta da democracia. Sarney não possuía legitimidade política e herdara um governo pronto, com o qual tinha pouca afinidade.

> **Novos movimentos sociais**
>
> A redemocratização fez ressurgir no Brasil os movimentos sociais organizados, após os anos repressores da ditadura. Um deles foi o Movimento dos Trabalhadores Rurais Sem Terra (MST), criado em 1985 para lutar pela reforma agrária no país.
>
> Marcha do Movimento dos Trabalhadores Rurais Sem Terra (MST) em frente ao Ministério da Fazenda. Brasília, DF, agosto de 2011.

No dia 15 de março de 1985, em Brasília, DF, Sarney assumiu a presidência. O Brasil voltava a ter um presidente civil após 21 anos.

No vácuo causado pela morte de Tancredo, **Ulysses Guimarães**, presidente do PMDB e membro da ala "autêntica" do partido, assumiu uma posição de comando, dividindo com o presidente da República a condução das reformas políticas, principalmente a promulgação da nova Constituição.

Mas a aceitação de Sarney não dependia da política, e sim da economia. No segundo ano de mandato, quando estava em andamento o plano de controle da inflação, o presidente experimentou grande popularidade. Com o fracasso do plano econômico, Sarney rapidamente tornou-se impopular.

Alvo de críticas vindas tanto da esquerda quanto da direita, Sarney teve o mérito de assegurar a transição política para a democracia.

O deputado federal Ulysses Guimarães. Fotografia de 1985.

O caos econômico

Os governos militares haviam deixado como herança econômica um processo inflacionário descontrolado e uma dívida externa que crescia sem parar.

Para conter a inflação, o governo Sarney adotou em 28 de fevereiro de 1986 um plano econômico que trazia amplas modificações. Os preços e salários foram congelados, isto é, não poderiam ser aumentados pelo prazo de um ano. O governo publicou tabelas com os preços praticados em 27 de fevereiro.

O símbolo do plano foi a criação de uma nova moeda, o cruzado, que substituiu o desvalorizado cruzeiro: 1 cruzado valia 1 000 dos antigos cruzeiros.

O **Plano Cruzado**, como ficou conhecido, derrubou a inflação em um primeiro momento. Com as tabelas de preços nas mãos, os cidadãos fiscalizavam o congelamento, garantindo o poder de compra da nova moeda. Em alguns meses, porém, a população começou a sofrer com o desabastecimento, principalmente de alimentos. A indústria, os agricultores e os pecuaristas alegavam que os custos de produção eram maiores que os preços tabelados e pararam de abastecer o mercado.

Pressionado pelos produtores, em novembro de 1986 o governo abandonou o congelamento. Houve aumento dos preços de combustíveis, de impostos e tarifas, como a de energia. As medidas provocaram um **novo ciclo inflacionário**.

A nova cédula de 100 cruzados, abril de 1986.

Enquanto durou o Plano Cruzado, os produtos desapareceram das prateleiras do comércio. É o que se pode observar nesta fotografia de um supermercado paulista, em setembro de 1986.

A moratória

Na década de 1970, os governos militares aumentaram a **dívida externa** brasileira, fazendo empréstimos em dólares para financiar o "milagre econômico" e pagar a importação do petróleo, cada vez mais caro. Na época, os juros baixos estimulavam empréstimos cada vez maiores. No entanto, os juros internacionais aumentaram muito na década de 1980, tornando difícil o pagamento da dívida. Em fevereiro de 1987, o governo Sarney declarou **moratória**, ou seja, deixou de pagar a dívida externa brasileira. A medida se estendeu até setembro de 1988. No ano de 1980 a inflação acumulada foi de 1 037,56%. Em setembro de 1988, o Fundo Monetário Internacional (FMI) voltou a liberar recursos para o Brasil, porém com juros altíssimos e exigência de muitas garantias. Do US$ 1,4 bilhão concedido como empréstimo ao país, somente US$ 477 milhões chegaram ao Tesouro Nacional.

Com a moratória, o país perdeu credibilidade e os investimentos externos caíram. A crise econômica ampliou-se e a popularidade de Sarney caiu ainda mais.

Dívida externa brasileira 1974-1986 (em US$ bilhões)

Ano	Valor
1974	20,0
1975	25,1
1976	32,1
1977	37,9
1978	52,1
1979	55,8
1980	64,2
1981	73,9
1982	85,4
1983	93,7
1984	102,1
1985	105,1
1986	111,2

1974-1984: governos militares; 1985-1986: governo José Sarney

Fonte de pesquisa: Ipea. Disponível em: <http://www.ipeadata.gov.br>. Acesso em: 16 set. 2014.

A "Constituição cidadã"

O restabelecimento da democracia exigia que a Constituição autoritária de 1967 fosse substituída por uma nova, que refletisse a liberdade reconquistada pelos brasileiros. O primeiro passo para a elaboração de uma Carta verdadeiramente democrática foi ampliar a representatividade do sistema eleitoral.

Uma emenda constitucional, aprovada em maio de 1985, permitiu a criação de novos partidos e concedeu o direito de voto, pela primeira vez no período republicano, aos maiores de 16 anos e aos analfabetos.

O Congresso constituinte

O passo seguinte foi a aprovação da emenda que dotava os deputados e senadores eleitos em novembro de 1986 de funções constituintes, para que, paralelamente às funções legislativas usuais, pudessem redigir e promulgar a nova Constituição.

Com a popularidade de Sarney em alta graças ao Plano Cruzado, os partidos do governo, PMDB e PFL, novo partido formado pelos membros da antiga Frente Liberal do PDS, elegeram as maiores bancadas.

Presidida pelo deputado peemedebista Ulysses Guimarães, a Assembleia Constituinte trabalhou por quase dois anos, ouvindo diversos setores da sociedade brasileira. Em 5 de outubro de 1988, foi promulgada a nova Constituição, chamada por Ulysses de "cidadã". Nela, os direitos e deveres da ordem democrática estavam assegurados.

Os direitos dos cidadãos

A nova Constituição passou a garantir **direitos políticos**, como liberdade de expressão, de manifestação e de organização, e o direito de greve e de eleições diretas para todos os níveis, incluindo a presidência da República. Confirmou ainda o direito de voto facultativo aos analfabetos e aos maiores de 16 anos.

Instituiu dois turnos nas eleições para presidente, governadores e prefeitos das grandes cidades sempre que o candidato mais votado não alcançasse 50% dos votos válidos. Enquanto no primeiro turno os votos são distribuídos por muitos candidatos, típico do sistema pluripartidário, no segundo turno concorrem apenas os dois candidatos mais votados, aumentando assim a representatividade dos eleitos.

Os **direitos sociais** foram ampliados, com a garantia de acesso à educação, à saúde e à previdência social, dentre outros. Ampliou-se a licença-maternidade para 120 dias. Para inibir as demissões, criou-se uma indenização de 40% sobre o saldo do FGTS do trabalhador demitido sem justa causa.

Promulgada a Constituição, chegava a hora de se eleger o presidente da República, encerrando a transição para a democracia. A data estava marcada: novembro de 1989.

Primeira página do jornal carioca *Jornal do Brasil*, de 6 de outubro de 1988, anuncia a proclamação da nova Constituição brasileira.

FGTS

O Fundo de Garantia do Tempo de Serviço (FGTS) foi criado em 1967. Ele substituiu lei anterior que dava estabilidade no emprego ao trabalhador com mais de dez anos de casa. Mensalmente, o equivalente a 8% do salário é depositado pelo empregador em uma conta em nome do funcionário. Esse dinheiro poderá ser sacado em caso de demissão sem justa causa, ou em situações como a compra da casa própria ou a aposentadoria.

Verifique o que aprendeu

1. Como José Sarney chegou à presidência da República?
2. O que foi o Plano Cruzado? Quais foram suas principais medidas?
3. Analise as principais medidas políticas da Constituição de 1988.

ATIVIDADES

1. As caricaturas a seguir representam duas importantes personagens do contexto político brasileiro no final do mês de março de 1985. Analise os elementos que compõem as imagens e responda às questões.

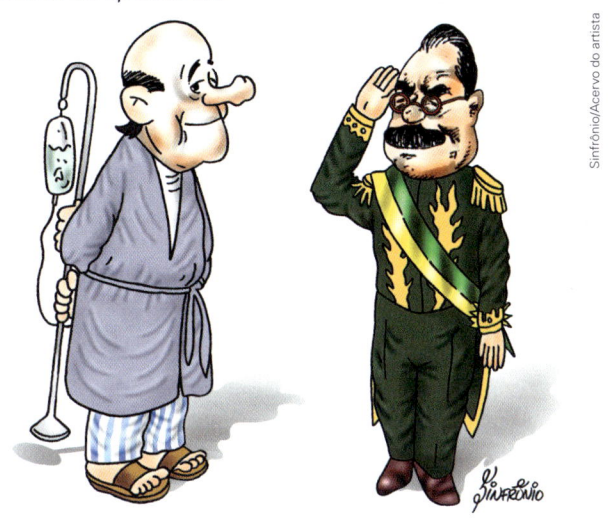

Sinfrônio. Jornal *O Povo*, Fortaleza, década de 1980.

a) Quem são as personagens representadas?
b) Por que a personagem da esquerda veste pijama e roupão? Justifique sua resposta.
c) O que mais as imagens sugerem sobre aquele momento político brasileiro?

2. Descreva a atuação de Ulysses Guimarães na fase inicial da Nova República e explique por que ele assumiu essas atribuições.

3. Leia o texto abaixo e responda às questões.

> Há [mais de] 20 anos, [...] ganhava vida um dos maiores mitos da economia brasileira: o Plano Cruzado, que até hoje influencia decisões econômicas em Brasília. Lançado em 28 de fevereiro de 1986, na frágil presidência de José Sarney, ele tinha por objetivo acabar com a inflação de 200% ao ano, na qual o País estava mais ou menos viciado. Copiado do Plano Austral argentino, o Cruzado foi um sucesso instantâneo. Mobilizou a sociedade, multiplicou a renda e deu a impressão de que se tinha domado a inflação num passe de mágica. Depois veio a ressaca. No espaço de um ano a inflação foi a zero, passou nove meses em torno de 2% e depois saltou a 7% ao mês. Quando o Brasil abriu o olho, havia escassez de mercadorias [...] e a inflação mensal beirava de novo em 20%. [...]
> [...] O congelamento de preços, combinado com o gatilho automático de reposição salarial, elevou a massa de salários em 30%. Ocorreu na economia uma injeção de US$ 30 bilhões, que levou às compras milhões de brasileiros que antes estavam à margem do consumo. [...] Foi a época da farra do frango e do iogurte, que rapidamente degenerou em escassez e desorganização da produção.
> 20 anos de Plano Cruzado. *IstoÉ Dinheiro*, 8 mar. 2006. Disponível em: <http://www.istoedinheiro.com.br/noticias/economia/20060308/anos-plano-cruzado/15065.shtml>. Acesso em: 5 set. 2014.

a) Por que o Plano Cruzado teve sucesso instantâneo?
b) Qual é a principal evidência de que o plano econômico teve êxito rapidamente?
c) Por que esse êxito não foi duradouro?

4. Por que podemos afirmar que a legislação da Nova República proporciona ampla participação popular nas eleições?

5. Discuta com um colega sobre as vantagens de se adotar um sistema de dois turnos para a eleição dos cargos do Executivo – presidente, governadores e prefeitos das grandes cidades –, quando há vários partidos políticos.

APRENDER A...

Interpretar letras de música

A música, popular ou erudita, constitui importante fonte de conhecimento sobre a história de um período de um grupo social, de um país. Tanto a melodia quanto a letra da canção revelam aspectos do cotidiano, dos sentimentos, da ideologia e do imaginário da sociedade a qual representa.

■ **Reconhecimento**

Para analisar uma letra de música será necessário conhecer um pouco da vida dos compositores e em que contexto histórico a criaram.

Leia a letra da música "O bêbado e a equilibrista", composta em 1979, e siga o roteiro de atividades proposto.

O bêbado e a equilibrista

Caía
a tarde feito um viaduto
E um bêbado trajando luto
me lembrou Carlitos.
A lua,
tal qual a dona do bordel,
pedia a cada estrela fria
um brilho de aluguel.
E nuvens,
lá no mata-borrão do céu,
chupavam manchas torturadas
que sufoco!
Louco,
o bêbado com chapéu-coco
fazia irreverências mil
pra noite do Brasil, meu Brasil
que sonha com a volta do irmão do Henfil,
com tanta gente que partiu
num rabo de foguete.
Chora a nossa pátria, mãe gentil,
Choram Marias e Clarisses
no solo do Brasil.
Mas sei que uma dor assim pungente
não há de ser inutilmente,
a esperança dança
na corda bamba de sombrinha
em cada passo dessa linha
pode se machucar.
Azar! a esperança equilibrista
sabe que o *show* de todo artista
tem que continuar.

João Bosco e Aldir Blanc. O bêbado e a equilibrista. Intérprete: João Bosco. Em: *João Bosco*. Rio de Janeiro: Universal, 2001. 2 CD. Faixa 1 (Série Sem Limite).

1. Faça uma pesquisa em jornais, livros ou na internet, para obter mais informações sobre a música e identificar o contexto histórico (político, artístico, social) em que a letra da música foi composta.
   Para melhor organizar a tarefa, elabore um quadro como o da página seguinte.

Dados pesquisados	
Nome da música	
Compositor(es)	
Dados da vida do(s) compositor(es)	
Ano de criação	
Local	
Contexto histórico	

2. O segundo passo é ler com atenção a letra a ser analisada, identificando a **mensagem** geral do texto. Em alguns casos, a análise fica mais fácil se as estrofes forem divididas em blocos temáticos. No caso do exemplo dado, podem ser identificados três blocos temáticos.

Bloco 1	Bloco 2	Bloco 3
Caía a tarde feito um viaduto E um bêbado trajando luto me lembrou Carlitos. A lua, tal qual a dona do bordel, pedia a cada estrela fria um brilho de aluguel. E nuvens, lá no mata-borrão do céu, chupavam manchas torturadas que sufoco! Louco, o bêbado com chapéu-coco fazia irreverências mil pra noite do Brasil,	meu Brasil que sonha com a volta do irmão do Henfil, com tanta gente que partiu num rabo de foguete. Chora a nossa pátria, mãe gentil, Choram Marias e Clarisses no solo do Brasil.	Mas sei que uma dor assim pungente não há de ser inutilmente, a esperança dança na corda bamba de sombrinha em cada passo dessa linha pode se machucar. Azar! a esperança equilibrista sabe que o *show* de todo artista tem que continuar.

- **Interpretação da letra**

Após a leitura da letra e a divisão em blocos, é hora de pesquisar o significado das expressões usadas no texto da canção. Mesmo que alguns trechos pareçam difíceis de entender, a pesquisa vai pouco a pouco esclarecendo a mensagem que os compositores quiseram transmitir.

3. O texto da canção comunica sua mensagem por meio de metáforas. Explique o que são metáforas.

4. Identifique os fatos ou as pessoas a que se referem as metáforas: "Caía / a tarde feito um viaduto" (primeiro bloco) e "que sonha com a volta do irmão do Henfil" (segundo bloco).

5. O segundo bloco menciona mais dois nomes: "Marias e Clarisses". "Maria" era o nome da mãe de Henfil, e "Clarisse" era o nome da viúva do jornalista Vladimir Herzog, que fora preso, torturado e assassinado pelos militares em 1975. O que significava a menção às "Marias e Clarisses" e seu choro na letra?

6. O terceiro bloco é positivo, introduzindo um novo elemento à noite do Brasil, ao sonho e ao choro. Que elemento é esse?

7. Como o contexto político do período explica o fato de os compositores usarem tantas metáforas para transmitir sua mensagem?

MÓDULO 3
A consolidação democrática

Fernando Collor de Mello foi o primeiro presidente da República democraticamente eleito desde 1960. Foi também o primeiro presidente brasileiro a sofrer um *impeachment*. Itamar Franco e Fernando Henrique Cardoso o sucederam com a responsabilidade de controlar a inflação e consolidar a democracia.

O governo Collor

Em 15 de novembro de 1989 os eleitores brasileiros compareceram às urnas para escolher o presidente da República, após quase 30 anos sem poder votar para presidente.

A impopularidade de José Sarney fez com que o embate no segundo turno das eleições presidenciais, em dezembro de 1989, ocorresse entre dois críticos de seu governo: o sindicalista Luiz Inácio Lula da Silva, do Partido dos Trabalhadores (PT), defensor de propostas radicais de mudança social, e o jovem governador do estado de Alagoas Fernando Collor de Mello, filiado ao Partido da Reconstrução Nacional (PRN).

Collor iniciou sua vida pública ligado aos políticos da ditadura, mas em 1984, como deputado federal pelo PDS, apoiou o movimento pelas Diretas Já. No ano seguinte filiou-se ao PMDB, sendo eleito governador do estado de Alagoas em 1986. No governo alagoano, ganhou projeção nacional ao combater os altos salários no funcionalismo público. Por esta ação, Collor ficou conhecido como o "**caçador de marajás**". Após o fracasso do Plano Cruzado, o então governador de Alagoas passou a atacar o governo Sarney, rotulado de corrupto e incompetente. Abandonou o PMDB e ingressou no PRN.

Com a imagem de defensor da ética pública, Fernando Collor venceu Lula e em 15 de março de 1990 foi empossado como o primeiro presidente eleito por sufrágio universal na Nova República.

Aparência × essência

Líderes políticos, às vezes, são escolhidos por sua aparência e juventude, e por pregarem modernização e comportamento ético.

- Discuta com os colegas critérios para se avaliar a coerência entre a propaganda de um candidato e sua trajetória política.

Posse do presidente Fernando Collor de Mello, no Congresso Nacional, em Brasília, DF, em 15 de março de 1990.

●●● A economia

No dia seguinte à sua posse, 16 de março de 1990, Fernando Collor lançou um plano econômico que prometia extinguir a inflação, modernizar o Estado e reativar a economia.

O Plano Brasil Novo, mais conhecido como **Plano Collor**, criou uma nova moeda, denominada **cruzeiro**, em substituição ao cruzado novo, elevou impostos e congelou preços e salários. Sua medida mais impactante foi o **bloqueio**, por 18 meses, de todos os depósitos e aplicações bancárias acima de 50 mil cruzeiros. Na prática, pessoas e empresas foram impedidas de retirar dos bancos quantias superiores a 50 mil cruzeiros.

Com pouco dinheiro em circulação, o consumo caiu, e a indústria e o comércio deixaram de reajustar seus preços, freando a inflação. O custo foi alto: a produção caiu junto com o consumo, provocando **recessão**, e as empresas demitiram parte de seus funcionários, aumentando o **desemprego**. Passados alguns meses, parte do dinheiro bloqueado começou a ser liberado por pressões políticas e empresariais, e a inflação voltou a subir. O Plano Collor havia fracassado.

Zélia Cardoso de Mello foi a primeira mulher a ocupar o cargo de ministra da Economia no Brasil. Ela foi a responsável pela elaboração do Plano Collor. Na fotografia de 16 de março de 1990, a então ministra no momento em que anunciava o Plano Collor.

Uma proposta de modernização

Fernando Collor, ainda durante a campanha eleitoral, apresentou à sociedade um novo projeto econômico que, rotulado como "moderno", era pautado pela diminuição da presença do Estado na economia e pelo fim das barreiras à importação. Collor defendia que, aplicando-se esse modelo, seria possível eliminar o subdesenvolvimento brasileiro, elevando o país à condição de Primeiro Mundo.

Muitas dessas medidas integravam o Plano Collor. A diminuição das **tarifas de importação** facilitou a entrada de produtos estrangeiros no país, permitindo aos brasileiros comprar mercadorias antes acessíveis apenas a quem viajava ao exterior. A justificativa era a de que, pressionada pela concorrência externa, a indústria nacional seria forçada a melhorar a qualidade de seus produtos, seguindo um padrão internacional.

A desestatização

O Plano Collor previa também a extinção de empresas estatais deficitárias, a demissão de funcionários públicos e a **privatização** das estatais mais lucrativas.

Ao longo de seu mandato, Collor ampliou sua proposta de Estado mínimo, implantando o **Programa Nacional de Desestatização** (**PND**), que vendeu inúmeras empresas, entre elas a gigante siderúrgica Usiminas.

Apesar do insucesso no combate à inflação, o modelo implantado por Collor, promovendo privatizações e abertura comercial, seria continuado pelos seus sucessores.

Parceiros comerciais na América do Sul

Em 1991, quatro países do chamado Cone Sul – Argentina, Brasil, Paraguai e Uruguai – assinaram o Tratado de Assunção, estipulando a criação de um mercado comum entre eles.

O Mercado Comum do Sul (Mercosul), como ficou conhecido, pretendia atrair investimentos empresariais e estimular o desenvolvimento econômico ao unir os mercados consumidores dos países-membros, formando um único bloco no qual produtos, pessoas e capitais poderiam circular livremente. Posteriormente, outros países se integraram ao Mercosul, como a Venezuela e a Bolívia.

Logotipo do Mercosul.

O presidente sob suspeita

O fracasso do plano de combate à inflação desgastou a imagem de ousadia e eficiência construída por Fernando Collor na campanha eleitoral. Restava ao presidente o perfil de honesto "caçador de marajás", que começou a ser questionado logo nos primeiros meses de governo.

Todos os meses surgiam denúncias de corrupção envolvendo o governo federal, indicando haver tráfico de influência entre autoridades e empresários e benefícios a empresas ligadas a pessoas próximas ao presidente. A nação discutia até que ponto o próprio Collor estaria envolvido nas ações ilegais, quando, em maio de 1992, seu irmão Pedro Collor fez duras acusações que incriminavam diretamente o presidente.

Manifestações lideradas pelos estudantes, como essa ocorrida no Rio de Janeiro, RJ, em 21 de agosto de 1992, pressionaram a Câmara dos Deputados a abrir processo de *impeachment* contra o presidente Collor.

O povo nas ruas

Diante da gravidade das acusações envolvendo o presidente da República, em 25 de maio de 1992 a Câmara dos Deputados resolveu criar uma **Comissão Parlamentar de Inquérito** (**CPI**). A imprensa, livre de censura, deu ampla cobertura às investigações, divulgando as inúmeras provas que surgiam incriminando Collor e sua equipe.

A população acompanhava de perto o desdobramento da crise. A popularidade de Collor, muito alta no início do governo, caiu a níveis baixíssimos. Multidões, tendo à frente os estudantes, saíram às ruas das grandes cidades brasileiras exigindo o afastamento do presidente.

Em agosto, a CPI concluiu que havia provas suficientes para abrir um processo contra Fernando Collor. Setores organizados da sociedade, como a Ordem dos Advogados do Brasil (OAB) e a Associação Brasileira de Imprensa (ABI), enviaram ao Congresso Nacional o pedido de *impeachment*, ou impedimento, do presidente.

Collor perde o mandato

Em 29 setembro de 1992, a Câmara dos Deputados aprovou a abertura do processo de *impeachment*, que foi encaminhado para o Senado, onde seria tomada a decisão final. Por lei, enquanto o processo estivesse em andamento, Collor deveria manter-se afastado do governo. O vice-presidente, **Itamar Franco**, assumiu provisoriamente a presidência.

Fernando Collor de Mello renunciou ao cargo de presidente da República em 29 de dezembro de 1992, mesmo dia em que o Senado aprovou seu *impeachment*.

A era Collor chegara ao fim sem solucionar a crise e sem completar a modernização econômica.

Fernando Collor de Mello no momento em que se oficializa a abertura do processo de *impeachment*. Brasília, DF, outubro de 1992.

Itamar Franco: o vice assume

Itamar Franco assumiu a presidência da República no dia 29 de dezembro de 1992. A saída de Collor deixara um vácuo no poder: o novo governo não possuía base partidária, e as jovens instituições democráticas brasileiras corriam risco, caso Itamar se mostrasse um presidente fraco. Itamar optou por montar um **governo de conciliação**, convidando para o ministério quase todos os partidos políticos.

Apesar de nacionalista, o novo presidente manteve as linhas gerais do modelo econômico de Collor. Privatizou grandes empresas, entre elas as siderúrgicas Companhia Siderúrgica Nacional, Cosipa e Açominas e a fabricante de aviões Embraer.

A inflação, porém, continuava a crescer. Coube a um dos partidos da coalizão que governava o país – o Partido da Social Democracia Brasileira (PSDB), fundado em 1988 por uma dissidência do PMDB – propor um novo plano anti-inflacionário.

Itamar Franco, já empossado presidente, em fotografia de 30 de dezembro de 1992. Brasília, DF.

O Plano Real

Em 28 de fevereiro de 1994, a equipe econômica chefiada pelo ministro da Fazenda Fernando Henrique Cardoso, do PSDB, apresentou um novo projeto de estabilização econômica, o **Plano Real**.

Pela primeira vez, não foi usado o congelamento. Os preços e os salários foram convertidos em 1º de março desse mesmo ano para a Unidade Real de Valor (URV), valor de referência que valia 1 dólar e mantinha-se estável, enquanto a moeda em curso, o cruzeiro real, desvalorizava-se, corroída pela inflação. Em julho de 1994, o cruzeiro real foi extinto, sendo substituído pela URV transformada em moeda, o **real**, que não se desvalorizava.

A liberação das importações – em grau ainda maior que o implantado por Fernando Collor – e a estabilidade do câmbio em torno da taxa de 1 dólar por 1 real ajudaram a manter os preços estáveis, pois, se os produtores locais resolvessem aumentar seus preços, os comerciantes podiam comprar mercadorias no mercado internacional, em que não havia inflação. Era a chamada **âncora cambial**.

O Plano Real foi um sucesso, elevando a popularidade do ministro da Fazenda, que se tornou o candidato governista à presidência da República nas eleições de 1994.

Cédula e moedas do real: acima, cédula de 20 reais; abaixo, moedas de 50 e de 10 centavos.

Inflação mensal 1983-2001 (IPCA/junho)

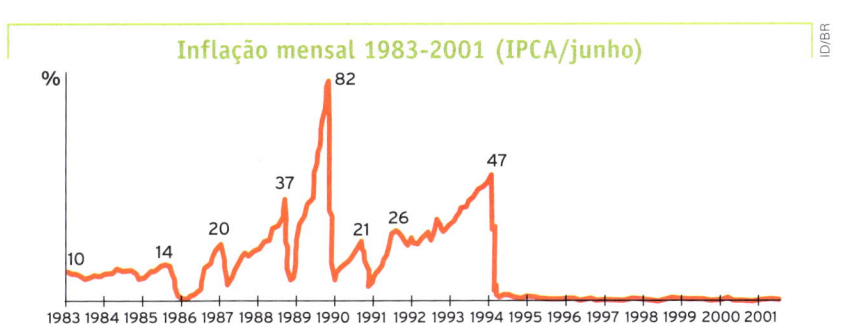

O gráfico apresenta a variação da inflação no Brasil, desde o final da ditadura até 2001. Em 1994, quando foi lançado o Plano Real, a inflação, que era de 50% ao mês, caiu e manteve-se baixa a partir de então.

Fonte de pesquisa: IBGE. Disponível em: <http://www.ibge.gov.br>. Acesso em: 16 set. 2014.

●●● A era FHC

O ministro da Fazenda de Itamar Franco, **Fernando Henrique Cardoso**, ou FHC, como também era chamado, foi eleito presidente da República em 1994, identificado como "pai do Plano Real".

Aliado aos políticos do PFL, Fernando Henrique manteve o controle da inflação e continuou as políticas de privatização de empresas públicas, diminuição do papel do Estado e liberação das importações, iniciadas no governo Collor.

Privatizações e políticas sociais

No governo FHC, o processo de privatização foi ampliado. Grandes empresas como a Companhia Vale do Rio Doce, maior exportadora de minério de ferro do mundo, e o sistema Telebras, que operava a telefonia do país, foram vendidas para a iniciativa privada. A preços irrisórios, segundo a oposição.

Na área social, Fernando Henrique aumentou o número de famílias assentadas pelo programa de reforma agrária. A oferta de vagas nas escolas públicas cresceu. Na saúde, o governo expandiu a produção de remédios genéricos, mais baratos, e assumiu a distribuição gratuita dos medicamentos para tratamento da aids. A oposição considerou essas medidas insuficientes e criticou a queda na qualidade de ensino, mas a população apoiava a manutenção da inflação sob controle e a estabilidade econômica.

Em 1997, o Congresso Nacional aprovou emenda constitucional que permitia aos titulares do Poder Executivo – presidente da República, governadores e prefeitos – candidatarem-se à **reeleição**. Fernando Henrique pôde assim concorrer a um novo mandato, vencendo as eleições de 1998.

O segundo mandato de FHC

Embora o controle da inflação tenha ajudado Fernando Henrique a reeleger-se, o Plano Real enfrentava a pressão dos investidores estrangeiros. Temendo que a crise financeira iniciada na Rússia chegasse ao Brasil, retiraram grandes quantidades de dólares do país.

Impedido de manter o valor do real, o governo liberou, no início de 1999, a cotação do dólar, que subiu muito. Procurando atrair os dólares em fuga e diminuir o consumo para conter os preços, o Banco Central elevou as taxas de juros. A inflação permaneceu sob controle, mas a produção caiu e o **desemprego** aumentou, chegando a 10% e caracterizando a crise no país.

A popularidade de Fernando Henrique caiu ainda mais com o **apagão energético** ocorrido em 2001, quando a falta de chuvas secou os reservatórios de importantes usinas hidrelétricas e obrigou os consumidores de quase todo o país a racionar eletricidade. O governo foi criticado por não ter uma **política energética** eficiente. Insatisfeitos, os eleitores deram a vitória à oposição nas eleições presidenciais de 2002.

O presidente Fernando Henrique Cardoso com a faixa presidencial, no dia da posse de seu primeiro mandato, em 1º de janeiro de 1995. Brasília, DF.

Verifique o que aprendeu ●●●

1. Com qual plataforma política Collor venceu as eleições de 1989?
2. Quais foram as medidas propostas por Collor para modernizar a economia brasileira?
3. Identifique as principais medidas do Plano Real.

Reservatório quase seco da usina hidrelétrica de Xingó, divisa entre os estados de Sergipe e Alagoas. Fotografia de janeiro de 2001.

ATIVIDADES

1. A imagem ao lado é a capa da revista *Veja* de 23 de março de 1988. Essa revista é publicada em São Paulo e tem circulação nacional. Observe a imagem e responda às questões propostas.
   a) Quem é a principal personagem representada na capa?
   b) Descreva como essa personagem foi retratada.
   c) Qual é o título principal estampado na capa?
   d) Relacione o título principal com a imagem do quadro representado ao fundo.
   e) Em março de 1988, data de publicação da revista ao lado, Collor ocupava o cargo de governador do estado de Alagoas. Dois anos depois, ele foi empossado presidente da República. Na sua opinião, reportagens como a veiculada pela revista *Veja* podem ter influenciado no resultado das eleições presidenciais de 1989? Explique.

   Capa da revista *Veja* de 23 de março de 1988.

2. Explique como o Plano Collor, em seu estágio inicial, conseguiu reduzir a inflação.

3. Por que Itamar Franco adotou um governo de conciliação, com integrantes de diversos partidos políticos?

4. Escreva no caderno um texto descrevendo o mecanismo da "âncora cambial" e sua importância para o controle da inflação no Plano Real.

5. Leia o texto abaixo.

   > Uma característica diferenciadora do Plano Real, em relação aos efeitos redistributivos do Plano Cruzado, foi que, no Real, houve uma redistribuição efetiva da renda dos extratos superiores (1% mais ricos e 5% mais ricos) para os extratos inferiores (10% mais pobres).
   >
   > André Eduardo da Silva Fernandes. Distribuição de renda e crescimento econômico: uma análise do caso brasileiro. Disponível em: <http://www2.senado.leg.br/bdsf/bitstream/handle/id/153/30.pdf?sequence=4>. Acesso em: 9 set. 2014.

   Com seus colegas, discutam as ideias do texto de acordo com as questões a seguir.
   a) Procurem justificar a opinião do autor.
   b) Produzam um texto coletivo analisando os efeitos causados pelo Plano Real na economia e na sociedade brasileira.

6. Relacione o contexto econômico brasileiro com a reeleição de Fernando Henrique Cardoso à presidência em 1998 e com a derrota do candidato apoiado por FHC nas eleições presidenciais de 2002.

ARTE e CULTURA

O novo cinema brasileiro

O cinema brasileiro, durante os anos da ditadura militar, foi financiado pelo Estado por meio da Empresa Brasileira de Filmes S.A. (Embrafilme), uma estatal criada em 1969. Tratava-se, sem dúvida, de uma forma de o regime controlar a produção cinematográfica, o que não impediu que fossem realizados filmes importantes e com grande sucesso de público. Terminada a ditadura, em 1985, a Embrafilme continuou a desempenhar suas funções, agora com mais liberdade, dado o ambiente democrático que se implantava no Brasil no governo de José Sarney.

A política "modernizadora" de Fernando Collor de Mello na presidência da República mostrou-se, porém, implacável com a área cultural. Acreditando que o Estado não deveria financiar a cultura, pouco tempo depois de sua posse, Collor rebaixou o Ministério da Cultura à condição de secretaria e extinguiu grande parte dos órgãos federais que cuidavam das atividades culturais, incluindo a Embrafilme. Sem financiamento, a produção cinematográfica brasileira praticamente desapareceu.

Enquanto os cineastas procuravam uma solução, Collor foi afastado da presidência e seu substituto, Itamar Franco, procurou adotar uma postura menos radical, recriando o Ministério da Cultura e apoiando a Lei do Audiovisual, de 1993, que concede incentivos fiscais às pessoas físicas e jurídicas financiadoras do cinema nacional.

A volta do financiamento provocou o ressurgimento do cinema brasileiro, com um grande número de produções, obtendo sucesso de público e de crítica, no país e no exterior. É o cinema da nova democracia.

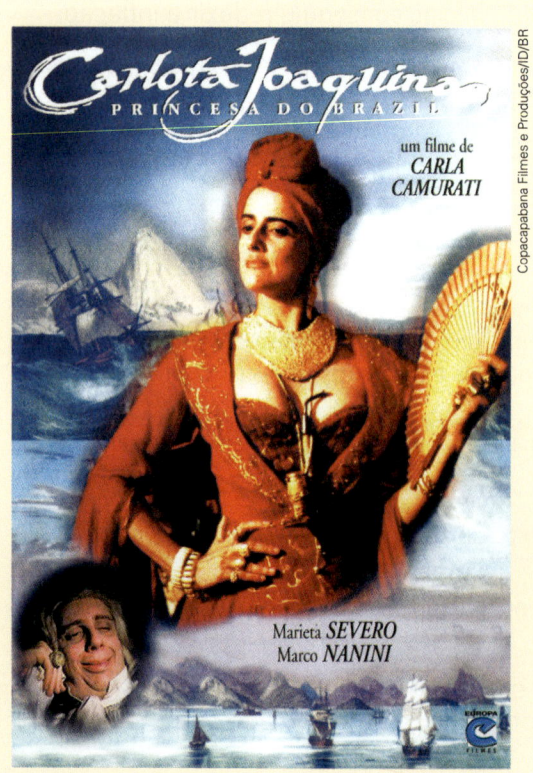

A atriz e diretora de cinema Carla Camurati dirigiu o filme *Carlota Joaquina, princesa do Brazil*, narrando, de forma cômica e ficcional, a vida da esposa do rei português dom João VI, que veio com a Corte para o Rio de Janeiro, em 1808. Lançado em 1995, esse foi o primeiro filme da era pós-Embrafilme a obter grande sucesso de público, resgatando o prestígio do cinema nacional.

O quatrilho, dirigido por Fábio Barreto e lançado em 1995, narra a história de amor entre imigrantes italianos no interior do Rio Grande do Sul. Foi outro grande sucesso, visto por mais de 1 milhão de espectadores. Indicado ao Oscar de melhor filme estrangeiro em 1996 – algo que não ocorria desde 1963 –, marcou o reconhecimento internacional da nova fase do cinema brasileiro.

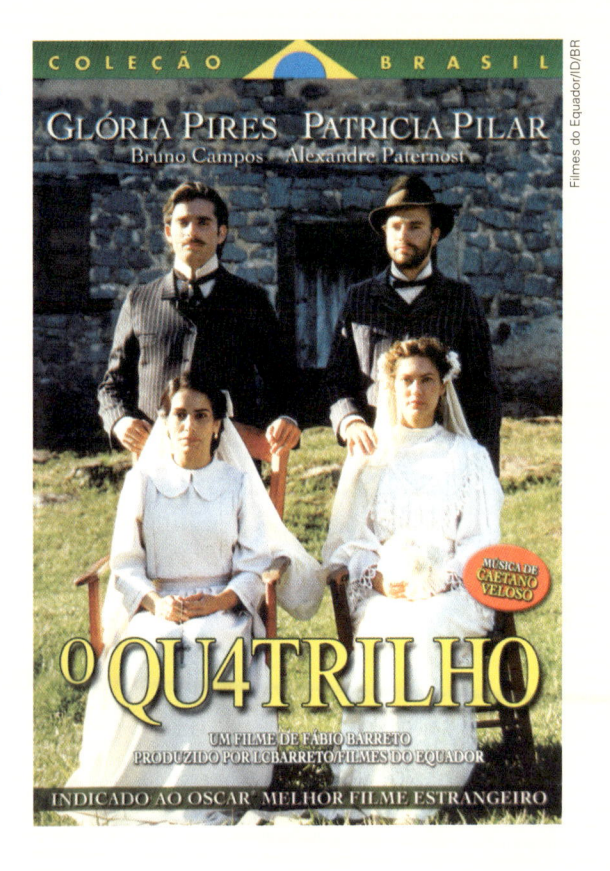

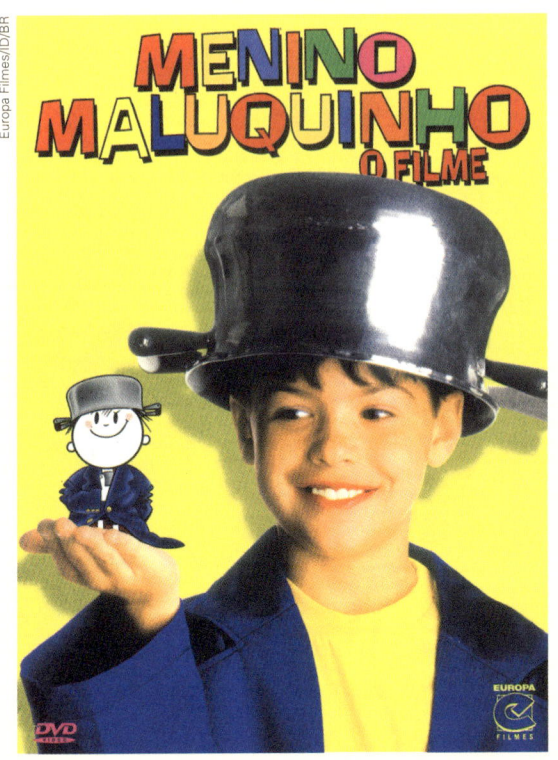

O público infantil também foi beneficiado com a nova produção cinematográfica brasileira, em filmes como *O Menino Maluquinho*, que trata das aventuras da famosa personagem de Ziraldo. Dirigido por Helvécio Ratton e lançado em 1994, *O Menino Maluquinho* levou ao cinema mais de 400 mil espectadores.

▪ Atividades

1. Você já viu algum desses filmes? Na televisão ou no cinema? O que achou? Troque ideias com os colegas.
2. Na sua opinião, é melhor assistir a filmes na televisão ou no cinema? Por quê?

ARTE e CULTURA

Central do Brasil, dirigido por Walter Salles, é um dos mais aplaudidos filmes da nova geração. A história do garoto Josué em busca de seu pai obteve imediato sucesso de público e de crítica. Lançado em 1998, foi visto por mais de 1 milhão de espectadores. O filme ganhou o Urso de Ouro no Festival de Berlim, e Fernanda Montenegro, o Urso de Prata de melhor atriz. Em 1999, a produção concorreu ao Oscar de melhor filme estrangeiro, e Fernanda Montenegro, ao de melhor atriz.

O filme *O auto da compadecida*, divertida comédia com base em uma peça de Ariano Suassuna, tem uma trajetória curiosa. Originalmente, tratava-se de uma série de televisão, em quatro episódios. O grande sucesso da série e sua qualidade técnica levaram a produtora e seu diretor, Guel Arraes, a transformar o material em filme. Lançado em 2000, *O auto da compadecida* atraiu mais de 2 milhões de espectadores às salas de cinema, mesmo depois de ter sido exibido na TV aberta.

244

Walter Salles, em 2004, lançou o filme dirigido por ele, *Diários de motocicleta,* falado em espanhol. O filme recebeu vários prêmios internacionais. Em 2005, foi indicado ao Oscar na categoria de melhor roteiro adaptado e foi premiado pela melhor canção. Baseado em fatos reais, conta a viagem empreendida por Che Guevara e seu amigo Alberto Granado, em 1952, pela América do Sul, antes de Che se tornar um dos líderes guerrilheiros da América Latina.

Em 2006, Fernando Meirelles dirigiu grandes atores estrangeiros no sensível filme *O jardineiro fiel*. Seu trabalho foi muito elogiado e rendeu quatro indicações ao Oscar e deu o Oscar de melhor atriz coadjuvante a Rachel Weisz. O filme conta a história do assassinato de uma ativista inglesa na África e a busca de seu marido para descobrir as causas da morte dela.

■ Atividades

1. Na sua opinião, qual é o papel do cinema para o conhecimento da realidade do Brasil e de outros países?
2. Os filmes que aparecem nestas páginas foram produzidos a partir dos anos 1990. Mas o Brasil fez muitos filmes antes e também depois desses. Você conhece algum? Faça uma pequena pesquisa e compartilhe com os colegas as suas descobertas.

MÓDULO 4

Os governos Lula e Dilma

A ascensão de Luiz Inácio Lula da Silva e a do Partido dos Trabalhadores, que ele ajudou a fundar, marca a chegada de uma nova geração ao poder. Lula disputou várias eleições até vencer em 2002 e se tornar presidente do Brasil. Reeleito em 2006, Lula conseguiu eleger sua sucessora em 2010, a também petista Dilma Rousseff, primeira presidenta do Brasil.

Um operário na presidência

Operário e sindicalista, Lula tornou-se nacionalmente conhecido por liderar uma longa greve de metalúrgicos em São Bernardo do Campo (SP), em plena ditadura militar. Cofundador, em 1980, do **Partido dos Trabalhadores** (**PT**), tornou-se a principal liderança petista, candidatando-se aos principais cargos eletivos do país. Em 1986, foi eleito deputado constituinte, conseguindo a maior votação até então para o Legislativo federal.

Concorrendo à presidência em 1989, Lula uniu as esquerdas em torno de sua candidatura. Apesar da derrota, transformou-se no grande líder dos grupos que faziam oposição ao modelo de governo adotado por Collor, Itamar Franco e Fernando Henrique Cardoso. Lula defendia a manutenção das empresas estatais, o não pagamento da dívida externa e o socialismo.

Na campanha eleitoral de 2002, porém, o PT apresentou uma proposta mais moderada, comprometendo-se a combater a inflação e pagar a dívida externa. Com esse discurso mais ponderado, Luiz Inácio Lula da Silva foi eleito presidente da República.

Lula em um momento da campanha eleitoral de 1989, em São Paulo, SP, durante a primeira disputa do candidato pela presidência da República.

Crescimento e juros altos

O governo Lula, iniciado em 2003, adotou uma política econômica que manteve alguns pontos implantados por seu antecessor, controlando os gastos públicos, pagando as dívidas pontualmente e mantendo a inflação sob controle. As exportações cresceram e o país passou a acumular saldos positivos na balança comercial, incrementando a economia e fazendo cair a taxa de desemprego.

No campo social foi lançado o programa **Fome Zero**, com o objetivo de reduzir as condições de miséria da camada mais pobre da população. Entre as ações do Fome Zero, destacou-se o programa **Bolsa Família**, que condiciona o pagamento de um auxílio em dinheiro a famílias carentes que mantenham os filhos na escola. O salário mínimo passou a ser reajustado acima da inflação.

O presidente Luiz Inácio Lula da Silva comemora sua vitória eleitoral em São Paulo, SP, em 27 de outubro de 2002.

Os críticos da política de Lula argumentavam que a política anti-inflacionária inibia o crescimento da economia. Apontavam também que a carga de impostos era elevada e que o Estado não sabia administrar seus gastos, oferecendo serviços públicos precários e não investindo o necessário em infraestrutura.

O presidente Lula conseguiu se manter afastado das críticas e do chamado escândalo do "mensalão", um evento que teria envolvido diversos de seus assessores diretos, acusados de comprar, com supostos pagamentos mensais, o apoio de deputados federais de partidos aliados.

Segundo mandato

Lula venceu as eleições de 2006, apoiado no sucesso das políticas de redução da miséria e controle da inflação, que resultou em alto índice de aprovação popular.

O presidente iniciou o segundo mandato fortalecendo as políticas de inclusão social que já vinham sendo implementadas. Além disso, apresentou o **Programa de Aceleração do Crescimento (PAC)**, um conjunto de propostas de investimentos públicos em rodovias, portos, usinas hidrelétricas, saneamento básico e habitação.

Uma série de acontecimentos positivos marcou o período, como a descoberta, pela Petrobras, de gigantescas jazidas de petróleo e gás na zona chamada de **pré-sal**, na bacia de Santos.

Em 2007, o Brasil venceu a disputa para ser a sede da Copa do Mundo de Futebol de 2014. Em 2009, a cidade do Rio de Janeiro foi escolhida para sediar os jogos olímpicos e paraolímpicos de 2016.

O segundo mandato de Lula terminou com um panorama promissor. Os segmentos de menor rendimento foram os mais beneficiados, havendo a incorporação de mais de 12 milhões de famílias no programa Bolsa Família e a inclusão bancária e creditícia de milhões de brasileiros. O endividamento público caiu de mais de 55% do PIB, em 2002, para cerca de 40% do PIB, em 2010. Simultaneamente, a pobreza caiu mais de 30% desde 2003.

De devedor, o Brasil passou à posição de credor internacional (com empréstimos de recursos inclusive ao FMI), bem como multiplicou por dez vezes a soma das reservas externas (superior a US$ 250 bilhões em 2011).

Com isso, superou a crise financeira internacional em 2008 e 2009, se reposicionou internacionalmente, favoreceu a integração sul-americana e do Mercosul e ampliou a quantidade de parceiros comerciais na África, Ásia e no Oriente Médio, o que o tornou menos dependente das vendas externas aos países ricos.

Em julho de 2010, conforme pesquisa de opinião pública, a popularidade de Lula atingiu seu maior índice desde 2003, sendo também a melhor popularidade entre todos os presidentes a partir de 1990: 78% dos pesquisados consideraram o governo de Lula ótimo ou bom.

Biocombustíveis

O biocombustível, produzido a partir de matéria orgânica, principalmente vegetal, polui pouco quando queimado em motores e tem fontes renováveis, ao contrário do petróleo.

Dotado de grandes extensões de terras férteis, água e clima favorável, e já produzindo o etanol de cana-de-açúcar, o Brasil tem potencial para ser um dos grandes fornecedores mundiais de biocombustíveis, tornando-se uma potência energética no futuro.

Alguns cientistas, porém, criticam o uso intensivo do biocombustível, alegando que ele poderá agravar o problema da fome, encarecendo o preço dos alimentos e esgotando a fertilidade das terras.

Mamona, fonte de óleo para biocombustíveis.

Plataforma de petróleo no Campo de Guará, bacia de Santos, SP, 2011.

A eleição de Dilma Rousseff

Os expressivos níveis de aprovação do governo Lula (87% ao deixar o governo), os mais altos na história da República brasileira, fortaleceram a candidatura de **Dilma Rousseff** à presidência, em 2010. Ministra do governo Lula, concorrendo por uma coligação de partidos liderada pelo PT, Dilma venceu as eleições, tornando-se a primeira mulher eleita presidenta do Brasil.

O governo Dilma

Em seu primeiro ano de governo, a presidenta Dilma Rousseff procurou cumprir as metas estabelecidas na campanha eleitoral: manter a estabilidade econômica e o crescimento da inserção do Brasil no mundo.

Com o agravamento da crise financeira mundial, as taxas de juros no Brasil começaram a cair. Foram tomadas medidas para conter a valorização do real em relação ao dólar estadunidense, considerada excessiva por grande parte dos setores da economia. O real forte prejudica as exportações e facilita as importações.

Ao mesmo tempo, o governo Dilma aprofundou as conquistas dos programas sociais criados pela gestão de Lula, ampliando as áreas de atuação dos programas do SUS e criando o Plano Nacional para Erradicação da Pobreza Extrema.

No primeiro ano do governo Dilma foram feitas denúncias, nem sempre comprovadas, de corrupção envolvendo alguns ministros, quase todos ligados aos partidos da base aliada ao governo.

Dilma em seu primeiro pronunciamento como presidenta eleita, logo após a apuração total dos votos do segundo turno, em 31 de novembro de 2010.

O Brasil mais presente no mundo

A política externa do governo Dilma continuou a postura do presidente Lula, de ampliar a participação e a influência do Brasil no cenário internacional, tanto do ponto de vista político como econômico, aproveitando a grande capacidade do país como produtor e exportador mundial de matérias-primas, alimentos e biocombustíveis e aumentando a participação dos produtos industrializados.

Essa política de forte tom desenvolvimentista foi, no entanto, alvo de muitas críticas por parte de ambientalistas, principalmente no setor de geração de energia.

Foram reforçadas as alianças estratégicas com outros países emergentes, principalmente China, Rússia, Índia, Turquia e África do Sul. Unindo-se a esses países, o Brasil pôde participar de algumas das grandes decisões mundiais, antes privilégio dos países ricos.

A integração do Brasil com a América do Sul foi intensificada com a expansão dos investimentos de empresas brasileiras na região, atuando em atividades na área de petróleo, gás, bebidas, siderurgia, cimento e bancos. Essa expansão não esteve, porém, livre de problemas: na Bolívia, grande fornecedora de gás para o Brasil, o governo nacionalizou os recursos naturais em 2006, o que levou a Petrobras a vender ao governo boliviano suas instalações naquele país.

Verifique o que aprendeu

1. A política econômica do governo Lula representou uma ruptura em relação ao governo anterior? Justifique.
2. Quais foram as principais medidas sociais da gestão Lula?
3. Qual foi o principal projeto do segundo mandato de Lula?

ATIVIDADES

1. Às vésperas do primeiro turno da eleição de 2002, no dia 5 de outubro, o então candidato Lula escreveu o texto abaixo.

   > Só vamos construir uma nação mais justa e respeitada no mundo quando conseguirmos transformar em cidadãos de pleno direito os 44 milhões de homens, mulheres e crianças que ainda vivem abaixo da linha de pobreza. O grave problema da exclusão social precisa dar lugar a um processo irreversível de inclusão, fazendo com que essas pessoas se tornem geradoras de renda e de consumo, num mercado interno ampliado e robusto.
   >
   > Disponível em: <http://www.folha.uol.com.br/folha/especial/2002/governolula/presidente-opiniao-20021005.shtml>. Acesso em: 8 set. 2014.

   a) Identifique qual era o principal problema brasileiro na visão do candidato Lula.
   b) Descreva as ações que Lula considerava necessárias para transformar os brasileiros que viviam abaixo da linha da pobreza em cidadãos.
   c) Em relação à postura socialista adotada por Lula em eleições anteriores, as ideias expostas no texto podem ser consideradas radicais ou moderadas? Justifique sua resposta.

2. Descreva algumas das medidas que permitiram ao Brasil ser um dos países menos afetados pela crise financeira internacional de 2008/2009.

3. Sobre a política externa do governo Dilma Rousseff, responda.
   a) Qual é o principal objetivo do governo?
   b) Com quais países o Brasil firmou alianças?
   c) Quais foram os resultados dessas alianças estratégicas?
   d) Qual foi a participação das empresas brasileiras na integração do país com a América do Sul?

4. A charge à direita, do artista Sinfrônio, trata da política econômica adotada pelo presidente Lula no ano de 2004. O presidente ocupa um dos balões, enquanto no outro estão representados o ex-ministro da Fazenda, Antonio Palocci, e o presidente do Banco Central, Henrique Meirelles. Observe os elementos da charge e responda às questões.
   a) Considere o que está escrito em cada balão e a altura deles. Qual está em uma posição mais alta? Qual está mais baixo?
   b) Relacione as palavras escritas nos balões com a posição que cada personagem ocupa no desenho.
   c) Qual é a expressão no rosto do presidente Lula? Por que, em sua opinião, ele tem essa expressão?

   Sinfrônio. Jornal *Diário do Nordeste*, Fortaleza, 2004.

5. Em dezembro de 2010, o jurista Fábio Konder Comparato escreveu um artigo analisando a atual conjuntura socioeconômica brasileira. Leia, abaixo, um trecho desse artigo.

   > A ligação entre democracia e direitos humanos é visceral, pois trata-se de realidades intimamente correlacionadas. Sem democracia, os direitos humanos, notadamente os econômicos e sociais, nunca são adequadamente respeitados [...].
   >
   > Fábio Konder Comparato. A barreira da desigualdade. Disponível em: <http://www.cartacapital.com.br/politica/a-barreira-da-desigualdade>. Acesso em: 8 set. 2014.

   a) Na sua opinião, por que Fábio Konder Comparato relaciona democracia com direitos humanos e socioeconômicos?
   b) Você conhece alguma política social empreendida durante o governo Lula que fortaleça a democracia descrita pelo jurista?
   c) Descreva a relação entre o programa de governo proposto pela presidenta Dilma Rousseff e a política social desenvolvida durante o governo Lula.

DOSSIÊ

O reencontro do povo com a pátria

O verão de 1984 será lembrado para sempre como a estação em que o povo reencontrou o orgulho de ser brasileiro. Durante os anos de ditadura, expressar patriotismo com hinos e bandeiras, cultuados pelos militares, era encarado por muitos como demonstração de apoio ao regime autoritário. Mas, naquele verão, pela primeira vez desde a década de 1960, grandes multidões saíram às ruas para gritar: "Este país é meu!". E como o país se tornava novamente do povo, era natural que os cidadãos resgatassem as cores e os símbolos nacionais, identificados agora com a soberania popular. Usando em suas roupas as cores do Brasil, cantando o Hino Nacional, as pessoas, emocionadas, reaprendiam a ser brasileiras. Aquele era o verão das Diretas Já.

O começo de tudo

A emenda à Constituição do deputado mato-grossense Dante de Oliveira, que determinava a eleição direta para presidente em 1985, foi proposta em março de 1983, mas, ao longo do ano, a adesão dos partidos e movimentos sociais a essa causa foi tímida. Pequenos comícios foram organizados em cidades como Goiânia, GO, e Teresina, PI.

A participação do povo era pequena, mas parte da imprensa começou a perceber que alguma coisa de importante estava nascendo, e dava notícias sobre o movimento.

No interior dos partidos políticos, principalmente no PT e no PMDB, grupos se pronunciavam a favor da emenda, aglutinando pessoas vindas de outras entidades, como sindicatos, associações profissionais, grupos de estudantes, etc. O presidente do PMDB, Ulysses Guimarães, abraçou imediatamente a causa. O presidente do PT, Luiz Inácio Lula da Silva, também. Contudo, outras grandes lideranças nacionais tinham dificuldade em passar por cima das disputas partidárias e unir suas forças em favor da emenda. No comício ocorrido em 27 de novembro de 1983, em São Paulo, organizado pelo PT, participaram apenas 10 mil pessoas. O governador paulista Franco Montoro, do PMDB, apesar de ser claramente favorável ao movimento, não compareceu. Mas em pouco mais de um mês tudo iria mudar.

A multidão se manifesta

No início de 1984, as principais lideranças políticas do Brasil finalmente resolveram se unir em um comitê suprapartidário para lutar pelas eleições diretas. Após um bem-sucedido comício em Curitiba, PR, que reuniu 50 mil pessoas, um novo comício foi organizado na cidade de São Paulo. A data, 25 de janeiro, estimulava o comparecimento do povo: um feriado municipal, dia da fundação da cidade. O local era de fácil acesso: a praça da Sé, em pleno centro, onde há o cruzamento de duas linhas de metrô. As lideranças do PT, do PMDB, do PDT e da sociedade civil organizada se empenharam, convocando a população. Dessa vez, o comprometimento do governador Franco Montoro se mostrou total. Por ordem sua, as catracas do metrô foram liberadas, tornando gratuito o deslocamento até a praça. Mesmo assim, não se sabia se o povo estava disposto a se dirigir,

Campanha das Diretas Já em Brasília, DF, 1984. Ao centro, Franco Montoro; à sua esquerda, Leonel Brizola; e à sua direita, Tancredo Neves.

em pleno feriado chuvoso, até o centro deserto para uma manifestação política.

Quando os líderes do comício subiram ao palanque, viram 250 mil pessoas, agitando bandeiras e gritando sua vontade de eleger o presidente da República. A favor das eleições diretas discursaram políticos como Ulysses Guimarães; Leonel Brizola, que era governador do Rio de Janeiro; Lula; Tancredo Neves, então governador de Minas Gerais; e artistas. A multidão aplaudia os discursos, mas sabia que não era no palanque que estava a grande força do movimento: era nela mesma, na multidão, nas ruas repletas de cidadãos exigindo que seus direitos políticos fossem reconhecidos.

Um mês depois, compareceram 300 mil pessoas ao comício em Belo Horizonte, MG. No dia 11 de abril, 1 milhão de pessoas, a maior multidão até então reunida no país, participou do comício da Candelária, no Rio de Janeiro, RJ. Encerrando a campanha no dia 16 de abril, uma passeata seguida de comício reuniu no vale do Anhangabaú, na cidade de São Paulo, 1,3 milhão de pessoas, marcando as Diretas Já como o maior movimento político de todos os tempos no Brasil.

A "moda das Diretas Já"

Ver as multidões participando dos comícios era, sem dúvida, uma coisa notável. Contudo, o engajamento da sociedade na campanha das Diretas Já superou em muito as manifestações que tinham dia e hora para começar e acabar. O anseio de expressar a adesão à campanha era tão grande que as pessoas passaram a usar no seu dia a dia símbolos que identificavam o movimento.

Assim, andando pelas ruas, indo à escola, trabalhando, indo ao cinema, fazendo compras ou passeando no parque, as pessoas faziam questão de manifestar sua posição pela democracia. Um belo e inesquecível momento da história do Brasil.

Em abril de 1984, 1,3 milhão de pessoas se reuniram em São Paulo, SP, para manifestar apoio às eleições diretas para a presidência da República.

■ Discussão sobre o texto

1. Por que, durante os anos da ditadura, muitas pessoas sentiam vergonha em usar os símbolos nacionais?
2. Por que a campanha das Diretas Já demorou algum tempo para ganhar força?
3. Discuta com os colegas a importância das manifestações de rua para a prática da democracia.

FAZENDO HISTÓRIA

Planos econômicos: em busca da estabilidade

O texto a seguir é um depoimento da jornalista Miriam Leitão, reconstituindo os momentos que antecederam uma entrevista com Pedro Malan, ministro da Fazenda de Fernando Henrique Cardoso. Malan foi entrevistado ao vivo em um programa de rádio, para esclarecimentos sobre o Plano Real.

Quer fazer uma pergunta para o ministro?

Fui acordada pelo toque do telefone na minha cabeceira. A voz eu conhecia, mas não esperava ouvi-la naquela manhã:

– O Heródoto mandou perguntar se você quer fazer uma pergunta para o ministro Pedro Malan [...].

Na véspera, eu tinha deitado muito tarde. Tinha ido a Brasília para participar da entrevista coletiva em que o governo anunciou a primeira mudança na política cambial do Plano Real. Manobra arriscada. Era março de 1995. O Plano tinha oito meses, o governo, três. O México estava em plena crise cambial. Qualquer barbeiragem e lá se ia o nosso [...] plano econômico [...] para o mesmo destino dos outros [...]: a lata dos fracassos da História. Havia uma briga interna na equipe econômica sobre qual era o melhor caminho a tomar. Isso piorava tudo.

[...] De Brasília, liguei para fontes no Rio e em São Paulo e estava todo mundo em dúvida sobre como o mercado abriria no dia seguinte. [...]

– Ministro, a Miriam Leitão está aqui conosco na linha e vai fazer uma pergunta ao senhor. Fala, Miriam.

A voz do Heródoto me congelou. Entre o acordar com o toque do telefone e aquele ao vivo em rede passaram-se segundos. Eu não tinha pensado em nada, sentei na cama abruptamente para espantar o resto da sonolência e falei em choque:

– Bom dia, ministro! [...] O senhor não acha que essa mudança pode dar errado? Ontem o mercado não estava entendendo nada das novas regras da política cambial. O senhor não teme uma fuga de capital?

Nem sei muito bem por que falei isso, mas essa era a pergunta certa. Soube depois. Naqueles dias, saíram do país US$ 10 bilhões, em fuga detonada pela mudança meio confusa da política cambial.

Giovanni Faria e Marisa Tavares (Org.). *CBN*: a rádio que toca notícia. Rio de Janeiro: Senac Rio, 2006. p. 91-92.

Pedro Malan. Fotografia de 2005.

1. Depoimento é um documento histórico em que, muitas vezes, o depoente fala de sua vida pessoal, expondo sua personalidade ou eventos do cotidiano. Reproduza em seu caderno alguns trechos do texto acima que narram aspectos da vida pessoal da depoente.

2. O texto trata também das atividades praticadas por uma jornalista de economia que acompanhava a implantação dos planos anti-inflacionários do período. Quais eram essas atividades?

3. A qual importante momento da história da economia brasileira o depoimento de Miriam Leitão se refere? Para responder, retome os conteúdos estudados neste capítulo.

4. Explique o significado da frase "Qualquer barbeiragem e lá se ia o nosso [...] plano econômico [...] para o mesmo destino dos outros [...]: a lata dos fracassos da História".

5. Quais as sensações da depoente descritas no texto?

6. Após ler o texto, você diria que a produção jornalística tem ou não importância histórica?

LENDO HISTÓRIA

Antes de ler

- Na sua opinião, do que trata o texto? De que país e de que desafio se fala?
- Por que é importante estudarmos a história do presente?

Desafio é consolidar imagem positiva do País

Não há dúvida de que um aspecto importante do destaque conquistado recentemente pelo Brasil no cenário mundial deveu-se a três fatores. O primeiro é a personalidade do presidente Lula. Inesperadamente, ele se revelou uma figura popular de sucesso dotada de espírito e humor no cenário internacional.

O segundo foi o crescimento econômico global até o final de 2008, que permitiu que o Brasil explorasse a demanda asiática por suas exportações.

O terceiro foi a decisão de dar prosseguimento a várias políticas do governo do presidente Fernando Henrique Cardoso na área da gestão fiscal, e de continuar as reformas na área dos bancos e do desenvolvimento social (Bolsa Família).

Nos oito anos do governo Lula, a classe C cresceu de maneira impressionante, favorecendo o surgimento de uma classe média brasileira ávida por consumir, o motor fundamental da recuperação econômica do país da crise financeira de 2008-2009 nos países industrializados. Como o presidente gosta de dizer, o Brasil foi o último grande país a entrar na crise e o primeiro a sair dela.

Qual será a próxima fase do desenvolvimento global para o Brasil? O novo governo não terá um líder tão carismático. Um dos pontos cruciais será a preservação do impulso criado pela crescente importância do país, que dependerá da capacidade do próximo presidente de confirmar e consolidar a atual imagem econômica do Brasil.

Isso significará manter políticas como a meta inflacionária, reafirmar a autonomia do Banco Central e continuar o programa de reformas – fiscal, da educação, da infraestrutura física e da flexibilidade do trabalho. São estes os elementos básicos que permitirão melhorar a produtividade e a competitividade do país.

A gestão das descobertas de petróleo no pré-sal será importante para a projeção de uma imagem de transparência e confiabilidade. Quanto à imagem do Brasil no exterior, o próximo presidente precisará agir rapidamente a fim de acelerar os preparativos para a Copa do Mundo de 2014 e as Olimpíadas de 2016. [...]

Riordan Roett. Desafio é consolidar imagem positiva do País. *O Estado de S. Paulo*. Disponível em: <http://www.estadao.com.br/noticias/geral,desafio-e-consolidar-imagem-positiva-do-pais-imp1633126>. Acesso em: 8 set. 2014.

O presidente do Comitê Olímpico Internacional, Jacques Rogge, anuncia a escolha do Rio de Janeiro para sediar os jogos olímpicos de 2016. Fotografia de 2010.

De olho no texto

1. Como o autor descreve o cenário do Brasil: ele reconhece as mudanças sociais como resultado das políticas implementadas pelo governo Lula?
2. Identifique no texto a única referência a uma mudança social interna significativa citada pelo autor.
3. De acordo com o autor, no próximo governo o Brasil terá o mesmo destaque?
4. Na sua opinião, o autor fez uma análise imparcial dos 8 anos de governo Lula?

QUESTÕES GLOBAIS

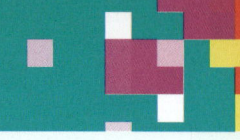

1. Faça uma descrição dos planos econômicos conhecidos como Plano Cruzado, Collor e Real e estabeleça as semelhanças e as diferenças entre eles, considerando o roteiro a seguir.
   a) Em que ano os planos foram implementados?
   b) Houve troca de moeda?
   c) Houve congelamento de preços?
   d) Qual era o principal objetivo?
   e) O objetivo foi alcançado?

2. As imagens abaixo representam dois momentos da história política brasileira do final do século XX. Observe-as e responda às questões.

São Paulo, 1984.

São Paulo, 1992.

   a) Que momentos da história brasileira são representados pelas imagens A e B?
   b) Descreva as semelhanças existentes nas cenas representadas nas duas imagens.

PARA SABER MAIS

Livros

A luta pelas terras no Brasil: das sesmarias ao MST, de Cristina Strazzacappa. São Paulo: Moderna, 2006.
   A autora faz um apanhado histórico do processo de colonização e povoamento do Brasil, que culminou com a centralização de grandes lotes de terra em poucas mãos.

Os netos da ditadura, de Heloísa Parenti. São Paulo: Paulus, 1997.
   Ao mesmo tempo que conta os problemas de um adolescente revoltado pela separação dos pais, o livro mostra três épocas da história recente do Brasil: o regime militar, o governo Sarney e o movimento dos caras-pintadas em prol da saída do presidente Collor.

O Sapo e o Príncipe, de Paulo Markum. Rio de Janeiro: Objetiva, 2004.
   Relato jornalístico, com entrevistas e reportagens, da geração que combateu a ditadura e chegou ao poder nos anos 1990-2000. Tem como figuras centrais os ex-presidentes Fernando Henrique Cardoso e Luiz Inácio Lula da Silva, e apresenta os acontecimentos políticos no Brasil até o início do governo Lula.

Site

<http://www.transparencia.org.br>
   Site da ONG Transparência Brasil, dedica-se a combater a corrupção no país. Traz informações sobre todos os políticos brasileiros e sua atuação nas diferentes instâncias de poder. Acesso em: 8 set. 2014.

●●● Síntese

A redemocratização
- Diretas Já
- Eleições indiretas para presidente
- A eleição de Tancredo e Sarney
- A morte de Tancredo

O governo Sarney
- O vice assume a presidência
- A inflação e os planos econômicos
- O Plano Cruzado
- A dívida externa
- A "Constituição cidadã"
- Os direitos políticos
- Os direitos sociais

A consolidação democrática
- Collor: eleito por voto direto
- Collor renuncia
- O governo de Itamar Franco
- O Plano Real
- A era FHC
- A emenda da reeleição e outras medidas

Os governos Lula e Dilma
- Um operário na presidência
- Ações sociais e crescimento
- Política econômica e desenvolvimento
- As questões internacionais
- O segundo mandato
- O governo Dilma Rousseff

▫ Linha do tempo

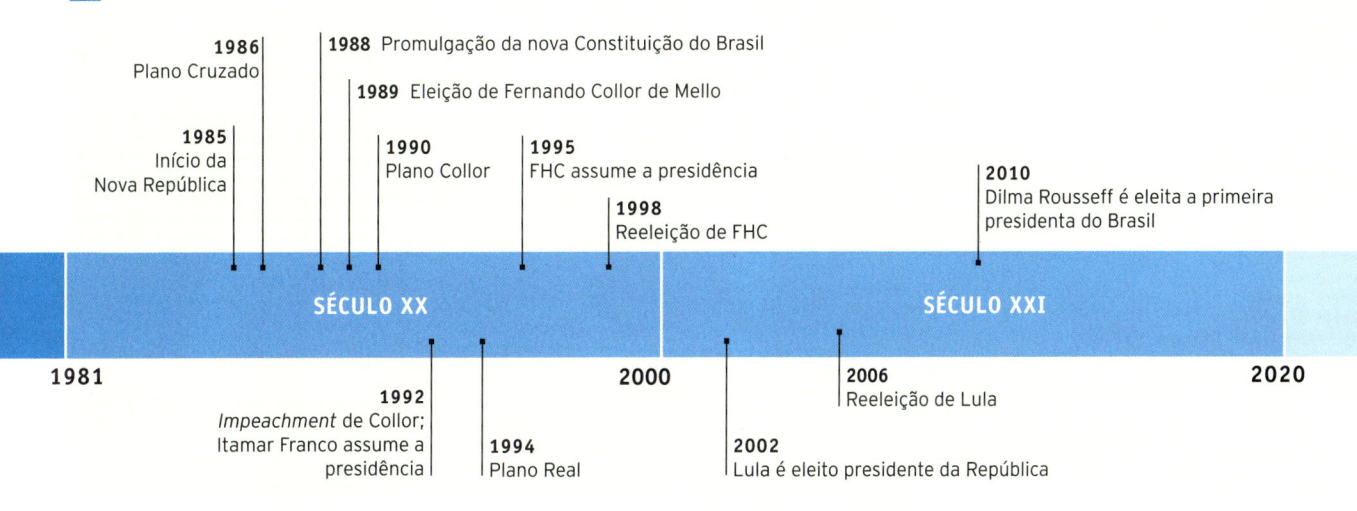

- **1985** Início da Nova República
- **1986** Plano Cruzado
- **1988** Promulgação da nova Constituição do Brasil
- **1989** Eleição de Fernando Collor de Mello
- **1990** Plano Collor
- **1992** Impeachment de Collor; Itamar Franco assume a presidência
- **1994** Plano Real
- **1995** FHC assume a presidência
- **1998** Reeleição de FHC
- **2002** Lula é eleito presidente da República
- **2006** Reeleição de Lula
- **2010** Dilma Rousseff é eleita a primeira presidenta do Brasil

1981 — SÉCULO XX — 2000 — SÉCULO XXI — 2020

A crise do socialismo, no final do século XX, desencadeou uma série de mudanças que permitiram aos EUA afirmarem-se como potência hegemônica. Por sua vez, os países que abandonaram o socialismo enfrentaram problemas políticos, econômicos e sociais que, em alguns casos, levaram a guerras civis. Nesse cenário de conflitos regionais, agravado com a invasão do Iraque e depois com a do Afeganistão pelos estadunidenses, grupos terroristas ganharam força, muitos deles estimulados por uma crescente hostilidade aos Estados Unidos. Guerras, invasões, tortura e violência marcaram o final do século XX e o início do século XXI, momento em que ocorre uma profunda crise econômica global.

Globalização e neoliberalismo

CAPÍTULO 9

O QUE VOCÊ VAI APRENDER

- A dissolução da União das Repúblicas Socialistas Soviéticas e as relações internacionais
- Os reflexos da crise do socialismo
- A organização da economia globalizada
- O terrorismo usado como arma política
- A eleição de Barack Obama e a crise mundial

CONVERSE COM OS COLEGAS

A queda do Muro de Berlim e a globalização trouxeram, para muitas pessoas, a promessa de um novo período de fartura e desenvolvimento. Contudo, a realidade mostrou-se diferente. Em 2008, teve início uma grave crise financeira que provocou falências e desemprego em muitos países. Para piorar, muitas das medidas tomadas para conter a crise aumentaram ainda mais o desemprego e a pobreza.

Um dos países mais afetados pela crise financeira foi a Grécia. Em 2010, o 1º de maio — Dia Internacional do Trabalho — foi marcado por diversos protestos nas ruas da capital grega, Atenas. Os manifestantes protestaram contra as medidas anticrise impostas pelo governo e pelo Fundo Monetário Internacional (FMI), que, segundo os manifestantes, ajudariam apenas os bancos e os credores internacionais e prejudicariam os trabalhadores.

1. Na imagem ao lado, é possível distinguir dois diferentes grupos de pessoas. Quais são esses grupos? Como você os descreveria?

2. O que significa a cor vermelha usada nas bandeiras dos manifestantes? O que o uso dessa cor nas bandeiras informa sobre os manifestantes gregos?

3. Como você explicaria a presença de tantos jovens nessa manifestação?

Manifestantes e policiais entram em choque durante protestos no dia 1º de maio de 2010, em Atenas, Grécia.

MÓDULO 1

A crise do socialismo e o fim da Guerra Fria

Durante a Guerra Fria, o mundo capitalista conheceu um notável desenvolvimento econômico. O mundo socialista, por sua vez, enfrentou problemas de estagnação econômica que levaram à desorganização política e à dissolução da União Soviética.

●●● O desenvolvimento ocidental

Os anos seguintes à Segunda Guerra Mundial foram de grande crescimento econômico e de enormes avanços tecnológicos no Ocidente.

Os investimentos em pesquisas, que marcaram os anos de guerra, foram mantidos não apenas para satisfazer os interesses da Guerra Fria, mas também para estimular o aumento da produtividade industrial.

A energia nuclear, os radares cada vez mais potentes, a propulsão a jato dos motores de aviões, a automação eletrônica, etc. foram conquistas tecnológicas que alteraram profundamente a vida cotidiana das pessoas.

Os Estados Unidos, maior potência capitalista do pós-guerra, incentivaram acordos multilaterais para diminuir as tarifas alfandegárias protecionistas e garantir estabilidade internacional necessária para a expansão do capitalismo.

Os acordos de Bretton Woods (1944)

Em julho de 1944, as Nações Unidas organizaram uma conferência, na cidade estadunidense de Bretton Woods, em que compareceram delegados de 44 países. Seu objetivo era definir os rumos e as regras do comércio e das finanças internacionais após a Segunda Guerra Mundial.

O novo sistema monetário mundial, acordado na conferência, considerava que a circulação de moeda deveria seguir o padrão-ouro: para cada dólar em circulação deveria existir uma reserva correspondente em ouro guardada nos cofres dos Estados Unidos. O dólar tornou-se a moeda-padrão das transações comerciais internacionais.

Entre 1950 e 1980, mesmo com a crise do petróleo de 1973, o PIB mundial cresceu de cerca de 2 trilhões para mais de 8 trilhões de dólares.

> **A crise internacional do petróleo**
>
> Em 1973, o capitalismo sofreu um sério abalo. Os países árabes produtores e exportadores de petróleo, reunidos pela Organização dos Países Exportadores de Petróleo (Opep), impuseram um forte aumento nos preços do barril do produto para mostrar seu descontentamento com a mediação estadunidense e soviética no conflito árabe-israelense. O racionamento foi inevitável e comprometeu o desenvolvimento das atividades econômicas que dependiam de combustíveis e de outros derivados do petróleo.

Placa em posto de gasolina de Denver, no Colorado, Estados Unidos, na qual se lê: "Desculpe-nos, estamos sem gasolina. Reabriremos segunda-feira". A fotografia é de 1973.

••• A falta de competitividade da União Soviética

Entre 1944 e 1955, a União Soviética colocou em prática dois planos quinquenais, retomando os níveis de produtividade anteriores aos da Segunda Guerra.

Os novos planos enfatizavam o desenvolvimento tecnológico voltado para a geração de **bens de produção**, responsáveis pelo progresso industrial e militar, atendendo aos interesses ligados às disputas da Guerra Fria. Os bens de consumo e serviços ficaram para segundo plano.

A estratégia do governo permitiu à União Soviética reunir forças para exercer poderosa hegemonia sobre os países socialistas e ampliar sua área de influência, apoiando revoluções comunistas em países como a Coreia, o Vietnã e as ex-colônias portuguesas da África.

Na década de 1960, porém, o desenvolvimento econômico e tecnológico mundial ganhou agilidade: as inovações tornaram-se muito mais rápidas e eficientes e exigiram o aprimoramento da técnica. A União Soviética não conseguia acompanhar as transformações do mundo capitalista e viu-se incapaz de concorrer com os níveis de produtividade e tecnologia alcançados no Ocidente.

A falta de preocupação da União Soviética com desenvolvimento tecnológico que não fosse voltado para os bens de produção ou para os assuntos militares pode ser vista na imagem à esquerda, que mostra as precárias instalações do clube da rádio de Moscou, em 1959. A fotografia à direita retrata uma moderna estação de rádio em Nova Jersey, Estados Unidos, em 1952, sete anos antes.

A desestalinização e a coexistência pacífica

A morte de Stálin, em 1953, inaugurou uma nova época para os soviéticos. O culto à personalidade do líder, a excessiva centralização das decisões e o controle da sociedade pelo partido e pelo governo começaram a ser criticados. Ao mesmo tempo, Nikita Kruschev, que substituiu Stálin, empenhou-se para diminuir os níveis de tensão da Guerra Fria e controlar a produção de armas nucleares. Por isso, esse período ficou conhecido como o de **coexistência pacífica**.

Kruschev foi afastado, em 1964, pela burocracia dominante no Partido Comunista que levou ao poder Leonid Brejnev, comunista ligado aos setores mais conservadores do partido.

Brejnev paralisou as reformas do governo anterior e fortaleceu a posição da União Soviética no mundo socialista, defendendo a ideia de que era legítima a intervenção militar soviética nas regiões onde os governos socialistas estivessem ameaçados.

A URSS invade o Afeganistão

Em 1978, um golpe de Estado no Afeganistão estabeleceu um governo socialista. No interior do país, afegãos islâmicos formaram grupos de guerrilhas a fim de derrubar o novo regime.

Em auxílio ao governo, no ano seguinte, a União Soviética invadiu o Afeganistão, causando grande mal-estar na política internacional. Os Estados Unidos, por sua vez, passaram a financiar a resistência islâmica afegã.

Em 1988, já em crise, a União Soviética retira-se do Afeganistão. Os guerrilheiros islâmicos que resistiram aos soviéticos formaram, posteriormente, o Talibã, grupo que governou o país de meados da década de 1990 até a guerra entre Afeganistão e Estados Unidos, que eclodiu após os atentados de 11 de setembro de 2001.

Comboio do exército soviético em Temez, Afeganistão, maio de 1988.

••• A União Soviética de Gorbachev

Em 1985, Mikhail Gorbachev tornou-se secretário-geral do Partido Comunista da União Soviética. Na era Brejnev, que havia durado de 1964 a 1982, agravaram-se os problemas que já vinham se desenhando desde o início dos anos 1960: atraso tecnológico em relação ao Ocidente, estagnação econômica, aumento da burocracia e da corrupção. Por isso, o novo líder apresentou aos soviéticos, em 1986, um plano de governo com três importantes propostas de mudanças.

A proposta de Gorbachev

As três palavras-chave das propostas de Gorbachev eram: distensão, *glasnost* e *perestroika*. A corrida armamentista, característica da Guerra Fria, tornara o mundo mais perigoso. Além disso, era cada vez mais difícil sustentar os altos custos desse projeto: treinamento e manutenção das Forças Armadas; financiamento de exércitos rebeldes e de intervenções militares em países onde o socialismo estivesse sob risco; além de investimentos em pesquisa tecnológica para o desenvolvimento de armas ou para alavancar o programa espacial.

Com a **distensão internacional**, ou seja, a diminuição dos níveis internacionais de tensão e de investimentos em arsenais de guerra, Gorbachev esperava liberar capitais para a produção de bens de consumo e para o aperfeiçoamento do setor de serviços.

A ***glasnost***, que significa transparência, designou o conjunto de reformas voltadas para a abertura política do regime socialista e para a adoção de métodos mais democráticos de exercício do poder. A circulação livre de ideias daria novo ânimo à vida política e social na União Soviética.

A reorganização da economia interna recebeu a denominação de **perestroika**, que significa reconstrução. A burocracia soviética era considerada um entrave ao desenvolvimento econômico, pois impedia que as inovações tecnológicas chegassem rapidamente à organização da produção, o que diminuía os níveis de competitividade industrial no país. Gorbachev esperava abrir a economia da União Soviética para a entrada de recursos técnicos e de matérias-primas do Ocidente que pudessem dinamizá-la.

> **Verifique o que aprendeu** •••
> 1. Com que objetivo se realizou, em 1944, a conferência de Bretton Woods? Cite um ponto importante dos acordos firmados na ocasião.
> 2. Qual foi a prioridade do governo da União Soviética em relação à economia no período posterior à Segunda Guerra Mundial?
> 3. Por que Nikita Kruschev foi afastado do governo soviético em 1964?
> 4. O que caracterizou a política externa de Brejnev?
> 5. Quais foram os três pontos principais da política soviética no governo de Gorbachev?

A ABERTURA SOVIÉTICA

Gorbachev reuniu-se com os principais líderes internacionais para firmar acordos que garantissem a diminuição da produção de armas nucleares e a realização de parcerias econômicas que pudessem ajudar a União Soviética a superar a crise econômica. As potências capitalistas do Ocidente tinham interesse em apoiar Gorbachev, especialmente porque a União Soviética tinha disponibilidade de recursos minerais que interessavam ao Ocidente. Além disso, a opinião pública mundial já não aceitava mais a proliferação de armas nucleares.

Mikhail Gorbachev, eleito o homem do ano pela revista estadunidense *Time*, em 1988.

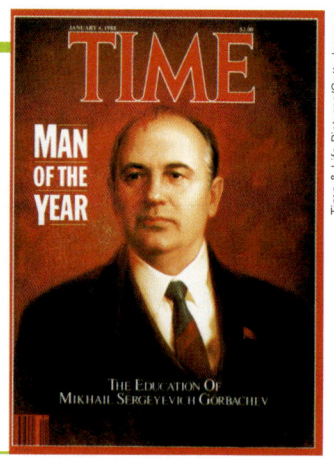

ATIVIDADES

1. Explique o que foi a *coexistência pacífica*.

2. Escreva um parágrafo comparando o desenvolvimento econômico do mundo capitalista com o do mundo socialista após a Segunda Guerra Mundial.

3. Explique quais eram as relações existentes entre os três pontos do plano de governo de Gorbachev: a distensão internacional, a *glasnost* e a *perestroika*.

4. No mapa a seguir, observe a localização do Afeganistão em relação à antiga URSS e ao Irã. Discuta com seus colegas sobre os interesses dos Estados Unidos em armar os Talibãs contra as tropas soviéticas em 1979.

Fonte de pesquisa: *Atlas histórico escolar*. Rio de Janeiro: FAE, 1973. p. 130.

5. O texto a seguir foi escrito pela economista Lenina Pomeranz e trata das mudanças promovidas por Gorbachev na União Soviética no final dos anos 1980.

> A situação da economia soviética durante o período da *perestroika* foi resultado de dois movimentos contraditórios e assimétricos no tempo. O primeiro foi aquele que resultou no desmanche dos ministérios e no desmanche do aparelho de planificação. O outro foi aquele que pretendia introduzir um novo sistema, de relações de mercado, descentralizando decisões, desestatizando as empresas estatais. O primeiro se fez muito rapidamente. O segundo levou mais tempo. E, exatamente por tomar mais tempo, está sendo introduzido na Rússia até hoje. Era inevitável que esses movimentos gerassem a desorganização econômica que se refletiu numa série de dificuldades, entre elas o abastecimento. Cabe acrescentar que esse problema no abastecimento foi agravado pelo comportamento da própria população, que, ainda sob o trauma da guerra, resolveu estocar mantimentos em suas casas.
>
> Lenina Pomeranz. O fim da Guerra Fria: a era Gorbatchev. *Alô Escola*: recursos educativos para estudantes e professores. Disponível em: <http://www2.tvcultura.com.br/aloescola/historia/guerrafria/guerra13/fimdaguerrafria-eragorbatchev2.htm>. Acesso em: 9 set. 2014.

a) Quais foram os dois movimentos contraditórios que a *perestroika* promoveu na União Soviética?

b) Quais foram as consequências imediatas da política econômica de Gorbachev para o mundo soviético?

MÓDULO 2
A ruptura do sistema socialista

As mudanças promovidas por Gorbachev logo repercutiram nos países socialistas do Leste Europeu e levaram à desintegração da União Soviética.

••• As mudanças no Leste Europeu

Durante os anos 1980, os países socialistas do Leste Europeu viveram uma grave crise econômica. Os gastos militares e com os serviços básicos de educação e saúde avolumaram-se sem que a economia gerasse os recursos necessários para sustentá-los.

Na maioria dos casos, esses países optaram pela diminuição de gastos do Estado para equilibrar as contas públicas, provocando aumento de preços e manifestações sociais contra os governos.

Ao mesmo tempo, a *glasnost* afrouxava as rígidas relações que a União Soviética mantinha com os países socialistas do Leste Europeu. No lugar do antigo dirigismo soviético, Gorbachev estabeleceu uma política de incentivo às reformas liberalizantes. Assim, afloraram movimentos sociopolíticos até então reprimidos, bem como antigas questões separatistas e nacionalistas.

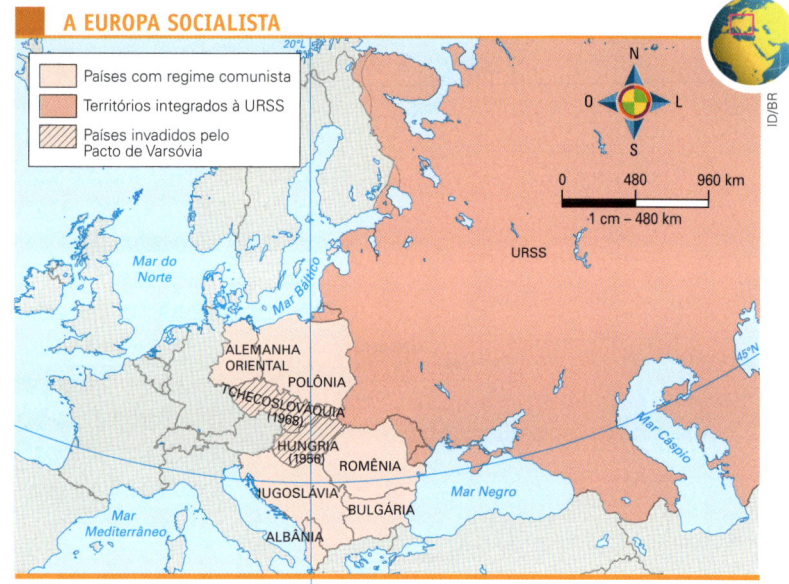

A EUROPA SOCIALISTA

- Países com regime comunista
- Territórios integrados à URSS
- Países invadidos pelo Pacto de Varsóvia

Fonte de pesquisa: *Atlas histórico*. Madrid: SM, 2005. p. 134.

A Polônia

No final da década de 1970, o governo polonês enfrentava uma onda de protestos contra a recessão econômica. Nesse cenário, com o objetivo de lutar por reformas econômicas e políticas, os operários do estaleiro naval de Gdansk fundaram o sindicato Solidariedade (*Solidarność*), independente do controle estatal.

Pressionado pelos trabalhadores, o governo reconheceu o Solidariedade em agosto de 1981. Contudo, a organização de greves e de manifestações provocou uma reação feroz das autoridades comunistas. O dirigente polonês Wojciech Jaruzelski decretou estado de sítio, o Solidariedade foi declarado ilegal e seus principais líderes, dentre eles o eletricista Lech Walesa, acabaram presos.

Apesar da censura e da repressão, as lutas prosseguiram até 1987, quando, já sob a influência da política reformista de Gorbachev, Jaruzelski anunciou medidas para aproximar o país da economia de mercado. No ano seguinte, o Solidariedade foi tirado da clandestinidade e, em 1990, Lech Walesa foi eleito presidente da Polônia.

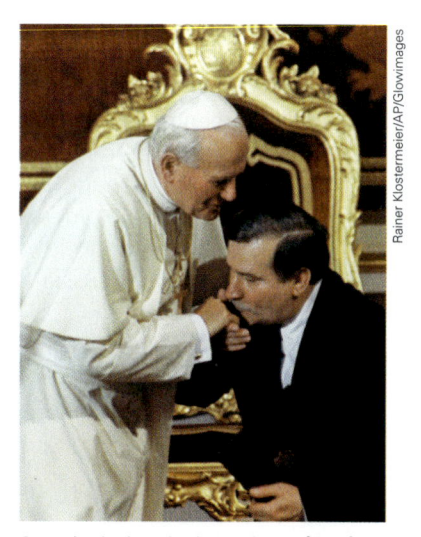

O apoio declarado da Igreja católica à luta dos trabalhadores poloneses teve grande repercussão internacional. Na fotografia, Lech Walesa reverencia o papa João Paulo II, de origem polonesa. Varsóvia, Polônia, 1991.

●●● A queda do Muro de Berlim

Erich Honecker, dirigente da Alemanha Oriental durante a *glasnost*, não pretendia aplicar as novas reformas em seu país. Os Estados vizinhos, no entanto, já haviam iniciado um processo de abertura de suas fronteiras para os países do Ocidente.

Em meados de 1989, sucessivas levas de alemães orientais tomaram as estradas em direção aos países comunistas fronteiriços na esperança de conseguir autorização para entrar na Alemanha Ocidental. Alarmadas, as autoridades comunistas buscaram, sem sucesso, apoio soviético para reprimir a debandada. Enquanto isso, o movimento crescia, dando lugar a enormes manifestações de oposição ao governo. Diante da situação, Erich Honecker renunciou e foi substituído por Egon Krenz, que procurou acelerar as reformas na Alemanha Oriental.

Em novembro de 1989, um comunicado veiculado pelo rádio sugeriu que as fronteiras da Alemanha Oriental seriam abertas, e as viagens, autorizadas. Uma enorme massa humana aglomerou-se junto ao Muro de Berlim, exigindo a abertura das passagens que ligavam as duas Alemanhas.

À pressão do setor oriental somou-se a de outra multidão formada do lado ocidental. Já não era possível impedir o rompimento do bloqueio que separava os alemães do leste e do oeste.

Alemães orientais e ocidentais e pessoas das mais diferentes nacionalidades celebram o ano-novo de 1990 sobre o Muro de Berlim, em frente ao Portão de Brandemburgo.

A reunificação da Alemanha

A queda do Muro de Berlim mostrou o esgotamento de um sistema político e simbolizou o fim de um regime e um novo caminho para a política nacional na Alemanha Oriental. A população formou novos partidos, sindicatos e agremiações políticas ligadas a questões ambientais, pacifistas e sociais. Havia grupos que defendiam uma abertura total para a democracia política e para a economia de mercado. Outros eram favoráveis ao estabelecimento de um governo democrático, mas pretendiam manter as fábricas e a organização da produção sob controle dos trabalhadores.

Em meio ao profundo debate que se seguiu para definir o futuro da Alemanha Oriental, alguns grupos começaram a defender a reunificação da Alemanha, para a qual contavam com o apoio dos democratas-cristãos da Alemanha Ocidental.

Nas eleições de 1990, a vitória da coalizão de partidos Aliança pela Alemanha já apontava para a reunificação, que viria a finalmente se concretizar no dia 3 de outubro daquele ano.

A difícil integração

Apesar dos investimentos do governo alemão na porção oriental, a diferença de realidade entre as duas Alemanhas ainda é presente. Mesmo depois da unificação monetária, os salários permaneceram relativamente menores na parte leste da Alemanha. Da mesma forma, o lado oriental de Berlim corresponde a uma das regiões mais pobres da cidade, e os alemães originários do leste são muitas vezes hostilizados pela população do lado ocidental.

●●● O fim da União Soviética

Enquanto os setores conservadores do Partido Comunista esforçavam-se por manter o seu lugar na burocracia do partido e se mostravam insatisfeitos com a implantação das reformas de Gorbachev, grupos ultrarreformistas reclamavam da lentidão do processo. Ao mesmo tempo, acumulavam-se os problemas decorrentes das transformações pelas quais passava a União Soviética.

Sem o controle estatal, muitos produtores começaram a especular com os preços, gerando uma grave crise de escassez de alimentos.

As repúblicas soviéticas aproveitaram a *glasnost* para reivindicar autonomia política e revisão das fronteiras internas da União Soviética. Tais reivindicações foram catalisadas por grupos nacionalistas, reprimidos durante décadas pelo governo em Moscou.

A dissolução da União Soviética

Gorbachev tentou administrar esses problemas, mas, em agosto de 1991, a ala mais conservadora do Partido Comunista soviético deu um golpe para afastá-lo do poder e impedir a continuidade das reformas.

Houve uma grande e inesperada reação popular que frustrou o golpe. Apesar disso, Gorbachev perdeu o poder político para grupos ultrarreformistas e iniciou-se o processo de independência das repúblicas. Em dezembro de 1991, a União Soviética foi dissolvida.

Os nacionalismos

A maioria das fronteiras das repúblicas soviéticas havia sido definida pelo poder central, sem que se levassem em consideração as origens históricas dos povos que habitavam aquelas regiões. A maioria da população da antiga União Soviética era de origem eslava, mas ali também viviam mais de cem grupos étnicos diferentes, reconhecíveis pelas suas características linguísticas e culturais. Esse fato, mesmo após a independência das repúblicas, continua a ser a principal causa dos conflitos internos.

> **Verifique o que aprendeu** ●●●
> 1. Como a política da *glasnost* repercutiu nas relações entre a União Soviética e os países do Leste Europeu?
> 2. O que era o Solidariedade e quais eram suas reivindicações?
> 3. O que representou a queda do Muro de Berlim?
> 4. Qual foi a consequência política da queda do Muro de Berlim para a Alemanha Oriental e para a Alemanha Ocidental?
> 5. O que causou a dissolução da União Soviética?

A UNIÃO SOVIÉTICA

Fronteiras da URSS entre 1956 e 1990
Fronteiras das repúblicas federadas
As quinze repúblicas federadas
Federação da Rússia
Repúblicas Socialistas Soviéticas até 1990

1 cm = 720 km

Fonte de pesquisa: *Atlas da história do mundo*. São Paulo: Folha da Manhã, 1995. p. 288.

ATIVIDADES

1. Observe as fotografias abaixo. Elas foram tiradas na Polônia, em 1981.

a) Com base em seus conhecimentos sobre a história da Polônia dos anos 1980, levante uma hipótese para explicar o que as fotografias representam.
b) Preste atenção nos gestos, nas expressões e nas ações das personagens fotografadas. Considerando sua hipótese anterior, escreva uma legenda para cada fotografia.

2. Cite os acontecimentos que antecederam a queda do Muro de Berlim.

3. Leia o texto abaixo.

> Quando a URSS se constituiu, toda [a] imensa variedade de grupos humanos foi reunida administrativamente segundo uma hierarquia de importância que, de maneira geral, levou em conta a quantidade de pessoas componentes de cada grupo e sua localização e distribuição geográfica.
>
> Os grupos mais numerosos e com fronteiras com outros países receberam o *status* de república federada. Os grupos étnico-nacionais no interior do país foram reunidos em repúblicas autônomas [...] e outras divisões administrativas menores em função da importância numérica de cada um deles. Quase sempre o nome de cada república ou região recebeu a designação do grupo étnico majoritário.
>
> Contudo deve ser destacado um fato importante: essa "construção administrativa" não conseguiu fazer coincidir exatamente os limites das repúblicas e regiões com a extensão do povoamento de cada grupo étnico-nacional.
>
> Nelson Bacic Olic. *A desintegração do Leste*: URSS, Iugoslávia, Europa Oriental. São Paulo: Moderna, 1993. p. 57-58.

A Rússia, assim como os outros países que se formaram após a dissolução da União Soviética, enfrenta problemas étnicos e revoltas nacionalistas até hoje. Utilize as informações oferecidas pelo texto para explicar por que isso acontece.

MÓDULO 3
Nacionalismos e separatismos

Em toda a existência da União Soviética, o governo comunista reprimiu firmemente as manifestações de cunho nacionalista dentro de suas fronteiras e nos países aliados. Esses movimentos, no entanto, renasceram com força redobrada depois que a União Soviética se dissolveu na década de 1990.

A erupção dos nacionalismos

Nos países do Leste Europeu existe grande multiplicidade étnica e cultural. Ali vivem povos com identidades nacionais bastante distintas, como eslovenos, eslovacos, croatas, romenos, búlgaros, poloneses e tchecos. Além disso, a região abriga comunidades numerosas de católicos, cristãos ortodoxos e muçulmanos, entre outras religiões.

Ao longo dos séculos XIX e XX, os povos que viviam na região foram separados por fronteiras que nem sempre respeitavam suas particularidades. Muitos se tornaram minoria dentro de estados controlados por povos de outra nacionalidade ou religião. A convivência entre populações com características étnicas, culturais e religiosas tão diferentes tornou-se foco de tensão.

Após a Segunda Guerra Mundial, os países do Leste Europeu tornaram-se socialistas. Os regimes implantados na região reprimiram as manifestações nacionalistas e contiveram pela força os conflitos étnicos e religiosos.

Após a crise do socialismo, os diferentes povos do Leste Europeu retomaram antigos desejos de autonomia política.

Unidos pela identidade comum, os povos do Leste da Europa empreenderam uma luta pela redefinição de fronteiras. A antiga Tchecoslováquia, por exemplo, dividiu-se em dois países: a República Tcheca e a Eslováquia.

Em alguns países, as disputas pelo controle de territórios ou do aparelho do Estado resultaram em conflitos dramáticos. Em 1993, a Croácia recebeu mais de 700 mil refugiados da Guerra da Bósnia, em sua maioria muçulmanos.

Refugiadas muçulmanas na Croácia, 1993.

O massacre dos inocentes

O resgate de crianças que sobreviveram ao ataque terrorista em Beslan, Rússia, em 2004.

A Chechênia é uma república russa localizada na região do Cáucaso, com população majoritariamente muçulmana. Em 1991, declarou sua independência, mas foi reocupada pelo exército russo em 1994. A partir de então, grupos separatistas radicais vêm praticando sucessivos ataques terroristas dentro da Rússia.

Em setembro de 2004, terroristas chechenos invadiram uma escola na cidade russa de Beslan, na Ossétia do Norte, e mantiveram, por vários dias, cerca de mil pessoas, a maioria crianças, sob a ameaça de bombas e fuzis. O episódio terminou com a morte de 338 pessoas.

As guerras nos Bálcãs

A península Balcânica é um verdadeiro mosaico étnico e religioso. À medida que os regimes comunistas da região caíam, minorias sufocadas, como as dos húngaros da Romênia, reconstituíam sua identidade e voltavam a professar abertamente sua nacionalidade. Mas na antiga Iugoslávia as coisas se complicaram.

A Iugoslávia era uma federação formada por seis repúblicas: Macedônia, Sérvia, Croácia, Bósnia-Herzegovina, Eslovênia e Montenegro. Havia ainda dois territórios, Kosovo e Voivodina, integrados à Sérvia, que gozavam de bastante autonomia desde 1974, graças a concessões feitas pelo marechal Tito, antigo ditador comunista iugoslavo.

Durante a época do socialismo, o desenvolvimento dessas repúblicas e territórios foi bastante desigual. Mas nos anos 1980, a Eslovênia e a Croácia, as duas repúblicas mais ricas da região, passaram a exigir maior liberdade para aplicar seus recursos financeiros de acordo com as prioridades estabelecidas internamente. No entender de croatas e eslovenos, a federação de repúblicas deveria se tornar uma confederação.

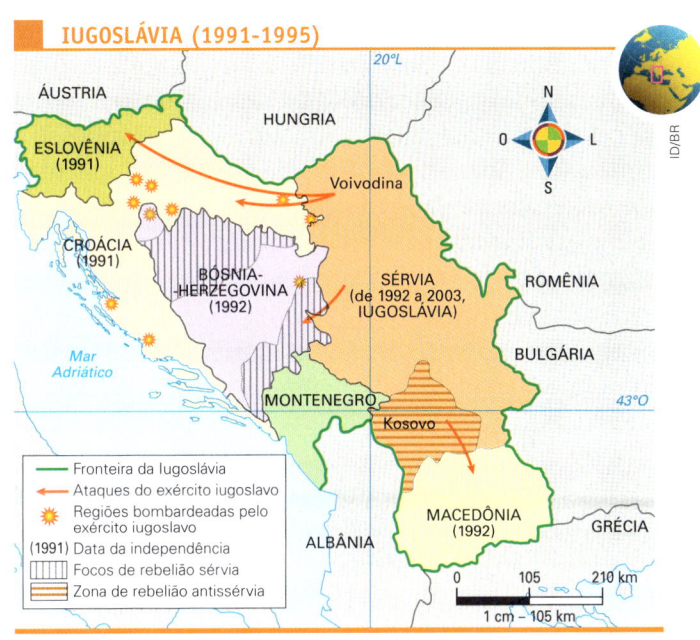

IUGOSLÁVIA (1991-1995)

Fonte de pesquisa: *Atlas histórico*. Madrid: SM, 2005. p. 149.

A retomada do projeto da Grande Sérvia

O líder sérvio Slobodan Milosevic, diante das reivindicações de autonomia de algumas repúblicas, adotou um discurso nacionalista, acusando eslovenos e croatas de separatistas. Os albaneses de Kosovo, que apoiavam as propostas de reforma, também se tornaram alvo.

O projeto de Milosevic era garantir a manutenção da unidade da Iugoslávia como uma Grande Sérvia. Na defesa desse projeto, ele contava com o fato de existirem sérvios vivendo em todas as repúblicas e territórios da federação iugoslava, o que justificaria o predomínio dos ideais sérvios.

Milosevic entrou em conflito armado com a Eslovênia, a Croácia e a Bósnia-Herzegovina, além de perseguir duramente a minoria albanesa de Kosovo.

A Eslovênia, primeira república a se tornar independente da Iugoslávia, recebeu apoio da Alemanha, e os sérvios se retiraram do seu território. Com a intervenção das Nações Unidas, a República da Macedônia conseguiu sua independência em 1992, e a Croácia, em 1991.

Cidades inteiras foram destruídas nos conflitos nacionalistas da Iugoslávia. Na fotografia, a cidade de Vukovar, na Croácia, após ataques por bombas, em 1991.

A guerra da Bósnia

Em 1992, foi a vez de a Bósnia-Herzegovina iniciar sua luta pela independência, o que provocou sangrenta guerra civil, opondo sérvios, seguidores da Igreja ortodoxa, bósnios muçulmanos e croatas católicos.

Ao longo da guerra, os conflitos tomaram contornos de **limpeza étnica**. Os sérvios da Bósnia, organizados em **milícias** e apoiados pelo Exército iugoslavo, empenharam-se em acabar com os muçulmanos e croatas, ou pelo menos reduzi-los a um número que pudesse ser controlado. Apenas na cidade de Srebrenica, calcula-se que os sérvios tenham matado mais de 6 mil muçulmanos. Prisioneiros eram confinados em campos de concentração e submetidos a tratamento desumano.

A ajuda internacional demorou a vir, apesar dos repetidos apelos da Bósnia. Foi somente em agosto de 1995, quando forças da Otan intervieram militarmente na região, que Milosevic recuou e aceitou assinar o acordo de paz de Dayton, pelo qual ficava estabelecida a criação da República Sérvia da Bósnia e a Federação da Bósnia-Herzegovina. A antiga Iugoslávia ficou limitada à União da Sérvia e Montenegro.

Entretanto, apenas quatro anos depois, um novo conflito eclodiria, agora em Kosovo. Nessa província sérvia, guerrilheiros albaneses lutavam por sua independência desde o início dos anos 1990. Os sérvios, opondo-se à separação de Kosovo, enviaram tropas para a região.

Mais uma vez coube à Otan intervir no conflito. Um intenso bombardeio de Belgrado, a capital sérvia, obrigou Milosevic a retirar suas tropas de Kosovo.

O fim da guerra na Bósnia não significou o fim das tensões. As lutas separatistas continuaram na região. Em 2006, o povo de Montenegro votou pela independência, separando-se da Sérvia. Em 2008, os kosovares se declararam independentes, mas, embora sua independência tenha recebido apoio e reconhecimento dos Estados Unidos e de muitos países da União Europeia, não foi reconhecida por muitos outros, como a Rússia, grande aliada da Sérvia.

Fonte de pesquisa: Yves Lacoste. *Géopolitique*: la longue histoire d'aujourd'hui. Paris: Larousse, 2006. p. 245.

A guerra da Bósnia deixou mais de 200 mil mortos, obrigou 2 milhões de pessoas a se refugiar e destruiu uma parte considerável da infraestrutura urbana da Bósnia. Campo de refugiados na República de Macedônia, em 1999.

GLOSSÁRIO

Limpeza étnica: política de eliminação sistemática de um povo inteiro por causa de sua etnia.

Milícia: organização de cidadãos armados que não integram o Exército de um país.

OS BÁLCÃS NA ATUALIDADE

Verifique o que aprendeu

1. Por que os movimentos nacionalistas não eclodiram na União Soviética e nos países do Leste Europeu enquanto perdurou o socialismo?

2. Que características da península Balcânica explicam a emergência de tantos movimentos separatistas na região?

3. Qual era o projeto político defendido por Slobodan Milosevic, líder iugoslavo?

4. O que caracterizou de maneira mais marcante a guerra da Bósnia?

ATIVIDADES

1. Leia a afirmação a seguir: "O fim dos regimes comunistas no Leste Europeu deu origem a uma série de conflitos étnicos e religiosos". Você concorda com ela? Justifique sua resposta.

2. Forme um grupo com seus colegas. Juntos, relacionem as duas fotografias a seguir com a guerra na Bósnia-Herzegovina e suas consequências. Escrevam um pequeno texto com suas conclusões.

Mulher visita o lugar onde morava, em completa destruição. Sarajevo, Bósnia-Herzegovina, 1996.

Caminhão com mulher e crianças refugiadas da guerra da Bósnia-Herzegovina, c. 1995.

3. A fotografia ao lado mostra prédios em chamas após o bombardeio da Otan sobre Belgrado, capital da Sérvia, durante a guerra em Kosovo, em 1999.
   a) Na sua opinião, a estratégia da Otan para pôr fim à guerra foi adequada?
   b) Quais foram as consequências desses bombardeios para a população civil?

Belgrado, Sérvia, 1999.

4. A Convenção de Genebra é um acordo internacional que estabelece limites para as ações de guerra, protegendo os seres humanos envolvidos nos conflitos, sejam eles militares ou civis. A convenção prevê a punição dos contraventores por um tribunal internacional. De acordo com o Protocolo assinado em 1977:

> Todas as pessoas que não participem diretamente ou já não participem nas hostilidades, quer estejam ou não privadas da liberdade, têm direito ao respeito da sua pessoa, honra, convicções e práticas religiosas. Serão, em todas as circunstâncias, tratadas com humanidade, sem qualquer discriminação. É proibido ordenar que não haja sobreviventes.
>
> Biblioteca Virtual de Direitos Humanos da USP. Disponível em: <http://www.direitoshumanos.usp.br>. Acesso em: 10 set. 2014.

Agora, leia os depoimentos abaixo, feitos por sobreviventes da guerra da Bósnia. Em seguida, responda: a Convenção de Genebra foi respeitada durante a guerra na Bósnia? Justifique sua resposta.

> No último mês de confinamento, só comíamos pão com presunto, uma vez por dia.
> Relato de um sobrevivente de campo de concentração na Bósnia dado ao jornal estadunidense Newsday.

> Quando descobriram que eu estava grávida, não me libertaram até que eu tivesse a criança. Diziam que eu carregaria, para o resto da vida, uma criança sérvia. Não quero o bebê.
> Relato de uma jovem muçulmana. Citado em Jayme Brener. Os Bálcãs: história e crise. São Paulo: Ática, 1999. p. 71.

MÓDULO 4
O poderio dos Estados Unidos

As décadas de 1980 e 1990 foram marcadas pelo aumento da velocidade nas transações financeiras internacionais em escala jamais vista. O processo de integração e de incorporação de mercados decorrente dessa expansão tem sido chamado globalização.

A nova ordem mundial

Na década de 1970, foi abandonado o padrão-ouro estabelecido pela Conferência de Bretton Woods (1944).

Com o fim da obrigatoriedade de manter reservas em ouro correspondentes à emissão de moeda, ocorreu uma liberalização cambial. Isso quer dizer que os países economicamente mais desenvolvidos puderam aumentar seus fluxos de capital pelo mundo sem se preocupar com restrições impostas pelos bancos centrais.

As empresas transnacionais na nova ordem

As empresas multinacionais aproveitaram as oportunidades de investimentos mundiais e superaram os limites até então impostos pelas fronteiras dos Estados nacionais. Abriram filiais em várias regiões do planeta e passaram a negociar diretamente com os governos dos países onde se estabeleciam. Dessa forma, em troca dos empregos que iriam gerar, as empresas teriam benefícios fiscais.

A especulação

Os investimentos financeiros também se ampliaram em todo o mundo. A facilidade de movimentar altas somas de dinheiro, em poucas horas, entre diversos países, possibilitou aos investidores percorrer o mundo em busca de bons negócios. Os mercados mais atraentes, mesmo de países pobres, recebiam muito dinheiro enquanto oferecessem grandes lucros. Porém, a qualquer sinal de ameaça de queda nos lucros, os investidores transferiam seu dinheiro para mercados mais seguros, causando crises e falências nos países que abandonavam.

O que se convencionou chamar de **nova ordem mundial** é essa capacidade de movimentação dos capitais financeiros e de funcionamento coordenado das empresas multinacionais, independentemente, na maior parte das vezes, do controle e de regras especificamente nacionais.

> **Negociações na Bolsa**
>
> Nas bolsas de valores são negociadas ações de empresas. Ações são documentos que garantem ao seu proprietário uma porcentagem de participação em determinada empresa. Se a empresa vai bem, esses documentos valorizam. Caso contrário, perdem valor. Contudo, se há uma demanda muito grande pelas ações de uma empresa, elas podem valorizar ainda mais. Por isso, existem especuladores que usam estratégias ilegais para causar uma valorização artificial das ações e ganhar dinheiro com a venda delas.

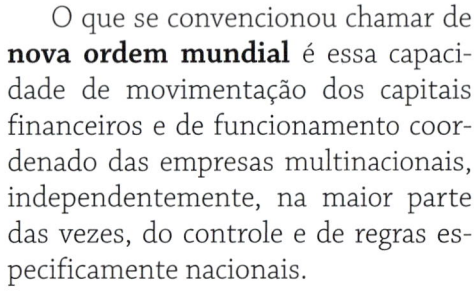

Trabalhadores vietnamitas em greve na porta de uma fábrica que produz materiais esportivos para uma empresa multinacional. Fotografia de 2008.

A política neoliberal

Após a Segunda Guerra e a ascensão da União Soviética como potência mundial, ganhou força no Ocidente a ideia de que o Estado deveria criar mecanismos e leis que protegessem os trabalhadores, evitando insatisfações que levassem a movimentos revolucionários. Esse modelo, conhecido como estado de bem-estar social, criou sistemas de aposentadoria, o salário-desemprego e realizou investimentos em áreas sociais, como a saúde e a educação.

Com o fim da Guerra Fria, o estado de bem-estar social passou a ser considerado ultrapassado por muitos políticos ocidentais, que adotaram ideias chamadas **neoliberais**. O Estado neoliberal deveria apenas regular a justiça e a polícia, deixando as relações econômicas nas mãos do mercado.

A implantação de políticas neoliberais na maior parte do mundo envolveu medidas como a privatização de empresas estatais, o fim do controle de preços e dos subsídios a determinados setores da economia, a redução do número de funcionários públicos, a limitação dos gastos com previdência social, a diminuição dos encargos trabalhistas cobrados das empresas e a abertura da economia para investimentos externos.

Na América Latina, a política de privatização de empresas estatais adotada pelos governos neoliberais provocou protestos, às vezes violentos, como o que ocorreu em Lima, Peru, em 2002, contra o então presidente Alejandro Toledo.

Um mundo globalizado

A política neoliberal pregava também a liberdade total de comércio e de investimentos entre os países. A implantação dessa política gerou a **globalização**.

Com a globalização, os países mais ricos pressionaram os mais pobres a extinguir suas tarifas alfandegárias protecionistas e a liberar a entrada de produtos e de investimentos estrangeiros.

Além disso, a implantação da rede mundial de computadores facilitou as comunicações e contribuiu para que bilhões de dólares passassem a circular pelo planeta em segundos.

Na década de 1990, a economia argentina sofreu impactos em decorrência de diferentes crises em outros países do globo. Em 1997, por exemplo, uma crise financeira nos países asiáticos levou investidores a retirar o dinheiro antes aplicado na Argentina. Uma das consequências foi o aumento da pobreza no país. Na fotografia de 2009, vista da favela Villa 31, no centro de Buenos Aires, onde vivem cerca de 30 mil pessoas.

Riqueza para quem?

Se, por um lado, a política neoliberal encontrou mecanismos para reduzir a inflação e assegurar a recuperação da taxa de juros, por outro, seus críticos apontam para o fato de ela não ter promovido um aumento dos investimentos. Eles argumentam que o fim da regulamentação financeira estimulou a especulação, o que favoreceu apenas o enriquecimento das grandes instituições financeiras.

Como resultado, ocorreu um crescimento do desemprego e da pobreza, agravada ainda mais pela redução dos gastos públicos com políticas sociais.

A formação dos blocos econômicos

Para enfrentar o enorme poder que os países mais ricos, principalmente os Estados Unidos, conseguiram com a globalização, muitos países optaram pela formação de blocos econômicos.

Dentro dos blocos, a circulação de pessoas, bens e serviços é mais fácil, e há diminuição ou eliminação das tarifas alfandegárias.

Enquanto na Europa se formava uma união econômica liderada por países ricos, como Alemanha e França, os chamados países emergentes também se organizaram em blocos como o Mercosul e o Mercado Comum dos Países do Leste e Sul da África.

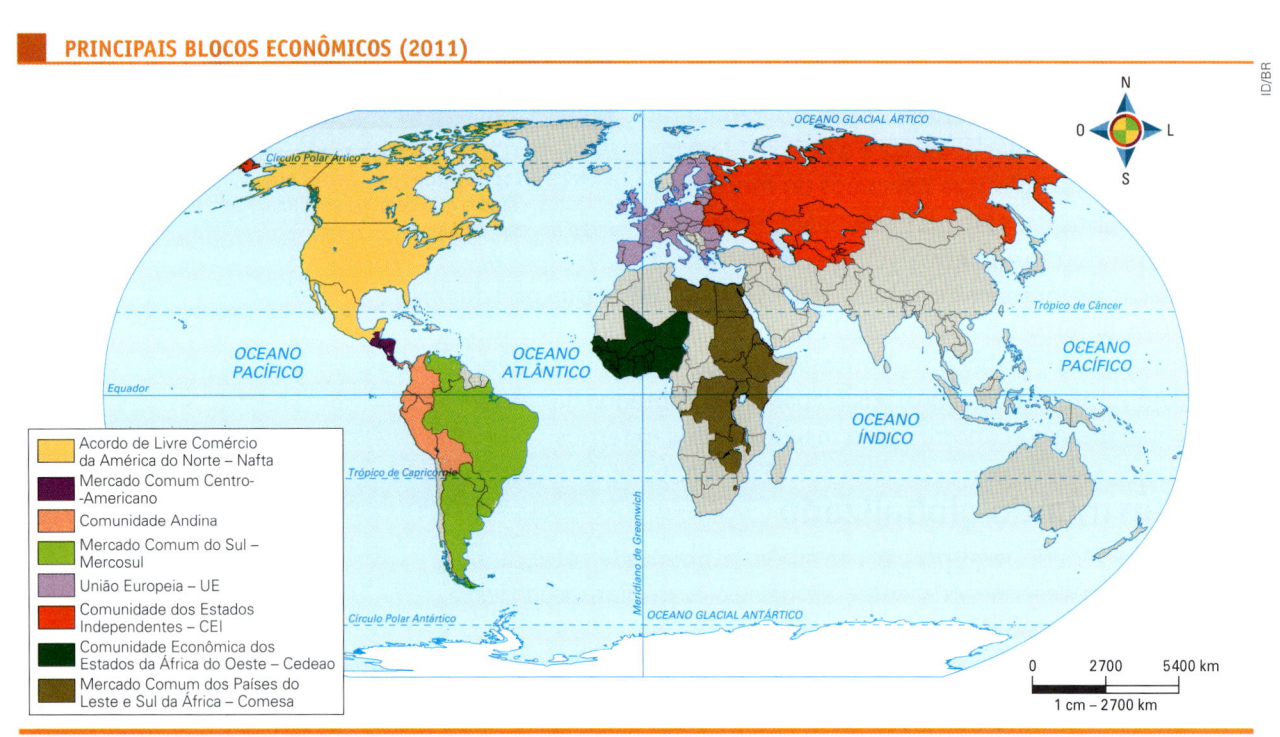

PRINCIPAIS BLOCOS ECONÔMICOS (2011)

Legenda:
- Acordo de Livre Comércio da América do Norte – Nafta
- Mercado Comum Centro-Americano
- Comunidade Andina
- Mercado Comum do Sul – Mercosul
- União Europeia – UE
- Comunidade dos Estados Independentes – CEI
- Comunidade Econômica dos Estados da África do Oeste – Cedeao
- Mercado Comum dos Países do Leste e Sul da África – Comesa

0   2700   5400 km
1 cm – 2700 km

Fonte de pesquisa: IBGE. Disponível em: <http://atlasescolar.ibge.gov.br/mapas-do-mundo/divisoes-politicas-e-regionais>. Acesso em: 10 set. 2014.

Crise e movimentos populares

A implantação de políticas neoliberais provocou o enriquecimento de alguns setores empresariais nos países pobres, ao mesmo tempo que aumentou a desigualdade e a exclusão das camadas mais carentes da população. A eclosão de crises financeiras na Ásia e na Rússia levou a uma fuga de capitais dos chamados "países emergentes", provocando desemprego e inflação.

Essa situação levou ao fortalecimento de movimentos populares. Em alguns países, como na Argentina em 2001 e na Bolívia em 2005, a rebelião popular depôs o governo. Candidatos ligados às causas populares, como o líder indígena Evo Morales, na Bolívia, Hugo Chavez, na Venezuela, Rafael Correa, no Equador, e Nestor Kirchner, na Argentina, venceram as eleições e tornaram-se presidentes de seus países, adotando políticas antiglobalização.

No momento em que os governos populares surgem em várias partes do mundo, os Estados Unidos sofrem o ataque de novos inimigos.

●●● O 11 de Setembro e a Doutrina Bush

Origens da Al Qaeda

Durante a invasão soviética ao Afeganistão, iniciada em 1979, os Estados Unidos resolveram armar e treinar os guerrilheiros que se opunham à URSS. Entre eles, encontrava-se o saudita Osama bin Laden, um fundamentalista islâmico sunita que liderava uma organização paramilitar chamada Al Qaeda ("O alicerce", em árabe).

Quando a União Soviética se retirou do Afeganistão, diferentes grupos armados passaram a disputar o poder. Depois de uma sangrenta guerra civil, o governo foi controlado pela milícia Talibã, formada por fundamentalistas muçulmanos, que deram abrigo à Al Qaeda.

Em 1991, Bin Laden decidiu formar uma rede terrorista para atacar os Estados Unidos, por estes terem usado o território da Arábia Saudita como base militar estadunidense durante a Guerra do Golfo (1990-1991).

O então presidente dos Estados Unidos, George W. Bush, autor da Doutrina Bush, aparece nessa foto em visita à base militar de Fort Carson, no Colorado, Estados Unidos, em 2003.

Os ataques de 11 de setembro

No dia 11 de setembro de 2001, as torres gêmeas do World Trade Center, de Nova York, símbolos do poder econômico estadunidense, e o Pentágono, edifício-sede do Departamento de Defesa dos Estados Unidos, em Washington, foram atingidos por aviões que haviam sido sequestrados por membros da Al Qaeda.

Aproveitando o trauma nacional causado pelos ataques, o governo Bush conseguiu aprovar leis que suspendiam os direitos civis dos suspeitos de terrorismo e permitiam aos Estados Unidos atacar outros países sob a justificativa de combater o terrorismo. Essa política ficou conhecida como Doutrina Bush.

●●● A guerra contra a Al Qaeda

O primeiro alvo da Doutrina Bush foi o Afeganistão.

Em outubro de 2001, forças dos Estados Unidos e seus aliados iniciaram o ataque ao Afeganistão com um triplo objetivo: prender Osama bin Laden, eliminar a Al Qaeda e depor o governo Talibã, que protegia grupos terroristas.

Após a invasão do Afeganistão, o próximo passo foi invadir o Iraque, governado por Saddam Hussein. Afirmando que o Iraque dispunha de um arsenal de armas de destruição em massa e que estaria compactuando com os terroristas, os Estados Unidos e seus aliados invadiram o país, em março de 2003.

As armas de destruição em massa nunca foram encontradas, nem ficou provada a ligação do governo iraquiano com a Al Qaeda, mas mesmo assim o país foi ocupado militarmente, em uma operação que matou mais de 100 mil civis.

No Afeganistão, os Estados Unidos não conseguiram eliminar a Al Qaeda. Porém, o governo Talibã foi derrubado e, depois de uma longa procura, Osama bin Landen foi executado por forças estadunidenses, em maio de 2011.

Guerreiros de Alá

Mujahedin são guerrilheiros muçulmanos engajados na luta em defesa do Islã. A desproporção de forças entre os *mujahedin* e seus inimigos determinou sua estratégia de luta. Organizados em pequenos grupos, realizavam rápidos ataques-surpresa a alvos isolados. Esse mesmo esquema básico é usado pelos grupos terroristas.

Mujahedin, Afeganistão, 2001.

●●● O "fator" Barack Obama

Em 2008, realizaram-se eleições presidenciais nos Estados Unidos. Havia um grande descontentamento pelas perdas de vidas nas guerras no Afeganistão e no Iraque. Muitas pessoas queriam uma mudança de rumos.

A essa insatisfação juntou-se uma grave crise econômica, que eclodiu poucos meses antes das eleições.

A falta de regulamentação das atividades bancárias, defendida pelas políticas neoliberais, permitiu que os bancos dos Estados Unidos emprestassem dinheiro a quem não podia pagar e criassem com isso lucros inexistentes. Dessa forma eram garantidas altas remunerações aos executivos. Quando o número de devedores inadimplentes cresceu a níveis insuportáveis, o sistema ruiu. Se nada fosse feito, as empresas faliriam uma após a outra e haveria desemprego em massa.

O candidato de oposição ao governo Bush, o democrata Barack Obama, foi eleito presidente dos Estados Unidos, em 4 novembro de 2008. Ele tinha o compromisso de mudar as políticas públicas nos Estados Unidos, retirando as tropas do Oriente Médio, controlando o sistema financeiro, protegendo o emprego e a renda dos trabalhadores e criando um sistema público de saúde eficiente.

Incapaz de cumprir todos os seus compromissos de campanha, o governo Obama perdeu, ao longo dos anos, muito de sua popularidade inicial.

●●● A Europa em crise

A crise econômica iniciada nos Estados Unidos teve efeitos na Europa, onde muitos países estavam excessivamente endividados, como Grécia, Portugal e Itália, ou com bancos em situação precária, como os da Irlanda.

Desde o final de 2008, o crescimento das economias europeias caiu a níveis mínimos, com aumento de desemprego e ameaças de calote de dívidas públicas.

A solução mais comum adotada pelos governos é o corte de gastos públicos com salários, aposentadorias, saúde e educação.

A insatisfação popular é crescente, com grandes manifestações de protesto ocorrendo em todo o continente, principalmente entre jovens, os mais atingidos pelo desemprego.

O presidente Barack Obama, após a cerimônia de posse em 20 de janeiro de 2009, Washington, DC, Estados Unidos.

Um mundo interconectado

A aparente suspensão das fronteiras nacionais com a disseminação da internet tem proporcionado ao mundo experiências de solidariedade, mas também de internacionalização do crime e do terrorismo.

- Discuta com os colegas os aspectos positivos e negativos da facilidade de ação e de circulação da informação no mundo digital.

Manifestação do Movimento dos Indignados, formado por jovens espanhóis que protestam contra a corrupção na política e a ausência de medidas que solucionem o desemprego na Espanha, um dos maiores do mundo industrializado. Fotografia de 2011.

Verifique o que aprendeu ●●●

1. Qual é a ideia central do pensamento neoliberal em relação ao Estado?
2. Quais são os grandes beneficiários das reformas neoliberais?
3. O que pregava a Doutrina Bush?
4. O que é a Al Qaeda e qual seu objetivo principal?
5. Contra quais países os Estados Unidos dirigiram ataques como resposta ao 11 de Setembro?

ATIVIDADES

1. O que são blocos econômicos e por que eles foram criados? Cite três exemplos de blocos econômicos.

2. Relacione a afirmação a seguir com o processo de globalização da economia.

   > Cada fração de segundo em que uma informação nova possa ser traduzida pelo simples toque de uma tecla eletrônica transfere volumes fabulosos de recursos de uma parte do mundo para outra e de milhares de fontes para as contas de um pequeno punhado de agentes privilegiados.
   >
   > Nicolau Sevcenko. *A corrida para o século XXI*: no *loop* da montanha-russa. São Paulo: Companhia das Letras, 2001. p. 29 (Coleção Virando Século).

3. A Índia é um país produtor de tecnologia de ponta na área da informática. Com base no que você estudou no capítulo, relacione a afirmação acima com a fotografia ao lado, que mostra o rio Yamuna, em Agra, na Índia, em 2011.

   Águas poluídas do rio Yamuna, em Agra, na Índia.

4. Observe o gráfico abaixo. Ele mostra as alterações nos índices de desemprego no Brasil entre 2003 e 2010. A crise financeira que se evidenciou em 2008, segundo o gráfico, afetou as taxas de desemprego no Brasil?

   TAXA DE DESEMPREGO (2003-2010)

Ano	Taxa (%)
2003	12,4
2004	11,5
2005	9,9
2006	10
2007	9,3
2008	7,9
2009	8,1
2010	6,7

   Fonte de pesquisa disponível em: <http://veja.abril.com.br/noticia/economia/taxa-de-desemprego-em-2010-e-a-menor-em-oito-anos>. Acesso em: 10 set. 2014.

ARTE e CULTURA

Arte para todos

No final do século XX, uma nova manifestação artística despontou entre os jovens: o grafite. Essa arte consiste em desenhar ou escrever a tinta em locais públicos, principalmente em muros dos espaços urbanos.

É difícil identificar a origem do grafite. Na Roma antiga, frases bem-humoradas e de protesto já eram escritas a carvão nas paredes de edifícios.

Na década de 1960, jovens em diversas partes do mundo lançaram mão da irreverência para questionar os valores e as regras estabelecidos, deixando pelos muros frases como "é proibido proibir" e "faça amor, não faça guerra". Nessa mesma época, nas regiões periféricas dos centros urbanos estadunidenses, jovens começaram a pintar siglas e nomes em letras estilizadas nas paredes de seus bairros para demarcar os territórios controlados por suas gangues.

Durante a década de 1970, o grafite ganhou força ao se fundir com o movimento cultural *hip-hop*. Até a década de 1980, essa arte foi considerada marginal, pois era realizada, em sua maioria, por jovens humildes da periferia das grandes cidades, que, segundo seus opositores, denegriam o espaço público.

Atualmente, o grafite é reconhecido por autoridades que chegam a incentivar e a formar grafiteiros. No Brasil, já existem prefeituras que fornecem cursos para jovens carentes ingressar nessa arte.

Este grafite feito na cidade de Nova York, Estados Unidos, é visto diariamente por milhares de pessoas. Fotografia c. de 2010.

O Muro de Berlim, construído em agosto de 1961, foi por muito tempo considerado o símbolo da Guerra Fria. No lado Ocidental da cidade de Berlim, o muro era coberto por grafites. A fotografia ao lado retrata um trecho com várias representações da Estátua da Liberdade, um dos monumentos mais famosos dos Estados Unidos.

O muro retratado ao lado, grafitado com letras de música, flores e imagens de John Lennon, ex-integrante dos Beatles, fica em Praga, capital da antiga Tchecoslováquia. Conhecido como John Lennon Peace Wall, foi um símbolo da luta pela paz e pela liberdade de expressão para a juventude tcheca dos anos 1980. Cada vez que, por ordem das autoridades, o muro era pintado para apagar as imagens, grupos de jovens voltavam a cobri-lo na calada da noite com mais figuras e escritos. Na fotografia de 2003, a viúva de Lennon, Yoko Ono, observa o símbolo de paz e amor, pintado no muro de Praga.

Na faixa de Gaza, região onde ocorrem muitos conflitos entre palestinos e israelenses, grande número de grafites cobre as paredes das cidades. Na imagem, palestino pinta um mural em homenagem ao terceiro aniversário do ataque de Israel. Fotografia de 2011.

■ Atividades

1. Você já viu um grafite? Se viu, qual era o desenho ou a mensagem retratados? Qual impressão esse grafite lhe transmitiu?
2. Por quais motivos o grafite foi considerado uma arte marginal?
3. Podemos afirmar que o grafite é uma arte mais acessível às pessoas? Justifique sua resposta.

277

DOSSIÊ

Brics

Em 2001, o economista Jim O'Neill criou o termo Bric para referir-se aos quatro países que nas próximas décadas do século XXI apresentariam as maiores taxas de crescimento econômico do planeta: Brasil, Rússia, Índia e China. Inicialmente, o termo circulou nos meios financeiros, empresariais, acadêmicos e nos veículos de comunicação. Em 2006, esses países formaram uma associação política e comercial a fim de aumentar o seu espaço de atuação e o seu papel econômico em escala global. Com a inclusão da África do Sul no grupo, em 2011, o termo passou a ser Brics – o "s" vindo de South Africa, o nome oficial da África do Sul, em inglês.

A economia global, as desigualdades sociais e o papel dos Estados

Mas o que levou Jim O'Neill a considerar a relevância do crescimento desses países nas próximas décadas? Esses países apresentam alguns fatores em comum, como um mercado consumidor em fase de crescimento, mão de obra disponível e com possibilidade de maior qualificação, recursos naturais em abundância, capacidade de atrair investimentos externos, crescimento do Produto Interno Bruto (PIB) e elevação dos níveis do Índice de Desenvolvimento Humano (IDH). Reunidas essas condições, e salvaguardadas as diferenças culturais, para Jim O'Neill o conjunto garante aumentos recordes de crescimento econômico e, consequentemente, geração de emprego e consumo.

Nos últimos anos, os países do Brics, com exceção da África do Sul, vêm apresentando índices de crescimento substanciais. A crise financeira de 2008 causou menos prejuízo a esses países, na média, do que às chamadas potências do G7 – grupo que reúne os países mais industrializados e desenvolvidos do mundo, formado por Estados Unidos, Reino Unido, França, Alemanha, Japão, Itália e Canadá.

Entre 2003 e 2007, por exemplo, o crescimento econômico dos países que integravam o Bric constituiu 65% da expansão do PIB mundial.

No entanto, o Brics ainda é uma organização informal, não possui marco legal nem representantes oficiais, e os países não destinam fundos para execução das atividades desenvolvidas pelo grupo.

Colheita de soja em Correntina, BA, 2010.

Indústria de aço na Índia, 2010.

Refinaria de petróleo na Rússia, 2011.

Trabalhadoras de indústria têxtil chinesa, 2011.

Os produtos de exportação do Brasil, da Rússia, da Índia, da China e da África do Sul podem alcançar preços altos no mercado externo porque são muito importantes para a economia de outros países. Além disso, como no caso dos produtos têxteis chineses, são muito competitivos porque são mais baratos e contribuem para enfraquecer a indústria têxtil de outros países.

Além disso, deve-se ressaltar que o desempenho econômico dos países do Brics não é homogêneo. A China, segunda maior economia do mundo, atrás apenas dos Estados Unidos, ainda lidera o grupo em relação à taxa de crescimento. Em 2013, seu crescimento foi de 7,7%, enquanto a economia brasileira avançou 2,3%.

Atuação internacional

A importância internacional do Brics representa uma modificação enorme diante da prática anterior, que limitava as decisões globais ao clube dos ricos, o chamado G7.

O novo polo de poder global representado pelo Brics é visto por muitos analistas como a melhor maneira de implantar uma nova ordem mundial socialmente mais justa, com o reforço do papel dos Estados Unidos no enfrentamento à pobreza em várias partes do mundo. Em reunião do grupo ocorrida em Brasília, em 2010, Lula, presidente brasileiro naquele momento, afirmou: "Seguiremos defendendo a democratização do processo multilateral de tomada de decisões. Os países pobres e em desenvolvimento têm o direito de serem ouvidos. Reduzir o fosso que os separa dos países ricos não é só questão de justiça. Disso depende a estabilidade econômica, social e política mundial. É nossa maior contribuição para a paz".

Atualmente, o grupo Brics tem buscado formas de solucionar problemas gerados pelos subsídios que muitos governos dos países ricos concedem aos seus produtores, especialmente na atividade agrícola. Os subsídios criam uma queda artificial dos preços no mercado mundial, e assim os produtores dos países pobres não conseguem competir com eles e acabam falindo.

Ao criar um polo alternativo de poder, os países do Brics esperam solucionar esse tipo de distorção do sistema econômico, que enriquece os mais ricos e mantém os pobres na miséria.

Poder para isso não deve faltar: Jim O'Neill previu que até 2050 o grupo Bric passará a produzir a maior parte da riqueza do mundo.

A agricultura familiar é constituída por pequenos produtores que utilizam preponderantemente a mão de obra do núcleo familiar. Na fotografia de 2009, família em lavoura de milho no Quênia.

■ Discussão sobre o texto

1. O que significa Bric? Qual é a sua importância para a economia global?
2. Você considera importante a participação do Brasil no Bric? Por quê? Discuta o assunto com os seus colegas.
3. Qual é o papel dos Estados no enfrentamento da pobreza existente no mundo?

FAZENDO HISTÓRIA

Ocupem as ruas do mundo

O texto abaixo foi publicado no jornal *Gazeta do Povo*, de Maringá (PR) e trata de um dos movimentos de protesto que surgiram depois da crise de 2008: o Ocupe Wall Street. A novaiorquina "Rua do Muro", Wall Street, é o endereço da Bolsa de Valores de Nova York e simboliza o mercado financeiro dos Estados Unidos. Por isso os manifestantes escolheram ocupar essa região da cidade.

Ativistas do Ocupe Wall Street chegam a Washington

Dezenas de militantes do Ocupe Wall Street chegaram a Washington nesta terça-feira [22 de novembro de 2011] após uma caminhada de 13 dias partindo de Nova York [...].

Levantando uma bandeira americana e um cartaz laranja no qual se lia "o povo antes dos lucros", os manifestantes se uniram ao acampamento Ocupe DC [DC é a sigla de Distrito de Columbia, onde se situa a capital dos Estados Unidos], perto da Casa Branca, antes de se dirigir ao Capitólio para uma "superassembleia geral".

"Isso demonstra que somos um movimento forte, dedicado por completo à nossa causa", disse [...] um dos manifestantes, Cologin Rivera, de 21 anos, debaixo de chuva.

Quando iniciaram a marcha em 9 de novembro, eram cerca de 20 militantes, mas, ao chegar a Washington e após passar por Filadélfa e Baltimore, eram cerca de 50.

Rebatizemos como "**Ocupemos a estrada**", os manifestantes pediram atenção para o movimento anti-Wall Street. Para Mike Glazer, trata-se de uma "experiência, a primeira marcha de outras muito mais longas".

Disponível em: <http://veja.abril.com.br/noticia/brasil/ativistas-do-ocupe-wall-street-chegam-a-washington>. Acesso em: 10 set. 2014.

Manifestantes do movimento Ocupe Wall Street em Nova York, 2011.

1. Qual é o tema central do texto?
2. É correto afirmar que o movimento contra o sistema financeiro se limita a Nova York? Justifique sua resposta.
3. O que significa o lema "o povo antes dos lucros", defendido pelos manifestantes?

LENDO HISTÓRIA

Antes de ler

- O texto a seguir trata da premiação do Nobel da Paz, concedido a ativistas dos direitos das mulheres. O que você sabe sobre esse tema?

A Primavera Árabe

O texto a seguir foi publicado no jornal *O Estado de S. Paulo* de 27 de setembro de 2011. Ele trata das especulações em torno dos ganhadores do Prêmio Nobel da Paz, concedido pela Noruega para pessoas que se destacam na luta por liberdade e compreensão entre os povos.

A ideia naquela época era de que os candidatos mais fortes ao prêmio estariam ligados aos movimentos antiditatoriais que se iniciaram na Tunísia em dezembro de 2010 e se espalharam por muitos países do Norte da África e do Oriente Médio. Esses protestos, que derrubaram vários governos, ficaram conhecidos como Primavera Árabe.

Semanas depois da publicação do texto, foram anunciados os vencedores do prêmio: três mulheres, sendo uma delas ligada à Primavera Árabe. É Tawakkul Karman, ativista política do Iêmen.

"O Prêmio Nobel da Paz de 2011 pode ser concedido a ativistas que ajudaram a desencadear a onda revolucionária que varreu o Norte da África e o Oriente Médio neste ano, e que ficou conhecida como Primavera Árabe.

Segundo especialistas no prêmio, a escolha, a ser anunciada em 7 de outubro, pode recair sobre um ou mais dos seguintes ativistas: o egípcio Wael Ghonin, executivo do Google; Movimento Juvenil de 6 de Abril, também do Egito, e seu cofundador Israa Abdel Fattah; ou a blogueira tunisiana Lina Ben Mhenni.

'Minha forte sensação é de que o comitê (do Nobel) e seu líder querem refletir sobre as maiores questões internacionais, conforme definidas por uma definição ampla de paz', disse o vice-chanceler norueguês Jan Egeland. 'Seguindo esta lógica, será a Primavera Árabe neste ano. Nada chega perto dela como momento definidor da nossa época.'

[...]

As rebeliões populares deste ano levaram à derrubada de governos autocráticos na Tunísia, no Egito e na Líbia, e há forte movimentos oposicionistas atuando também na Síria, no Iêmen e em outros países da região.

A opinião de Egeland foi partilhada por Kristian Berg Harpviken, presidente do Instituto de Pesquisas da Paz, em Oslo. 'A Primavera Árabe estará bem no topo da pauta das deliberações internas do comitê', disse ele à Reuters."

Disponível em: <http://www.estadao.com.br/noticias/geral,nobel-da-paz-pode-premiar-ativistas-da-primavera-arabe,778290>. Acesso em: 10 set. 2014.

Manifestantes na cidade de Taez, no Iêmen, em abril de 2011.

De olho no texto

1. Segundo o texto, qual foi a importância da internet para a Primavera Árabe?
2. Em setembro de 2011, que governos ditatoriais árabes haviam sido derrubados pelos movimentos populares?

QUESTÕES GLOBAIS

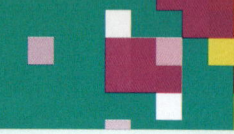

1. Leia este texto e responda às questões a seguir no caderno.

> Estes dados de inserção geográfica e de experiência histórica do Brasil, que se deram no eixo das relações da relativa igualdade entre os estados, são relevantes na discussão dos atuais dilemas e desafios da política exterior do país. Estes têm como um dos seus componentes fundamentais as transformações ora em curso no plano mundial, e que configuram a maneira pela qual opera o eixo da assimetria, ou seja, o do nosso relacionamento com estados e sociedades dos quais nos separam, como aponta Rubens Ricupero, "um diferencial apreciável de poderio político e econômico".
>
> Estas transformações são muito significativas e, neste contexto, a queda do muro de Berlim pode ser considerada um evento inaugural. Assinala, em conjunto com o término da União Soviética, [...] o fim do curto século XX e, portanto, o começo histórico do novo século e o mergulho no novo milênio.
>
> Celso Lafer. Brasil: dilemas e desafios da política externa. Revista *Estudos Avançados,* São Paulo, IEA/USP, v. 14, n. 38, p. 261-262, jan./abr. 2000. Disponível em: <http://dx.doi.org/10.1590/50103-40142000000100014>. Acesso em: 10 set. 2014.

a) Considerando o que você estudou neste capítulo, de que evento trata esse texto?
b) Qual é, segundo o autor, o significado desse evento?

2. O texto a seguir aborda um problema contemporâneo. Leia-o e responda ao que se pede.

> A partir da década de [19]80 observou-se a intensificação do processo de internacionalização das economias capitalistas, que se convencionou chamar de globalização. Algumas das características distintivas desse processo foram a enorme integração dos mercados financeiros mundiais e o crescimento singular do comércio internacional [...].
>
> Na Europa, a discussão sobre exclusão social apareceu na esteira do crescimento dos sem-teto e da pobreza urbana [...].
>
> Gilberto Dupas. A lógica da economia global e a exclusão social. *Revista de Estudos Avançados* (IEA/USP), v. 12, n. 34, 1998. p. 121.

a) A qual processo o autor se refere no início do texto?
b) Quais são, segundo o texto, os dois lados opostos desse processo?

PARA SABER MAIS

Livros

O blog de Bagdá, de Salam Pax. São Paulo: Companhia das Letras, 2003.
Em 2002, o iraquiano Salam Pax, de 29 anos, iniciou a publicação de um *blog* que se tornou mundialmente famoso por falar do descontentamento com a ditadura de Saddam Hussein, às vésperas da invasão estadunidense. Mas esse não é o único tema do livro, que aborda também a música *pop* e outros assuntos comuns a qualquer jovem.

***O diário de Zlata*: a vida de uma menina na guerra**, de Zlata Filipovic. São Paulo: Companhia das Letras, 1994.
Zlata começou seu diário pouco antes de completar 11 anos. Oito meses depois, eclodia a guerra na Bósnia-Herzegovina. Durante dois anos, a menina registrou o conflito que ocorria ao seu redor. Com uma surpreendente clareza, ela mostra como a selvageria invadiu o seu cotidiano.

Da Guerra Fria à Nova Ordem Mundial, de Ricardo de Moura Faria. São Paulo: Contexto, 2003.
Sem identificar mocinhos e vilões, o livro trata da grande rivalidade entre Estados Unidos e União Soviética, que marcou o período da Guerra Fria. Aborda, além dos aspectos políticos, o cotidiano das pessoas, submetidas à maciça propaganda ideológica veiculada pelos protagonistas do conflito.

●●● Síntese

A crise do socialismo e o fim da Guerra Fria
- O desenvolvimento do capitalismo no mundo ocidental
- A estagnação econômica da União Soviética
- As reformas de Gorbachev e a abertura da União Soviética: a distensão internacional, a *perestroika* e a *glasnost*

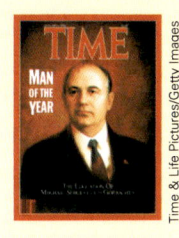

A ruptura do sistema socialista
- A abertura no Leste Europeu: a luta do Solidariedade e a queda do Muro de Berlim
- A reunificação da Alemanha
- A fragmentação da União Soviética

Nacionalismos e separatismos
- O renascimento dos movimentos nacionalistas
- As independências na Iugoslávia e a guerra da Bósnia

O poderio dos Estados Unidos
- A globalização
- A política neoliberal e a dependência econômica
- A formação dos blocos econômicos
- A hegemonia estadunidense
- O terrorismo internacional e a Doutrina Bush
- As guerras no Afeganistão e no Iraque
- O "fator" Barack Obama

Linha do tempo

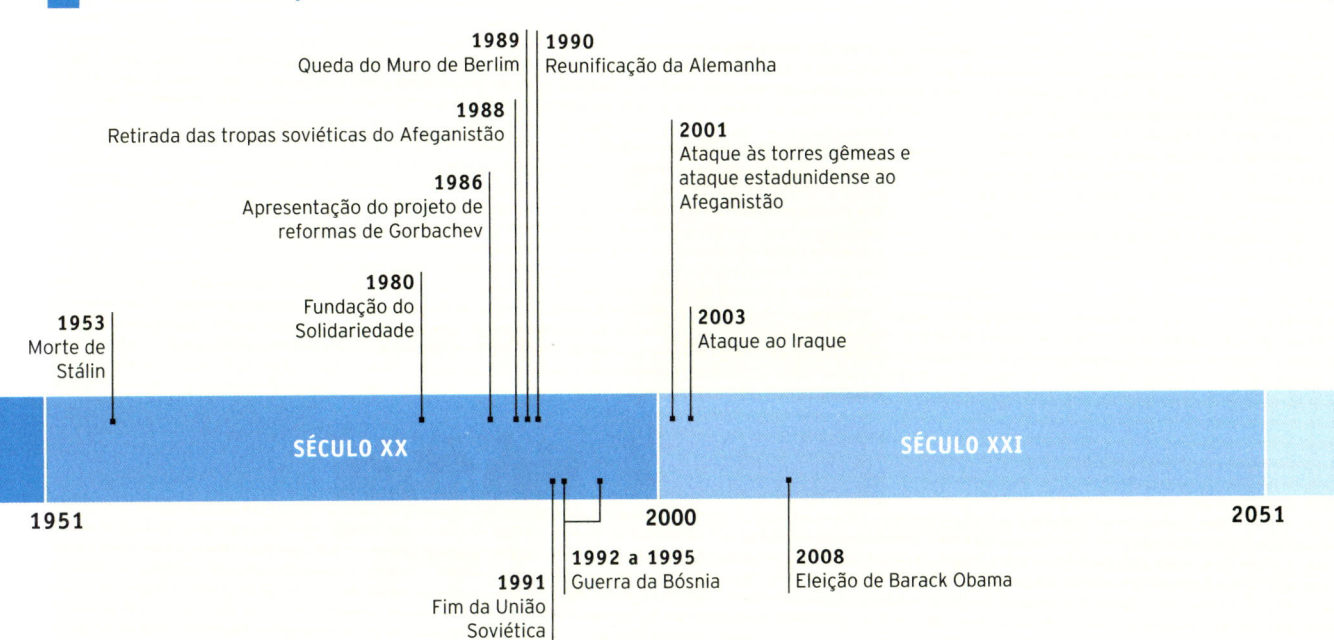

- **1953** Morte de Stálin
- **1980** Fundação do Solidariedade
- **1986** Apresentação do projeto de reformas de Gorbachev
- **1988** Retirada das tropas soviéticas do Afeganistão
- **1989** Queda do Muro de Berlim
- **1990** Reunificação da Alemanha
- **1991** Fim da União Soviética
- **1992 a 1995** Guerra da Bósnia
- **2001** Ataque às torres gêmeas e ataque estadunidense ao Afeganistão
- **2003** Ataque ao Iraque
- **2008** Eleição de Barack Obama

SÉCULO XX — SÉCULO XXI
1951 — 2000 — 2051

PROJETO

Debate sobre filme

Objetivos

O objetivo deste projeto é promover um debate sobre um filme que aborde um dos temas históricos estudados neste livro. A classe pode selecionar o filme e realizar a discussão depois de vê-lo. O debate será orientado pelo professor e permitirá aprofundar os conhecimentos sobre um tema já estudado neste volume.

Organização do trabalho

- O professor vai dividir a classe em cinco grupos.
- Depois de formados, os grupos deverão elaborar uma enquete para descobrir a qual dos filmes propostos gostaria de assistir e debatê-lo com os demais alunos.

Levantamento de dados

- Antes de fazer a enquete, cada grupo deve ficar responsável por reunir informações sobre um dos filmes propostos nesta página e na seguinte.
  - O momento histórico no qual o filme se passa.
  - O tema central do filme.
  - Se o filme é ficção ou documentário.
  - Dados técnicos (ano e país de produção, direção, censura).
- Devem-se obter mais informações em guias de filmes e *sites* especializados na internet.
- Cada grupo deverá registrar em uma folha um resumo com todas as informações levantadas sobre o filme que pesquisou. Essas informações são importantes para ajudar a turma a definir a que filme prefere assistir.
- Os resumos devem ser agrupados e passados para a leitura de todos os alunos.
- A classe elaborará uma ficha com as opções de filmes para que os alunos possam votar. O número de fichas será igual ao total de alunos da classe. A ficha ao lado poderá servir de modelo para o registro da enquete.
- A seguir, algumas sugestões de filmes.

Enquete: escolha do filme
- nome do filme **a**
- nome do filme **b**
- nome do filme **c**
- nome do filme **d**
- nome do filme **e**

Durante a ditadura militar brasileira, um garoto é surpreendido por uma viagem repentina de seus pais e passa a conviver com um vizinho de seu avô. Na verdade, seus pais estão fugindo da repressão política. *O ano em que meus pais saíram de férias*. (Direção: Cao Hamburguer. Brasil, 2006).

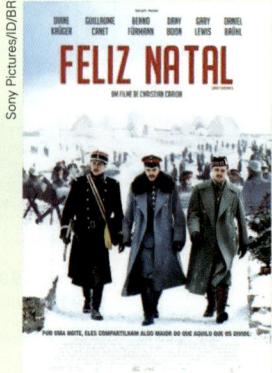

No Natal de 1914, exércitos inimigos que lutavam durante a Primeira Guerra Mundial fazem uma trégua para confraternizar entre si. *Feliz Natal* (Direção: Christian Carion. França/Alemanha/Inglaterra/Romênia, 2005).

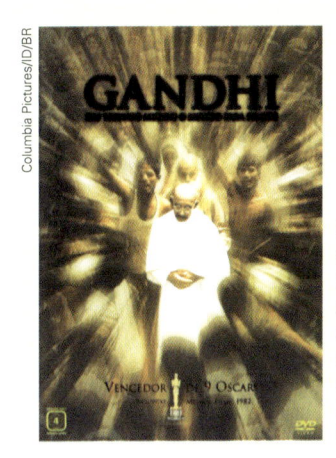

Mahatma Gandhi liderou a independência da Índia com um movimento pacífico de desobediência civil.
Gandhi (Direção: Richard Attenborough. Inglaterra/Índia, 1982).

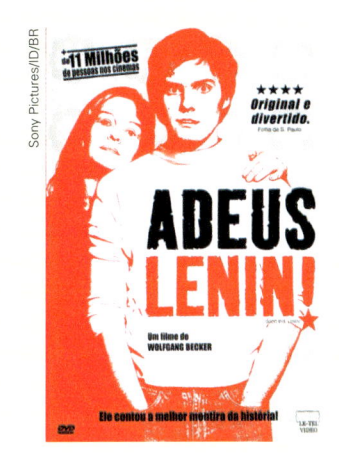

Partidária do comunismo na antiga Alemanha Oriental sai do estado de coma depois da queda do Muro de Berlim. Para não agravar seu estado de saúde, seus filhos agem para que ela não perceba as transformações que ocorrem no país com o fim do regime comunista.
Adeus, Lênin! (Direção: Wolfgang Becker. Alemanha, 2003).

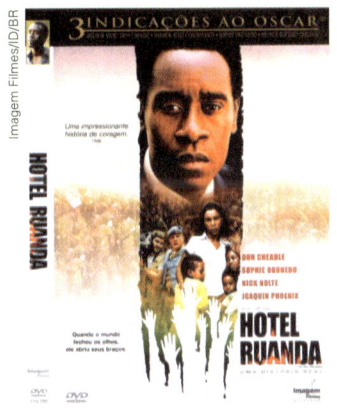

Em 1994, morreram mais de 1 milhão de pessoas em um conflito étnico em Ruanda. Um gerente de hotel, sozinho, salvou a vida de mais de 1,2 mil pessoas.
Hotel Ruanda (Direção: Terry George. África do Sul/Canadá/Reino Unido, 2004).

O operário de uma fábrica enlouquece pela "monotonia frenética" do seu trabalho. Depois da internação, fica sem emprego e é preso como comunista durante a crise de 1929.
Tempos modernos (Direção: Charles Chaplin. EUA, 1936).

Uma retrospectiva do século XX vista pelo olhar de pensadores, cientistas, artistas e pessoas comuns.
Nós que aqui estamos, por vós esperamos (Direção: Marcelo Masagão. Brasil, 1999).

- Os alunos vão tabular com os colegas os resultados obtidos e identificarão qual foi o filme mais votado.
  O professor poderá combinar com a turma o dia para a exibição do filme escolhido.

Exibição e debate sobre o filme

- No dia marcado, toda a classe assistirá ao filme sob a supervisão do professor.
- Após a exibição, todos participarão do debate sobre o filme ao qual assistiram.
- Algumas questões devem ser necessariamente abordadas e discutidas.
  - Qual é o enredo do filme?
  - Como o período histórico é retratado?
  - É um filme de época ou realizado mais recentemente?
  - Qual é a visão do diretor sobre o tema abordado no filme?
  - Quais são as principais reflexões que o filme provoca?
  - A temática remete para uma época específica ou atual? Justificar a resposta.
- Para finalizar, a turma vai elaborar um texto coletivo que reúna as opiniões da classe sobre o filme. A ficha técnica da obra também deve ser registrada.
- O professor vai sortear um aluno para que ele faça a leitura do texto final em voz alta para a classe.

Referências bibliográficas

ARENDT, Hannah. *Origens do totalitarismo*. São Paulo: Companhia das Letras, 1999.

Atlas de L'Histoire du Monde. Bagneux: Reader's Digest, 2005.

Atlas geográfico escolar. Rio de Janeiro: IBGE, 2009.

Atlas histórico. Madrid: SM, 2005.

Atlas histórico escolar. Rio de Janeiro: FAE, 1991.

BARRACLOUGH, Geoffrey; PARKER, Geoffrey. *Atlas da história do mundo*. 4. ed. São Paulo: Folha da Manhã, 1995.

BRANDÃO, Helena Nagamine. *Gêneros do discurso na escola*: mito, conto, cordel, discurso político, divulgação científica. São Paulo: Cortez, 2000.

BRASIL. Ministério da Educação. Instituto Nacional de Estudos e Pesquisas Educacionais. *Matrizes curriculares de referência para o Saeb*. Brasília: MEC/Inep, 1999.

_____. Ministério da Educação. Instituto Nacional de Estudos e Pesquisas Educacionais Anísio Teixeira. *Enem*: documento básico. Brasília: MEC/Inep, 2002.

_____. Ministério da Educação. Secretaria de Educação Básica. *Orientações curriculares para o Ensino Médio*: ciências humanas e suas tecnologias. Brasília: MEC/SEB, 2006.

_____. Ministério da Educação e Cultura. Secretaria de Educação Básica. Departamento de Políticas de Educação Infantil e Ensino Fundamental. *Ensino Fundamental de nove anos*: orientações gerais. Brasília: MEC/SEB, 2004 (versão eletrônica).

_____. Ministério da Educação e do Desporto. Secretaria da Educação Fundamental. *Parâmetros curriculares nacionais*: 5ª a 8ª séries do Ensino Fundamental. Brasília: MEC/SEF, 1998.

BRENER, Jayme. *Os Bálcãs*: história e crise. São Paulo: Ática, 1996.

CALABRE, Lia. *A era do rádio*. Rio de Janeiro: Jorge Zahar, 2004.

CAMÍN, Héctor Aguillar; MEYER, Lorenzo. *À sombra da Revolução Mexicana*: história mexicana contemporânea, 1910-1989. São Paulo: Edusp, 2000.

CANDIDO, Antonio. *Formação da literatura brasileira*. Rio de Janeiro: Ouro sobre azul, 2009.

CANÊDO, Letícia Bicalho. *A descolonização da Ásia e da África*. São Paulo: Atual, 1985.

CARVALHO, José Murilo de. *Cidadania no Brasil*: o longo caminho. 14. ed. Rio de Janeiro: Civilização Brasileira, 2010.

CASTAÑEDA, Jorge. *Che Guevara*: a vida em vermelho. São Paulo: Companhia das Letras, 2006.

CASTRO, Ruy. *Chega de saudade*: a história e as histórias da Bossa Nova. São Paulo: Companhia de Bolso, 2008.

CHALHOUB, Sidney. *Trabalho, lar, botequim*: o cotidiano dos trabalhadores no Rio de Janeiro da *belle époque*. Campinas: Ed. da Unicamp, 2001.

CHESNAIS, François. *A mundialização do capital*. São Paulo: Xamã, 1996.

CHEVRIER, Yves. *Mao e a Revolução Chinesa*. São Paulo: Ática, 1995.

COUTO, Ronaldo Costa. *História indiscreta da ditadura e da abertura*: Brasil: 1964-1985. São Paulo-Rio de Janeiro: Record, 2003.

CROUZET, Maurice. *História geral das civilizações*. Rio de Janeiro: Bertrand Brasil, 1996. v. 15 e 16.

CURRAN, Mark. *A história do Brasil em cordel*. 2. ed. São Paulo: Edusp, 2001.

DECCA, Edgar de. *O silêncio dos vencidos*. 2. ed. São Paulo: Brasiliense, 2004.

DELORS, Jacques. *Educação*: um tesouro a descobrir. São Paulo: Cortez/Unesco, 2003.

DEL PRIORE, Mary. *Documentos de história do Brasil*: de Cabral aos anos 90. São Paulo: Scipione, 1999.

DIAS JÚNIOR, José Augusto; ROUBICEK, Rafael. *Guerra Fria*: a era do medo. São Paulo: Ática, 1996.

DIVINE, Robert et al. *América*: passado e presente. Rio de Janeiro: Nórdica, 1992.

DRUMMOND, José Augusto. *O movimento tenentista*: a intervenção política dos oficiais jovens (1922-1935). Rio de Janeiro: Graal, 1986.

FALCÃO, Edgard de Cerqueira (Org.). *Oswaldo Cruz monumenta histórica*: a incompreensão de uma época. Oswaldo Cruz e a caricatura. Brasiliensia Documenta. São Paulo: Acervo da Biblioteca da Casa de Oswaldo Cruz, 1971. v. 4. t. 1.

FAORO, Raymundo. *Os donos do poder*: formação do patronato político brasileiro. São Paulo: Globo, 2008.

FARIA, Giovanni; TAVARES, Marisa (Org.). *CBN*: a rádio que toca notícia. Rio de Janeiro: Senac Rio, 2006.

FAUSTO, Bóris (Org.). *História geral da civilização brasileira*. 10. ed. São Paulo: Bertrand, 2003. v. 2.

_____. *Getúlio*: o poder e o sorriso. São Paulo: Companhia das Letras, 2006.

_____. *História do Brasil*. 13. ed. São Paulo: Edusp, 2008.

_____. *A Revolução de 1930*: historiografia e história. 16. ed. São Paulo: Companhia das Letras, 2000.

FERES JÚNIOR, João. *A história do conceito de Latin America nos Estados Unidos*. Bauru: Edusc, 2005.

FERREIRA, Jorge; DELGADO, Lucília de Almeida Neves (Org.). *O Brasil republicano*: o tempo do liberalismo excludente – da Proclamação da República à Revolução de 30. Rio de Janeiro: Civilização Brasileira, 2003. v. 1.

_____ (Org.). *O populismo e sua história*. Rio de Janeiro: Civilização Brasileira, 2001.

FERREIRA, Oliveiros S. *Elos partidos*: uma nova visão do poder militar no Brasil. São Paulo: Harbra, 2007.

FERRO, Marc. *História das colonizações*: das conquistas às independências (séculos XIII a XX). São Paulo: Companhia das Letras, 1996.

FLORESCANO, Enrique. *Espejo mexicano*. México: FCE, 2002.

FUENTES, Carlos. *O espelho enterrado*. Rio de Janeiro: Rocco, 2001.

GOLDMAN, Noemi; SALVATORE, Ricardo (Org.). *Caudillismos rioplatenses*: nuevas miradas a un viejo problema. Buenos Aires: Eudeba, 1998.

GOMES, Ângela Maria de Castro. *A invenção do trabalhismo*. Rio de Janeiro: Ed. da FGV, 2005.

GUIMARÃES, Manoel Luiz S. *A Revolução de 30*: textos e documentos. Brasília: Ed. da UnB, 1981.

GURAN, Milton. *Agudás. Os "brasileiros" do Benin*. Rio de Janeiro: Nova Fronteira/Gama Filho, 2000.

HENFIL. *Henfil na China*: antes da coca-cola. Rio de Janeiro: Codecri, 1983.

HENIG, Ruth. *As origens da Primeira Guerra Mundial*. São Paulo: Ática, 1991.

HILGEMANN, Werner; KINDER, Hermann. *Atlas historique*. Paris: Perrin, 2006.

HOBSBAWM, Eric. *Era dos extremos*: o breve século XX (1914-1991). 10. ed. São Paulo: Companhia das Letras, 2008.

_____. *Globalização, democracia e terrorismo*. São Paulo: Companhia das Letras, 2007.

_____. *Mundos do trabalho*: novos estudos sobre história operária. 3. ed. Rio de Janeiro: Paz e Terra, 2000.

_____. *Nações e nacionalismo desde 1780*: programa, mito e realidade. 5. ed. Rio de Janeiro: Paz e Terra, 2008.

HOURANI, Albert. *Uma história dos povos árabes*. São Paulo: Companhia das Letras, 2006.

IANNI, Octavio. *A formação do estado populista na América Latina*. São Paulo: Ática, 1989.

_____. *Capitalismo, violência e terrorismo*. Rio de Janeiro: Civilização Brasileira, 2004.

_____. *Enigmas da modernidade-mundo*. 2. ed. Rio de Janeiro: Civilização Brasileira, 2003.

JANOTTI, Maria de Lourdes Mônaco. *Os subversivos da República*. São Paulo: Brasiliense, 1986.

JUNQUEIRA, Mary Anne. *Estados Unidos:* a consolidação da nação. São Paulo: Contexto, 2001.

KARNAL, Leandro et al. *História dos Estados Unidos*: das origens ao século XXI. São Paulo: Contexto, 2007.

KOK, Glória. *Rio de Janeiro na época da Av. Central*. São Paulo: Bei Comunicação, 2005.

KUBITSCHEK, Juscelino. *Por que construí Brasília*. Rio de Janeiro: Bloch, 1975.

LAGO, Pedro Corrêa do. *Caricaturistas brasileiros*: 1836-2001. Rio de Janeiro: Contracapa, 2001.

LEBRUN, François (Org.). *Atlas historique*. Paris: Hachette, 2000.

LINHARES, Maria Yeda (Org.). *História geral do Brasil*. 9. ed. Rio de Janeiro: Elsevier, 2000.

MACHADO de Assis, Joaquim Maria. *Os melhores contos de Machado de Assis*. 16. ed. São Paulo: Global, 2010.

MAIOCCHI, Roberto. *A era atômica*. São Paulo: Ática, 1996.

MARINS, Paulo César Garcez. *Através da rótula*: sociedade e arquitetura urbana no Brasil, séculos XVII a XX. São Paulo: Humanitas, 2001.

Referências bibliográficas

MASSOULIÉ, François. *Os conflitos no Oriente Médio*. São Paulo: Ática, 1997.

MAZOWER, Mark. *Continente sombrio*: a Europa no século XX. São Paulo: Companhia das Letras, 2001.

MEIRELLES, Domingos. *1930*: os órfãos da revolução. 2. ed. Rio de Janeiro: Record, 2006.

MIRANDA, Wander Melo. *Anos JK*: margens da modernidade. São Paulo: Imprensa Oficial; Rio de Janeiro: Casa Lúcio Costa, 2002.

MORAES, José G. V. de. *Cidade e cultura urbana na Primeira República*. 6. ed. São Paulo: Atual, 2008 (Coleção Discutindo a História do Brasil).

MOREIRA, Silvia. *São Paulo na Primeira República*. São Paulo: Brasiliense, 1988 (Coleção Tudo é História).

MORRIS, Richard B. (Org.). *Documentos básicos da história dos Estados Unidos*. Rio de Janeiro-São Paulo: Fundo de Cultura, 1964.

MOTA, Carlos Guilherme (Org.). *A viagem incompleta*: a experiência brasileira. 2. ed. São Paulo: Senac, 2000.

NAPOLITANO, Marcos. *O regime militar brasileiro*: 1964-1985. 4. ed. São Paulo: Atual, 2007.

NÓVOA, A. (Org.). *Os professores e sua formação*. Lisboa: Dom Quixote, 1992.

OLIC, Nelson B. *A desintegração do Leste*: URSS, Iugoslávia, Europa Oriental. São Paulo: Moderna, 1996.

PARKER, Geoffrey. *Atlas Verbo de História Universal*. Lisboa-São Paulo: Verbo, 1997.

PERRENOUD, P. *Construir as competências desde a escola*. Porto Alegre: Artmed, 1999.

_____ et al. *As competências para ensinar no século XXI*. Porto Alegre: Artmed, 2002.

PINSKY, Jaime; PINSKY, Carla B. *História da cidadania*. São Paulo: Contexto, 2003.

POWER, Samantha. *Genocídio*: a retórica americana em questão. São Paulo: Companhia das Letras, 2004.

PRADO, Décio de Almeida. *O teatro brasileiro moderno*: 1930-1980. São Paulo: Perspectiva/Edusp, 1988.

PRADO JÚNIOR, Caio. *História econômica do Brasil*. São Paulo: Brasiliense, 2006.

PROST, Antoine. *História da vida privada*: da Primeira Guerra aos nossos dias. São Paulo: Companhia das Letras, 1992. v. 5.

REED, John. *Os dez dias que abalaram o mundo*. Rio de Janeiro: Ediouro, 2002.

ROMERO, José Luis. *América Latina*: as cidades e as ideias. Rio de Janeiro: Ed. da UFRJ, 2004.

ROMERO, Luís Alberto. *História contemporânea da Argentina*. Rio de Janeiro: Jorge Zahar, 2006.

SABINO, Fernando. *O encontro marcado*. 81. ed. Rio de Janeiro: Record, 2006.

SANDRONI, Paulo. *Dicionário de economia do século XXI*. Rio de Janeiro-São Paulo: Record, 2009.

SERRANO, Carlos; Munanga, Kabengele. *A revolta dos colonizados*: o processo de descolonização e as independências da África e da Ásia. São Paulo: Atual, 1995.

SEVCENKO, Nicolau. *A corrida para o século XXI*. São Paulo: Companhia das Letras, 2001.

_____ (Org.). *História da vida privada no Brasil*: República, da *Belle Époque* à era do rádio. São Paulo: Companhia das Letras, 1998. v. 3.

SILVA, Hélio. *A ameaça vermelha*: o Plano Cohen. Rio Grande do Sul: L&PM, 1980.

SOSNOWSKI, Saul; SCHWARTZ, Jorge. *Brasil*: o trânsito da memória. São Paulo: Edusp, 1994.

VARGAS, Getúlio. *Diários*: 1930-1936. São Paulo: Siciliano; Rio de Janeiro: Ed. da FGV, 1995. v. 1.

VICENTINO, Cláudio. *Rússia*: antes e depois da URSS. São Paulo: Scipione, 1995.

VYGOTSKY, L. S. *A formação social da mente*. São Paulo: Martins Fontes, 2007.

_____. *Pensamento e linguagem*. São Paulo: Martins Fontes, 2008.

WESSELING. *Dividir para dominar*: a partilha da África. 1880-1914. Rio de Janeiro: Revan/Ed. da UFRJ, 1998.

WISKEMANN, Elizabeth. *La Europa de los dictadores* (1919-1945). Madrid: Siglo Veintiuno, 1978.

WORMS, Luciana Salles. *Brasil século XX*: ao pé da letra da canção popular. Curitiba: Nova Didática, 2002.

ZABALA, Antoni. *A prática educativa*. Porto Alegre: Artmed, 1998.

_____ (Org.). *Como trabalhar os conteúdos procedimentais em aula*. 2. ed. Porto Alegre: Artmed, 1999.

Para Viver Juntos

HISTÓRIA
ENSINO FUNDAMENTAL 9º ANO

9

Desenvolvimento científico e tecnológico
nos séculos XX e XXI

Este suplemento é parte integrante da obra **História – Para Viver Juntos** – 3ª edição. Não pode ser vendido separadamente.

sm

Alguns acontecimentos importantes

1957
Lançamento do primeiro satélite artificial, o Sputnik, pela então União Soviética.

1960
Lançamento da pílula anticoncepcional, nos Estados Unidos.

1961
Primeira viagem de um ser humano ao espaço (Yuri Gagarin, da então União Soviética).

1971
Lançamento do Odyssey, o primeiro *video game* conectado à TV, nos Estados Unidos.

1973
É realizada a primeira ligação via telefone celular, nos Estados Unidos. No Brasil, foi lançado em 1990.

1975
Lançamento do microcomputador, nos Estados Unidos.

1990
Desenvolvimento do primeiro navegador www, nos Estados Unidos.

1996
Nascimento da ovelha Dolly, o primeiro mamífero clonado.

SÉCULO XXI

1960 — 1970 — 1980 — 1990 — 2000 — 2001 — 2010

1969
Primeira mensagem de correio eletrônico (*e-mail*), nos Estados Unidos.

1969
Primeira viagem tripulada à Lua, pela nave Apolo XI, dos Estados Unidos.

1978
Nascimento do primeiro bebê "de proveta", na Inglaterra.

1982
Desenvolvimento dos protocolos TCP/IP, base da internet, nos Estados Unidos.

1984
Descoberta do HIV, vírus causador da Aids.

2001
Lançamento do leitor de MP3, nos Estados Unidos.

2003
Após 13 anos desde seu início, é concluído o Projeto Genoma Humano, com o mapeamento de 99% do genoma humano.

2010
Lançamento do *tablet* moderno, com tela sensível ao toque, nos Estados Unidos.

Desenvolvimento científico e tecnológico nos séculos XX e XXI:

1913
Criação da moderna técnica de transfusão de sangue, nos Estados Unidos.

1946
Concluído o primeiro computador, o Eniac, nos Estados Unidos.

1928
Descoberta da penicilina, na Inglaterra, por Alexander Fleming.

1953
Descoberta da estrutura do DNA, nos Estados Unidos.

SÉCULO XX

1901 — 1910 — 1920 — 1930 — 1940 — 1950

1906
Primeira transmissão da voz humana pelo rádio, nos Estados Unidos.

1906
Avião: o 14 Bis, construído por Santos Dumont, faz o primeiro voo em Paris, França.

1935
Primeiras transmissões públicas de televisão, na Alemanha.

1947
Lançamento comercial do forno de micro-ondas, nos Estados Unidos.

1942
Entra em operação o primeiro reator nuclear, nos Estados Unidos.

1955
Invenção da fibra ótica, na Grã-Bretanha.

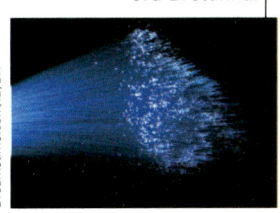

Para Viver Juntos

Ana Lúcia Lana Nemi
Anderson Roberti dos Reis

Para Viver Juntos

Desenvolvimento científico e tecnológico
nos séculos XX e XXI

HISTÓRIA
ENSINO FUNDAMENTAL 9º ANO

9

sm